KB203066

이정훈 교수의
성경적
세계관

이정훈 교수의 성경적 세계관

경제 역사 법·정치 문화 철학 영역별 적용

초판 1쇄 발행 | 2022년 2월 10일
초판 5쇄 발행 | 2022년 12월 30일

저자 | 이정훈
편집자 | 이선미
디자인 | 김은혜

발행처 | PLI

대표 | 이선미
출판등록 | 제2018-000027호
주소 | 부산 해운대구 센텀중앙로 97 센텀스카이비즈 A동 1607호
이메일 | elipli2019@gmail.com

ⓒ 이정훈 2022
이 책의 저작권은 저자와 PLI가 소유합니다.
저작권에 의하여 한국 내에서는 보호를 받는 저작물이므로
무단전재와 무단복제를 금합니다.

ISBN 979-11-969879-9-2(03230)

BIBLE

이정훈 교수의
성경적
세계관

경제
역사
법·정치
문화
철학
영역별 적용

이정훈 지음

겨울이 지나고 봄이 오면, 죽은 듯 말라 있던 가지에서 생명이 싹을 띄웁니다. 계절의 변화 속에서 인간은 실존적으로 자연을 직면하며 창조주 하나님에 대해 생각할 수 있습니다. 그러나 필자는 피조의 세계를 경험하며 하나님을 추론하는 '자연신학'이나 인간의 지성을 자랑하며 '이신론'(지적 설계자로서 창조주는 인정하지만, 하나님의 통치와 섭리에 관심이 없는 신앙을 기초로 한 종교)에 빠지는 방식들은 이미 역사적 평가 속에서 버려도 되는 재활용 불가능한 문명의 '폐기물' 정도로 여기고 있습니다. 창조주의 존재를 믿지만 성경에 계시된 그리스도가 중심이 된 신앙이 아니라면 다시 말해, 왕 되신 그리스도의 통치와 무관하게 산다면, 이것은 참된 믿음이 아닌 것이죠.

소위, 과학적·철학적 논증을 통해 하나님을 드러내고자 한다는 시도들은 하나님은 인간의 이성이 논증할 수 있는 분이 아니시며, 초월적 존재라는 진리에서 우리를 멀어지게 할 수 있습니다. '믿음'은 하나님의 전적인 은혜로서의 '선물'이지 강박적 증명의 대상이 아닙니다. 신적 권위를 갖는 완전한 진리로서 '성경'이 갖는 무오류의 권위도 소위 현대과학의 방법론으로 성경구절의 진위여부를 검증하는 방식으로 확립되는 것이 아닙니다.

성경의 나레이션(narration)이 19세기 역사학의 방법론에 부합하지 않는다는 이유로 성경의 역사성을 부정하는 역사비평이 역설적으로 '역사성'에 대한 편견에 불과한 것처럼, 과학의 영역에서도 동일한 문제가 발생할 수 있습니다. 현대과학의 방법론으로 열심히 검증 가능한 성경 몇 구절을 찾아내 "봐라! 성경이 과학적이지?"라고 한다거나, 그랜드캐니언의 지형을 설명하며 지구과학의 관점에서 창조론이 맞다고 주장한다고 해도, 그런 방식이라면 성경에 등장하는 초자연적 현상이나 반대논증이 가능한 성경본문 몇 구절을 근거로 성경은 오류 투성이고, 비과학적이라고 치부될 수도 있는 것입니다. 어설픈 논증보다도 '과학성'에 대한 깊은 성찰이 전제되어야 합니다.

하나님에 대해 숙고하는 이러한 빗나간 인간의 열정들은 역설적으로 인간이 별로 지적인 존재가 아니라는 방증이 될 수 있다고 필자는 생각합니다. 오히려, 다양한 비판을 받으면서도 하나님의 초월성을 강조하는 칼 바르트의 '신정통주의'가 기독교인들이 자연주의나 현대성(modernity)에 굴복하는 자유주의 신학을 대적하는데 무기가 될 수 있습니다. (필자는 성경의 권위에 대한 칼 바르트의 입장은 지지하지 않습니다.) 20세기 이후 칼 바르트의 신학적 의의를 잘 이해하지 못하거나, 과학이나 철학에 대해 비뚤어진 집착을 할 때, 엉뚱한 방향에서 과학과 기독교를 함부로 조화시키려 한다든가 또는 현대철학이나 이데올로기에 기독교를 종속시키는 부작용을 창출한다고 필자는 진단했습니다.

과학자로서 권위를 갖는 복음주의 과학자의 '변증'이 필요한 시대입니다. 과학도 하나님을 영화롭게 하는 하나의 영역입니다. 철학도 마찬가지입니다. 중요한 것은 복음주의 성경적 세계관입니다. 철저하게 복음주의 성경적 세계관으로 무장한 크리스천들이 자신이 일하는 정치, 경제, 사회, 문화 등 각 영역에서 빛과 소금의 역할로 영역주권을 실천하는 것이 삶과 신앙을 분리하지 않는(성과 속을 분리하지 않는) 바른 신앙의 길이라고 확신합니다.

복음주의는 그리스도를 믿음으로써 구원을 얻는 이신칭의(以信稱義)의 진리를 확고하게 믿으며 성경의 권위를 절대시하는 신학이라고 정의할 수 있습니다. 복음주의는 성경의 권위에 대한 입장차이로 인해 자유주의와 구분되고, 세계선교에 대한 강조와 복음의 사회적 적용(사회참여)을 강조하는 측면 때문에 근본주의와 다르다고 할 수 있습니다. 또한, 복음주의는 개혁주의보다 초교파적으로 더 큰 범주라고 할 수 있습니다. 복음주의 운동의 역사적 뿌리는 영국의 존 웨슬리 부흥운동, 미국의 청교도 운동, 독일의 경건주의 운동이며, 신학적으로는 루터와 칼빈으로 대표되는 종교개혁이 그 연원이라고 할 수 있습니다.

교회의 안과 밖에서 성경적 세계관을 교육하는 PLI(Practical Leadership Institute)는 복음주의 성경적 세계관을 한국 사회와 기독교가 전파된 세계의 모든 지역에 확산시키기 위해 설립되었습니다. 기존의 기독교 세계관 서적들과 이 책의 차이는 바로 여기에 있습니다. 필자는 기존의 기독교 세계관 서적들처럼, 기독교적 세계관에 도전이 되는 사상이나 '이데올로기'들을 단순히 나열하거나 성경이 가르치는 기독교 세계관을 이론적으로 설명하기 위해 이 책을 집필하지 않았습니다.

하나님은 통치하십니다. 그리스도를 믿는 우리를 구원하시는 '은혜와 구속의 언약' 속에서 그는 우리를 돌보시고 우리를 그의 경륜으로 견인하십니다. 그의 언약은 영원하고 현실적입니다. 크리스천들이 삶 속에서 이러한 우리의 믿음을 현실 생활이나 직업 활동과 종종 '분리'시킵니다. 이러한 '(성과 속의) 분리'를 경건이나 거룩함으로 착각하기도 합니다. 종교개혁의 영성은 우리의 '경건'은 세상과 '구별'되지만 결코 '분리'될 수 없다고 가르칩니다. PLI는 '예수 그리스도를 믿음으로써 의롭다 칭함을 받았다'(이신칭의)는 우리의 신앙고백을 타협할 수 없는 진리라고 선포합니다. 또한, 성경을 오류가 없는 완전하게 '계시'된 '하나님의 말씀'이라고 믿습니다.

PLI는 '하나님의 통치와 섭리'가 강조되지 않는, 삶과 분리된 고담준론의 신학보다는 브리스톨의 거리에서 그리스도가 주시는 '자유, 평화, 회복'을 선포했던 존 웨슬리의 사역을 모델로 삼습니다. PLI는

『기독교강요』에 드러난 칼빈의 가르침을 가장 성경적인 기독교 세계관의 기본 교과서라고 확신합니다. PLI는 '초교파적'으로 성경의 무오류 권위를 믿고, '이신칭의'를 고백하는 모든 크리스천들의 공론장이자 교육의 터전이라고 할 수 있습니다.

이 책은 직장에서 또는 육아의 과정에서, 그러니까 삶의 모든 영역에서 시시각각 부딪히는 여러 가지 의문 속에서 크리스천이 성경의 가르침대로 결정하고 성경대로 사는 방법에 대한 실천적 적용을 위한 교과서라고 할 수 있습니다. 법과 정치, 경제, 역사, 문화의 각 영역에서 성경의 가르침이 어떻게 적용되고 실천될 수 있는가에 대해 이 책은 방향을 제시하고 방법을 제공합니다. 하나님을 영화롭게 하는 크리스천의 삶 속에 PLI와 이 책이 여러분과 함께 하기를 기도합니다. 우리 함께 한국교회의 개혁과 부흥을 위해 하나님께 간구하고 우리의 삶으로 예배를 드리기 원합니다. 감사합니다.

2021. 12. 13. 기도처가 된 해운대에서

목차

[일러두기] *가 표시된 단어(주제)는 〈생각해 봅시다〉에서 부연 설명됩니다.

성경적 세계관
/
입문

크리스천이란 어떤 존재인가

▼

입문 경제 역사 법·정치 문화 철학

하나님의 언약과 통치

하나님이 이르시되 우리의 형상을 따라 우리의 모양대로 우리가 사람을 만들고 그들로 바다의 물고기와 하늘의 새와 가축과 온 땅과 땅에 기는 모든 것을 다스리게 하자 하시고 (창세기 1:26)

그러나 성경이 모든 것을 죄 아래 가두었으니 이는 예수 그리스도를 믿음으로 말미암는 약속을 믿는 자들에게 주려 함이니라 (갈라디아서 3:22)

당신은 누구십니까

안녕하세요. 개념탑재 이정훈 교수입니다. 'PLI 성경적세계관 스쿨'에 잘 오셨습니다. 여기 오신 여러분들을 진심으로 환영합니다.

오늘 첫 시간에는 크리스천이 어떤 존재인가에 대해 이야기해보려고 합니다. 진짜 크리스천(true Christian)은 어떤 사람들일까요? 크리스천은 왜 살고 또 어떻게 살아야 할까요?

사실 솔직히 고백하면 예수님 만나기 전엔, 내가 누군지, 왜 사는지 잘 몰랐습니다. 그러니까 어떻게 살아야 하는지는 더더욱 몰랐죠. 어렸을 때부터 저를 사로잡았던 질문이 그거였어요. '난 어디서 와서 어디로 가는 걸까?' '도대체 인간은 왜 살지?' '나는 누굴까?' 학교나 집에서나 열심히 공부하라고 하는데 '공부는 왜 해야 되지?' 법철학으로 유명한 미국의 마이클 샌델 교수가 학생들에게 물었다고 해요. "너희들 왜 이렇게 열심히 공부하니?" 학생들 하는 말이 뻔한 거예요. "좋은 곳에 취직해야죠." "좋은 곳에 취직하면 뭐 하는데?" 그랬더니

답이 뭐예요? 점심 때 스시 먹을 수 있다는 거죠. 그러니까 한국식으로 얘기하면, 예전에 인기 개그맨이 유행시킨 말 있잖아요. "소고기 사먹겠지~." 그거예요. 그럼 매일 소고기 사먹으면 어떻게 돼요? 매일 화장실 가겠죠.(웃음) 결국 공부 열심히 하고 열심히 일하는 이유가 뭐예요? 맛있는 거 먹고 볼일 잘 보려고?(웃음) 어린 마음에 도대체 이 짓을 왜 하나 싶고 인생이 참 허무하게 느껴진 거죠. 제가 대학 2학년 때 출가를 하게 된 이유도 수행을 많이 하신 큰 스님이 절에 들어오면 그 답을 알려주신다는 거예요. 그래서 머리를 밀었죠.(웃음) 그런데 머리를 깎고 승려가 되어서도 그건 알 수가 없었어요. 오히려 더 헷갈리더라고요.(웃음) 그래서 다시 세상으로 돌아왔고(환속했고), 서울대 대학원에서 법학을 공부하게 되었어요. 사람들이 보통 생각할 때 서울대 박사면 지식 면에서 제법 많이 아는 사람이잖아요? 그런데도 여전히 '내가 누구인지, 왜 사는지' 잘 모르겠는 거죠.

그런데 제가 예수님을 만났을 때, 질문이 잘못되었다는 걸 알았어요. 내가 누군지가 아니라 '그분이 누구신지'를 물어야 하는 거였어요. 그러니까 나를 만드시고, 모든 것의 주관자 되신(만유의 주재이신) 그분이 저를 만나주시면 질문이 바뀌는 겁니다. 칼빈도 『기독교강요』 1권에서 하나님을 알아야만 인간 자신에 대해 알 수 있다고 말합니다. 저도 그랬습니다. 저도 예수님을 만나기 전엔 제가 의로운 사람인 줄 알았어요. 그런데 예수님이 제게 오신 그 순간에 완전히 '내가 죄로 죽을 수밖에 없는 자'라는 진실이 제 전 인격을 관통해 버렸습니다(눅 18:13). 바로 직전까지만 해도, 내 의로움을 자랑하며 감히 하나님을 비웃고 있었는데 그 다음 순간, '아~, 나는 의로움이라고는 먼지의 백만분의 일도 없는, 그냥 지금 죽어야 되는 죄인이구나.' 이게 전인격적으로 저를 압도할 때 뭘 어떻게 할 방법이 없었습니다. 그저 두려움에 떨며 엎드릴 수밖에 없었죠. 그렇게 한참 시간이 지났는데 정신을 차리고 보니 제가 죽지 않은 거예요. 몸을 추스르고 일어나서 밖에 나가봤는데 너무나도 신기하게 완벽하게 달라진 세상을 느낍니다. 오후 햇살이 나뭇잎에 부딪히는데 바람이 부니까 나뭇잎이 반짝이며 일렁거리는 모습이 너무 아름다워요. 견딜 수가 없이 아름다운 거예요. 깨진 보도블럭 사이 벌어진 틈에서 피어난 잡초가 너무 아름다운 거예요. 그동안 아무 감흥 없이 다녔던 그 골목길 풍경이 마치 무채색에서 칼라풀한 세상이 된 것처럼 모든 생명을 지닌 것들이 견디기 힘든 아름다움으로 제 가슴을 벅차게 하는 거죠. 그런데 그 순간 드는 생각이, '어, 내가 분명 죽는 줄 알았는데, 왜 안 죽었지?' 이상한 겁니다. 그러자 그동안 교회를 대적하기 위해 읽었던 성경말씀들이 살아나면서 십자가가 제 가슴에 먹먹하게 부딪혀 왔습니다. '도대체 누가 죽으신 건가?', '나 대신 도대체 누가 죽으신 건가?' '아… 그가 죽으셨구나.' 예수님이 누구신지가 완전히 은혜로 제 온 존재를 강타하는 거죠. '아, 저를 만드신 창조주이신 당신이 왜 쓰레기 같은 죄인인 저를 위해 죽으셨습니까? 그분의 사랑과 그 저항할 수 없는 은혜에 제 마음이 너무 아픈 거예요. 그때 제가 부여잡고 있던 저의 더러운 인격과 자신만을 위해 살았던 자아가 예수님 앞에서 무너졌습니다. 죽을 수밖에 없던 죄인은 이제 오직 은혜로, 새로운 피조물로 거듭나게(重生) 된 것이죠.

"내가 그리스도와 함께 십자가에 못 박혔나니 그런즉 이제는 내가 사는 것이 아니요 오직 내 안에 그리스도께서 사시는 것이라 이제 내가 육체 가운데 사는 것은 나를 사랑하사 나를 위하여 자기 자신을 버리신 하나님의 아들을 믿는 믿음 안에서 사는 것이라."(갈 2:20)

이 신비가 제가 의지적으로 노력한다고 해서 이해할 수 있는 것이겠습니까? 완전한 하나님이면서, 동시에 죄 없는 순결한 인간이신 예수님을 유한한 이성으로 어떻게 완전하게 이해할 수가 있습니까? 한 위격에 인성과 신성이 연합해 있는 성자 하나님이 예수 그리스도입니다. 그분이 십자가에서 죽으심으로 저를 구하셨다는 것이 제게 어떻게 사실로 받아들여집니까? 전에 머리로 이해하려고 했을 때는 조롱과 비웃음밖에 나오지 않았는데 살아계신 하나님의 터치(성령의 감동과 역사)가 없으면 이게 어떻게 가능하겠습니까? 이 믿음조차도 내 노력이 아니라 오직 은혜로 주어진 거란 것을 아니까 그 사랑이 마음에 사무치는 겁니다. 성육신하셔서 제게 찾아와 주신 그 은혜가 복받치는 겁니다. 그래서 그분 앞에 이런 고백을 할 수밖에 없는 거죠. '나의 주(主), 나의 하나님, 제가 이제부터 영원토록 당신을 따르겠습니다(回心).' 이처럼 하나님이 누구신지 알면, 내가 누군지, 왜 살아야 하는지, 어떻게 살아야 하는지 내 삶이 그분 앞에 새롭게 세워지는 거예요. 인간은 하나님 앞에 서지 않으면 결코 자신을 알 수가 없습니다. 그게 인간이에요.

아브라함 카이퍼의 칼빈주의 강연

크리스천(Christian)은 그리스도(Christ)를 구주로 고백하고 그를 따르기로 한 사람들입니다. 이제 크리스천의 삶은 그리스도를 중심으로 새롭게 세워진다고 했는데 그건 어떤 삶일까요? 오늘 제가 소개해드릴 아브라함 카이퍼[1] 박사는 거듭난 크리스천이 어떻게, 왜 살아야 하는지에 대해 탁월하게 답을 제시한 분입니다. 미국의 대표적인 복음주의 기독지성인인 리처드 마우[2] 박사가 카이퍼를 통해 인생의 방향을 잡게 된 얘기는 흥미롭습니다.[3] 리처드 마우가 성장했던 신앙적 분위기는 내세 지향적이어서 이 세상의 일을 개선하려는 노력은 곧 침몰할 타이타닉 호를 청소하는 것처럼 의미가 없다는 식이었습니다. 그런데 세상을 대하는 이런 방식은 여러 중요한 사회문제가 발생했을 때 크리스천으로서 어떻게 살아야 하는지 아무런 답도 줄 수 없었죠. 현실적 문제 앞에 무력하고 아무런 대응을 할 수 없었던 마우는 영적으로도 좌절을 겪게 됩니다. 그런데 방황하던 리처드 마우가 마치 전기가 오듯이 정신이 번쩍 들면서 머리에서 발끝까지 완전히 새롭게

1 　아브라함 카이퍼(Abraham Kuyper, 1837-1920)는 방대한 저작과 다방면에 걸친 사역을 성공적으로 수행했기 때문에 "10개의 머리와 100개의 손을 가진 사람"이라고 불리기도 했다. 그는 목회자, 신학자, 신문 편집인, 국회의원, 대학 설립자, 대학교수, 교회 개혁자, 정당 당수, 수상 등 다양한 경력을 가진 인물이었다. 그의 신학과 사상은 아직도 큰 영향력을 가지고 있다. 네덜란드 개혁 교회를 갱신하고 죽어가던 칼빈 신학을 살렸다는 평가를 받고 있다. 이상웅, "아브라함 카이퍼의 생애와 사상 개관1", 『신학지남』 (2013. 6), 197-198면 참조.

2 　리처드 마우(Richard Mouw, 1940-). 미국의 신학자이며 철학자이다. 미국의 칼빈대학교와 풀러신학교에서 가르쳤다. 미국 프린스턴 신학교가 수여하는 '아브라함 카이퍼상'을 수상했다.

3 　리차드 마우/ 강성호 역, 『리처드 마우가 개인적으로 간략하게 소개하는 아브라함 카이퍼』, SFC 출판부, 2015, 10-12면.

세팅되는 일이 있었다고 고백합니다. 바로 아브라함 카이퍼의 〈칼빈주의 강연〉[4]을 접하고 나서입니다.

"나는 아브라함 카이퍼가 1898년에 미국을 방문하는 동안 프린스턴 신학교의 스톤 강연(Stone Lecture)에서 했던 〈칼빈주의 강연〉을 우연히 접하게 되었다. 카이퍼의 확고한 칼빈주의[5]에서 나는 내가 찾아 헤매던 것을 발견했다."[6]

카이퍼 박사의 〈칼빈주의 강연〉은 아주 유명한 강연이죠. 주로 미국에서는 이렇게 저명한 강사가 강연을 하면, 그것을 책으로 출판합니다. 그러니까 리처드 마우가 답을 찾아 헤매다가 책으로 그 강연을 접했을 때, '아. 이거다. 이제는 알겠다. 내가 누군지, 왜 사는지, 앞으로 어떻게 살아야 하는지 알겠다' 이렇게 강렬하게 깨달은 겁니다.

어거스틴(Aurelius Augustinus, 354-430)의 『고백록』에 보면 아주 아름다운 신앙고백이 있어요. "당신은 우리를 당신을 향해서(ad te) 살도록 창조하셨으므로 우리 마음이 당신 안에서(in te) 안식할 때까지는 편안하

---

4 이 강연은 '삶의 체계로서 칼빈주의', '칼빈주의와 종교', '칼빈주의와 정치', '칼빈주의와 학문', '칼빈주의와 예술', '칼빈주의와 미래'라는 6개의 강연으로 구성되었다.

5 칼빈(칼뱅)주의(Calvinism). 종교개혁의 위대한 신학자이자 성경학자 중 한 명인 존 칼빈(장 칼뱅, John Calvin, 1509-1564)의 작업으로부터 기인하는 신학적 사상체계를 말한다. 그의 『기독교강요』에서 보여준 중심사상은 '하나님의 주권'이다. 칼빈주의는 『기독교강요』에 펼쳐진 칼빈의 사상을 역사적으로 발진시킨 것이라고 요약할 수 있다. 칼빈주의는 성경의 진리를 체계화하고 성경적 세계관과 인생관을 담은 칼빈의 사상체계이다. 정성구, 『칼빈주의 사상대계』, 총신대학출판부, 2003(1판4쇄). 22면. 스탠리 그랜츠 외/김규선 역, 『신학용어사전』 (알맹e, 2018), 교보 ebook edition.

6 리차드 마우, 앞의 책, 12면.

지 않습니다"라는 내용이죠.[7] 이 고백은 "수고하고 무거운 짐진 자들
아 다 내게로 오라 내가 너희를 쉬게 하리라"(마 11:28)는 말씀처럼 안
식은 창조주 하나님 안에서만 발견된다는 의미입니다. 저도 회심 후
어거스틴의『고백록』을 읽고 하나님의 은혜와 사랑 때문에 많이 울었
어요. 어거스틴의 고백과 유사한 맥락에서 카이퍼는 자신의 마음이
'칼빈주의'에서 안식을 발견했다고 위의 스톤강연에서 고백합니다.[8]
그리고 젊은 시절의 리처드 마우는 바로 카이퍼의 〈칼빈주의 강연〉을
통해 방황하던 인생의 안식처를 발견합니다. 시공간을 초월해서 성경
의 진리가 큰 힘을 갖는다는 사실을 새삼 느끼게 되는 사건들이죠. 여
러분들도 크리스천으로서 어떻게 살아야 할지 고민이 있다면 오늘 그
답을 발견하실 거예요.

아브라함 카이퍼

자, 그럼 아브라함 카이퍼가 어떤 분인
지 한번 살펴봅시다. 카이퍼는 네덜란드
출신으로 자유주의 신학으로 유명한 라
이덴 대학교(Leiden Universiteit)에서 신학을
공부했습니다. 20대에 박사학위를 받고
시골에 있는 베이스트(Beesd) 교회에 목사
로 부임을 했습니다. 그런데 이곳에서

---

7 "주님은 우리를 지으실 때에 주님을 바라보며 살아가도록 지으신 까닭에, 우리의 마음은 주님 안
   에서 안식할 때까지는 쉴 수가 없기 때문입니다." 성 아우구스티누스/박문재 역,『고백록』(크리
   스천다이제스트, 2016), 제1권 1장, 교보 ebook edition.
8 박태현, "아브라함 카이퍼와 자유대학교",『신학지남』82권 2호(2015), 177-178면.

엄청 중요한 회심이 일어납니다.[9] 부임한 마을에 방앗간 집 딸이 있었는데 이분 이름이 삐쳐 발투스(Pietje Baltus, 1830-1914)예요. 삐에쳐라고 하기도 하는데 저는 그냥 삐쳐라고 합니다. 왜냐면 잘 삐쳐요.(웃음) 카이퍼 목사님에게도 삐쳤어요. 그러니까 목사님이 새로 부임해왔는데 담임목사님이 심방을 와서 인사를 하면 인사를 받아야 하잖아요. 그런데 이분이 카이퍼 목사님이 악수하자고 손을 내미는데 그걸 거부하는 거죠. 카이퍼 목사님이 좀 힘드셨겠죠? 그런데 삐쳐는 그렇게 한 이유가 있었어요. 삐쳐가 볼 때 카이퍼 목사님이 하시는 얘기가 순수한 복음이 아니고 '자유주의'에 물들어 있었던 거죠.

자유주의 신학이란 한 마디로 정의하기는 어렵지만, 알리스터 맥그라스를 인용해서 간단하게 설명하면, 동시대의 문화나 시대정신, 그리고 과학에 비추어 우리의 신앙(믿음)을 재구성하고 근대적 합리주의에 부합하게 설명하고자 노력하는 '사조'를 말해요. 보통 자유주의 개신교(liberal Protestantism)는 19세기 독일을 중심으로 일어난 운동인데 종교와 문화의 연속성을 강조합니다. 추종자들은 이 자유주의 개신교를 소위 '진보적'이라고 주장하죠.[10]

그러니까 제가 예수님 만나고 교회 다니면서 깜짝 놀란 게 어떤 사람들이 예수님이 동정녀에게서 태어나신 게 아니고. 또 예수님 부활이 사실이 아니라는 겁니다. 창세기에 나오는 얘기나, 아브라함 스토

---

9   삐쳐 발투스와 카이퍼 박사의 목회 이야기는 이상웅, "아브라함 카이퍼의 생애와 사상 개관1", 『신학지남』(2013. 6.), 213-215면 참조.
10   알리스터 맥그라스(Alister E. McGrath)/ 김기철 역, 『신학이란 무엇인가』, 복있는사람, 2020(개정판1쇄), 1014면.

리나 이런 게 다 '신화'라는 거예요. 실제 있었던 일이 아니라는 거죠. 그리고 예수 그리스도 외에도 구원받는 길이 많이 있다는 거예요. 그럼 교회는 왜 다녀요? 그런 분들에게 제가 물어보는 거예요. 그러니까 이런 방식이 인간이 이성적으로 받아들이기에는 더 쉬운 거죠. 카이퍼 목사님도 이런 자유주의 신학에 약간 물들어 있었던 거예요. 그런데 이 삐쳐 때문에 목사님이 자신이 가진 신학에 대해 본질적으로 고민하신 거예요. 칼빈에 대해서 박사논문을 쓴 자기보다 삐쳐나 이 마을 사람들이 오히려 칼빈의 교리를 삶에서 더 잘 실천하면서 살고 있는 걸 보고 놀라게 됩니다. '이게 어떻게 가능한가?' 고민하는 과정에서 인본주의와 자유주의에 물든 자신의 잘못된 신학과 신앙이 바로잡히면서, 카이퍼 목사님이 복음주의자로 회심을 하게 됩니다.

그리고선 교회를 개혁하고 정치를 개혁했던 위대한 아브라함 카이퍼로 새롭게 등장하신 거예요. 물론 삐쳐랑도 화해를 하셨겠죠?(웃음) 철저하게 칼빈주의에 기초한 멋진 신학자로 변신하셔서 헤르만 바빙크[11], 미국의 벤자민 워필드[12]와 함께 세계를 대표하는 3대 칼빈주의 신학자 중의 한 명이 됩니다. 나중에는 네덜란드에 암스테르담 자유대학교를 세우는데 당시 네덜란드는 교회(교단)와 대학을 정부가 통제할 수 있었습니다. 개혁주의 신학자들이 강단에서 쫓겨나고, 자유

---

11 헤르만 바빙크(Herman Bavinck, 1854-1921). 네덜란드의 칼빈주의 개혁파 신학자이며 목사이다. 그의 대표저서는 헤르만 바빙크/ 존볼트 엮음/ 김찬영 · 장호준 역, 『개혁파교의학: 단권축약본』, 새물결플러스, 2015 이다.

12 벤저민 B. 워필드(Benjamin B. Warfield, 1851-1921). 프린스턴 신학교의 교수이며 '프린스턴 신학'으로 말려진 학풍의 주창자로 알려져 있다. 그는 위대한 변증가로서, 성경 무오 교리의 변증에 많은 노력을 기울였다. 캘리 M. 캐픽 외/ 송동민 역, 『개혁신학용어사전』 (알맹e, 2018), 교보 ebook edition.

주의 신학자들로 대학이 재구성되고, 유물론과 합리주의 열풍과 함께 자유주의 신학이 대세가 되어 성경의 권위와 무오성을 인정하지 않는 교회가 상식이 되어가고 있었어요. 이 상황을 개혁하고 성경적 세계관으로 무장한 인물들을 키우기 위해 카이퍼는 정부의 간섭을 받지 않는 '자유대학교'를 설립한 거예요.[13] 지금 우리 시대의 한국 교회에도 이런 방향에서 대학과 교회의 개혁이 절실합니다.

그리스도께서 내 삶을 통치하는가

아브라함 카이퍼가 정말 위대하다고 제가 생각하는 부분은 성경적인 삶의 목적과 방법을 선언한 '영역주권' 사상입니다. 여러분들도 오늘 공부하면서 전기가 올 거예요. 카이퍼의 영역 주권을 이해하는 것은 우리 크리스천에게 있어서 엄청나게 중요한 거예요. '나는 누구인가? 나는 왜 사는가? 나는 어떻게 살아야 하는가?'와 같은 문제를 한 번에 해결해주기 때문입니다. 자, 리처드 마우가 이 내용을 핵심적으로 잘 소개하는데 한 번 봅시다.

"카이퍼는 신자 개개인들이 바쁘게 일하는 삶의 압박에서 벗어나 우리 영혼이 하나님과만 함께 안식을 누릴 수 있는 개인적인 경건의 장소가 필요하다고 이야기했다. 그러나 카이퍼가 순전히 개인적인 영성

---

13 카이퍼의 네덜란드 자유대학교 설립배경과 의의에 관해서는 박태현, "아브라함 카이퍼와 자유대학교", 『신학지남』 82권 2호(2015) 참조.

을 추구하는 일에만 몰두하는 종교로 만족한 것은 아니었다.

그는 구세주의 사랑을 경험한 것을 찬양할 뿐만 아니라 사회적, 정치적, 그리고 경제적인 삶의 모든 영역들을 다스리시는 예수 그리스도의 최고의 주권도 매우 중요하게 강조했다."[14]

그러니까 우리 크리스천들이 착각하고 있는 게 뭐냐면 구세주의 사랑을 경험하고 찬양하고 이게 신앙생활의 전부인 줄 아는 겁니다. 이걸로 끝나버리는 거죠. 그런데 이건 크리스천이라면 너무 당연한 거예요. 예수 믿는 사람이 구세주의 사랑을 경험하고 그것을 찬양하는 것은 너무 당연합니다. 저도 고백하는 게 뭐냐면, 예수님 만나기 전에는 단 한 번도 본질적으로 행복해 본 적이 없었습니다. 항상 뭔가 불만이 있고 뭔가 불안하고 문제가 있었어요. 본질적인 자유, 기쁨, 이걸 못 누렸습니다. 그런데 예수님 만나고서는 너무나 행복해요. 그분이 나의 주님이시니까. 그걸 느끼고 경험하면서 그분을 찬양하지 않을 수가 없어요. 너무 기쁘니까 눈만 뜨면 찬양해요.

그런데 문제는 그것만으로 끝나는 것은 제대로 된 신앙이 아닙니다. 그건 시작인 겁니다. 그렇다면 크리스천으로서 제대로 신앙한다면 뭐가 가능해야 할까요? "사회적, 정치적, 경제적인 삶의 모든 영역을 다스리시는 예수 그리스도의 최고의 주권"을 내 삶으로 그대로 받아들여야 합니다. 이것은 그리스도께서 나의 '왕 되심(주 되심)'을 인정하고 내 삶의 모든 영역에서 그분의 통치를 받아들이는 것입니다. 내

---

14   리처드 마우, 앞의 책. 20-21면.

삶의 주권자는 내가 아니라 '그리스도'이셔야 됩니다. 그러니까 '누가 왕이냐'의 문제예요. 제가 예수님을 만나고 그분의 사랑을 찬양하고 감격하면서 점점 "예수님이 나의 왕이시다"라는 것을 고백하게 되었습니다. 그런데 이게 입으로만 하는 고백이 아니라 진짜로 나의 삶 속에서 왕이어야 되는 겁니다. 저도 입으로만 그분이 왕이시라고 고백했음을 깨닫는 순간, 무릎 꿇고 크게 회개했어요. 예수님을 만나서 본질적인 행복감을 누리고 감격과 찬양이 있는데도, 그분을 왕으로 받아들이지 않으면 여전히 내가 내 삶의 주인이에요. 집에서도 내가 주인이니까 매번 부부 싸움을 하죠. 그런데 "내 주인이 누구시냐?", "우리 집의 주인이 누구시냐?", "내가 아니고 예수님이시다." 이러니까 집안에 평화가 찾아와요. 그리고 사랑이 싹터요. 그러니까 내가 서 있는 자리, 이곳의 주권자는 누구예요? 바로 '예수 그리스도'이신 거죠.

> "우리 인간 삶의 모든 영역에서 만유의 주재이신 그리스도께서 '나의 것이다'라고 외치지 않은 영역은 한 치도 없습니다."[15]

이것은 1880년에 카이퍼가 암스테르담 새교회(De Nieuwe Kerk)에서 〈자유대학교 개교연설〉을 할 때 선포한 내용입니다. 영역주권의 핵심을 잘 보여주는 선언이죠. 카이퍼 박사님이 "한 치도 없다"라고 말씀하신 것을 저는 '바늘 하나 꽂을 자리가 없다'라고 표현해요. 절대주권자는 누구시라고요? '예수 그리스도.' 그리스도가 왕 되게 하라

15 　아브라함 카이퍼/ 박태현 옮김 및 해설, 『아브라함 카이퍼의 영역주권』, (도서출판 다함, 2020), 해설 2. 카이퍼의 영역주권의 개념과 의의, 교보 ebook edition.

는 거예요. 나는 뭐예요? 나는 왕이신 그분의 통치를 받는 그분의 도구인 것이죠. 나를 세우신 그곳에서 나를 통해서 그분의 통치가 임해야 합니다. 그러니까 오늘 여기 있는 분들이 전공도 다르고 일하는 분야도 다 다르잖아요. 우리의 역할이 뭐냐면 철저하게 자신이 선 그 영역에서 그리스도께서 주권을 행사하시도록 그분의 통치를 받으며 빛과 소금의 역할을 해내는 거예요. 이게 바로 '영역주권'입니다. 바로 하나님의 영광과 주권이 우리를 통하여 세상의 모든 영역에서 구현되어야 한다는 거예요. 우리 삶의 영역인 정치, 경제, 사회, 문화, 종교, 예술, 교육, 스포츠 등 모든 영역에서 하나님의 영광을 위하여 만유의 주재자이신 그리스도의 통치가 실현되어야 한다는 선언입니다.[16]

이 영역주권은 크리스천들이 어떻게 살아야 하는지 알려주는 큰 지침이 됩니다. 오늘날 크리스천에게 어떻게 살아야 하는지 알려주는 것은 교회가 해야 할 아주 중요한 역할입니다. 이걸 가르쳐주지 않으면 크리스천으로서 '내가 왜 사는지, 어떻게 살아야 하는지' 알 수가 없습니다. 그러니까 어떤 일이 벌어지나요? 예수님을 찬양하고 기쁨과 감격에 눈물을 흘리지만, 정작 세상 사람들과 아무런 차이가 없는 삶을 살게 되는 거예요. 구원파적인 잘못된 신앙으로 세속적 '도덕'까지 무시하게 되면 불신자보다 부도덕한 삶을 '신앙'으로 정당화하는 죄된 삶의 구렁텅이로 떨어지기도 합니다. 무서운 일이죠.

---

16 박태현, 앞의 논문, 179면.

'오직 성경'의 의미

왕이신 그리스도가 내 삶을 통치하시도록 하려면 어떻게 해야 할까요? "말씀이 육신이 되어"(요 3:14) 오신 분이 그리스도십니다. 우리는 그리스도를 통해서 하나님을 온전히 알 수 있고 그리스도는 성경을 통해서만 드러납니다.[17] 그러니까 그리스도의 통치를 받는 것은 성경 말씀이 나를 통치하는 것입니다. 성경적 세계관으로 내 삶을 세팅하는 겁니다.

"아드 폰테스"(Ad Fontes, 본질로 돌아가자)를 외친 종교개혁의 첫 번째 솔라(solar, 오직)가 바로 '오직 성경'입니다. 종교 개혁은 제일 먼저 말씀 중심으로 우리 신앙을 세워야 한다고 외친 것이죠. 로마 가톨릭이 지배하던 중세 시대에는 현대처럼 자국어로 번역된 성경이 없었기에 성도들은 성경을 읽을 수가 없었습니다. 기독교 세계에 사는 사람들이 성경을 볼 수 없었다는 게 참 아이러니하죠? 가톨릭교회가 성경 해석을 독점하고 사제들만 성경을 읽을 수 있었는데 심지어는 라틴어로 된 성경을 읽지 못하는 사제들도 많았기에 자연히 신앙의 내용은 성경말씀이 아니라 성자숭배나 미신적인 의식들이 주가 될 수밖에 없었습니다. 본격적인 종교개혁 이전에 존 위클리프(John Wycliff, 1330~1384)가 화형당할 위험을 무릅쓰고 라틴어성경을 영어로 번역한 것도 신앙의 본질은 말씀에 있고 영국 성도들이 그 말씀을 읽음으로써 말씀의 통치를 받게 하려는 것이었죠. 그래서 위클리프가 영어성경을 완성하고서

17　알리스터 맥그라스, 「장 칼빈의 생애와 사상」, 비아토르, 2019, 274~275면.

첫 페이지에 적은 것이 바로 "This Bible is for the Goverment of the people, by the people, for the people"입니다.[18] 성경은 하나님이 그의 백성을 통치하시기 위한 것이라는 거죠. 센스 있는 분들은 '어, of the people, by the people, for the people은 링컨이 말한 민주주의 아니야?' 생각하실 텐데 맞습니다. 성경이 민주주의까지 연결되는데 이건 PLI에서만 들을 수 있는 내용입니다.(웃음) 법정치 파트에서 다시 말씀드릴 테니 기대하셔도 좋습니다.

그런데 성경이 라틴어에서 쉽게 읽을 수 있는 자국어로 번역되었다고 해도 성경의 진리를 일관되게, 체계적으로 이해하기란 쉬운 일이 아니죠. 성경공부를 시도한 크리스천들이 대부분 경험하는 것처럼 성경을 왜곡하지 않으면서 제대로 이해하는 것은 무척 어려운 일입니다. 이단은 성경 외의 다른 것을 진리로 외치는 게 아니라 성경 안의 내용을 가져와서 왜곡한다는 걸 알아야 해요. 사단도 예수님을 시험할 때 성경말씀을 인용하지 않습니까? 예수님은 사단이 왜곡한 말씀의 참 뜻을 얘기하시면서 그 시험에서 승리하시죠(마 4:1-11). 예수님이 사단에게 시험받은 이 성경 말씀은 우리에게 성경을 어떻게 읽어야 하는지 알려줍니다. 성경은 전체 진리의 맥락 안에서 일관성(coherence) 있게 이해되어야 합니다. 그래서 성경 진리의 요약이자 기준인 교리에 대한 정확한 이해가 필요합니다. 신론(삼위일체 하나님), 기독론(그리스도는 누구신가), 구원론(어떻게 구원을 얻는가), 성화론(어떻게 그리스도를 닮아 가는가)과 같은 핵심 교리들에 대한 바른 이해를 바탕으로 성경을 이해해야 바른 신앙을 가질 수가 있습니다. 특별히 악한 사람들이 이단에 빠

---

18   이승원, 『민주주의』, (책세상, 2017), 들어가는 말, 교보 ebook edition.

지는 것이 아니라 나무만 보고 숲을 보지 못하는 이들이 이단에 빠집니다. 내 느낌으로, 내 생각으로 성경을 이해하는 '내가복음'은 하나님이 아니라 내가 만든 하나님을 믿게 할 뿐인 겁니다.

우리가 흔히 이상적일 거라 생각하는 초기교회 시기에도 말씀을 잘못 이해하는 교회들이 많았기에 이를 바로잡기 위해 사도바울이 '서신서'를 쓰셨어요. 초기 교회의 진정한 적은 교회를 핍박한 로마황제가 아니라 오히려 말씀을 왜곡한 이단들이었습니다. 이단들은 가장 중요한 그리스도를 왜곡합니다. 삼위의 하나님 중 그리스도의 위격은 인성과 신성이 연합해 있습니다. 완전한 하나님이시면서, 동시에 죄 없는 순결한 인간이신 거죠. 그리스도를 왜곡할 때 예수님을 인간이기만 한 존재, 또는 신이기만 한 존재로 만듭니다. 영지주의는 육체를 부정하고 예수님의 인성을 왜곡합니다. 영지주의 교사 케르도의 영향을 받은 마르키온 이단은 구약 폐기론을 들고 나와 예수님의 사랑을 왜곡합니다. 저도 교회의 일원이 되고 나서 깜짝 놀란 것이, 예수님을 성경에 계시된 그대로가 아니라, 자기 식대로 편집해서 받아들이는 사람들이 너무 많은 거예요. 심지어 예수님은 공자 같은 훌륭한 사람이지 신이 아니라는 분들도 있어요. 동정녀에게서 태어나신 게 사실이 아니고. 부활도 사실이 아니라는 거예요. 저는 기독(그리스도)론을 흔드는 이런 자유주의 신학과 '율법폐기론'에 준하는 좌편향 기독교 교사들을 모두 마르키온 이단의 후예로 파악하고 있습니다.

맹위를 떨쳤던 또 하나의 이단은 몬타누스였습니다.[19] 그는 기존 교회를 열정이 없는 메마른 곳이라고 비난하면서 프리스킬라와 막시

---

19   마르키온 이단과 몬타누스 이단은 각주 426, 427 참고.

밀라라는 두 여자를 교회로 끌어들여 이적을 행하고 미래를 예언하는 것으로 인기를 누렸습니다. 계시된 성경보다 따끈따끈하게 직접 받는 직통계시의 중요성을 강조합니다. 이른바 직통계시이단의 원조격이죠. 여기서 오해하시면 안 되는 게 우리가 흔히 성령의 감동으로 받은 기도응답이나 하나님과 교통하면서 느끼는 감정과 생각 같은 것은 직통계시가 아닙니다. 직통계시는 성경의 권위를 넘어서는, 성경 외의 계시를 말합니다. 우리에게 말씀인 성경을 이해시키시는 분도 성령 하나님이시기 때문에 성령의 감동으로 받는 응답들이나 감화교통은 모두 성경말씀을 벗어나지 않습니다. 성도들이 받은 이런 감동들이 성령에 의한 것인지 분별하기 위해서라도 성경말씀은 그 기준이 되는 것이죠. 초기 교회와 교부 시대는 이런 이단들과 싸우는 과정에서 교리를 체계화하고 기독교 신학을 정립해 갑니다. 어거스틴으로 대표되는 교부들을 속사도(續使徒)라고 하는 이유도 사도들 이후에 등장해서, 사도들의 가르침을 정리하고 체계화해서 성경의 진리를 기독교 교리로 정립한 분들이기 때문입니다.

종교개혁 시기에도 동일한 위험이 존재했습니다. 본질에서 벗어난 가톨릭교회에서 벗어났지만 성경을 이제 읽기 시작한 성도들에게 성경의 가르침이 체계적으로 정리되어 제시되지 못하면 오히려 혼란에 빠질 수 있는 상황이었죠. 종교개혁가인 존 칼빈의 사역이 중요해지는 것이 바로 이 지점입니다. 칼빈의『기독교강요』는 1536년 처음 출판할 당시 "기독교의 원리적 진리들을 요약하는 작은 책자"였습니다. 칼빈은 1534년 프랑스에서 가톨릭미사의 악습을 고발하는 벽보사건으로 순교했던 자신의 친구들의 죽음이 헛되지 않도록 그들이 소유했던 "믿음의 정체를 알리는 것"을 가장 큰 목적으로 삼고 이 소책자를 출판했다고 밝힙니다.[20] 그 뒤 23년에 걸쳐서 증보된 『기독교강요』는 성경의 진리를 가장 명료하고 체계적으로 설명한 저작으로 평가받습니다. 저는 성경의 진리를 체계적으로 정리한 이 책이 전 유럽으로 퍼지면서 말씀으로 돌아가자는 종교개혁이 성공적으로 이뤄질 수 있었다고 평가합니다. '성경적으로' 내 삶의 신앙개혁을 하려는 PLI가 『기독교강요』를 가장 성경적인 기독교세계관의 교과서로 생각하는 이유도 그 때문입니다. 카이퍼가 영역주권으로 칼빈의 『기독교강요』를 19세기 버전으로 내놓았다면 이제 PLI는 대한민국 21세기 버전의 성경적 세계관 운동을 해나가는 것입니다.

하나님의 언약

자, 이런 주의사항을 염두에 두고서 이제 말씀 중심의 신앙이 무엇인지 생각해 봅시다. 말씀 중심의 신앙은 성경의 말씀 위에 우리의 삶을 다시 세우는 것입니다. 저는 예수님을 만나고서 예수님을 나의 왕이라고 고백하며 창세기를 다시 읽을 때 정말 죽는 줄 알았습니다. 너무 은혜를 받아서요. 창세기 말씀을 읽는데 창조에서부터 타락, 그리고 구원의 약속까지, 그 말씀에서 제 존재와 삶이 이해가 되면서 새롭

---

20   라은성, 『이것이 기독교 강요다(지도자용)』, PTL, 2014, 23면.

게 세워지는데 전기가 찌릿찌릿 오는 것처럼 전율이 옵니다. 하나님의 약속이 얼마나 신실하신지 지금의 제 존재로 그걸 알고 경험하게 되니까 정말 감격이 되는 거죠. 참 신앙의 관점에서 말씀 중심의 신앙은 하나님의 '은혜의 언약'을 중심으로 내 존재와 나를 둘러싼 세계를 다시 세팅하는 것을 의미합니다. 성경이 하나님께서 구원한 백성에게 주시는 약속, 언약이란 것을 알고 계셨나요? 구약(Old Testament, 옛 약속)과 신약(New Testament, 새 약속)의 의미처럼 성경은 하나님의 약속, 하나님의언약[21]인 것입니다. 그러니까 말씀 중심의 신앙을 하려면 가장 기본적으로 하나님의 언약에 대해 이해해야 합니다.

성경을 통해서 보면 하나님은 항상 언약으로 하나님의 백성과 관계를 맺으십니다. 언약은 기본적으로 약속을 맺는 당사자들에게 지켜야 할 의무를 부과하는데 그 의무는 서로의 관계를 지켜주는 핵심적인 내용을 담고 있습니다. 우리의 하나님이 되시겠다고 약속하시며 우리에게 요구하시는 의무는 우리가 하나님의 자녀이기 위해서 무엇을 하고 하지 말아야 하는지, 그 본질적인 정체성에 대해 알려줍니다.

창조언약은 하나님께서 인간을 만드시고 주신 첫 언약입니다. 하나님은 창조하신 이 세상을 다스리게(통치하게) 하려고 인간을 만드신 후(창 1:26), 그의 통치를 받는 인간에게 이 땅을 정복하고 다스리라고 위임하십니다(창 1:28). 이 땅의 대리통치자로 세우시며 에덴동산을 잘 관리하라는 임무와(창 2:15) 선악과를 먹지 말라는 금지의무를 부과하

---

21 데이비드 반드루넨(David VanDrunen)/.김남국 역, 『언약과 자연법』, 부흥과 개혁사, 2018, 언약(言約, covenant, testament). 하나님께서 인간과 인격적으로 맺으신 약속을 언약이라고 함. 창조언약(행위언약), 노아언약(보존언약), 은혜언약으로 나뉨. (노아언약을 은혜언약으로 분류하기도 함)

십니다(창 2:17). 하나님은 인간에게 이 땅을 통치하는 막강한 권한을 부여하면서 선악과를 제외한 모든 자유를 허용하십니다. 선악과 하나만 먹지 말라고 금지하신 거예요. 이 금지는 인간이 피조물임을 인정하는 질서입니다. 자신을 만드신 하나님의 권위에 순종할 때 우리가 하나님의 자녀가 되는 그 질서인 거죠. 이렇게 창조시의 언약은 대리통치의 권한과 임무를 받은 인간이 선악과에 손대지 말라는 명령에 순종하면, 즉 금지된 행위를 하지 않으면 생명이 약속되는 '행위언약'이었습니다. 자유의지를 가진 인간이 하나님을 사랑해서 그 명령에 자발적으로 순종한다면 영원한 생명이 그들에게 약속된 것이죠.[22]

그런데 첫 인간인 아담은 하나님과의 언약을 깨뜨립니다. 아담은 자신이 다스려야 할 피조물인 뱀을 다스리지 못하고 오히려 뱀에게 속아서 하나님을 반역합니다. 하나님처럼 되고자 하는 욕망이 아담을 하나님의 자녀에서 탈락시키는 결과를 초래합니다. 그러니까 만약 여러분이 아담이었다면, 에덴동산을 다스려야(통치해야) 하는 거예요. 통치하라고 위임받았잖아요. 뱀이 "죽는 게 아니라 네가 하나님처럼 될까봐 그러시는 거야. 금지된 것을 하자~"라며 속이고 부추길 때 "나는 하나님께 순종하는 하나님의 자녀야, 썩 물러가"라고 제압해버려야 해요. 하와가 유혹에 흔들렸을지라도, 아담은 하나님께서 자신에게 뱀을 포함한 모든 피조물들을 다스리게 하셨다는 사실과 금지하신 것을 기억하고 이것을 지켜야만 했습니다. 그러나 아담은 약속을 깨

---

22   로버트 쇼(Robert Shaw)/조계광 역, 『웨스트민스터 신앙고백 해설』, (생명의말씀사, 2016), 7장 인간과 맺으신 하나님의 언약, 교보ebook edition.

뜨리고 하나님을 배반했습니다.[23] 하나님처럼 되고자 하는 이 반역이 바로 죄의 본질이에요. 이게 이해가 돼야 합니다. 다시 말해, 대리통치하라고 주신 이 세상을 잘 관리하면서 우리에게 주신 막강한 권한과 자유에 감사하고 자녀로서의 질서를 지키며 하나님께 순종하면 에덴에서 생명을 누리며 살 수 있었지만, 반대로 뱀 편에서 하나님처럼 높아지려고 질서를 깨뜨리고 하나님을 대적하면 그게 바로 반역이고 그 죄의 결과로 사망에 이르게 된 겁니다.

은혜의 언약과 '이신칭의(以信稱義)'

'행위언약'으로 생명을 기대할 수 없게 된 인간에게 하나님은 '은혜언약'이라고 불리는 두 번째 언약을 주시며, 여자의 후손으로 오실 그리스도가 뱀의 머리를 밟고 죽음에서 승리하심으로 우리를 구하실 것을 약속하십니다(창 3:15; 갈 3:22). 이제 구원과 생명은 이미 실패한 인간의 '행위'가 아니라 하나님의 전적인 '은혜'로 주어질 것임을 약속하시기에 '은혜'언약입니다. 하나님께서는 이 은혜언약을 통해 예수 그리스도로 말미암는 생명과 구원을 죄인들에게 값없이 베푸시고 우리에게는 구원을 위해 그리스도에 대한 믿음을 요구하셨습니다.[24] 그러니까 이게 무슨 의미일까요? 죄인은 정의와 공의 자체이신 하나님께

---

23 제임스 몽고메리 보이스(James M. Boice)/ 문원옥 역, 『창조와 타락, 창세기I (1-11장)』, 솔라피데출판사, 2013, 창세기 3장 해설에 관해서는 이 책 참조.

24 로버트 쇼, 앞의 책, 7장 참조.

로 나아갈 수가 없습니다. 하나님께서 의롭다고 선언해주실 때(칭의. 稱義) 우리는 하나님 앞에 설 수가 있는 거예요. 그럼 죽을 수밖에 없는 죄인이 어떻게 칭의를 받습니까? 그리스도를 믿음으로 십자가 죽음에 순종하신 그리스도의 의가 그를 믿는 이에게 전가되어서 의롭다 칭함을 받는 것입니다. 십자가에서 그리스도가 죽음으로 우리 죄를 대속하시고, 그리스도를 믿는 우리는 의롭다 칭함을 받습니다. "구원은 우리에게서 난 것이 아니요 하나님의 선물"입니다(엡 2:8). 구원을 얻기 위해 인간이 행위로 보태야 할 것은 하나도 없습니다. 오직 그리스도를 구주로 믿음으로써 '은혜로' 주어지고 칭의 받은 우리는 하나님의 자녀로 회복됩니다. 이것이 그리스도를 통해서 구속과 회복을 약속하신 하나님의 은혜의 언약입니다.

수도사였던 마틴 루터(Martin Luther, 1483-1546)는 '이신칭의' 교리를 구원론의 핵심으로 선포하며 종교개혁을 이끌었습니다. 당시 가톨릭 교회의 구원 교리에 따르면 세례를 받고 교회의 관행을 충실히 따르고 선행을 하고 진정한 참회를 함으로서 실제로 내적으로 의롭게 되어서 더 이상 죄인이 아니게 될 때 칭의를 받습니다. 하나님 앞에 충분한 공로(merit)를 쌓아야만 얻을 수 있었죠. 루터는 줄곧 이런 방식으로 칭의를 구하다가 절망에 빠졌습니다.[25] 그는 '행위'로서는 다른 수도사들에 비해 압도적으로 경건한 수도사였습니다. 그런데 아무리 경건한 수도사 생활을 해도, 고행을 해도 여전히 자신 안엔 죄가 있는

---

25 로저 올슨 · 애덤 잉글리쉬/ 김지호 옮김, 『하룻밤에 정리하는 신학의 역사』, 도서출판100, 2019, 121-125면.

거예요. 아무리 노력해도 거룩한 하나님의 기준에 도달할 수가 없어요. 죄의 문제가 해결이 안 되니까 항상 심판의 두려움과 절망의 고통 속에 빠졌던 거죠. 루터는 인간이 처한 이 상황을 'anfechtung'으로 표현합니다.[26] 한국어로 맞아떨어지는 단어가 없어서 독일어를 그대로 썼는데 법학자인 저에게는 이 단어가 지닌 '취소'라는 의미가 명확하게 다가옵니다. 그러니까 창세기 3장의 아담의 타락 이래로 하나님의 자녀에서 '취소'된 존재의 고통과 절망인 거죠. 단순히 우울하다거나 절망적인 감정 이상의, 죄로 죽을 수밖에 없는 인간의 존재론적 우울감인 겁니다. 뭘 해도 해결되지 않는 이 우울과 불안의 본질은 창조주의 품 안에 있어야만 깊은 평안과 자유를 누리는 피조물이 하나님을 반역하여 그 품을 떠난 데 있어요. '그리스도를 통하는 길 외에는 회복이 불가능하다'는 것은 그리스도를 통해서만 하나님 품으로 돌아갈 수 있다는 것을 의미해요. 회복될 길은 그리스도밖에 없는 거예요. 그래서 유일하신 구세주인 겁니다. 괴로워하던 루터는 "의인은 믿음으로 살리라"는 로마서 1:17 말씀으로부터 '이신칭의'의 완전한 자유를 획득합니다.

'이신칭의'의 교리에서 중요한 것이 이 칭의가 '법정적 칭의'라는 것을 이해하는 것입니다. 죄인이 치러야 할 죽음이라는 형을 이미 그리스도께서 치르셨기 때문에 공의의 재판관이신 하나님께서 법정에 선 죄인을 '의로운 자'라고 판결해 주신 것입니다. 나는 의인으로 판결을

---

26 루터의 anfechtung에 관한 해설로는 David Lawrence Coe, *Kierkegaard and Luther* (New York: Lexington Books/Fortress Academic, 2020), Kindle ebook edition. 참조. 이 책은 실존주의 철학자 키에르케고어가 루터로부터 받은 철학적 · 신학적 영향에 대해서도 설명을 하고 있다.

받았기 때문에 아버지 하나님과 화해하고 그의 자녀의 신분을 회복합니다. 그런데 그것은 내가 실제로 '의롭게 되는' 게 아니라 그리스도의 의가 나에게 전가되어 나를 '의롭다고 여겨 주시는' 겁니다. 그래서 루터는 이것을 "의인인 동시에 죄인"이라고 표현합니다. 하나님은 나를 의인으로 봐 주시지만 나는 여전히 죄인이에요.[27] 거듭난 이가 여전히 죄로 넘어지는 것도 이것 때문이에요. 저도 회심하고서 고민이 되었던 것이 바로 이 문제였어요. 분명 그리스도의 피로 영원한 속죄를 이루어 모든 죄 문제가 해결이 되었는데(구원받았는데) 왜 나는 죄의 유혹에 무력한가? 왜 계속 죄를 짓는가? 이런 고민을 여러분들도 많이 하셨을 거예요. 칭의를 제대로 이해하지 못하면 이런 고민으로 인해 구원의 확신도 흔들릴 수 있습니다. 죄 문제가 해결이 되었다는 것은 죄를 다시 안 짓는다는 의미가 아니라 하나님과 자녀의 관계가 회복되었다는 관점으로 봐야 합니다. 죄 때문에 하나님 앞에 나가지 못했던 이가 그리스도께서 화목제물이 되셔서 이제 자녀의 신분으로 아버지 하나님과 화평을 누리게 되었다는 거죠. 하나님께서는 자녀된 우리에게 너희들이 말썽을 좀 피워도 계속 너희는 내 자녀라고 선언해주신다는 거예요.

그러니까 그리스도의 은혜로 하나님의 자녀로 회복되었지만 내 안에는 여전히 죄가 있어요. 사도 바울도 선을 행하기 원하는 나에게 악이 함께 있다고 표현합니다(롬 7:21). 존 오웬은 이것을 "신자 안에 내주하는 죄"로 표현하며 우리는 "죄죽이기"를 하며 죄와 싸워야 한다고

---

27 라은성, 『이것이 교회사다: 진리의 재발견』, PTL, 2015(3쇄), 55면.

말합니다. 하나님께서 새 언약으로 약속하신 것처럼 이제 죄와 싸워서 하나님의 법을 지키는 것도 내 힘이 아니라 성령의 은혜로 가능하게 되었어요. 하나님은 성령을 우리에게 보내셔서 하나님의 법을 지키도록 해 주시겠다고 약속하셨고(겔 36:27) 실제로 성령께서 우리에게 오셨습니다(행 2:38; 롬 8:2). 거듭나서 칭의를 받은 자가 반드시 성화되는 것은 하나님의 약속인 거예요.

루터가 '이신칭의'를 깨달은 사건은 회심한 제게도 큰 울림으로 다가왔어요. 이신칭의의 깊은 의미를 묵상할 때, 죄인을 향한 하나님의 놀라운 구원 계획과 우리에게 주시는 그 크신 사랑에 다시금 감격하게 되는 거죠. 회심 전 무엇을 해도 만족하지 못했고, 우울증으로 고통스러워했던 제게 예수 그리스도의 '의'와 '십자가'는 해방과 구원 그 자체였어요. 이러한 고통의 근본 원인인 '죄' 문제는 나의 노력으로 해결될 것이 아닙니다. 오직 그리스도의 공로이고 오직 은혜이고 오직 믿음인 거죠. 루터의 고백이 바로 저의 고백이 되니까 예수님을 향한 저의 사랑은 더욱 깊어질 수밖에 없었습니다. 그래서 종교개혁의 5대 '솔라'(sola, 오직) −'오직 성경', '오직 그리스도', '오직 은혜', '오직 믿음', '오직 하나님의 영광'이 가슴에 박히는 겁니다. 종교개혁이 선언한 '5대 솔라'가 중심이 되면 우리 신앙의 본질이 회복됩니다. 본질을 회복하는 것이 바로 '개혁'입니다. 종교개혁은 한마디로 행위 중심의 신앙과 율법주의에 짓눌려 예수님이 주신 자유를 누리지 못하는 교회와 크리스천들이 해방과 자유를 맛보게 된 은혜의 역사입니다.

믿음에 대한 오해들: 구원취소와 구원파 사이에서

'이신칭의'를 알리스터 맥그라스는 애굽에서 이스라엘을 해방시킨 하나님의 은혜에 빗대어 설명합니다. 이스라엘 백성이 의롭기 때문에 하나님께서 애굽에서 구출해서 자유를 주신 것이 아닙니다. 구원은 하나님의 전적인 주권이자 은혜입니다. 출애굽기 읽어보시면 다들 느끼시겠지만 하나님이 선택한 백성들인데 왜 다 이 모양인지 당황스럽죠.(웃음) 그런데 우리도 별반 다르지 않습니다. 루터가 말한 우울과 절망은 타락 후에 인간이 느끼는 도덕적인 불완전함에 의한 '상실감'입니다. 죄를 지으면 심판의 두려움을 느끼고 구원의 확신이 흔들리는 거죠. '이신칭의'의 교리는 우리가 때때로 잘못된 경험을 통해 '은혜'를 쉽게 잃어버리는 것을 방지해 줍니다. 구원은 내 행위에 따라서 왔다 갔다 하는 게 아니라 하나님의 주권적인 은혜입니다. 내가 한 어떤 행위에 따라 구원이 결정되거나 취소되는 것이 아닙니다. 저는 잘한 것이 하나도 없는데 예수 그리스도의 '십자가' 사랑과 그분의 '의'로 인해 '의롭다'고 칭함을 받고 있습니다.[28] 이 놀라운 구속의 역사는 오직 그리스도를 통해서만 이루어집니다. 누구도 그 어떤 것도 하나님의 일방적인 은혜인 구원을 흔들 수 없습니다. 맥그라스는 어거스틴을 인용하면서 이신칭의 교리를 밭을 지켜주는 울타리라고 합니다. 여기서 '밭'은 예수 그리스도를 통해서 살아계신 성부 하나님과 크리스천 사

---

28 알리스터 맥그라스(Alister E. McGrath)/ 김재권 역, 『알리스터 맥그라스의 이신칭의』, 생명의말씀사, 1996, 14-15면. 루터의 십자가 신학에 대해서는 알리스터 맥그라스(Alister E. McGrath)/ 김선영 역, 『루터의 십자가 신학: 마르틴 루터의 신학적 돌파』, 컨콜디아사, 2015 참조.

이에 이루어지는 풍성한 구속적 만남을 의미합니다. 교리는 이 아름다운 만남을 세대를 이어 역사적으로 지속될 수 있도록 도와줍니다.

행위는 구원의 조건이 되지는 않지만 구원받은 이들의 행위는 이전과 달라집니다. 칭의 받은 이들은 그리스도의 통치를 받으며 그리스도의 형상을 닮아가도록 성령의 인도를 받습니다(롬 8:29). 이 과정을 성화라고 부릅니다. 중생한(거듭난) 크리스천은 반드시 성화됩니다. 우리의 행위가 변화되는 것은 구원의 열매입니다. 내 죄 때문에 죽기까지 하신 예수님을 내가 너무 사랑하기 때문에 예수님이 나의 왕 되시고 내가 그의 통치를 받는 거예요. 그럼 자연히 성화의 과정이 따라오게 됩니다. 성령의 은혜로 그리스도의 분량까지 자라가고 우리의 행위는 달라질 수밖에 없습니다.

그런데 예수님을 사랑하는 사람이 예수님이 십자가에서 내 모든 죄—과거, 현재, 미래의 모든 죄 값을 치러 주셨으니까 앞으로 맘 편히 죄지어도 되겠다고 생각할 수 있을까요? 혹은 죄를 짓고서 죄책감을 가지거나 회개하는 게 예수님이 내 죄 값을 넉넉히 치렀다는 걸 확신하지 못해서 믿음이 약하다고 생각할 수 있을까요? 이렇게 되면 죄의 종노릇(속박)에서 자유를 얻은 게 아니라 죄책감에서 자유로워지는 거죠. 이것은 구원의 결과(구원받았다)에 대한 신앙이지 예수님을 믿는 것이 아닙니다. 그리스도를 믿는다는 것은 나를 위해 죽으신 그분을 너무 사랑해서 내 삶으로 그분의 통치를 받는 거예요. 그리스도의 완전한 속죄로 내가 죄인에서 하나님의 자녀로 신분을 회복해서 하나님의 품에 안기게 된 것을 믿어요. 이 믿음은 죄에 둔감해지도록 하는 것이 아니라 오히려 죄를 싫어하시는 하나님의 자녀답게 죄에 더 민감해지고 죄를 회개하며 성령의 은혜를 구하게끔 합니다.

언약과 율법주의

출애굽한 이스라엘과 시내산에서 맺으신 모세언약은(출 24:3) 하나님께서 주신 율법을 이스라엘 백성이 모두 지키겠다고 약속하는 형태입니다. 언약에 명기된 규정인 율법을 지키는 것이 언약을 지키는 것이죠. 따라서 이 언약을 지키면 하나님의 소유가 되고 거룩한 백성이 될 것이라는 말씀은(출 19:5-6) 자칫 우리가 율법을 지켜야만 하나님과 그의 백성으로서의 관계가 유지될 수 있을 것 같은 오해를 불러일으킵니다. 하나님의 언약은 그 계약의 요건을 행위로 충족시키면, 법적 효과가 발생하는 쌍방 간의 법적 계약이 아닙니다. 우리가 이런 식으로 오해하기 때문에 율법을 지켜야만 구원을 얻는다는 행위중심의 '율법주의'에 빠지게 됩니다. 율법을 지키는 것은 구원의 조건이 아닙니다. 율법의 역할은 이스라엘을 이웃 이방인들과 구별시키고 하나님과 이웃을 어떻게 사랑해야 하는지 알려주는 것이었죠. 십계명으로 대표되는 율법은 오히려 우리를 하나님의 구별된 백성으로 지켜주는 하나님의 은혜입니다. 사람들이 율법을 온전하게 지키지 못했더라도 하나님은 용서와 구속의 수단을 제공하셨습니다. 하나님은 그의 백성이 하나님을 닮기를 원하셨기 때문에 율법을 선물로 주신 것입니다.

이제 성령의 은사를 동반하는 새 언약 아래서 하나님의 백성은 그분을 닮아갈 수 있습니다.[29]

이런 율법의 정신을 잃어버린 채 금지와 의무의 행위에만 문자적으로 집착하는 율법주의는 우리의 삶에서 생명과 은혜를 빼앗아 갑니다. 싱클레어 퍼거슨 박사는 하나님의 은혜를 왜곡하는 율법주의의 위험성을 경고했습니다. 그는 하나님의 언약을 조건 있는 계약처럼 인식하면 율법주의에 빠져 정죄와 죽음(생명이 없는)의 신앙생활을 하게 되는 문제를 얘기해요. 하나님의 '언약'은 우리에게 은혜롭게 영향을 미치는 하나님의 사랑의 약속입니다. 모세언약 또한 율법에 집중해서 볼 것이 아니라, 하나님은 언제나 은혜로우시며 주권적으로 자신의 백성들에게 은혜를 베푸신다는 '은혜언약'의 본질에서 보아야 합니다. 율법은 우리를 구속하고 괴롭히는 것이 아니라 우리를 지켜주는 선물이에요. 우리가 하나님께 순종하려는 것은 계약이행을 위한 '의무' 때문이 아니라 하나님을 사랑하기 때문입니다.[30]

구속은 창조 시의 형상을 회복하는 것

자, 이제 중요한 것은 창조와 구속의 연속성을 이해하는 것입니다. 구속은 창조의 회복입니다. 칼빈과 아브라함 카이퍼를 이어서 엘버트

---

29   고든 D. 피 · 더글라스 스튜어트, 『성경을 어떻게 읽을 것인가』, 성서유니온, 2020, 225-227면.

30   율법주의의 위험성과 율법폐기론의 문제점에 대해서는 싱클레어 퍼거슨(Sinclair Ferguson)/정성묵 역, 『온전한 그리스도』, 디모데, 2019 참조.

월터스라는 분이 있어요. 이분이 개혁주의 세계관을 정리한 책이 『창조·타락·구속』 (Creation Regained)인데, 이 책의 핵심은, '구속이 치유이고, 회복되는 것이다'라는 거예요.[31] 이것을 이해해야 해요. 우리가 예수님이 왕이라고 선포할 때 장점 중 하나는 그분을 통해서만 가능한 회복이 이루어진다는 겁니다. 저도 그런 것을 많이 느꼈어요. 제가 왜 어릴 때부터 버릇이 없고 대적을 좋아했을까를 생각해보니까, 아버지와 관계가 안 좋았어요. 대부분의 사고치는 애들처럼 저도 그랬어요. 생물학적인 아버지에 대한 원망, 분노, 이런 게 굉장히 강렬하고 아버지와 화해가 안 됐어요. 그런데 예수님을 만나고 아버지 하나님과의 관계가 회복되니까 이 문제가 해결이 되었습니다. 우연히 어떤 목사님이 쓰신 책을 읽었는데, 저보다 더한 분이어서[32] 깜짝 놀랐어요. 제가 제일 심하게 아버지로부터 고통을 받았다고 생각했는데, 이 목사님에 비하면 '조족지혈이다'라는 생각이 들었죠. 그분 스토리를 읽다가 기도를 하는데 하나님께 이런 원망이 들었어요. "이 목사님이나 저 같은 애들은 그 고통 속에 왜 그냥 내버려 두셨어요?" 그런데 그때 "내가 네 아버지다"라는 말이 강렬하게 와 닿는데, 얼마나 울었는지 몰라요. 그리고 상처들이 눈 녹듯이 풀리는 겁니다. 그 후에 아버지를 만나는데, 화가 안 나고 안쓰러워 보이고. 이게 하나님의 사랑이라는 것이 가슴에 와 닿았어요. 이게 치유되고 회복되는 거예요.

그리스도의 구속을 통한 회복이 이렇게 개인적인 차원에만 머무

---

31   알버트 월터스(Albert M. Wolters), 마이클 고힌/ 양성만 역, 『창조·타락·구속』(Creation Regained), IVP, 2017 참조.

32   김길, 『증언: 하나님의 인도하심만 믿고 달려온 삶』, 규장, 2010 참조.

는 것은 아닙니다. 하나님의 본래 창조 목적과 계획도 그리스도의 구속을 통해 회복됩니다.[33] 다시 하나님의 자녀가 된 크리스천은 왕이신 예수님의 통치를 받으며 성령 하나님의 은혜와 인도로 타락 전 형상을 회복해 갑니다. 타락 전 형상은 첫 아담이 아니라 마지막 아담인 그리스도가 모델이 됩니다. 이제 하나님이 원래 계획하셨던 창조 목적대로(창 1:26) 회복된 크리스천은 부르신 곳에서 그곳을 대리 통치하도록 위임받습니다. 내가 하나님의 은혜로운 통치의 도구가 되는 거예요. 자신이 선 자리에서 빛과 소금의 역할을 할 책무가 다시 주어진 것입니다. 이것이 크리스천의 본질적인 정체성입니다.

저도 이 대리통치에 대한 의식이 강해지면서 삶의 태도가 바뀌었어요. 전에는 회심했는데도 불구하고 짝 다리 짚고 건방을 떨었어요. 우리 대학 정문을 들어갈 때는 '내가 여기에 근무해주는 것이 너희들 복이다'라고 생각하면서 교만하게 행동했습니다. 그런데 '주님이 왕이시다'라고 고백하니까 제가 선 자리는 저를 통해서 주님의 주권이 선포되는 자리란 걸 깨닫게 된 거죠. 나를 이곳에 보내신 하나님의 은혜를 느끼니까 사람이 바뀌는 거예요. 눈물을 흘리며 제가 일하는 학교를 위해서 기도하게 되고, 제자들이 모두 사랑스럽게 보이는 거예요. 모든 것이 은혜임을 깨달으면 이렇게 되는 겁니다. 제가 재벌이 세운 우리 학교를 위해서 기도를 한다고 하면 "재벌이 잘 되라는 거예요?"라고 시비 거는 사람들이 있어요. 네, 저는 학교를 위해서 기도해요. 그리고 우리 학생들을 위해서 기도합니다. 그게 나쁜 건가요? 아니

---

33   리처드 마우, 앞의 책, 33-34면.

요, 그게 제정신이에요. 우리는 우리를 부르신 곳, 그 곳에서 빛과 소금의 역할을 해야 하는 거예요. 그게 회복된 크리스천의 삶입니다.

●●●

문화사명: 크리스천이 세상을 이기는 법

하나님이 그들에게 복을 주시며 하나님이 그들에게 이르시되 생육하고 번성
하여 땅에 충만하라, 땅을 정복하라, 바다의 물고기와 하늘의 새와 땅에 움
직이는 모든 생물을 다스리라 하시니라 (창세기 1:28)

오직 하나님께 영광

'오직 하나님께 영광'은 종교개혁의 5대 솔라 중 하나죠. 그리스도 안에서 거듭난 크리스천은 이제 하나님을 영화롭게 하는 것이 삶의 목적이 됩니다. '나의 영광'이 아니라 '하나님의 영광'을 위해서 사는 거예요. 자, 그럼 이런 질문을 해 봅시다. 인간이 무엇을 해야 '하나님께 영광'이 될까요? 하나님은 이미 영화로운(glorious) 분이신데 인간이 뭘 해야 하나님을 영화롭게 할 수 있을까요? 인간의 기준으로 생각했을 땐 높아지거나 유명해지면 영광스럽죠. 그럼 내가 최고의 학자가 되어서 노벨상을 받는 게 하나님을 영화롭게 하는 걸까요? 내가 사업에 성공해서 세계적인 대기업 회장이 되면 하나님께서 영광 받으실까요? 아닙니다. 하나님은 완전하시고 부족한 게 없으시기 때문에 우리 기준에서 아무리 대단한 뭘 한다고 해도 하나님의 영광에 보태드릴 게 없어요. 하나님은 굳이 그게 없어도 이미 영화로우세요.

그럼 도대체 우리가 영광 그 자체이신 하나님을 어떻게 영화롭게 할 수 있을까요? 그건 바로 그분을 기쁘시게 하는 거예요. 이걸 잘 이해하는 것이 중요합니다. 예를 들면 이런 거예요. 어버이날에 아이들이 어떻게 할 때 부모님들이 기쁜지 떠올려봅시다. 아직 글도 잘 못 쓰는 아이가 삐뚤삐뚤한 글씨로 "엄마, 아빠. 사랑해요"라고 써서 준 카드를 받을 때 기쁘지 않나요? 아이가 뭔가 거창하고 대단한 걸 가져다줘서가 아니라 그 카드에 담긴 진실된 사랑의 마음에 부모의 마음은 기쁨으로 가득 차는 거예요. 하나님과 우리 관계의 핵심은 사랑이죠. 하나님이 우리를 창조하신 이유가 그거예요. 하나님께서는 우리로 인해 기뻐하시고 싶은 거예요. 그러니까 '하나님께 영광'은 내가 하나님께 진정한 사랑으로 경배와 찬양을 드릴 때 하나님이 기뻐하시는 걸 말해요. 그게 하나님이 영광을 받으시는 거예요. 하나님은 부족한 게 없으신 분이시기 때문에 내가 뭘 거창하고 대단한 걸 드릴 때 기뻐하시는 게 아니라, 내가 진실한 사랑으로 하나님을 찬양하고 내 삶이 하나님을 향한 진실한 예배(worship)가 될 때 그것을 하나님은 정말 기뻐하시고 그게 영광 받으시는 거예요. "이 백성은 내가 나를 위하려 지었나니 나의 찬송을 부르게 하려 함이니라"(사 43:21)는 말씀처럼 하나님은 우리가 그분을 정말 사랑해서 경배하길 원하셨기에 우리를 창조하신 거예요.

문화사명과 반역의 문화

하나님은 이 세상을 창조하시고 인간을 만드시고서 아주 많이 기뻐하셨어요(창 1:31). 그리고 창조하신 세상을 인간에게 맡기시며, "땅에 충만하라, 땅을 정복하라(fill the earth and subdue it)"(창 1:28)고 말씀하십니다. 땅을 가득 채우고 정복하는 것은 먼저 땅을 경작하고(cultivate) 길러내는 것으로 시작됩니다. 문화(culture)는 땅을 경작하는(cultivate) 활동처럼 인간의 손길과 노력으로 만들어지는 산물과 그 활동을 의미해요. 그러니까 땅을 가득 채우고 정복하라는 것은 문화적인 활동으로 이 세상을 풍성하게 일궈가라는 것인데 아브라함 카이퍼는 이것을 '문화 사명'이라고 표현합니다. 이 문화적 활동은 타락 이전에는 창조목적과 '창조질서' * 에 부합해서 이뤄졌어요. 그러니까 하나님을 사랑하고 경배하며(창조목적) 하나님께 순종하고 다른 피조물을 다스리면서(창조질서) 이 땅을 일구고 채워가는 활동이었죠. 하나님은 이것을 기뻐하시고 영광 받으셨어요. 이렇게 우리가 하나님의 창조목적과 창조질서에 맞게 문화사명을 해 나가는 것이 바로 하나님의 도덕적 통치입니다. 주권자이신 하나님이 우리를 통치하시고 우리는 하나님께 순종해서 이 세상을 다스리는 것이 도덕적인 거죠.

그런데 창세기 3장 아담의 반역 이래로 인간이 만드는 문화도 타락하게 됩니다. 타락 이전에는 문화적 활동이 하나님께 영광 돌리기 위한 것이라면 타락 이후에는 인간의 이름을 내고 인간의 영광을 위한 것이 됩니다(창 11:4). 인류가 가진 죄성, 하나님처럼 높아지고자 하는 욕망이 지상에서 반역을 실현해요. 바벨탑을 쌓고 자기를 높이기 위해 하나님께 대적하죠. 그 대적과 반역이 문화로 만들어져 강화됩니다. '이성 중심의 계몽주의' * 가 이성으로 증명 가능한 하나님을 요구한다면 '포스트모더니즘'＊의 물결은 해체의 문화를 양산해냅니다. 인간이 왕이 되어서 하나님과 성경을 왜곡하고 창조질서를 깨뜨리고, 성경적 도덕관과 윤리를 해체하고 성경의 권위를 해체합니다. 이제 땅을 채우는 문화 활동은 하나님께 영광 돌리는 문화적 순종과 하나님을 대적하는 문화적 불순종, 두 가지로 나뉩니다.[34] 이 땅에서 성경적 세계관과 반성경적 세계관이 치열하게 다툼을 벌입니다.

그럼 회복된 크리스천은 어떻게 살아야 할까요? 우리는 세계관 싸움에서 성경적 세계관을 문화적으로 확산시킬 수 있어야 합니다. 이 것이 하나님께서 땅을 가득 채우고 정복하라고 명령하신 '문화사명'입니다. 예수님을 왕이시라고 고백하며 자신이 선 자리에서 대리통치자로 살아내는 겁니다. 나를 통해 하나님의 절대주권이 선포되도록 내가 선 자리에서, 그의 은혜로운 통치의 도구로 사는 거예요. 간혹, '도구'된다는 말을 비인격적인 꼭두각시나 로봇처럼 사는 것으로 오해하는데 이것은 아주 잘못된 인식입니다. 그의 도구가 된다는 것은 하나님께서 나와의 인격적인 관계 속에서 역사하신다는 의미입니다. 율법주의로 변질시켜 자신과 타인의 자유와 생명을 파괴하는 잘못된 종교생활을 경계해야 합니다.

우리의 삶 속에서 예수 그리스도가 '왕 되심'은 오히려 우리가 진정한 '자유'를 회복하는 것을 의미합니다. 예수 그리스도, 나의 주님께 매일수록 우리는 삶 속에서 완전한 '자유'와 죄로부터의 해방을 만끽할 수 있어요. 우리는 세상 속에 살지만, 세상에 속한 자가 아니기에,

---

34 리처드 마우, 앞의 책, 26-28면.

우리의 주권자는 예수님이기에, 하나님을 대적하는 모든 문화적 현상에 저항해야 합니다. 내 존재를 걸고. 그 흐름을 바꾸는 거예요. 그래서 정복하고 다스리는 겁니다. 성경에서 '정복하고 다스리라'고 한 것은 청소년들이 하는 '왕 게임'처럼, 누구를 노예로 삼고, 누구는 왕이되어서 명령하고 즐기는 것이 아니라, 자기가 서 있는 지금 그 자리의 문화를 개혁하는 거예요. 하나님이 기뻐하시는 문화를 만들어야 합니다. 이게 그리스도의 구속으로 회복된 크리스천의 임무입니다. 우리는 그 역할을 해야 해요. 그러면 내 삶의 목적이 명확해지죠. 나는 오직 '하나님의 영광'을 위해서 사는 거예요. 이것이 우리 삶의 목적입니다.

중세가톨릭 방식과 세속화된 기독교

자, 이 그림들을 봅시다. 우리가 그리스도를 믿는다고 하면서 엉뚱한 길로 가는 이유가 카이퍼가 제시한 이 그림들에 잘 표시되어 있어요.[35] 이걸 정확히 이해하셔야 해요.

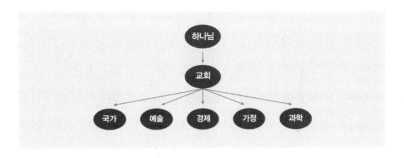

---

35 55-59면의 그림들에 대해서는 리처드 마우, 앞의 책, 68-69면 참조.

하나님이 교회를 통치하시고 교회가 나머지 국가, 예술, 경제, 가정, 과학 이런 분야를 통치해요. 이런 모델로 가는 것이 중세 가톨릭 스타일이에요. 이 중세적 관점은 하나님의 통치가 인간 활동의 모든 영역에 임해야 한다는 건 바르게 인식했어요. 그런데 하나님의 통치를 매개하는 힘을 교회에 부여하는 오류를 범합니다. 그래서 종교개혁에서 이것을 개혁했습니다.

두 번째는 교회 밖의 일에는 신경 쓰지 말자면서 교회를 세상에서 분리된 '수도원'처럼 만들어요. 성과 속을 분리하고 내 신앙과 삶을 분리시켜요. 그리고 교회에서만 열심히 살면 그걸 바른 신앙으로 착각하며 삽니다. 좋은 교인은 예배 잘 나오고 헌금 잘 내고, 그러다가 자기 직장에 가면 신앙이랑 삶이 아무 관계가 없고. 그러다가 또 교회만 오면 거기서 시키는 대로 잘하는 너무 좋은 교인이 되는 겁니다. 이런 신앙생활 때문에 직장에 가서도 '믿는 자'가 구별이 안 되는 겁니다. 저는 이런 현상을 역설적으로 '기독교의 세속화'라고 표현해요.

그래서 모 교회를 보고 깜짝 놀랐어요. 이 교회에서 하는 메시지를 보면 마치 힐링캠프 같은 겁니다. 교회 밖에서는 어떻게 사는데요? 신앙과 관계가 없어요. 신앙의 고민도 없어요. 제대로 된 신앙을 하는 사람들은 고민이 생겨요. 제가 영국에서 강연할 때, 강의를 들었던 미학전공 학생이 저한테 울면서 이런 말을 하는 거예요. "교수님 강의를 듣고 제가 공부하는 이론이 전부 하나님을 대적하는 이론인 것을 알았습니다." 이 학생은 참 신앙인이고 싶은 거예요. 예수님이 왕이라고 선포하고 싶은 거예요. 그런데 내 삶은 그게 아닌 거죠. 내가 공부하는 것은 하나님을 대적하는 이론이니까, '하나님의 영광을 위해서' 나는 어떻게 살아야 할까 라는 고민이 생기는 겁니다.

올바른 신앙을 가지면 삶 속에서 이런 진지한 고민이 나오지만 그렇지 않은 신앙을 가진 사람들은 고민이 없어요. 이론은 이론이고 교회는 교회니까. 하나님을 열심히 대적하다가 교회에 가면 되니까. 회사나 학교에서 동료들을 이용하고 사기치고 어떻게 부도덕한 행동을 해도, 교회에 가서 회개하면 되니까. 그래서 삶과 신앙이 서로 상관이 없는 거예요. 그렇게 바울의 칭의를 '구원파'화 시키는 겁니다. 다 용서하셨으니까 무슨 짓을 해도 괜찮다고 생각하는 거죠. 구원파에 등록을 해야 구원파가 아니라, 이런 잘못된 신앙을 갖고 있는 게 구원파인 겁니다. 그러면서 "기독교가 세속화됐어요" 이렇게 교회를 비판합니다. 그럼 저는 "닥쳐라"라고 해요. 제가 미는 유행어입니다.(웃음)

세속화가 뭔지 간단하게 설명해드릴게요. 스님의 세속화는 뭘까요? 스님이 절간에 있다가 마을로 내려와서 중국집에 들어갑니다. "짜장면 곱빼기~" 이랬는데, 웨이터가 와서 "스님, 고기는 어떻게 할까요?" 묻죠. 이때 "(밑에) 깔어~" 하면 이게 스님의 세속화예요.(웃음) 그런데 반대로 우리 크리스천들에게는 교회를 경치 좋은, 산속 깊은 곳에 지어 놓고 주말에 거기 가서 안 나오는 것이 세속화입니다. 마음의 평화를 찾으면서 자신들을 타락하고 죄된 세상과 분리시키는 방식입니다. 그리고 출근하면 자신의 일(직업)과 신앙은 관계가 없이 사는 겁니다. 이게 세속화인 거예요. 세속화 정도가 아니라 저는 미쳤다고 얘기해요. 이런 상태가 되면 크리스천에게 아무 능력도 힘도 없게 됩니다.

그러니까 제가 회심을 하고도 교만했어요. "예수님이 왕이십니다" 말로만 고백하니까 하나님께서 보내주신 대학에서 빛과 소금의 역할을 못했어요. 감사할 줄 모르고 교만해서 고개를 빳빳이 들고 있으니까 그분의 통치가 임하지 못한 거예요. 말로만 주님이 왕 되심을 말하는 것이 아니라 진짜 내 삶의 왕이 되실 때 내 삶과 신앙이 분리되는 세속화가 극복됩니다.

삶과 신앙이 분리된 자가 무슨 크리스천입니까? 그러면서 예배시간은 잘 지키고 경건한 척하고 뒤에서는 다른 사람을 비판합니다. "쟤는 자세가 틀렸어" 이러면서요. 이런 것은 제대로 된 크리스천이 아닌 겁니다. 내가 과학도거나 가정을 이루고, 경제 활동을 하고, 예술을 하고, 정치를 하거나 할 때, 이 안에서 나의 신앙과 일(삶)이 아무 관계가 없는 거죠. 그러니까 교회에 등록은 했으나 하는 행동은 양아치인 것이 가능한 거예요. 다른 것이 아니라 이런 것이 기독교의 세속화라는 겁니다. 독일 정치인들은 신앙이 망가져서 과거의 개신교 영성을 잃어버렸어도 종교개혁이 사회에 남긴 습관적인 책임윤리는 남아있습니다. 그런데 우리는 뭐예요? 종교개혁의 윤리조차 자신에게 체화

(體化)된 적이 없으니까 그냥 양아치라고 할 수 있습니다. 이 상태가 유지된 거예요.

코람 데오(Coram Deo), 하나님 앞에 삶을 바치다

그러면 우리의 모델은 무엇입니까? 답은 이겁니다.

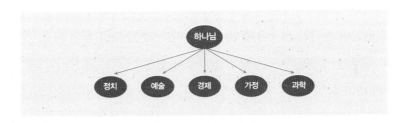

"모든 삶의 영역 중에 자신의 것이 아니라고 말씀하시는 곳은 단 한 평도 없다"라고 앞에서 말했죠. 모든 문화영역들은 '코람 데오'(Coram Deo, 하나님 앞에서), 하나님 앞에 서 있는 거예요. 저 모델이 우리가 추구하는 겁니다. 하나님이 각 영역을 주권자로서 직접 통치하시는 거예요. 우리는 거기에 대리자로 서서 그 영역의 빛과 소금이 되는 거예요.

저는 위그노(Huguenot)의 개혁신앙을 강조합니다. 한때는 위그노에 꽂혀서 그들의 삶을 추적하고 문헌을 추적하기도 했었거든요. 그러면서 '위그노가 진짜 참 신앙인이다'라고 생각했어요. 그런데 이정동 교수님 아시나요? 그분이 공학자이신데 축적의 시간을 얘기하시더라고요. 축적의 시간[36]이라는 말이 역사적으로 누구를 통해서 구현되었는 가를 설명하시면서 참 신앙인인 위그노를 언급하셨어요. 제가 깨달은 것과 정확하게 일치했죠. 위그노는 프랑스에서 칼빈주의 신앙을 머리로만 추구하는 것이 아니라 삶으로 해내는 분들입니다.[37] 위그노는 끝없는 박해로 인해 영국, 네덜란드, 프로이센, 스위스 등으로 탈출을 하고 특히 18세기 영국의 산업혁명에 큰 영향을 끼치게 됩니다. 그 당시 영국은 양털은 많은데 방적기가 없는 상황이었죠. 그럴 때 기계공학의 참 엔지니어 위그노가 박해를 피해서 가게 된 영국에서 방적기를 만들어 돌리기 시작한 겁니다. 독일이 차를 잘 만들게 된 이유, 차의 심장인 엔진을 만드는 탁월한 기술이 생긴 이유도 위그노의 영향이었다고 할 수 있는 거죠. 위그노들이 최고의 지식인들이에요. 왜냐면 이 사람들은 항상 '하나님 앞에서'라는 신앙의 자세를 유지합니다. 그러니까 이 사람들은 포기가 없어요.

강원도 춘천에 가면 빵집이 하나 있어요. 이분이 사업만 하면 망하는 분이었는데, 지금은 엄청나게 훌륭한 빵집을 하고 계세요. 이분이 딱 '하나님 앞에서' 입니다. 이분은 위그노가 누군지도 몰랐지만, 이분의 삶이 진짜 위그노인 겁니다. 항상 하나님 앞에 있기 때문에. 예를 들어 빵을 만들 때 내 아이가 못 먹는 것은 절대 만들지 않습니다. 맛있게 만들려고 이상한 것을 넣으면 사람들은 좋아할 수도 있죠. 하

---

36 『축적의 시간』, 서울대학교 공과대학, 2015, 지식노마드. 서울공대 26명의 교수들이 던지는 한국 산업의 미래를 위한 제언을 담은 책.
37 위그노 신앙에 대해서 쉬운 책으로는 조재석, 『발로 쓴 프랑스, 칼빈 개혁주의 종교개혁 발도파 운동에서부터 칼빈과 위그노 종교개혁까지』, 에디아, 2012이 있다.

지만 하나님 앞인 겁니다. 사실 이게 쉽지 않습니다. 여러분이 집에서 많이 해봤겠지만, 재료를 좋은 것, 건강한 것만 넣으면 맛이 없습니다. MSG가 들어가야 맛이 나는 거죠. 그런데도 이분은 빵을 만들 때 좋은 재료만 넣는 겁니다. 그러다 보니 당연히 맛이 없겠죠? 이때 위그노들은 기도로 상황을 돌파해요. 포기가 없어요. 그러니까 기술의 진보를 이루는 거예요. 이게 축적의 시간을 만들어낸다 그 말이에요. 스위스에서는 최고의 시계를 만들어냅니다. 최고의 차가 나오고, 그래서 벤츠가 나오는 겁니다. 그렇게 역사가 만들어지는 거예요. 기가 막히죠.

이 사람들이 참 신앙으로 자기 비즈니스를 일궈 내니까 부흥이 되고 풍요해지는 겁니다. 또한, 이 사람들은 절대로 사치향락을 안 해요. 그래서 제가 강조하는 것이 좋은 교회 하나만 있으면 그 도시가 바뀐다는 것입니다. 여기서 신기한 게 뭔지 알아요? 예를 들어, 매장에 찬양 음악이 나옵니다. 그러면 사람들이 불편해서 안 올 것 같죠? 전혀 그렇지 않습니다. 그 집은 빵이 없어서 못 팔아요. 예를 들어 모녀가 빵을 사러 왔어요. 딸이 그 빵집에서 "엄마, 무슨 빵 사줘~"라고 하면 엄마는 "여기는 네가 원하는 것을 고르는 데가 아니야. 있을 때 빨리 집어" 이렇게 말할 정도인 겁니다.(웃음) 그런데 불만이 없어요. 소비자가 갑이 아니고 사장님이 갑인 거예요. 이것이 어떻게 가능할까요? 위그노니까, 참 신앙인이니까, 압도적인 기술력이 있으니까 찬양을 틀어놓고도 "귀에 거슬리면 오지 마세요. 당신들 손해입니다" 이렇게 할 수 있게 되는 것입니다. 그러다가 익숙해지면 오는 손님들이 "이거 무슨 노래예요? 참 좋네요" 하며 묻게 되는 것이죠. 크리스천은 이렇게 세상을 바꾸는 겁니다. 문화를 변혁시켜 버리는 거예요.

하나님 나라를 이 땅에

"너희는 먼저 그의 나라와 그의 의를 구하라"(마 6:33)는 말씀처럼 크리스천에게는 이 세상 나라보다 '하나님의 나라'가 더 중요하죠. 그런데 하나님 나라는 뭘 말하는 걸까요? 삶과 분리된 신앙만큼이나 위험한 것이 '하나님 나라'의 잘못된 적용입니다. 성경이 가르치는 '하나님의 나라'는 '이스라엘'과 같은 구약의 신정국가를 현대의 현실정치에서 추구하는 것이 아닙니다. 기독교 교리를 타인에게 법으로 강요하는 신정국가는 종교개혁 이후 종교의 자유가 보장되는 헌정과 자유민주주의를 이룩한 프로테스탄트 정신에 부합하지 않아요. 또한 하나님 나라는 교회가 세속 정치를 컨트롤하는 중세가톨릭식 정치 방식과도 상관이 없습니다. 오히려 교회의 타락을 부추긴 이런 방식을 개혁한 것이 바로 종교개혁이죠.

예수님은 하나님의 나라가 자신과 자신의 사역 속에 존재한다고 가르치셨어요(눅 17:20-21). 그리스도께서 성육신하시고, 십자가에서 죽으시고, 부활하심으로써, 진정한 하나님 나라가 지상에서 시작되었고 예수님이 다시 오실 때 그 나라는 완성됩니다. 이 땅에 뿌려진 하나님 나라의 씨앗은 겨자씨처럼 미약해 보이지만 온 땅을 덮을 거대한 나무로 자라날 것입니다(막 4:30-32). '이미' 시작되었지만 '아직' 완성되지 않은 '하나님 나라'를 향한 갈망과 믿음은 주님 다시 올 때까지 크리스천이 놓쳐서는 안 되는 것입니다. 어떤 정권이나 세속 국가가 하나님 나라인 것이 아니라 부르신 각 영역에서 우리를 통해 하나님의 통치가 이 땅에 임할 때 그것이 바로 하나님 나라인 것입니다. 우리는 부르신 영역에서 하나님 나라가 이 땅에서 확장되도록 쓰임을 받는 거예요. 크리스천은 다시 오실 예수님을 기다리며 각자의 십자가를 지고 예수님의 통치를 받으며 이 땅에 하나님 나라를 확장해 가는 거죠. 그것은 바로 자신의 삶을 성경적으로 사는 것이며, 부르신 영역에서 빛과 소금의 사명을 감당하는 것입니다(마 5:13-16).

생각해봅시다

___

#창조질서 #이성 중심의 계몽주의 #포스트모더니즘

기독교를 비합리적인 종교나 반지성주의로 인식하고 무지몽매한 신앙생활을 하는 것을 믿음이 좋은 것으로 보는 태도는 잘못된 것입니다. 신학의 역사도 철학을 활용하는 과정에서 발전했습니다. 플라톤주의와 아리스토텔레스주의는 신학의 체계화에 크게 기여했습니다. 기독교의 역사에서 철학을 '신학의 시녀'(안칠라 테올로기에, ancilla theologiae)로 보는 관점은 유명합니다.[38] 인문학이나 학문을 경시하는 크리스천들이 종종 목소리를 높이기도 하는데 반지성주의는 경건을 보장하지 않습니다. 칼빈도 당대의 인문학을 최고의 수준에서 연마한 분입니다. 칼빈이 그랬던 것처럼 오히려 하나님 중심의 신앙인이 받은 인문학적 훈련은 크리스천의 삶의 목적과 방식에 의해 방향이 하나님 중심으로 가게 됩니다. 아브라함 카이퍼는 칼빈이 가장 성경

___

38   알리스터 맥그라스, 앞의 책, 355면.

적이기 때문에 우리가 존중해야 한다고 명확하게 얘기합니다.

그러나, 이성 중심의 계몽주의를 맹신해서 현대성의 관점에서 쉽게 성경이 '오류투성이'라고 타협해 버리거나, 출애굽 사건은 '신화'에 불과하고 역사가 아니라고 주장하는 태도도 잘못된 관점입니다. 팀 켈러 목사는 '이성에 기초한 세속주의가 세계관으로써 인간과 인간의 삶에 진정한 희망이 되는가?'라는 의문을 제시합니다. 그는 기독교가 정서적으로나 문화적으로 가장 이치에 맞고, 삶의 본질적 요소를 가장 예리하게 설명해준다고 주장합니다.[39]

로저 올슨은 포스트모던 신학자들이 '현대성'(modernity)에 반기를 들었다는 표현을 자신의 저서에서 했어요. '포스트모더니즘'을 정의하기란 매우 어려워요. 올슨은 '모더니티'를 '토대주의'와 연결해서 설명합니다. 현대기술, 과학, 민주주의로 상징되는 인간의 보편적 이성에 대한 믿음을 전제로 하는 성취들을 '계몽의 기획'의 산물이라고 부를 수 있어요. 이러한 '계몽의 기획'은 '무엇이 참인지 거짓인지' 규명할 수 있는 확실성, 보편성, 지적·도덕적 권위를 전제하는 '토대'를 인정합니다. 이런 사유방식을 철학에서는 '토대주의'라고 합니다. 그러니까 '포스트모더니즘'의 방향은 이러한 '토대'에 대한 '믿음'을 인정하지 않고 '회의'하는 것입니다. 적극적으로 이 토대를 '해체'해야 한다고도 합니다.[40] 하지만, 포스트모더니즘은 단지 철학의 영역에서만 쓰는 용어가 아닙니다. 이것은 건축, 예술, 문학 등 다양한 분야에서 그야말

---

39 팀 켈러(Timothy Keller)/윤종석 역, 『팀켈러의 답이 되는 기독교』, (두란노서원, 2018), 교보 ebbok edition.

40 로저 올슨(Roger E. Olson)/김의식 역, 『현대신학이란 무엇인가』, 한국기독학생회출판부, 2021, 865-870면.

로 다양한 의미로 사용됩니다.[41]

기독교 철학자 앨런 패짓(Alan Padgett)과 매럴드 웨스트팔(Merold Westphal)
은 이성과 합리성을 강조하는 '현대성'의 오만한 허세가 '포스트모더니티'(탈
현대성)로 약화되기 때문에, 이것이 기독교에는 도움이 된다는 취지의 주장
을 했어요. 이런 입장은 포스트모던과 기독교에 관한 낙관론이라고 할 수
있어요. 이것은 이성과 과학으로 상징되는 '현대성'이 기독교를 위협한다는
전제를 인정하는 입장이라고 할 수 있어요. 자유주의 신학자와 보수적 신학
자 대부분은 '포스트모더니즘'을 '인식적 허무주의'와 '상대주의'로 인식해 비
판적인 입장을 취합니다. 저도 그렇습니다.

올슨은 저처럼 포스트모더니즘에 비판적인 학자들에 대해 자크 데리다
(Jacques Derrida)와 에마뉘엘 레비나스(Emmanuel Levinas) 같은 사상가들을 오독
한 결과라고 논평합니다.[42] 저는 올슨을 신학적으로 매우 존경하고 그의 저
서를 자주 인용하지만, 이러한 주장에는 동의하지 않습니다. 데리다와 레비
나스 철학을 여기서 상세히 검토할 수는 없지만, '퀴어신학'으로 유명한 테
드 제닝스(Theodore Wesley Jennings Jr.)가 데리다와 레비나스의 영향을 받은 것
은 분명합니다.[43] 저는 데리다와 레비나스가 바울을 '오독'했다고 봅니다.
제닝스는 바울을 오독한 두 철학자의 영향을 잘못 받은 것이라고 평가할 수
있겠지요.

---

41 포스트모더니즘과 기독교의 관계에 대한 사상적 논의는 이정훈, 『교회해체와 젠더이데올로기』,
    킹덤북스, 2018를 참조하면 좋다.

42 로저 올슨, 앞의 책, 871-873면.

43 테드 W. 제닝스/박성훈 역, 『데리다를 읽는다 / 바울을 생각한다: 정의에 대하여』, 그린비, 2014
    참조.

사실, 이러한 논쟁들은 단순한 철학적 논의들이 아닙니다. 치열한 세계관 싸움이 배경에 있어요. 누군가 인간의 기원에 대해 '다윈주의'를 취하고 기독교인과 논쟁을 벌인다면 이것은 단순한 '과학'과 '사상'의 경쟁만을 의미하는 것이 아닙니다. 인간기원에 대한 근거로써 다윈주의는 자연주의적 세계관을 반영합니다. 이것은 윤리, 법, 교육, '성적 문제'에까지 영향을 끼칩니다. 다윈주의가 옳다면, 하나님의 법이나 초월적인 도덕질서는 없는 것이 됩니다. '법'도 그냥 사회적 통제를 위한 관리기술에 불과한 것이 됩니다.[44]

데리다의 철학은 '성경'이라는 텍스트의 권위를 해체하기 때문에, 그가 맞다면, 복음주의 신학과 신앙은 존재할 수 없겠지요. 자유주의 신학은 이미 성경의 무오류와 같은 권위를 인정하지 않기 때문에 '포스트모더니즘'의 악영향에 쉽게 영향을 받을 수 있습니다. 데리다처럼 '권위'를 해체해 버리는 철학과 삶의 방식을 우리 크리스천들은 동의하지는 않습니다. 우리는 성경의 무오류의 권위를 믿습니다.

복음주의의 이름을 내걸었다고 모두 복음주의는 아닙니다. '성서한국', '청어람'같은 자칭 복음주의 단체들에서 하나님의 정의와 공의를 말하면서 창조질서를 부정하는 내용을 함께 말해서 제가 놀랐습니다. (인간을 남자와 여자로 창조하셨다는) 창조질서를 부정하는 자는 그 입에 하나님의 정의와 공의를 담을 수가 없습니다. 왜냐하면, 하나님의 공의와 정의는 자연법에 기초해 있고, 이 자연법은 '창조질서'에 기인합니다. 다시 말해, 성경의 창조질서를 부정하는 자는 자동으로 하나님의 공의와 정의를 부정하게 됩니다. 창조

---

44 제이슨 데이비슨 헌터(James Davison Hunter)/배덕만 역, 『기독교는 어떻게 세상을 변화시키는가』, 새물결플러스, 2014, 22~24면.

목적이 하나님의 섭리와 통치로 실현되는 것이 하나님의 관점에서 정의롭습니다. 우리는 창조주의 창조목적에 부합하는 삶을 추구해야 합니다. 저는 이런 단체들이 복음주의를 내걸었지만 오히려 성경적 세계관을 대적해서 세속주의와 '좌편향 정치운동'을 한국교회에서 확산시키고 있다고 판단하고 있습니다.[45] 하나님의 정의와 공의는 사회주의가 추구하는 가치들과도 양립할 수 없습니다. 여러분들은 이런 거짓 교사들에게 속으면 안 됩니다.

---

[45] 복음주의 표방 좌편향 정치운동단체에 관한 분석은 이정훈, 『이정훈 교수의 기독교와 선거, 교회는 어떻게 정치에 참여하는가』, PLI, 2020을 참조하면 좋다.

성경적 세계관
/
경제

성경적 직업관과 경제관

▼

인문　경제　역사　법 정치　문화　철학

한국 크리스천들의 현주소

둘 다 추수 때까지 함께 자라게 두라 추수 때에 내가 추수꾼들에게 말하기를
가라지는 먼저 거두어 불사르게 단으로 묶고 곡식은 모아 내 곳간에 넣으라
하리라 (마태복음 13:30)

무소유가 성경적인가요

2018년 12월에 PLI 성경적세계관 스쿨이 서울과 부산에서 개강을 했어요. 부산 강의를 하려고 택시를 탔을 때의 일입니다.

"부전교회로 가주세요."

"교회 다니세요?"

그 날이 목요일이었어요.

"오늘 교회 가는 날 아닌데?"

앞을 보니 택시 안에 성경이 있었어요. 그래서 반가운 마음에 여쭤 봤어요.

"기사님도 교회 다니세요?"

"요즘은 안 나가요. 그런데 교회 가는 날도 아닌데 교회는 왜 가요?"

"강의하러 갑니다."

그랬더니 백미러로 힘주어 저를 보시는 거예요.

"제대로 알고 강의해야지 제대로 못 살면서 강의하는 놈들이 많아요."

'헐…'

그런데 그분이 갑자기 유튜브 얘기를 하시는 거예요.

"요즘 유튜브에서 은혜를 많이 받습니다."

저는 제 유튜브에 대한 얘긴 줄 알고 속으로 좋아했어요. 그런데 얘길 들어보니 그게 아닌 거예요. 기독교에 자기가 존경하게 된 어떤 분이 있는데 다 버리고 무소유의 삶을 실천하면서 예수를 전한다는 거예요. 교회는 부패하고 썩었는데 그분은 무소유로 사니 얼마나 훌륭하냐고 교회가 그렇게 해야 한다면서 일장설교를 하시는 거죠.

'무소유는 법정 스님인데? 이게 뭐지?'

제 머릿속에 이런 의문이 떠오른 사이, 저와 동행하고 있던 제 아내에겐 다른 강력한 의문이 떠올랐어요. 또 제 아내가 궁금하면 못 참는 성격이거든요.

"아니, 무소유로 사시면 그분 아내분과 자녀들은 어떻게 살아요?"

아내들은 이런 생활적인 게 궁금하잖아요. 그랬더니 기사님의 대답이 더 충격이에요.

"그러니까 이혼을 했지."

'헐……'

교회에 도착할 때까지 저희 부부는 침묵을 지킬 수밖에 없었어요. 기사님이 은혜 받은 걸 계속 설파하는데도 전혀 은혜가 안 되는 거죠. 택시에서 내리면서 제 뇌리에 이런 생각이 들었어요.

'아, 뭔가 한참 잘못되고 있다.'

여러분은 어떻게 생각하세요? 무소유를 실천하는 사람이 좋은 크리스천인가요? 그게 성경적인 거라고 생각하시나요?

교회가 자본주의화 되고 있다?

제가 또 글을 읽다가 기독교계에서 유명하신데 좌편향 인사로 알려진 어떤 분이, '교회가 자본주의화 되고 있다'라고 비판을 하는 걸 봤어요. 그래서 제가 충격을 받았습니다. 자본주의 정신이 교회(프로테스탄트 윤리)에서 나온 것인데 '교회가 자본주의화 되고 있다'는 주장이 무슨 뜻일까요? 이분은 물질을 숭배하는 '물신주의'와 프로테스탄트 윤리가 토대가 된 '자본주의 정신'도 구분하지 못하는 겁니다. 인류의 역사에서 돈을 숭배하지 않는 사람들이 만들어낸 것이 바로 자본주의 정신입니다.

물론 자본주의가 발전하는 과정에서 그것을 만들어낸 프로테스탄트 윤리를 잊어버리니까 물신주의화된 자본주의의 병폐가 나타나죠. 그렇지만 어떤 제도든 문제점이 없는 완벽한 제도는 없습니다. 그럼 크리스천이 주도해서 성경의 가르침에 따라, 자본주의를 건강하게 이끌어 나가도록 노력하고 개선해야 하는데 본인들이 자본주의 정신이 무엇인지 모르는데 어떻게 건전한 자본주의를 이끌어 나가겠습니까?

그러니까 거짓 교사들에게 선동당하고, 심지어 사회주의가 교회에 파고 들어와서 판을 치게 되는 겁니다.

그래서 제가 도대체 이 모든 현상들의 원인이 뭘까 고민하다가 깨달은 것이 '김정은 정권'과 '중국공산당'만 교회의 적이 아니고,(웃음) '무지'가 진정한 교회의 적이라는 사실입니다. 비단 교회뿐만이 아니죠. 대학 진학률이 80%가 넘는 나라에서 무지가 폭발하는 이유가 뭘까요? 제가 내린 결론은 대학을 다닌다는 의미가 '왕복이동'의 의미가 되어버린 겁니다. 집과 대학을 그냥 왔다 갔다 이동하는 겁니다.(웃음) 교회를 다닌다는 의미도 집과 교회를 왔다 갔다 이동하는 거예요. 왜 다니는지, 뭘 믿는지, 뭘 해야 하는지 아는 게 별로 없어요.

제가 교회의 일원이 되고서 놀랐던 적이 정말 많았어요. 어느 날은 신앙의 연차가 제법 있으신 분이 그러시는 겁니다.

"교수님~ 천주교는 큰집이라면서요?"

"네? 그게 무슨 말씀이세요?"

"아니, 개신교는 작은집이고, 원래 천주교가 큰집이었대요."

'헐~'.

"그럼 교회는 왜 나오세요? 큰집에 가지 왜 작은집에 다니세요?"

"그냥 댕겨요."

교회도 그냥 다니고 대학도 그냥 다니고, 그러니까 대한민국이 이런 상태가 되는 겁니다. 온갖 거짓 교사들이 사기를 치고 선동을 하면 다 넘어갑니다.

"A: 애들아~ 교회가 자본주의화 되고 있다."

"청년들: 에잇~, 나쁜 교회~"

"B: 아니, 얘들아~ 자본주의 정신이 교회에서 나왔다니까."

"청년들: 어~, 이상하네~. 자본주의는 나쁜 거잖아요?"

이런 현실이니까 어떨 때는 아침에 일어나서 '내가 미친 거 아닐까?' 가끔 점검을 해요.(웃음)

개념탑재 프로젝트, PLI

한국이 교육수준도 높고 후진국이 아니라고 생각하는데 뭐가 문제일까 보니까, 한마디로 개념화를 시키지 않는 거예요. '개념어'를 이해하고, 이를 적용하는 과정이라고 할 수 있는 '개념화'에 약합니다.

문제는 개념화를 못하니까 신앙도 감으로 한다는 거예요. 개신교의 핵심교리인 '이신칭의'도 "믿으면 된대" 이런 식으로 감으로 알고 있어요. 또 장로교 교회에 출석하고 있는데 칼빈을 잘 몰라요. 모르는데 또 감으로 싫어해요. 감으로 장로교를 하고, 침례교를 하고 감리교를 하는 거예요. 바른 믿음을 가지기 위해서도 성경의 핵심 교리에 대한 제대로 된 개념탑재가 중요합니다. 그런데 제가 '개념'을 강조했더니 어떤 목사님이 "신앙은 개념이다"라고 말씀하시는 거예요. 개념이 아무리 중요해도 기독교 신앙을 '개념' 정도로 축소시켜서는 안 되죠. 개념은 사고의 출발점입니다. 이 개념을 활용해서 사유와 신앙을 확장해 나가고 체계화하는 거지 개념 자체가 신앙이 될 수 없어요. 이런 현상이 바로 우리가 개념에 약하다는 방증입니다.

황당한 게 뭐냐면, 우리가 크리스천이고 교회의 일원인데 뭘 어떻게 하는 게 크리스천다운 건지 제대로 생각해 본적이 없어요. 어떻게 보면 무시무시한 거죠. 우리가 부딪히는 일상의 상황 상황에서 크리스천이 어떻게 해야 하는 건지 감이 안 오는 거죠. 그러니까 일상생활에서도 사소한 것에서부터 큰일까지, '이건 크리스천으로서 어떻게 해야 해요?' 같은 질문들이 많이 나올 수 있죠. 예를 들어 여러분에게 여쭤볼게요. 예수님도 한쪽 뺨을 때리면 다른 쪽 뺨도 대라고 하셨잖아요(마 5:39). 그럼 크리스천이 군대 가는 건 괜찮아요? 누가 공격하면 맞서지 말고 오히려 다른 공격도 감수해야 하는데 군대 가도 괜찮아요? 그러니까 성경의 이런 구절을 잘못 해석하면 여호와의 증인이 되잖아요. 여호와의 증인은 군대를 거부하죠. 또 "비판받고 싶지 않거든, 비판하지 말라"고 하시잖아요(마 7:1). 그럼 악을 묵인해도 되나요? 예를 들어 교회 안에서 어떤 사람이 악을 행하고 있는데 '쟤 비판하면 나도 비판받아. 허물이 없는 사람이 어디 있어. 다 죄인이지, 그러니까 입 닫아야지.' 어? 이게 맞는 건가요? 뭔가 이상하죠. 또 교회 안에서 어떤 범죄가 일어났어요. 그럼 어떻게 반응해야 해요? 반드시 세속 법정에 가야 할까요, 안 가도 될까요?

PLI에서는 이런 크리스천의 정체성과 성경적 세계관의 각 영역별 적용 문제를 다룹니다. 그러니까 무슨 얘기냐면, 우리가 크리스천이라고 하지만 일상생활을 하면서 겪게 되는 모든 순간 순간의 우리의 결정, 도덕적 결정, 윤리적 결정, 이런 것들에 대해서 '크리스천이라

면 어떻게 해야 해?' 라는 질문에 대해서 답을 할 수 있어야 크리스천
이라는 말입니다. 그래서 도대체 크리스천다운 게 뭔지 알아가는 개
념탐재 프로젝트! 이게 바로 PLI입니다.

교회가 불독교, 유독교, 맑독교?

여기서 잠깐 제 이력을 소개하면 좀 특이합니다. 어려서부터 불교
에 심취했다가 20대에 출가를 했고 석사와 박사과정에서 신유학이라
고 하는 주자성리학, 서양철학, 법철학을 연구했습니다. 환속한 뒤에
는 불교도라기보다는 사회혁명을 원하는 사회주의자에 가까웠기에
마르크시즘과 신좌파 사상은 제게 아주 친숙합니다. 그렇게 교회를
공격하다가 하나님의 은혜로 크리스천이 되었어요. 그런데 제가 회심
한 후 교회의 일원이 되어서 깜짝 놀란 것이 교회가 유교적이에요. 간
판은 장로교인데 개혁주의가 아니고 유교인 거예요. 그래서 제가 '유
독교'라고 이름 붙였어요. 또 어떤 교회는 '불독교'예요. 서두에 제가
예를 든 택시 기사처럼 무소유를 실천해야 크리스천답다고 생각하고
부나 경제적 이윤 추구를 하면 안 된다고 생각하는 겁니다. 또 예수님
보다 마르크스가 더 중요하거나 예수님을 혁명가로 변형시키기 좋아
하는 분들은 발음이 좀 어려운데 '맑독교'라고 이름 붙였어요. 그러니
까 제 특이한 이력이 교회에 스며들어 있는 성경적이지 않은 것들을
예리하게 포착하도록 기능한 것입니다. 그런 경험들 덕분에 저는 성

경적 세계관의 중요성을 절감하게 되었습니다.

성경적이지 않은 많은 요소들 중에서 특히 유교적인 것이 문화로써 우리의 삶과 사고에 스며들어 있기 때문에 영향력이 아주 강력합니다. 여기선 그 부분에 대해 좀 얘기해보려고 합니다. 미국에서 한국에 대해서 알고 싶거나, 한국학 전공하는 친구들이 거의 주교재처럼 보는 그 분야의 권위 있는 책이 있어요. 『Confucianism, Law and Democracy in Contemporary Korea』라는 책입니다. 제가 공동저자로 참여한 책입니다.[46]

유교가 한국 정치와 법에 어떤 영향을 미치느냐를 분석한 책이에요. 제가 법과 정치에서 유교적인 요소를 뽑아내는 전문가인데, 교회 안에 들어와서 보니 유교가 승하고 있는 겁니다. 크리스천인데 세계관은 유교적이에요. 진정한 성균관 유생입니다. 일례를 들면, 저희 집안에서 제가 제일 늦게 믿었어요. 작은아버지들이 먼저 크리스천이 된 분들인데 아버지 장례 때, 저하고 충돌했어요. 이유가 뭐냐면 죽음과 장례에 대해서 집사이고 장로인데도, 유교적 정신을 포기하지 못하셨기 때문입니다. 교회에 등록한 유교도가 너무 많아요.

심지어는 유교가 얼마나 강력한지 제가 체험한 대한불교 조계종도 조직이 상당히 유교적입니다. 옛날에 제가 그쪽에 있을 때는 그걸 비판했습니다. '정통 불교를 해야지 왜 유교적으로 합니까?'라고 주장하면 스님들이 싫어했어요. 그런데 회심해서 교회에 들어오니, 교회가

---

46 필자는 유교와 법-정치의 관계에 관한 세계적인 권위의 연구서, *Confucianism, Law, and Democracy in Contemporary Korea* (CEACOP East Asian Comparative Ethics, Politics and Philosophy of Law), (London: Rowman & Littlefield Publishers, 2015)의 공동저자이다.

또 '유교적'입니다. 그만큼 우리 삶 속에서 유교가 질기고 생명력이 있다는 뜻입니다. 우리 삶을 조용히 지배하고 있어서 회심했다면서도 '유교적'인지 모르고 유교적인 정신을 실천하며 살게 되는 거예요.

현실에는 관심 없는 딸깍발이 정신

국어학자 중에 이희승[47] 선생님이라고 유명한 분이 계십니다. 이분 수필 중에 '딸깍발이'라는 제목의 수필이 있습니다. 딸깍발이[48]는 남산골에 살던 가난한 선비들을 이르는 말인데, 가난하니까 제대로 된 신발이 없어서 사시사철 나막신만 신고 다니다 보니 딸각딸각 소리가 난다고 붙은 이름입니다. 조선조에 '남인'들이 정쟁(政爭)에서 밀려나 남산 밑에 터를 잡고 살았는데 그 동네가 지금 중구 필동입니다. 필동의 '붓 필자'에서도 드러나듯이 하는 일이 '자왈~'하고 '에헴~'하면서 방 안에서 공부만 하고 생계와 현실에는 아무런 관심도 없는 거예요. 그렇다고 이분들이 이슬을 먹고 사냐 하면 그게 아니잖아요. 그럼 생계를 누가 책임지겠습니까? 바로 부인들이 담당하게 되는데 조선 시대에 여성들이 할 수 있는 제대로 된 일이 없잖아요. 결국, 남의 집 온

---

47 이희승(李熙昇, 1897-1989). 1930년 경성제국대학을 졸업한 국어 학자로 조선어학회 간사와 한글학회 이사로 취임하였으나 조선어학회사건으로 투옥됨. 이후 서울대학교, 성균관대학교에 재직, 1963년 동아일보사 사장 취임. 대표 저서로는 『국어대사전』, 『박꽃』, 『벙어리 냉가슴』, 『소경의 잠꼬대』 등이 있음.(한국민족문화대백과사전)

48 일상적으로 신을 신이 없어 맑은 날에도 나막신을 신는다는 뜻으로, 가난한 선비를 낮잡아 이르는 말. (표준국어대사전)

갖 허드렛일에 삯바느질로 연명을 하는 거죠. 그러다 보니 너무 고생을 해서 여성의 수명이 짧아져요. 그럼, 부인들이 그 고생을 할 동안 너희 선비들은 뭐하냐 했더니 '선비가 어떻게 일을 해' 그런 생각으로 '자왈~' 이러고 앉아있는 겁니다.

그런데 놀라운 것은 교회에도 이런 '딸깍발이' 정신이 만연해 있다는 겁니다. 사람은 먹고 살아야 하는 현실적인 존재인데도 현실적인 문제에 골몰하면 세속적이라 여깁니다. 물질을 악하다고 여기고 가난한 삶을 영적이고 경건한 것으로 여기죠. 물질을 거부하는 태도는 초기교회사에서 이단으로 정죄했던 영지주의적인 사고입니다. 탁발수도자를 이상적으로 여겼던 로마 가톨릭에서 일부러 가난해지려고 노력한다거나 독신으로 살아야 경건하다고 생각했던 것들은 성경에 근거가 없는 잘못된 신앙의 사례들입니다. 왜 우리가 이런 잘못된 신앙의 기준들을 가르치는 거짓교사들에게 현혹됩니까? 지식이 없기 때문이죠.

그럼, 생각해봅시다. 누군가 먹고 사는 현실적 문제를 초월해서 고고한 존재로 살면, 그 현실적 책임을 대신 감당하는 누군가는 엄청나게 고생을 하고 있지 않겠습니까? 이렇게 입만 살아있고 실천을 안 하는 삶의 방식, 책임지지 않는 삶의 방식도 '딸깍발이' 스타일입니다. 우리가 크리스천다운 성경적 사유를 한다면 이건 해서는 안 되는 쓰레기 짓입니다.

그러니까 성경적 경제관이 무엇인지, 건강한 자본주의 정신이 무엇인지 모르니까, 유교의 딸깍발이와 불교의 무소유가 뒤섞이고, 자본주의는 악한 이데올로기이자 물신주의라는 편견이 교회에서 상식화되는 것입니다.

성경적 직업관과 경제관

우리가 너희와 함께 있을 때에도 너희에게 명하기를 누구든지 일하기 싫어하
거든 먹지도 말게 하라 하였더니 (데살로니가후서 3:10)

다섯 달란트 받았던 자는 다섯 달란트를 더 가지고 와서 이르되 주인이여
내게 다섯 달란트를 주셨는데 보소서 내가 또 다섯 달란트를 남겼나이다 그
주인이 이르되 잘하였도다 착하고 충성된 종아 네가 적은 일에 충성하였으
매 내가 많은 것을 네게 맡기리니 네 주인의 즐거움에 참여할지어다 하고
(마태복음 25:20–21)

자본주의를 자꾸 물질만능주의와 동일시하는데. 돈을 우상숭배 하는 것이 자본주의 정신이 아닙니다. 우상숭배를 제일 싫어하는 분들이 근대자본주의 세계를 열었어요. 그것을 정리하신 분이 '막스 베버'입니다.[49] 오늘 이걸 제대로 한 번 배워보도록 하겠습니다.

막스 베버

이분이 막스 베버인데요. 재미있는 것은 베버가 법학으로 시작하셨는데 인문 사회 전 분야를 보게 되시는 겁니다. 제가 요즘 우리 젊은이들에게 이야기하는 것이 뭐냐면, 이렇게 좀 넓게 보는 시각을 가져야 한다는 것입니다. 제가 동아시아에서의 근대성이 무엇인지 연구하다 보니까 연구방법론으로써 막스 베버를 연구하게 되었죠. 왜냐면 베버는 인류의 역사에서 '현대성(근대성)' 즉, '모더니티'가 어떻게 시작되느냐, 특히 서구의 근대적 자본주의 정

49   막스 베버 연구서 중에 한국어로 출판된 권위있는 책은 김덕영, 『막스 베버: 통합과학적 인식의 패러다임을 찾아서』, 도서출판 길, 2014(제1판3쇄) 참조.

신이 어떻게 시작되는지를 아주 멋지게 분석한 학자시거든요. 저도 동아시아의 법의 근대성을 연구할 때 베버의 방법론을 많이 활용했습니다. 제가 2011년 프랑크푸르트에서 열린 〈세계법철학 · 사회철학 대회〉에서 발표한 논문도 베버의 방법론으로 일본의 사법근대화가 상징하는 동아시아의 근대성에 관해 논증한 연구였습니다.[50]

베버는 『프로테스탄트 윤리와 자본주의 정신』이라는 책을 썼는데, 저는 이 책을 굉장히 중요하게 생각합니다. 베버는 이 책에서 '프로테스탄트 윤리가 근대적 자본주의 정신을 만들었다'라는 명제를 냉정한 사회과학자의 시선에서 논증합니다. 독실한 크리스천의 시각이 아니라 마치 실험과정을 서술하듯이 면밀하게 논증해 가기 때문에 '신앙이 세상을 변화시키는 과정'이 오히려 더 사실적으로 다가옵니다. 베버가 만만한 분이 아닌 게 칼빈의 사상을 정리를 잘 해 놓으셔서 칼빈에 대한 책을 읽는 것보다 이 책을 보는 게 더 이해가 잘 됩니다. 특히 예정론을 오해하기가 쉬운데 그 당시 청교도들의 삶을 이끌었던 예정론에 대해 구체적으로 생생하게 설명하기 때문에 더 쉽게 이해가 됩니다. 그럼 베버의 논증을 한번 살펴봅시다.

---

50 Junghoon Lee, "Japan's influence on Korea's judicial modernization: Examining the reality of judicial modernization by analyzing legal cases in the late nineteenth century"(2012), Goethe-Univ. Frankfurt am main.

자본주의 세계를 연 자본주의 정신

전 지구적으로 봤을 때, 이윤 추구라는 관점에서의 '자본주의'는 모든 시대, 모든 문명권에 존재했었죠. 고대와 중세에도, 중국, 인도, 바빌로니아에도 자본주의는 있었습니다. 그런데 베버는 이런 자본주의에는 근대적 자본주의의 특징을 이루는 '자본주의 정신'이 없다고 얘기합니다.

베버가 말한 '자본주의 정신'은 무엇일까요? 근대 자본주의 세계는 기존에 존재했던 전통적 경제방식—먹고 살만큼만 적당히 일하고, 적당히 사업을 경영하고 여유를 즐기는 목가적인 방식—과는 전혀 다른 방식으로 살아가는 사람들을 요구했습니다. 자본주의는 직업노동에 철저하게 헌신하는 사람들, 즉 자신에게 주어진 일을 자신의 '소명'으로 인식하여 헌신하는 사람들을 요구했습니다. 먹고 사는 것에 필요한 정도보다 더 긴 시간을, 더 강도 높게 일하는 숙련된 노동자들과, 지속적으로 이윤을 추구하지만 축적한 부를 즐기는데 쓰는 게 아니라 사업에 재투자하는 금욕적인 기업가들이 있어야만 자본주의 세계가 진행될 수 있었죠.[51] 베버는 이들에 대해 이렇게 표현합니다.

"실제로 근대 자본주의 정신에 의거한 경제생활을 창출해 내는 데 결정적인 역할을 한 주역들은 경제발전의 모든 시기에서 볼 수 있는 무모하고 비양심적으로 부를 좇는 투기꾼들이나 경제적 모험가들이나

---

51   막스 베버(Max Weber)/ 박문재 역, 『프로테스탄트 윤리와 자본주의 정신』, 현대지성, 2018, 43-115면 참조.

그저 돈이나 굴리는 대규모의 금융업자들이었을 것이라고 생각하기 쉽지만, 사실은 그런 사람들이 아니라, 냉혹한 인생 학교에서 성장하여 시민 계층으로서의 엄격한 시각과 원칙을 갖춘 가운데, 신중하면서도 과감하게 특히 냉정하고 꾸준하며 치밀하고 철저하게 자신에게 맡겨진 소명을 수행한 사람들이었다."[52]

이들 노동자들과 기업가들은 일을 소명으로 여기고 체계적으로 일하며, 지속적으로 이윤을 추구하지만 부를 누리지 않고 자본을 증식시키며, 물질적인 부를 자신의 가치를 증명해 주는 표지로 이해하는 가치관을 가지고 있었습니다. 베버는 이들을 지배했던 이 독특한 가치관을 '자본주의 정신'이라고 명명하고, 이 자본주의 정신이 근대 자본주의 그 이전 시대에 먼저 광범위하게 발전되었다고 전제합니다.[53] 새로운 시대는 새로운 정신이 이끄는 법이니까요. 즉, 이 새로운 자본주의 정신의 토대 위에서 근대자본주의 세계가 열린 것입니다.

현실을 이기는 구원

그럼 이 자본주의 정신은 어떻게 형성되었을까요? 근대자본주의 이전 시대의 전통적인 생계 방식에 익숙했던 사람들에겐 자본주의 정

---

52   막스 베버, 앞의 책, 101-102면.
53   막스 베버, 앞의 책, 43-115면 참조.

신이 요구하는 삶의 방식은 정말 받아들이기 힘든 것이었죠. 먹고 살만한데도 계속 자신을 채찍질해서 끊임없이 일하고, 부유한데도 계속 부를 추구하면서 동시에 부를 향유하지는 않는 '금욕적인 삶의 방식'은 아주 이상한 것임에 틀림없는 것이었습니다. 특히 개인적인 행복추구의 관점에서 정말 불합리하기 짝이 없는 것이었죠.[54] 강도 높게 일하고 돈은 계속해서 버는데 그걸 누리지는 않는 사람들을 생각해보면 행복이랑 거리가 멀 것 같잖아요?(웃음)

베버는 이런 인간의 본능을 거스르는 삶의 방식을 가능하게 한 강력한 이유가 있었을 거라고 생각해요. 개인적인 욕망이나 본능을 충족시키는 것, 즉 현세의 행복추구를 압도하는 다른 어떤 이유가 있어야만 사람들에게 그렇게 살게끔 방향을 설정해주고 동시에 그런 삶의 방식 안에 확고하게 붙잡아 둘 수가 있는 거죠. 베버가 발견한 그 강력한 동기는 바로 '구원에 대한 확증'이었습니다. 그것은 칼빈주의의 '예정론'이라는 독특한 교리에 바탕을 두고 있었죠. 예정론을 믿었던 프로테스탄트들에게 '소명으로 철저하게 직업노동에 헌신'하고 '금욕적으로 이윤을 추구'하는 삶의 방식은 자신이 구원받은 자임을 확증해주는 증표였어요. 이런 사유가 프로테스탄트들의 직업윤리이자, 그들의 삶을 지배하는 윤리가 된 겁니다. 그 결과, 칼빈이 의도하진 않았지만, 자본주의 세계가 요구하는 것들을 그들이 정확하게 충족시켰고, 준비된 그들로 인해 자본주의가 꽃피게 된 거죠.[55]

---

54 캐스린 태너/ 백지윤 역, 『기독교와 새로운 자본주의 정신』, Ivp, 2021, 17면.
55 막스 베버, 앞의 책, 155~239면 참조.

알리스터 맥그라스(Alister E. McGrath)는 그의 저서에서 서구에서 프로테스탄트를 채택한 지역은 번영했지만, 가톨릭을 고수한 지역은 경기 부진과 낮은 생산성을 보였다고 밝히고 있어요. 프랑스나 오스트리아 같은 가톨릭 국가에서도 산업과 자본의 잠재능력을 개발한 사람들은 '칼빈파'였습니다. 17세기 초 루터주의를 강력하게 지지했던 덴마크와 스웨덴도 국가발전을 위해 재정자원과 산업자원을 운용할 때는 네덜란드 칼빈주의자들에게 도움을 청했어요.[56] 서구의 종교개혁지역, 특히 칼빈주의가 뿌리내린 곳에서 근대자본주의가 발전한 것에는 이유가 있었던 겁니다.

영혼 구원을 중심에 두었던 교리와 그에서 비롯된 프로테스탄트 윤리가 자본주의 정신을 만들어낸 상황은 언뜻 아이러니하게 느껴질 텐데요. 우리가 여기에서 염두에 두어야 할 것은 칼빈과 칼빈주의를 따르는 청교도 교사들이 자본주의 정신과 근대자본주의 세계를 의도한 것이 아니라는 점이에요. 청교도들이 프로테스탄트의 윤리에 기초해서 크리스천다운 삶을 살다 보니 결과적으로 근대적 자본주의 정신이 탄생하게 된 겁니다. 그들의 삶을 지배했던 신앙이 기존의 세계를 부수고 새로운 세계를 열 정도로 강력했다는 점은 오늘날 우리들에게 무겁게 생각할 거리를 던져줍니다.

---

56   알리스터 맥그라스(Alister E. McGrath)/ 이은진 역, 『장 칼빈의 생애와 사상』, 비아토르, 2019, 402-403면.

내가 구원받은 자인지 어떻게 확신하는가

한국에서 칼빈을 잘 모르시는 분들이 칼빈의 예정론을 마치 인간의 운명이 정해져 있고 인간은 기계처럼 그것을 따를 수밖에 없는 '숙명론'처럼 오해하곤 해요. 그러나 칼빈의 예정론은 그런 숙명론이 아니라 구원의 문제에 있어서 하나님의 절대주권을 인정한 것으로 이해해야 합니다. 하나님이 인간을 구원하는 것은 하나님이 주권을 가지시고 '예정'한 것입니다. 즉, 인간이 열심히 무언가를 함으로써 구원받는 것이 아니라(행위중심이 아니라), 구원은 하나님의 주권, 하나님의 일방적인 은혜로 주어지는 것이라는 의미이죠. 베버는 이 예정론을 '오로지 하나님만을 신뢰하는 신앙의 가장 극단적인 형태'라고 표현합니다.[57] 조엘 비키는 칼빈주의는 '하나님 중심주의'라고 설명하면서 예정론을 세계 안에서 발생하는 사건들이 아무 의미가 없고, 절대적인 예정론에 의해 파생된다는 식으로 이해하면 안 된다고 강조해요.

예정론이 실제로 어떤 역할을 했는지 한번 살펴볼게요. 종교개혁 시기의 신자들은 이전 시기의 신자들보다 신앙생활에서 큰 어려움에 직면했습니다. 왜냐면 이전에 구원받도록 해 주었던(주는 것으로 여겨졌던) 수단들이 소용이 없어졌기 때문이죠. 소위 빡센 신앙생활의 길에 들어선 거예요.(웃음) 고해성사나 면죄부는 물론, 성례전도, 교회도, 어떤 것도 구원의 문제에 있어선 그들에게 확신을 줄 수 없었어요. 성례에 참여하는 것도, 교회를 열심히 다니는 것도 믿음을 성장시키고 하

---

57   막스 베버, 앞의 책, 179면.

나님의 은혜를 누리도록 도와주는 수단은 되겠지만 그것이 하나님에게 택함을 받은 자라는 것을 의미하는 것은 아니기 때문이죠. "이렇게 교회와 성례전의 도움을 받아서 구원을 받을 수 있다는 교리를 철저하고 완벽하게 폐기한 것이야말로 칼빈주의와 가톨릭의 결정적인 차이"라고 베버는 말합니다. 그는 "세계로부터 주술을 제거하고자 하는 위대한 종교사적 여정이 예정론에서 완성되었다"고까지 표현합니다.[58](웃음) 온갖 종교적 예식과 의식이 구원을 가져다줄 수 있다는 생각은 칼빈주의자들에겐 미신에 불과한 것으로 치부되었죠. 구원을 담보해줄 수단들이 사라지자, 이제 신자들에게 '내가 구원받았다는 것을 어떻게 확신할 수 있는가'라는 문제는 현실의 다른 어떤 문제들보다 중요한 것이 되었어요. 그 문제에 대해 칼빈주의 청교도들이 찾은 답은 무엇이었을까요? 그 답은 바로 '하나님께서 역사하시는 자신의 삶'을 통해 확증할 수 있다는 것입니다.

우리가 구원받은 자라면 하나님께서 우리와 함께 하시겠죠. 그럼 우리는 하나님이 우리와 함께 하신다는 것을 어떻게 알 수 있을까요? "유한은 무한을 담을 수 없다(finitum non est capax infiniti)"는 말처럼, 유한한 인간은 감히 영원하시고 무한한 하나님을 전부 다 알 수가 없습니다. 선택받은 이가 하나님을 알고 그분과 교통하는 길은 오직 하나님이 그들 안에 작용하실 때 그것을 인식하는 방식으로만 가능할 뿐입니다. 17세기에 전개된 루터교 신앙에서는 자신의 내면에서 하나님과 합일되는 신비적 내적 체험을 통해 하나님을 알고자 했습니다. 이들

---

58   막스 베버, 앞의 책, 176면.

은 하나님을 체험할 때 느껴지는 내면의 정서와 감정을 중시했고 이런 내면적 체험을 할 때 하나님이 그들과 함께 하심을, 자신들이 구원받은 자임을 확신했어요. 반면 칼빈 계열에서는 내적 체험으로 느껴지는 감정이나 기분이 아무리 경건하고 성스럽다 하더라도 변하고 의심스러운 것이기 때문에 삶을 통해서 객관적으로 증명되어야 한다고 생각했어요. 하나님의 은혜의 작용이 어떤 이에게 일어난다면, 그것은 단지 감정이나 느낌만이 아니라 그 사람의 삶 전체가 근본적으로 변화되어서 그 삶에서 나오는 일련의 행위들이 하나님을 드러낼 것이라고 생각한 것이죠.[59] 결국, 구원의 확증 문제는 내 삶에 하나님이 역사하시는가? 통치하시는가? 그 결과 내 삶이 하나님을 드러내는 삶으로 변했는가? 이것을 묻는 것입니다.

성령의 역사와 성화(聖化)

신앙생활에서 감정적인 부분은 중요합니다. 하나님을 느끼고 교감하려면 감정이 정말 중요하죠. 그런데 문제는 신앙생활에서 감정이 다인 것처럼 생각하는 거예요. 집회 가서 은혜 받았다, 불을 받았다고 하면서 바로 다음 날 죄지으러 가도 아무런 양심의 가책이 없어요. 신앙이 완전히 감정적이기만 하면 이게 가능해집니다. 신앙생활에서 정말 중요한 것은 하나님이 우리 삶에 작용하시는 겁니다. 내가 비즈니

---

59   막스 베버, 앞의 책, 198-215면.

스를 한다면 나의 비즈니스 과정에서 계속 하나님을 체험하면서 하나님과 교통하고 하나님을 알아가는 거죠. 또 내가 만약 생명공학 연구자면 생명공학 연구와 하나님이 별개면 안 됩니다. 내가 경제학자면, 나의 경제학이 하나님과 무관할 수 없습니다. 그런데 요즘 크리스천들이 어떻게 생각하냐면 내 일하고 하나님은 별개예요. 그렇게 내 삶과 신앙을 분리해서 하나님이 내 삶에는 전혀 작용하시지 않도록 해 놓고, 시간 잘 지켜서 교회 가서 헌금 내고, 마음이 허하면 집회 가서 은혜받는 거죠. 이게 믿음이 좋은 걸로 알아요. 그런데 정작 그 사람은 믿기 전이나 지금이나 바뀐 게 하나도 없어요. 어떻게 예수님을 만났는데 사람이 안 바뀝니까? 제게는 이게 세계 10대 불가사의 중의 하나예요.(웃음) 이게 불가사의인 거죠.

사람이 어떻게 바뀝니까? 이건 하나님께서 말씀으로 약속하셨죠(겔 36:27). 예수님을 만나서 거듭나고 칭의(稱義)를 받으면, 성령 하나님께서 택한 이들 안에 은혜로 작용하세요. 바로 이 은혜의 작용으로 크리스천은 그리스도의 형상으로 바뀌는 거예요(롬 8:29). 그 '성화'의 과정에서 삶에서 지속적으로 '선행(덕스런 행실)'을 보여주게 되는 거죠. 여기서 '지속적'이란 것에 주목할 필요가 있습니다.

그러니까 인간은 이기적이고 죄성이 강해서, 선행을 '지속적'으로 실천하기란 매우 어렵습니다. 크리스천은 사람이 어떤 존재인지 성경의 가르침을 통해 잘 압니다. 바로 인간은 '전적부패'(total depravity)한 존재죠. 제가 회심하면서 느낀 것인데 저는 쓰레기거든요. 제가 이렇게 고백하면, 지인들은 자학하지 말라고 하는데 저 쓰레기 맞아요.(웃음)

모든 것이, 나의 나 된 것은 다 하나님의 '은혜'입니다. 우리 신앙은 여기서 출발하는 것입니다. 그러니까 구원받지 않은 사람이라도 한 번씩, 때때로 즉흥적인 선행은 가능하죠. 그런데 지속적으로 계속해서 선행을 하려면 이것은 하나님의 은혜와 역사 없이는 불가능하다는 겁니다. 그러니까 오늘부터 내가 '프로 외식러가 돼야지' 결심하고 외식(外式)을 해도 언젠가는 한계를 느낍니다. 여기서의 '외식'이 집밥 안 먹고, 레스토랑 가는 걸 말하는 게 아니란 건 아시죠?(웃음) 경건하게 살겠다는 결심은 지속해서 실천하기 어려워요. 외식하지 않고 지속적으로 진실되게 경건한 삶을 살려면 은혜 안에 있어야 합니다. 그래야 지속될 수 있습니다. 따라서 그런 행동을 지속적으로 행하는 사람은 '아~, 내가 구원받은 자구나'라는 '구원의 확증'을 얻게 되는 겁니다.

여기서 오해하면 안 되는 것이 선행은 구원을 '확증해 주는 수단'이지, 구원을 얻기 위한 수단이 아니라는 거예요. 선행을 아무리 많이 한다고 해도 이미 예정된 구원을 바꿀 수는 없습니다. 이렇게 칼빈주의 청교도들은 들쑥날쑥 하는 감정이나 즉흥적이고 산발적인 선행들이 아니라, 근본적으로 삶 자체가 변화되어서 그 삶에서 흘러나오는 '조직적이고 일관된' 행위들만이 자신의 구원을 확증해 준다고 본 겁니다. 그런데 만약 우리 힘으로 이렇게 살려면 너무 힘들지 않겠어요? 그래서 중요해지는 것이 바로 '성령의 역사'입니다. 칼빈이『기독교 강요』에서 성령의 역사를 강조하는 이유도 그것 때문이에요. 칼빈 하면 율법주의를 떠올리는 분들은 이걸 놓치기 때문이에요. 자신의 삶으로 보여줘야 하는데, 그걸 자기 힘으로 하려니까 율법주의가 되어버리는 거죠. 성령의 역사가 없으면 우리는 할 수가 없습니다. 성화의 과정도 우리가 성령 하나님께 간구하고 그분이 역사하심으로 가능한 거예요. 하나님의 '은혜' 안에서, 하나님의 역사 속에서 사니까 이런 사람은 힘든 게 아니라, 오히려 너무 행복해요.

제가 교회에서 놀란 것 중 하나가 바로 성령의 역사에 대한 오해와 무지입니다. 제가 회심한 지 얼마 안 되었을 때 어떤 목사님이 성령 하나님이 우리 안에서 작용하시는 걸 빙의처럼 설명하는 거예요. 우리 신앙을 귀신들린 것처럼 설명해서 제가 깜짝 놀랐습니다. '헐. 저 사람의 정체는 뭘까?' 성령의 역사를 어떻게 귀신이 사람을 지배하는 것과 같은 것으로 이해할 수 있습니까? 귀신의 지배는 자신의 의사와 상관없이 강제적이고 전혀 인격적이지 않죠. 성령(Holy Spirit)은 이 세상에서의 하나님의 다스림(control), 권위(Authority), 임재(presence)입니다. 성령은 하나님의 권위 있는 말씀, 하나님의 지속적이고 중재하는 임재, 만물에 대한 하나님의 강력한 다스림이에요.[60] 그러니까 내가 말씀을 읽을 때 성령께서 알려주시고, 또 성령의 감화를 받아서 내가 그분께 복종하게 되는 겁니다. 임재하신다는 건 그 거룩한 인격으로 나에게 인격적으로 영향을 미치시며 함께 하시는 거예요. 그렇게 나를 다스리시는 거예요. 성령님과 우리의 관계는 인격적입니다. 성령 하나님이 인격적인 분이란 걸 모르는 분들이 성령을 마치 하나님에게서 나온 힘이나 권능으로 취급합니다. 성령 하나님은 분명히 삼위일체 하나님의 한 위격이십니다. 'GOD the Spirit'인데 어떻게 전능하신 하

---

60 존 프레임/김진운 역, 『존프레임의 조직신학』, 부흥과개혁사, 2017, 3부 22. 성부, 성자, 성령 참조.

나님을 인간이 불처럼 쏘고, 자신이 광화문에서 성령세례를 자의적으로 주관한다는 둥 하인이나 부하처럼 막 부릴 수 있다고 생각합니까? 이런 기가 차는 행동들은 정말 불경한 겁니다.

또 많은 분들이 하나님의 음성을 듣고 방언을 하며 환상을 보고 천국에 다녀오는 등등의 신비체험만을 성령의 역사라고 생각합니다. 이런 신비체험을 폄하하는 것은 아닙니다. 이런 체험으로 하나님에 대해 더 깊이 알게 되고 은혜를 누리면 감사한 일이죠. 그런데 그런 신비체험만이 성령의 역사인 건 아니라는 거예요. 정말로 신비한 일은 인간이 인격적으로 바뀌는 것입니다. 어떻게 인간이 바뀝니까? 죄와 싸우기가 얼마나 힘이 듭니까? 내 사소한 작은 습관 하나도 바꾸기가 얼마나 어렵습니까? 그러니까 하나님께서 역사하지 않으시면 삶이 바뀔 수가 없습니다. 중생(거듭남 重生)한 인간이 성화(聖化)되는 것이, 예수님을 닮아가는 것이 '성령의 역사'의 핵심이자 신비입니다.

제 간증을 들어보신 분은 아시겠지만 제 회심 사건도 일종의 신비체험이었어요. 교회를 공격하고 하나님을 대적하던 자를 한 순간에 뒤집으셔서 "나의 주, 나의 하나님"이라고 고백하게 하셨는데, 저처럼 완악한 자가 사실 그런 신비한 역사 하심이 아니면 어떻게 하나님께 항복하겠습니까? 회심 이후에도 강력한 체험들이 아주 많았습니다. 그걸 제 아내가 옆에서 다 지켜봤어요. 제 아내가 증인인 거죠.

그런데 불교도였던 제 아내는 제가 회심한 2년 뒤에 하나님을 받아들였어요. 그래서 저는 아내가 저의 이런 신비체험들을 보면서 하나님이 살아 계시는구나 생각해서 마음을 돌이킨 줄 알았거든요. 그런데 아내에게 그 이유를 물었더니 아주 재밌는 답을 하는 거예요. "당신이 사람이 되어가는 걸 보면서 맘을 열게 됐어요.(웃음) 자기만 알던 이기적이고 자기중심적인 당신이 기도 후에 자기를 부정하는 걸 보면서 당신의 하나님은 당신 안에 살아계신다는 걸 알았어요"라고요. "아무리 신기한 종교체험을 해도 사람이 안 바뀌고 여전히 자기만 아는 인간이라면 그런 신비체험이 무슨 소용이에요? 당신이 하나님을 만나기 전엔 그 무엇도 절대 당신을 바꿀 수가 없었어요. 그런데 당신이 하나님을 만나고서 점점 인간이 되어가는 걸 보니, 하나님이 살아 계시는 게 맞는 거 같아요."(웃음) 저는 아내의 대답에 사람이 바뀐다는 것이 진정 놀라운 성령의 역사라는 걸 다시금 절감했어요. 정말 은혜입니다. 저를 죄와 죽음에서 구해주시고 당신께로 이끌어 주시는 그 모든 것이 은혜입니다. 저는 하나님의 은혜 속에서 살고 있습니다.

숙명론과 정반대의 결과를 가져온 예정론

칼빈의 예정론은 '하나님 중심'의 깊이 있는 신학입니다.[61] 저도 회심 전에는 칼빈의 예정론을 '숙명론'이나 '절대적 운명론'이라고 함부로 비판하다가, 회심의 순간에 '전적 은혜'와 '예정'이 얼마나 중요하고

---

61 칼빈주의 신학과 근대적 자본주의 정신에 관한 베버의 연구를 계승해서 '구조화이론(토니 블레어의 제3의 길로 발전)'으로 유명한 영국의 석학 '앤서니 기든스'도 이에 관한 상세한 분석을 제시했다. 앤서니 기든스(Anthony Giddens)/박노영·임영일, 『자본주의와 현대사회이론』, 한길사, 2008, 241면 이하 참조.

깊은 영성에서 우러나온 신학 이론인지 이해하게 되었어요. 인간은 모두가 이기적이고 전적으로 부패한 죄인인데, 그런 인간을 그리스도의 십자가의 사랑과 그분의 '의'로 의롭다고 '칭'해주신 것(칭의)은 전적으로 하나님의 은혜입니다. 구원이 인간의 행위에 의해서 결정되는 것이라면 하나님 앞에 의롭다 칭함을 받을 인간이 어디 있겠습니까? 또 인간은 영원히 이룰 수 없는 목표를 향해 얼마나 고달픈 길을 가야 하겠습니까? 오직 하나님의 전적인 은혜로, 우리의 죄값을 창조주이신 그분이 자신의 생명으로 치르셨기에, 값없이 큰 은혜를 누리며 새 생명을 얻게 된 우리는 자신의 삶을 '오직 하나님께 영광'이라는 목적을 위해 하나님 앞에 드리게 되는 겁니다.

칼빈의 예정론은 논리적으로 보면 숙명론으로 귀결되는 것처럼 보이지만, 여기에 '확증'사상이 결합되면서 숙명론과는 정반대의 결과를 가져왔습니다. 구원받은 바로 그 사실을 자신들의 삶으로 확증해 보이려고 했기 때문에 그들의 삶은 숙명론에 갇히는 것이 아니라 오히려 실천적인 관심의 대상이 된 거예요.[62] 이것을 잘못 이해해서 행위 구원론이나 율법주의로 빠지는 것은 성령께 의지하지 않고 성령의 역사를 모르기 때문이죠. 크리스천의 정체성은 구원이 예정된 성도라는 사실을 삶 자체로 증명하여 하나님의 영광을 드러내는 것입니다. 그것은 신비주의에 빠지지 않으면서도 성령의 인도와 은혜가 있는 깊이 있는 신앙이에요. 칼빈의 예정론은 신앙의 처음부터 끝까지 하나님의 은혜 속에서 성도를 탁월하게 이끌어 줍니다.

---

62 막스 베버, 앞의 책, 209면.

장인정신의 원조인 소명의식

청교도들은 자신의 신앙을 '직업'의 영역에서 철저하게 적용하려고 했다는 점에서 이전의 가톨릭교도들과 완전히 달랐어요. 직업에 대한 생각도 완전히 달라집니다. 지속적인 선행이 구원을 확증해주는 것처럼, 삶의 가장 큰 부분인 '직업 생활'에서도 동일한 관점이 적용된 거죠. 이제 수도원이 아닌 세속의 일터가 거룩한 삶을 향한 영적인 전쟁터가 됩니다. 수도사들이 비이성적인 충동들과 자연적이고 본능적인 힘들에서 벗어나 스스로를 하나님의 뜻에 복종시키기 위해 합리적이고 체계적으로 스스로를 절제하는 생활양식을 추구했듯이, 이제 새로운 수도원이 된 세속의 일터에서 청교도들은 즉흥적이고 무계획적인 노동이 아니라, '체계적이고 합리적으로' 일에 임하고자 했습니다. 그럴 때 그 사람은 '자연상태'(status naturae)에서 '은혜 상태'(status gratiae)로 변화시키는 하나님의 은혜의 작용 안에 있다고 여겨진 거죠. 그래서 청교도들은 '합리적으로 조직된 노동'을 아주 중시했어요.[63]

칼빈은 신학적으로 '소명의식'을 강조합니다. 세속을 떠나 수도원에서 소명을 추구했던 수도사들과 달리, 청교도들은 세상 속에서 자신에게 주어진 직업에 소명을 다하게 되었죠. 이제 청교도들에게 일은 단지 먹고 사는 생계수단이 아니라 하나님의 명령이 되고 그 자체로 목적이 됩니다. "일하지 않는 자는 먹지도 말라." 이 말은 많이 들어보셨을 텐데요. 데살로니가후서 3:10에서 바울이 하신 말씀인데 청

---

63 막스 베버, 앞의 책, 189-239면 참조.

교도의 뛰어난 교사인 리처드 백스터(Richard Baxter, 1615-1691)가 이 본문말씀을 강조해서 가르쳤어요. 그는 노동은 '하나님의 영광'을 위한 것이기에 체계적이고 합리적으로 행하는 노동을 하나님이 '명령했다'고 설파합니다.[64] 이제 일은 그냥 하는 것이 아니라, 잘하지 않으면 안 되는 것이 됩니다. 현재 우리가 장인정신이나 프로정신이라고 얘기하는 것들의 원조가 바로 이 칼빈주의의 소명의식이에요. 그러다 보니, 종교개혁이 성취된 지역에서는 직업의 전문성이 존중되고 '나는 프로다'라는 장인정신이 직업윤리의 큰 축으로 자리 잡게 됩니다.

제가 일본 고베대에서 방문 교수로 지낼 때, 한 대학원생이 요새 '프리타'(フリーター)[65]가 유행이라며 자기도 프리타로 살고 싶다는 얘기를 한 적이 있었어요. '프리타'는 알바로 먹고 사는 사람들을 말하는 거예요. 일본은 시급이 좋으니까 알바를 몇 개 뛰면 회사에서 정규직 생활하는 것보다 급여가 나아요. 회사는 인간관계가 피곤하고 또 해야 하는 의무도 많고 복잡합니다. 그런데, 알바는 깔끔하게 시간당 일만 열심히 하면 되고 페이도 좋으니까, 일본 젊은이들이 명문대학 나와서 프리타 생활을 하는 겁니다. 언뜻 들으니까 프리타가 피곤한 것도 없을 것 같고, 책임도 덜할 것 같고 좋아 보이죠? 저는 그 친구에게 자기가 좋아하고 잘할 수 있는 분야를 찾아서 취직하고 능력에 맞는 일을 하라고 조언해주었습니다. 프리타가 당장은 편하고 좋을지 모르지만 그렇게 해서는 성장할 수 없습니다. 일을 하는 동안 훈련의

---

64   리처드 벡스터/박홍규 역, 『기독교 생활지침 2』, 부흥과개혁사, 2018, 487면 이하.

65   채수환, "'프리타족' 노년 되면 사회 대혼란"(인터뷰 '하류사회' 저자 미우라 아츠시 씨), 매일경제, 2009.07.08. https://www.mk.co.kr/news/economy/view/2009/07/372470/

과정을 견디고 그 무게를 감당하면서 사람들은 업무적 능력의 면에서나 개인적 인격과 사회적인 관계에서나 모두 성장하게 됩니다. 직업은 그런 훈련과 성장의 장인데 그걸 피하려 한다면 어떻게 될까요?

특히 크리스천은 직업의 영역에서 자신의 소질을 잘 발견하고 하나님이 주신 달란트를 잘 발전시켜야 합니다. 소명으로 주어진 일을 찾기 위해서 시행착오를 거쳐야 할 수도 있어요. 하지만 그것을 두려워하거나 피한다면 그 무엇도 발견할 수 없습니다. 크리스천 청년들 중엔 하나님이 원하는 직업을 찾고 싶은데 하나님의 뜻이 어디 있는지 기도하면서 답해주시길 기다린다는 친구들이 많아요. 그런 청년들에게 저는 조언합니다. 기도의 응답을 떨기나무에 불붙는 걸로(출 3:2) 받으려고 하지 말고 일단 시도하고 부딪혀보라고 말이죠. 부딪히고 시행착오를 겪는 가운데에서 하나님은 응답하십니다. 기도하면서 방에만 있으면 찾을 수도 없거니와 응답도 받을 수가 없어요. 때로는 기도 응답이 도피의 수단이 되기도 합니다. 유학을 준비하던 청년이 추천서를 부탁했었는데 얼마 뒤에 제 방에 찾아와서 말하는 거예요.

"교수님, 저 유학 가는 거 내려놓으려고요. 기도했는데 제 욕심 같아요."

"너 토플 점수 안 나왔구나?"

'……' 학생의 표정이 어떻게 알았지 이런 표정이에요.

"네, 그건 맞는데, 내려놓고 이 길이 맞는지 더 기도해야 할 것 같아요."

"네가 내려놓을 뭐가 있어야 내려놓지, 아무것도 없으면서 뭘 내려냐? 그건 내려놓는 게 아니고 포기야, 포기. 괜히 기도 핑계 대지 말고 어서 토플 종일반 등록해서 하루 종일 공부해라."

"교수님 이상하시네요. 다들 내려놓고 교회에서 매일 기도하라던데요?"

"야, 공부하기 싫고, 힘든 거 이겨내기 싫으니까 도망가는 거지, 넌 지금 공부를 해야 해. 공평하신 하나님께서 요구하시는 만큼 노력하고 땀을 흘려야 해. 그러면서 기도해야지."

기도는 그 과정에서 그걸 이겨낼 수 있도록 이끌어달라고 간구하는 거예요. 도망가는 도피처로 사용하는 게 아닙니다.

어떤 일이 자신의 소명인지 찾았다면 이제는 체계적이고 합리적으로 그 일을 잘하기 위해 훈련을 받아야 합니다. 많은 청년들이 이걸 힘들어하고 포기합니다. 그러면 성장할 수가 없어요. 이 과정은 지루하고 고될 수 있어요. 그럴 때마다 자신의 한계를 기도로 뛰어넘으며 그 일을 하나님 앞에 바치는 겁니다. 영국시인 조지 허버트의 시에 이 내용이 잘 표현되어 있어요(고전 7:17).[66]

나의 하나님, 나의 왕이시여

나를 가르치소서

만물 안에서 주님을 볼 수 있게 하시고

내가 무엇을 하든 그 일이 주님을 위한 일임을 알게 하소서

법 조항에 매인 종을 위해

---

66   알리스터 맥그라스/ 이은진 역, 『장 칼빈의 생애와 사상』 (비아토르, 2020), 11장 세상에 대한 헌신: 칼뱅주의, 노동, 자본주의, 교보 ebook edition.

지루하고 고된 일을 거룩하게 하소서

누가 방을 쓸거든, 주의 법으로 그와 그 행동을 만족스럽게 하소서

'방 쓰는 일은 하찮은 거니까, 이거 빨리 마치고 거룩한 일 하러 가야지.' 많은 사람들이 이렇게 생각해요. 그런데 크리스천에게는 거룩한 일이 따로 있는 게 아니라, 무엇을 하든 그게 주님을 위한 일이고 그게 거룩한 일인 거예요. 훈련과정은 지루하고 고되죠.

그때 그 과정을 거룩하게 해 달라고 기도하는 것이 우리의 기도인 거예요. 그럴 때 자신의 한계를 뛰어넘고, 자신의 일로 하나님을 기쁘게 해드리고, 그분께 영광이 되는 삶을 살 수 있어요. 이렇게 삶으로 드리는 예배가 성도의 일상이 되는 것, 이게 바로 종교개혁의 영성이에요.[67] 뒤에 애덤 스미스 이론을 소개할 때 한 번 더 강조하겠지만, 하나님의 은혜로 이기적인 욕망과 한계를 뛰어넘은 품위 있고 뛰어난 인간들이 등장했던 것입니다.

창피한 것은 '똥 푸는 일'이 아니라 '똥을 못 푸는 것'

제가 어렸을 적에 "누구네 아버지는 똥 퍼요" 이런 노래가 있었어요.(웃음) 그걸 부르면서 친구를 놀리며 괴롭히는 거예요. 이게 직업으로 사람을 차별하는 건데, 우리 문화엔 아이들 장난에까지 나타날 정

---

[67] 종교개혁의 영성에 대해서는 알리스터 맥그라스/박규태 역, 『종교개혁 시대의 영성』, 좋은씨앗, 2021.

도로 이런 차별의식이 만연해있었어요.

이게 유교적 직업의식이죠. 이른바 사농공상(士農工商)의 차별이 명확하게 존재해서 귀한 직업과 천한 직업이 따로 있었어요. 그런데 직업상의 우열을 정해서 차별하는 사고방식은 전혀 성경적이지 않습니다. 직업으로 사람을 차별하는 의식은 성경적으로 용인되지 않을 뿐만 아니라 굉장히 저급한 거예요. 종교개혁의 전통이 있는 지역에서는 그런 의식이 없습니다. 성경에서 금지하는 일이 아니라면, 어떤 직업이든 하나님의 영광을 드러낼 수 있어요. 그러니까 직업 자체를 경시하거나 직업으로 사람을 차별하는 일이 없습니다. 똥을 푸든, 굴뚝 청소를 하든, 교수든, 판사든 직업 자체로 부끄러워하거나 자랑할 일이 아닌 겁니다.

그럼 크리스천에게 부끄러운 것은 뭘까요? 그것은 바로 어떤 직업이냐가 아니라 '자기가 소명으로 받은 직업을 제대로 프로답게 하지 못하는 것'입니다. 그러니까 무엇이 창피하냐면, 만약 자신의 직업이 '똥퍼'라면 똥을 잘 못 푸는 것이 창피한 거예요. 똥 푸는 것 자체가 창피한 것이 아니라 똥을 푸지만 기술개발을 못하고 열심히 하지 않고 잘하지 못하는 것이 창피한 것이죠. 똥 푸는 직업은 삶의 환경과 위생, 건강과 직결되기에 매우 중요합니다. 그것을 냄새나지 않고 신속하게 처리할 수 있는 기술을 개발해서 처리하면 이분은 훌륭한 기업인이고 경제인인 거예요. 그러니까 칼빈주의가 정착한 곳에서는 누구네 아버지는 똥을 잘 못 퍼요는 욕이 되지만, 똥 퍼요는 욕이 되지 않습니다.

마찬가지로 교수인데, 연구도 못 하고 학교에 기여도 못 하면서 월급만 타가면 교수라도 정말 부끄러운 겁니다. "내가 교수야"라며 으시대지만 '식충이'를 자처하고 있다면 그런 사람을 부끄럽게 여깁니다. 직업이 '똥퍼'인 분이 똥을 프로답게 잘 퍼내면 그분을 존경하는 문화가 바로 프로테스탄트 문화예요. 이런 프로테스탄트 직업윤리가 근대적 자본주의 정신을 만들고 근대자본주의 세계를 연 겁니다. 여러분 생각은 어떤가요? 직업을 차별하고 좋다고 여겨지는 직업을 가지기만 하면 잘할 필요가 없는 문화보다 이런 프로테스탄트 문화가 진정한 '진보'라고 생각되지 않습니까?

유교적 직업관 VS 성경적 직업관

한국 사회는 기본적으로 땀 흘려 일하는 것에 대한 존중이 없습니다. 이것은 좌파나 우파 모두 동일해요. 제가 이걸 경험하고서 신기하게 생각했는데요. 그 얘기를 좀 해볼게요. 지역에 보면 기술이 탁월한 우량 중소기업이 있는데 좋은 인재를 못 구하는 경우나 좋은 인재인데 취업이 안 되는 경우가 종종 있습니다. 이상한 게 회사는 일할 사람이 없어서 힘들어 하고, 학생들은 취직을 못해서 힘들어 합니다. 그래서 제가 대학에서 보직을 맡으면서 기업과 학생들을 '캠퍼스에서 서로 만나게 해보자'라는 프로젝트를 추진했었어요.

겉으로는 아주 대단한 기업 같은데 향후 비전이 없는 회사가 있을 수 있고, 반대로 채무가 많아 보여도 기술개발 투자를 많이 해서 비전이 괜찮은 회사가 있을 수 있습니다. 기업정보란 그런 정보를 말하는 것입니다. 지금은 채무가 많은 것 같은데, 알고 보면 기술투자를 많이 해서 나중에 크게 성장할 회사인데도 그런 정보를 학생들이 알 수가 없으니 지원을 못하잖아요. 그래서 제가 경총(한국경영자총협회)의 임원들과 대화하면서, 아이디어를 냈습니다. 취업 동아리를 만들어서, 정확한 기업정보를 주고 기업들이랑 학생들은 연결해 주자는 것이지요. 학생들이 선택하면 기업도 인재를 뽑을 수가 있는 거죠. 그래서 이 프로젝트를 해서 학생들이 제법 취직을 했어요. 제가 가르치는 법학과의 학생들도 몇명 취직에 성공했습니다.

그랬더니 다른 몇몇 교수님들이 젊은 교수가 보직을 맡더니 캠퍼스를 천박하게 만든다고 비판을 하는 겁니다. 그래서 왜 그런 비판을 하는지 이유를 들어봤더니 "대학은 직업소개소가 아니야" 그러시는 거예요. 무슨 얘긴지 더 들어보니, "4년제 대학 나와서 그런 곳(제조업)에 갑니까?"라는 겁니다. 신기한 건 진보를 자처했던 마르크스주의자 교수님이 그런 얘길 하시는 거였어요. 그러니까 말로는 '계급해방'을 외치셨는데 실제로는 차별적 '계급의식'이 가장 많은 거죠. 그것도 마르크스가 말하는 계급의식이 아니고 사농공상의 계급의식이에요. '이건 뭐지?' 한국에서 사회과학을 하려면 이런 걸 잘 짚어내야 합니다. 그러니까 이건 좌우가 같아요. 딸깍발이 정신. 선비 정신. 유교적 직업의식. 이 사회는 아직도 사농공상이에요. 그래서 겉으로 보이는 것에 고개를 숙입니다. 마치 '나 사대부야' 하는 것처럼 변호사나 판사나 교수나 이런 직업을 내세우고 그 역할을 잘 못 하는 것에 대해선 창피함이 없죠. 오히려 현장에서 땀 흘리며 기술을 개발, 개량, 발전시키는 사람들을 낮춰봅니다.

제가 그동안 대학에서 굉장히 예의 바르게 시니어 존중을 실천했는데 그날은 정말 못 참겠는 겁니다. 그래서 제가 물었어요. "서른 살 넘어서 아버지한테 용돈 받는 건 창피하지 않은데 땀 흘려 일하는 건 창피합니까?", "그 썩어빠진 정신부터 고쳐야 합니다" 이건 속으로 말했어요.(웃음) 그건 아주 저급한 정신 상태입니다. 입만 열면 '진보' 타령인데 속은 '사농공상'의 봉건적 신분제 질서에 머물러 있는 유교도들인 겁니다. 직업의식이 대한민국 사람이 아니라 '후조선'의 백성이에요. 진보가 아니라 엄청난 퇴보죠. 저는 그 일로 유교가 얼마나 우리 안에 뿌리 깊게 남아있는지 체험했습니다.

크리스천이 신앙을 제대로 가지고 있으면 이런 사고가 바뀝니다. 교회 안의 조선과 주자를 극복하게 됩니다. 땀 흘려 일하는 것이 창피한 게 아니라, 30세가 넘어서도 아버지한테 용돈 받는 것을 창피하게 여기는 것이 정상이지요. 크리스천은 일을 하지 않는 게 부끄럽고, 일을 하는데 못하는 게 부끄러운 거예요. 정육점에서 일하는데 '양질'의 고기를 구별하지 못하거나, 질이 나쁜 고기를 속여서 팔면 창피한 것입니다. 빵을 만드는 사람은 '하나님 앞에서', '하나님께 바치는 빵'을 만드는 거예요. 자신의 한계를 기도로 극복하면서 최고의 제빵사가 되는 것이죠. 크리스천에게 일은 하나님이 명하신 것입니다. 내가 선 일터는 하나님의 통치가 나를 통해 임해야 하는 곳이에요. 나의 일은 하나님께 영광 올려드리는 예배인 겁니다.

그 지역의 다른 빵집 주인도, 정육점 주인도 이런 식으로 자기 일에서 더 잘하기 위해서 선의의 경쟁을 하다 보면, 이 동네의 사람들은 엄청 맛있고 질 좋은 빵과 고기를 합리적 가격에 먹을 수 있게 됩니다. 자신의 삶과 직업에서 성경적으로 살기 위해 정말 신실하게 하나님 앞에 나아갔던 이런 분들 덕분에 그 동네의 안 믿는 이들도 혜택을 받는 일이 근대 자본주의의 정신이 자리 잡은 곳에서 벌어진 것입니다.

맡겨주신 부를 관리하는 청지기

베버는 자본주의 정신이 일차적으로 맞서 싸워야 했던 적은 '전통주의'라고 불리는 정서와 태도였다고 말합니다. 전통주의의 대표적인 것이 바로 돈(富)과 이윤 추구를 부정적이고 부도덕한 것으로 보는 태도입니다.[68] 소명과 예정에 대한 교리는 이런 부를 보는 관점에도 획기적인 변화를 가져왔어요. 전문직 노동자가 직업노동을 소명으로 여겼다면, 청교도 기업가들은 이윤 추구를 위한 영리활동을 자신의 소명으로 생각했어요. 정직하고 성실하게 일한 결과로 얻은 부는 하나님이 은혜로 주신 복으로 여겨졌기에 그 부는 구원을 확증해주는 것이었습니다. 이제 기업가나 상인인 청교도들은 이윤 추구를 통해 부

---

68   막스 베버, 앞의 책, 87-105면

를 축적함으로써 자신이 구원받은 자라는 것을 확인하고자 했어요. 기업과 상업을 하며 '이윤을 추구'하는 것은 더이상 탐욕적이고 부도덕한 일이 아니라 '하나님이 맡긴 일'을 성실하게 해내는 것으로 생각되었죠.

당시 청교도들은 마태복음에 나오는 '달란트를 종들에게 맡긴 뒤 나중에 결산하는 주인의 비유'(마 25:14-30)를 자기들의 일과 이윤 추구에 대입했습니다. 모든 것의 주인이신 하나님은 기업을 자신의 손에 맡기셨습니다. 자신에게 주어진 기업과 부는 자기 소유가 아니라, 하나님께서 청지기인 자신에게 관리하라고 맡겨주신 것이죠. 주인이 맡긴 것보다 더 많은 달란트를 만들어낸 종이 칭찬을 받고, 다시 더 많은 소유를 받아 주인의 즐거움에 동참하게 된 것처럼 그들은 하나님이 맡기신 기업에서 더 많은 이윤과 부를 창출해서 하나님께 드릴 때 하나님이 기뻐하시는 것으로 여겼습니다. 이것이 바로 성경적 경제관인 청지기 의식입니다.

제가 이 청지기 의식을 언제 깨달았냐면 이탈리아 밀라노에서 사업을 하시는 분의 인생담을 들을 때였어요. 이분은 지금은 목회하시느라 사업을 축소시켰는데 전에는 이탈리아에서 한국계 중에 정말 잘나가는 사업가셨어요. 제가 처음 만났을 때는, 이미 성공한 사업가여서 과거의 고생하던 시절의 모습은 몰랐죠. 친해지면서 과거 이야기를 해주시는데 정말 놀랐습니다. 이탈리아에 선교의 꿈을 품고 왔는데 우선 이탈리아인들에게 제대로 된 사람으로 신뢰를 주어야 선교가 되니까 이탈리아어를 열심히 배워서 잘하게 된 거예요. 그리고 한국과 이탈리아 간 무역으로 사업을 시작해서 나름 성공을 하셨어요. 한국의 교회 후배들도 이분이 성공한 걸 보고서 함께 선교와 사업을 하려고 이탈리아에 왔어요. 이제 본격적으로 선교를 해야지 했는데 갑자기 한국에 IMF가 터진 거예요. 그래서 완전히 망해서 먹고 살기도 어렵게 되었어요. 후배들도 도저히 비전이 없다고 여기고 다시 한국으로 다 돌아가 버렸죠. 그런데 이분은 포기하지 않고 이제 중개무역 같은 한국 사정에 따라 변하는 사업 말고 안정적인 사업을 해야겠다고 결심을 했어요. 그런데 지금 한 푼도 없으니까 우선 사업자금을 삼천만 원을 만들자 결심하신 거예요. "그래서 어떻게 하셨어요?" 제가 물어보니 이탈리아 남부의 휴양지 섬에서 부부가 아이들을 데리고 노점을 하신 겁니다. 어떤 때는 노숙도 하는 처절한 시간을 보냈어요. 그 고생이 말도 못 할 정도였어요. 사업자금이 모일 때까지 부부가 밤낮을 잊고 얼마나 열심히 일했는지 그 여름 시즌에 노점으로 그 돈을 다 모았어요. 그걸 기본자금으로 새로운 사업을 시작해서 이분들이 폭발적으로 재기했어요.

이제 사업도 상승세를 타게 되니까 이분들이 건물을 사야겠다고 생각을 했어요. 마침 오래된 호텔이 매물로 나왔는데 집으로도 사용하고 한국에서 오신 손님들도 모시고, 나중에 교회로도 사용하기에 안성맞춤이다 생각하고 그 건물을 계약을 했습니다. 그런데 문제가 생긴 거예요. 은행에서 대출을 해주기로 했는데 외국인인 게 걸린다며 진행이 멈춘 겁니다. 사모님이 겁에 질린 게, 노숙까지 해가면서 정말 고생해서 지금까지 번 돈을 모두 호텔 매매 계약금으로 다 넣었는데 은행이 대출을 안 해줘서 계약이 취소되면 그 돈이 다 날아가는 거예요. 그러니 얼마나 두려웠겠어요? 그런데 걱정을 해도 모자랄 판에 이 남편이 태평인 겁니다. 그래서 사모님이 화를 냈더니 이분이 하신 말씀이 놀라워요. "주신 분도 하나님이시고 거두시는 분도 하나님이시라"(욥 1:21)는 거예요. 원래 nothing이었는데 이만큼 주신 분도 하나님이신 걸 기억하라는 거죠.

"여보, 생각해봐, 만약에 이탈리아은행에서 대출을 안 줘서 다 날리면 제로에서 다시 시작하면 돼. 그런데 은행에서 대출해줬는데 만약 다음 날 불이 나서 호텔이 다 타버렸어. 그러면 은행대출금까지 끌어안는 거니까 마이너스 인생으로 그 빚을 갚아야 하는 거야. 그러니까 대출이 안 되면 그거대로 은혜 아닐까?"

아니, 얼마나 황당한 논리예요?(웃음) 그런데 사모님이 훌륭하신 게 그 이야기를 듣더니 "그렇네"라며 동의하신 거예요. 정말 부창부수(夫唱婦隨)죠.(웃음) 그래서 두 분이서 밤새도록 은혜로 찬양을 했다는 거예요. 모든 것이 하나님의 것이고 하나님의 섭리하심이 얼마나 완전한지를 부부가 깨달은 것이지요. 하나님의 주권을 마음 깊이 인정했기 때문에 그 상황에서 은혜로 찬양을 할 수 있었던 거죠. 결국 은행에서 대출을 해줘서 무사히 계약이 됐어요. 그리고 그때부터 사업을 하는데 정말 하나님께서 쏟아 부어주시듯이 재물과 부를 주셨다고 말씀하셨어요. 그래서 그분이 나중에 깨닫게 된 게 '아~, 그 일이 재물을 맡기시려고 테스트하신 게 아니었을까?'라는 거예요. 그러니까 정말 그 재물이 하나님이 주신 거라고 생각하는지 아님 자기 것이라고 생각하는지 하나님이 보신 거죠. 더 많은 걸 맡겨도 잘 관리할 수 있는 청지기인지 보신 거라는 거죠. 그러니까 이분은 '이 회사랑 돈은 내 것이 아니고 하나님이 맡겨주신 것이다'라는 강력한 청지기 의식을 갖고 있었던 거죠. 그래서 실제 사례를 보니까 '청지기 의식'이 뭔지 확 이해가 됐어요. 그건 바로 '부는 하나님의 것이고, 우리는 하나님이 맡기신 부를 관리하는 청지기'라는 거예요.[69]

부의 추구는 하나님의 더 큰 영광을 위하여

청교도 기업가들에게 이윤 추구(부의 추구)는 부를 소유하거나 탐닉하기 위한 것이 아니라, 이 땅에서 하나님 나라 건설에 기여하기 위한 것이었습니다. 기업가들이 이 땅에서 하나님 나라를 어떻게 건설할까요? 하나님은 피조세계를 선하다고 보셨고(창 1:31) 예수님은 하나님 나라를 묘사할 때 잔치에 비유하시거나 풍성한 수확의 이미지를 사용하십니다(마 22:1-14, 막 4:3-9).[70] 청교도 교사들은 가난 하고자 하는 것은 일부러 병들고자 하는 것과 같다고 가르쳤어요. 빈곤과 결핍은 전지전능한 하나님을 욕되게 하는 것이지 결코 영광이 되지 않는 거죠. "하나님의 더 큰 영광을 위하여"(in majorem Dei gloriam) 탁월한 청지기는

---

69   청지기 정신과 성경적 비즈니스에 대해서는 웨인 그루뎀/배웅준 역, 『하나님을 영화롭게 하는 비즈니스』, 도서출판CUP, 2017.

70   미로슬라브 볼프(Miroslav Volf) · 라이언 매커널리린츠(Ryan McAnnally-Linz)/ 김명희 역, 『어떻게 공적 신앙을 실천할 것인가, 행동하는 기독교』, IVP, 2020(3쇄), 60-61면.

부를 축적하고 축적된 부를 합리적으로 사용해야 할 의무가 있습니다.[71]

이들은 합리적이고 체계적으로 이윤을 추구했고, 하나님이 맡기신 부를 개인의 탐욕을 위해 사용하는 것을 죄로 생각했기에, 사치하지 않고 검소한 삶을 살았습니다. 그 결과 부가 축적될 수 있었죠. 달란트를 묻어두기만 한 종이 야단맞은 것처럼, 부를 쌓아만 두는 것은 청지기가 해서는 안 되는 일이죠. 부가 축적되면 반드시 필요한 곳에 재투자를 해서 생산을 늘리고 부를 증식시켜야 합니다. 근대 자본주의 형성의 토대가 된 '자본의 축적과 재투자'가 이렇게 일어나게 됩니다. 그럼 어떤 일이 벌어질까요? 부가 사치향락을 일삼는 소수의 사람들에 의해 낭비되는 게 아니라, 양질의 일자리가 늘어나고 많은 이들이 일자리를 얻습니다. 기술개발에 투자해서 기술이 발전하고 이로 인해 사회가 비약적으로 발전합니다. 사람들은 정부가 주는 혜택에 의존해서 거지처럼 사는 것보다, 이런 직장에서 땀 흘려 일해서 돈을 벌고 자기 힘으로 살아갈 때 삶의 보람을 느낍니다. 기업이 투자한 기술의 혜택을 누리며 삶을 영위합니다. 이것이 청교도 기업가들이 이 땅에서 하나님 나라 건설에 기여하는 방식이었습니다. 말씀대로 살고자 했던 이들이 하나님의 영광을 위하여 기업 활동으로 세상에 선한 영향력을 행사할 때 믿지 않는 이들도 복을 누린 거예요. 이들의 부는 일반인들에게도 윤리적으로 존경할 만한 것이었습니다. 어떤가요? 저는 이분들이 정말 존경스러운데 여러분이 보기엔 어떻게 생각되나요?

---

71   막스 베버, 앞의 책, 301-380면 참조.

근대를 바라볼 때 마르크스는 노동을 소외의 문제로 접근하면서 자본가와의 생산 관계에서 노동 계급은 항상 착취당한다는 식으로 풀어가고 베버는 탁월한 서구의 근대, 근대 자본주의 정신이 바로 이런 참 신앙인들에 의해 만들어졌다고 분석합니다. 노동을 중시하고 땀 흘려 일하는 것을 소중히 여기고 자본을 축적해서 재투자함으로써 사회가 발전하는데, 대신 본인은 신앙인이기 때문에 사치와 향락을 하지 않는 프로테스탄트들의 윤리, 이런 탁월한 정신이 바로 자본주의 정신이고 근대자본주의는 바로 여기서 시작된 것이라는 거죠.

그런데 오늘날 교회에서도 이 역사를 잘 몰라요. 그러니까 자본주의를 악하다고 하고 딸깍발이를 경건하다고 존경하죠. 딸깍발이 유독 교인들(유교적 기독교인들)은 베버가 지적했던 전통주의적 경제관에 사로잡혀 가난함을 추구하고 마치 돈이 악인 것처럼 청년들에게 가르칩니다. 저는 그럴 때 정말 나막신으로 한 대 팍 때리고 싶어요.(웃음) 아니, 돈이 악이라면 왜 교회에서 헌금도 돈으로 하고, 장학금도 돈으로 줄까요? '돈'이 악하니까 '쌀'이나 '보리'로 줘야죠.(웃음) 이런 관점은 전혀 성경적이지 않습니다. 성경은 '돈을 사랑함'이 일만 악의 뿌리(딤전 6:10)가 된다고 가르칩니다. '돈' 자체를 악으로 여기지 않습니다. 예수님이 우리를 죄로부터 해방시켜 주셨는데, 다시 돈에 종노릇 할 이유가 없는 거죠. 재물과 부는 하나님의 영광을 드러내는 수단으로 우리가 잘 사용해야 하는 것입니다. 무소유나 가난함을 경건함으로 생각했다면 우리가 제정신을 찾아야 합니다. 기근목피로 연명하는 북한이나 공산주의 빈국 캄보디아가 이상적인 나라가 될 수는 없습니다. 굶

주리고 헐벗은 사람들을 보며 하나님이 아파하시지 기뻐하실 리가 없 잖습니까?

다시 정리하자면, 성경은 '부' 자체를 악으로 보는 것이 아니라 '부' 의 개념을 왜곡하고 타락시키는 것을 '죄'로 여깁니다. '부'를 우상처럼 숭배(구원이 하나님이 아닌 돈으로부터 오는 것처럼 행동)하는 물신주의나, '부'를 불의한 방법으로 취득하는 것은 왜곡된 것입니다. 또한 "먼저 그의 나 라와 그의 의를 구하라"(마 6:33)는 예수님의 가르침을 망각하고 하나님 을 부를 얻는 수단으로 삼는 것도 죄입니다.[72]

하나님을 영화롭게 하는 비즈니스

성경적인 비즈니스가 뭘까요? 오늘날 많은 크리스천들이 자신의 사업과 신앙이 관계가 없는 줄 알아요. 그래서 유교도나 불교도와 별 차이가 없게 비즈니스를 하고는 주일날 교회 출석하면 크리스천이라 고 생각하죠. 어떤 분들은 사업은 남들 하는 방식대로 하고 돈을 많이 벌어서 선교헌금 많이 내고 전도 많이 하면 성경적인 사업가라고 생 각해요. 여러분은 어떻게 생각하세요? 성경적인 비즈니스는 사업가 가 교회를 다니거나 전도를 많이 하거나 선교헌금 많이 내는 걸 말하 지 않습니다. 그건 바로 비즈니스 자체를 성경적으로 하는 것을 말해 요. 우리가 지금까지 살펴봤던 청교도 기업가들이 바로 성경이 가르

---

72 미로슬라브 볼프(Miroslav Volf) · 라이언 매커널리린츠(Ryan McAnnally-Linz), 앞의 책, 62-63면.

치는 대로 사업을 한 17세기 모델이라고 할 수 있죠. 성경적인 비즈니스는 기존의 것과 차원이 다른 비즈니스입니다. 이들로 인해 인류의 역사가 바뀌고 세상이 바뀌죠. 그럼 21세기의 성경적 비즈니스는 어떤 것일까요? 성경적인 원칙은 변하지 않지만 17세기와 전혀 다른 사회인 21세기에 맞게 적용될 필요가 있습니다.

제가 크리스천 사업가들과 비즈니스를 하려는 청년들에게 필독서로 추천하는 책이 웨인 그루뎀(Wayne A. Grudem, 1948-)의『하나님을 영화롭게 하는 비즈니스』입니다. 이 책은 비즈니스를 할 때 생기는 비즈니스 행위(국면)을 11가지[73]로 나눠서 그 각각에서 어떤 것이 성경적인 원리인지 살펴봅니다. 어떻게 이윤을 추구할 때 성경적인지, 누군가를 고용할 때 어떻게 일을 시키는 게 성경적인지 이런 내용들이 다 정리되어 있어요. 그루뎀은 사업가가 구제를 많이 하고 전도를 많이 하고 헌금을 많이 해서 하나님을 영화롭게 하는 게 아니라 비즈니스 과정 그 자체로 하나님을 영화롭게 할 수 있다고 얘기합니다. 사업의 11가지 행위 중 이윤 창출을 예로 든다면 이윤을 추구하는 행위는 성경적으로 봤을 때 기본적으로 선합니다. 이윤을 창출한다는 것은 땅의 자원을 효율적으로 사용해서 땅을 정복하라는 하나님이 창조 명령에 순종함을 의미하고, 하나님은 자신이 맡기신 재산을 늘리고 확장하는 청지기를 선하게 여기시기 때문입니다. 하나님의 주권과 현명한 청지기 사명을 행사하면서 이윤창출을 한다면 그것은 그 자체로 하나님을 영화롭게 합니다. 그러나 부당한 이윤- 타인을 착취하거나 부

---

73 웨인 그루뎀, 앞의 책, 11가지 성경적 행위는 소유권, 생산성, 고용, 상거래, 이윤, 돈, 소유 불균형, 경쟁, 차용과 대출, 마음의 자세, 세계빈곤에 미치는 영향이다.

당한 방법으로 이윤을 남긴다면 하나님은 그 이윤을 기뻐하시지 않을 것입니다.[74] 그러니까 그루뎀이 하는 얘기는 어떤 사업가가 이윤 창출을 해서 자신과 세상 모두 이익을 얻는다면(부당한 방법이 아니라면) 이윤 창출 자체가 성경적이라는 겁니다. 이윤 창출을 많이 할수록 하나님을 영화롭게 하겠죠. 이것은 17세기 청교도 사업가들이 동일하게 가졌던 생각이죠.

그래서 제게 성경적 세계관 강의를 들었던 몇몇 중소기업 대표들과 모여서 PLI 비즈니스 포럼을 했어요. 제가 그분들에게 요구한 건, 사업의 11가지 영역에서 성경적인 원리대로 자신의 사업을 경영하고 있는지 체크하고 그것을 발표하라는 거였어요. 그랬더니 회개와 통곡의 시간이었어요.(웃음) 그분들이 고백하는 게 뭐였냐면 사업을 성경적으로 하는 게 뭔지 몰랐고 자기가 이렇게 안 되고 있는지 몰랐다는 거예요. 막연히 자신이 믿음 좋고 성실히 일하고 남을 속이지 않으니까, 성경적 비즈니스를 한다고 생각해 왔던 거죠. 그런데 정작 자기 비즈니스를 성경적인 원리로 하고 있는지 체계적으로 점검하는 걸 처음 해 봤던 거예요. 문제를 해결하기 위해선 현재 상태를 정직하게 파악하는 게 가장 중요합니다. 그런 점에서 아주 의미 있는 시간이었어요.

포럼에서 발표한 분들 중에서 이걸 자기 비즈니스에 적용하면서 자기 삶이 뒤집어질 정도로 큰 변화가 있었다고 고백한 분이 있었어요. 그래서 이분께는 저 내용 발표뿐만 아니라 간증도 짧게 듣는 시간을 가졌어요. 성경적인 원리를 사업에 적용할 때 실제로 어떤 일이 일

74　웨인 그루뎀, 앞의 책, 73-79면.

어나는지 참여하는 분들이 생생하게 듣길 원했거든요. 이분은 헤어디자이너 원장님인데 믿음도 신실하고 평소에도 자기 직업분야에 최선을 다하는 분이었어요. '최선을 다해 최고의 것을' 하나님께 드리기 위해 노력하는 분이어서 제가 눈여겨봤던 분인데, 이분이 이 과제를 하는 동안 삶으로 드리는 예배, 자신의 일로 드리는 예배가 뭔지를 깊이 알게 되신 거예요. 이전에도 그런 말을 계속해 왔었는데 정말로 자기 비즈니스가 모든 면에서 성경적인가를 적용하면서 그것을 놓고 기도했을 때, 일로 드리는 예배의 진짜 의미를 깨닫게 되신 거죠. 소위 진짜 위그노가 되신 거예요. 그렇게 되니까 제일 먼저 자신이 드리는 기도가 달라지고, 손님을 대하는 마음이 변하고, 일할 때 부어주시는 은혜가 차원이 달라졌다고 간증하셨어요. 물론 기술적인 면이나 영업장을 운영하는 부분도 더 업그레이드가 되었죠. 손님이 훨씬 만족하게 되니까, 매출이 증가된 것은 당연히 따라온 결과였어요. 이분이 하신 얘기 중에 기억에 남는 부분은 사업하는 입장에서 매출 증가도 기쁘지만 일 자체에서 누리는 기쁨과 은혜가 너무 커져서 그게 더 기쁘다고 한 거예요. 전에는 일이 참 고통스럽고 견뎌야 할 때가 많았는데 이젠 일 자체가 기쁨이 되었다는 거죠. 이분의 간증을 통해서 성경적일 때 비즈니스도 탁월해진다는 것을 알 수가 있었습니다.

또 소개해 드리고 싶은 것은 포럼에 참여한 주부가 발표한 내용이에요. 왜 비즈니스 포럼인데 주부가 참여했는지 궁금하실 텐데, 저는 주부를 가정을 경영하는 사람으로 본 거예요. 그 어떤 경영자보다 중요한 경영자죠. 놀랍게도 이분이 제가 요구했던 걸 가장 잘 정리해오

섰어요. 이분은 이윤 창출 부분에서 가정경영이 성경적 원리로 되었는지 고민을 하셨어요. 기업의 이윤 창출이 생산한 재화(용역)로 얼마의 수익을 남기는가의 문제라면 가정의 이윤 창출은 남편 월급으로 알뜰하게 살림을 하고 남는 것을 저축하거나 투자해서 재산을 증식하는 것이 되겠죠. 그렇지만 이분의 통찰이 놀라웠던 게 이분은 주부로서 가정을 경영할 때 가장 큰 이윤 창출은 자녀라고 생각하신 거예요. 자녀를 세상에 선한 영향력을 행사하도록 키우는 것이 주부로서 가장 큰 이윤 창출이라는 거죠. 그러면서 그루뎀 책의 서문에서 그루뎀이 어머니에게 이 책을 바친다고 표현한 걸 인용했어요.

> "놀랍도록 너그럽고, 친절하고, 정직하며, 희생적이고, 전 생애를 통해 하나님을 영화롭게 했던 어머니의 삶은 내가 어떤 인물이 되어야 할지에 대한 강력한 삶의 모델이 되어 주셨다."[75]

지금 그루뎀이 세상에 엄청나게 선한 영향력을 끼치고 있는데 그건 어머니가 사랑과 시간과 노력이라는 재료로 그루뎀이란 인물을 키워낸 건데 이게 가격을 매기기 어려울 정도로, 얼마나 큰 이윤창출이냐 이렇게 묻는데 그걸 듣던 모든 이들이 고개를 끄덕이고 박수를 쳤어요. 그리고 자신에게 주어진 환경에서 자녀들을 행복하고 선하게 키우기 위해 어떤 것들을 했는지 얘기할 때 그 과정에 깃든 성경적 원리에 다들 감동했었어요. 듣는 분들 모두가 그

---

75   웨인 그루뎀, 앞의 책, 15면.

분이 자녀를 키우는 과정 그 자체가 하나님을 영화롭게 하고, 또 그 자녀들의 삶이 하나님을 영화롭게 할 거란 걸 알 수가 있었죠.

크리스천의 영적 전쟁은 내가 선 자리에서

중요한 건 이겁니다. 계속 얘기해 온 거지만 하나님을 영화롭게 하는 성스러운 영역이 따로 있는 게 아니라는 겁니다. 예수님 오신 이래로 내가 선 자리가, 내 삶이 하나님께 드리는 예배입니다. 우리 삶과 직업을 하나님께서 기뻐하시는 거룩한 산 제물로 드리는 거죠(롬 12:1). 비즈니스 따로, 영적인 생활 따로 가 아니라 비즈니스 그 자체가 하나님께 드리는 예배가 되어야 합니다.

앞에서 런던에서 집회할 때 만났던 미학 전공 학생에 대해 말씀드렸죠.

"교수님, 제가 대학에서 미학을 공부하는데 학교에서 배우는 모든 것이 하나님을 대적하는 겁니다. 교수님 강의를 듣고 확실히 깨달았어요. 하나님을 대적하는 세상 학문을 계속해도 될까요? 학교를 그만둬야 하지 않을까요?"

그럴 때 성과 속을 분리하는 분들은 뭐라고 그래요?

"그래, 그런 학문은 내려놓고 신학을 하려무나."

"그래, 그건 그만두고 내 밑으로 들어와서 신앙 훈련을 받자."

아니 이건 가톨릭방식이라니까요? 하나님의 주권이 행사되는 곳을 교회만으로 제한하는 게 세속화라니까요? 내가 서있는 그 자리에 하나님의 통치가 임하도록 해야 해요. 이 여학생은 진짜 참신앙의 길을 고민하니까 이런 질문을 하는 거예요. 이미 삶과 신앙이 분리된 자는 고민도 없어요. 학교에서 하나님 대적하는 걸 가르쳐줘도 아무 생각 없이 그냥 다니죠. 그런데 이 학생은 진짜로 하나님을 사랑하게 되니까 눈물이 나는 거예요. 진짜로 해도 될까? 진지한 물음을 던지는 겁니다. 그래서 저는 이 친구에게 이렇게 조언했어요.

"너는 네 분야에서 하나님 대적하는 이론을 다 꿰뚫고 있어야 해. 함께 공부하는 애들 중에서 가장 뛰어나고 탁월하게 공부를 해내야 해. 그래야만 네가 박사학위 받고 교수가 돼서 그 이론을 다 쓸어버릴 수 있어. 그 분야에서 하나님을 영화롭게 하는 이론으로 그들에게 이기고, 후학을 키워서 하나님을 영화롭게 하는 이론이 이 세상에 퍼지도록 해야 해. 그게 바로 하나님의 역사야."

학교 그만두고 신학을 해야만 하나님의 역사가 아닙니다. 하나님의 주권이 미치지 않는 곳은 이 세상에 한 치도 없습니다. 진짜 제대로 하나님 대적하는 자들의 이론이 무엇인지 끝장을 보겠다는 마음가짐이 필요합니다. 말씀과 기도로 자기를 다지지만, 그 분야에서 최고의 학자가 되어 그들과 논쟁을 하면 '일대다'로 다 쓸어버릴 수 있어야 합니다. 아브라함 카이퍼처럼 말이죠. 우리가 서 있는 곳마다 그런 존재가 되어야 하는 겁니다.

크리스천의 이런 삶에 대해 청교도 리더인 존 게리(John Geree, 1600-1649)가 『The Character of an Old English Puritan』에서 한 마디로 종

합을 했어요. "크리스천의 인생은 전쟁(warfare)"이에요. 하나님의 섭리가 우리 삶을 통해서 이루어지도록, 이 세상 속에서의 영적 전투를 빌이는 거죠. 우리는 자신의 전 생애를 전쟁으로 생각해야 합니다. 영적 전쟁은 청교도의 소명입니다. "이 전쟁에서는 그리스도가 대장(captain)"이에요. 왕이신 그리스도를 따라가는 거예요. 물러서면 안 돼요. "그의 무기는 기도와 눈물"이에요. 영적 전쟁에서 "십자가는 그의 군기(banner)"고, "그의 문장(word)은 고난 받는 자가 승리한다(Vincit qui patitur)"예요.[76] 정말 가슴에 와 닿지 않습니까?

---

76 "The Character of an Old English Puritan", The Reformed Reader, 1999, Web, 2021.10.20.

● ● ●

경제적 자유를 누리기 위해 필요한 것

네 하나님 여호와께서 네게 기업으로 주신 땅에서 네가 반드시 복을 받으리니 너희 중에 가난한 자가 없으리라 (신명기 15:5)

그러나 온유한 자들은 땅을 차지하며 풍성한 화평으로 즐거워하리로다 (시편 37:11)

너는 가난한 자의 송사라고 정의를 굽게 하지 말며 (출애굽기 23:6)

자, 오늘은 제가 오늘 애덤 스미스(Adam Smith, 1723-1790)를 제대로 가르쳐야 되겠다고 결심을 하고 나왔는데요. 인간에게 자유로운 경제 활동이 얼마나 중요한지, 그걸 가능하게 하는 자본주의를 건강하게 만들어가려고 할 때 신앙이 얼마나 중요한지 애덤 스미스가 알려주기 때문이에요. 애덤 스미스는 세계적인 거장인데 우리가 잘 모릅니다. 애덤 스미스 하면 다들 기억나는 게 하나 있죠. "보이지 않는 손"(invisible hand)입니다. 보이지 않는 손이면 '변태의 손'인가 오해하면 안 되고요.(웃음) 이게 사실 하나님의 손입니다. 오늘 이것에 대해 자세히 배워보겠습니다.

애덤 스미스

애덤 스미스는 18세기 후반의 도덕철학자로 스코틀랜드의 글래스고 대학에서 도덕철학을 가르쳤던 교수입니다. 경제학을 포함해서 신학, 윤리학, 법학을 모두 포괄하는 게 당시의 도덕철학이었죠. 그가 활동했던 시대는 아직 학문이 분화되기 전이어서 경제학이라는 학문이 없었어요. 스미스의 『국부론』 덕분에 독립된 학문으로서의 경제학이 시작될 정도로 스미스의 사상은 엄청난 영향을 미치죠. 많은 전문가들이 자본주의를 정의하라고 하면 애덤 스미스의 『국부론』[77]을 언급하지만 정작 스미스는 '자본주의'라는 용어를 사용해서 자신의 이론을 설명한 적이 없어요. 스미스는 『국부론』에서 '자유로운 시장경제체제'에 대해 묘사하며[78] 국부(國富)—국가의 부강함은 자유로운 경제 활동에서 나온다는 사상을 설득력 있게 펼칩니다.

개인의 자유를 중시하는 역사의 흐름에서 스미스의 사상은 큰 역할을 합니다. 정치와 경제는 함께 발전해 왔는데 우리가 앞 장에서 배웠던 막스 베버가 분석한 청교도들의 정치의식, 경제관 등을 따라가다 보면 존 로크를 만나고 존 로크 이후 애덤 스미스가 등장하고 이 흐름을 타고 미국이라는 자본주의 국가까지 오게 됩니다. 이걸 좀 더 자세히 살펴볼까요? 1688년 영국에서 명예혁명이 일어나 의회민주주의가 확립됩니다. 이 명예혁명을 이론적으로 정당화했던 영국의 사상가가 바로 존 로크(John Locke, 1632-1704)죠. 로크는 하나님이 인간에게 주신 권리이기 때문에 국가도 함부로 침해할 수 없는 권리인 자연권 이론을 제시합니다. 바로 인간에게 주어진 자유, 생명, 재산이 자연권의 핵심인데, 이 자연권은 개인이 소유할 수 있는 소유권입니다. 자유, 생명, 재산을 소유할 수 있는 권리이죠. 신체의 자유를 보장받고,

---

77 애덤 스미스(Adam Smith)/ 안재욱 역, 『한권으로 읽는 국부론』, 박영사, 2018 참조. 이 번역서는 두 권으로 되어있는 '국부론'의 다른 번역서들과 달리 '한권'으로 편집되어 있어서 읽기에 편리하다.

78 『EBS 다큐프라임 자본주의』 (가나출판사, 2015), 교보ebook edition.

내 생명을 지킬 수 있고, 재산권을 보장받는 거예요. 재산은 자기실현과 관계되기 때문에 아주 중요합니다. 이렇게 자연권은 개인이 생존하는데 필요한 권리이자, 인간으로서 인격을 존중받는 기초가 됩니다. 로크가 자연권으로부터 소유권의 본질을 설명하면서 경제적 자유의 기초를 제시했다면, 애덤 스미스는 시장에서의 '자유로운 경제활동'이 사회의 번영을 이끌고 사회 질서를 형성한다고 설명하면서 자본주의 국가의 초석을 다집니다.[79]

이런 경제적 자유를 헌법으로 세팅하는 체제가 탁월하고 위대한 거예요. 1776년, 미국이 독립하면서 경제적 자유를 국가가 보장해야 할 인권으로 확립합니다. 이게 시민권으로 헌법에 탑재되는 거예요. 오늘날 우리가 당연하게 여기는 경제적 자유들이 이런 역사를 거쳐서 만들어지는 거예요. 자신의 재산을 가질 수 있고 자유롭게 경제활동을 할 수 있는 사회, 소유를 중시하고 보호하는 법의 전통, 이런 것들이 인간의 삶에서 얼마나 중요한지 생각하는 시간이 되길 바랍니다.

애덤 스미스의 도덕철학 체계: 시장, 사회, 국가

먼저 스미스가 활동했던 18세기 전후의 사회상황에 대해 살펴봅시다. 스코틀랜드는 1707년에 잉글랜드에 병합되는데 18세기의 잉글랜드는 경제가 발전하고 기술혁신이 일어나는 한편, 빈부 격차와 재

---

79 오가와 히토시/ 김영주 역, 「도덕감정론에서 배우는 보다 나은 삶의 방식 애덤 스미스, 인간의 본질」, 이노다임북스, 2015, 18-19면.

정난으로 골치를 앓고 있었습니다. 이 문제는 병합된 스코틀랜드에
도 그대로 일어날 수 있었기에 당시의 스코틀랜드 지식인들은 잉글랜
드의 자본주의 구조와 자신들의 도덕적 가치관을 어떻게 융합시켜 가
야 할지 고민했습니다.[80] 그래서 저는 애덤 스미스를 설명할 때 스코
틀랜드 종교개혁의 문화를 강조합니다. 애덤 스미스라는 위대한 학자
가 출현하기 위해서는 스코틀랜드를 풍미했던 종교개혁의 기독교 문
화가 역사적으로 전제되어야 한다는 거죠. 혹자는 애덤 스미스 개인
의 신앙이 독실하지 않았다는 이유로 이러한 저의 설명을 폄훼하기도
합니다. 그러나 프로테스탄트의 소명의식과 직업윤리가 없는 지역에
서 스미스의『도덕감정론』이나『국부론』같은 저서가 출현할 수 없다고
저는 확신합니다. 막스 베버도 왜 중국이나 이슬람권이 아닌 서구에
서만 근대적 자본주의 정신이 출현했는가에 대해 천착해서 '프로테스
탄트 윤리와 자본주의 정신'이라는 책을 쓸 수 있었습니다. 한국이 발
전하는 가운데에서도 '덕'을 추구하는 진정한 선진국이 되기 위해서는
이러한 종교개혁의 신앙으로 교회가 먼저 갱신되어야 합니다.

자본주의를 '이윤추구를 목적으로 자본이 지배하는 경제체제'라고
간단히 정의할 때, 서구에서 16세기부터 시작된 자본주의는 크게 상
업자본주의, 산업자본주의, 금융지배자본주의의 순으로 변화해왔다
고 볼 수 있는데요. 16-18세기 동안의 상업 자본주의 시대에는 무역
을 비롯한 상업이 이윤창출과 자본축적을 주도했고 상인들이 경제의
주도권을 잡았어요. 스미스가 활동했던 18세기 후반의 영국은 상업자

---

80   오가와 히토시, 앞의 책, 16면.

본주의에서 산업자본주의로 넘어가는 과도기에 있었습니다. 산업혁명 직전의 공장제수공업이 크게 발달해서 시장경제가 이미 확립되어 있었고 산업혁명이 시작되면서 혁명적인 변화들이 일어났던 시기예요. 상업 자본주의 시대의 유럽 국가들의 경제정책을 '중상주의'(重商主義, mercantilism)라고 하는데, 이것은 국가의 부강함을 당시 화폐인 금은의 축적이라고 여기며(重金主義), 금은 획득을 위한 식민지 개발과 보호무역주의 등 국가의 각종 경제규제를 골자로 했어요. 영국의 경우에는 의회를 장악한 대상공인들이 자신들에게 유리하도록 중상주의 정책을 실시하면서(의회중상주의) 일부 대상인들이 특권을 누리고 새로 부상한 중소상공인들이 중상주의의 각종 규제로 어려움을 겪고 있었습니다.[81] 이런 상황에서 애덤 스미스가 제시한 '경제적 자유주의'는 새로운 사회 주도세력으로 떠오른 중소상공인들의 전폭적인 지지를 받으며, 19세기 유럽의 시대정신이 됩니다.

자, 이런 배경 지식을 깔고 이제 스미스의 사상체계로 들어가 봅시다. 스미스의 도덕철학 체계를 김광수 교수님이 다음의 표로 잘 정리해주셨습니다.[82]

81 이근식, 『애덤 스미스 국부론』, 쌤앤파커스, 2018, 26-33면.
82 김광수, 『애덤 스미스 정의가 번영을 이끈다』, 한길사, 2015, 60면.

존재론적 사회구조	사회구조의 특성	핵심 인간 본성	주요 덕목과 가치	주요 문헌
차원 1 : 공동체(사회)	– 자생적 질서 – 사회규범 및 가치 – 사회 통합 (협력, 호혜성, 평판)	동감	– 자혜(인애), 이타심 – 공동체 유지의 덕목 (의무 이상의 덕)	『도덕감정론』
차원 2 : 국가(정치)	– 조직된 질서 – 법제도 – 사회질서(공동선)	(동감) 정의감(분개심) 사회효용	– 자혜(인애), 이타심 – 공동체 유지의 덕목 (의무 이상의 덕)	『법학강의』
차원 3 : 경제(시장)	– 경쟁적 질서 – 자유교역 – 경제번영 (효율성, 성장)	(동감) 자기애 (교환본능, 생활개선 본능)	– 신중 – 개인적 번영의 덕목 (근면성실, 절약– 자본 축적)	『국부론』

〈스미스의 도덕철학 체계〉

　스미스가 단지 경제문제만 설명했다고 착각하면 안 됩니다. 그는 그 당시 자본주의 사회 전체의 사상 체계를 구성하면서 시장, 사회, 국가, 이 세 구조로 나눠서 접근합니다. 경제적 차원의 시장이 존재하고 사회공동체와 국가가 존재하죠. 이 세 가지 사회구조의 특징과 여기에 해당하는 인간의 본성, 그리고 각 차원에서 우리가 무엇을 추구해야 하는지 그 덕목과 가치를 애덤 스미스는 정확하게 정리했습니다. 일반인에게 익숙한 저서는 경제학을 다룬 『국부론』일 텐데요. 윤리학에 해당하는 『도덕감정론』[83]을 스미스는 제일 중요하게 여겼어요. 또 다른 저서로 법학을 다루는 『법학 강의』가 있어요.

　표를 간략히 설명하자면 시장(경제)에서는 개인적 번영이 굉장히 중요합니다. 시장은 자기애를 가진 이기적인 인간이 자아실현을 하는

83　애덤 스미스(Adam Smith)/김광수 역, 『도덕감정론』, 한길사, 2016 참조. 번역자의 『도덕감정론』에 관한 짧은 소개글을 그대로 인용했다. "『도덕감정론』을 통해 해부되는 도덕의 세계는 인간 본성에 내재하고 있는 동감과 공정한 관찰자의 원리에 의해 작동되면서 인간의 사회적 행위 전반이 걸쳐 있는 영역이다. 이러한 도덕의 세계는 사회공동체의 가치와 규범에 의존하는 좁은 의미의 사회적 영역만이 아니라, 정의와 공리에 크게 의존하는 정치와 법의 세계, 사익과 경쟁에 따라 움직이는 경제의 세계를 모두 포괄하면서 조율하는 영역이다."

곳으로 경쟁적 질서로 움직이고, 자유롭게 무역하면서 경제를 번영하게 하는 차원입니다. 이 자유 시장이 존재하기 위해서는 사회공동체의 자생적 질서가 필요합니다. 동감에 의해서 사회규범을 만들고 사회적 가치가 호혜적으로 정립되는 사회통합이 이루어져야 합니다. 공동체에서의 사회통합을 자율적으로 해내지 못하면 공권력(국가)이 간섭할 수밖에 없고 그러면 시장의 자유도 축소됩니다. 우리나라 자칭 우파들은 '공동체'라는 말만 나오면 알레르기 반응을 일으키며 싫어하는데 공동체 없이는 살 수도 없거니와 시장의 자유를 위해서도 공동체의 통합이 중요해요. 우리는 개인의 자유를 중시한다고 공동체를 무시하는 사람들이 아닙니다. 마지막으로 시장이 실패하지 않도록 공정한 법질서와 법제도가 국가라는 차원에서 뒷받침되어야 합니다. 애덤 스미스의 사상체계는 자유가 보장될 때 평등이 추구되는 원리를 탁월하게 설명하고 있어요. 이것이 무슨 뜻인지 지금부터 살펴보도록 할게요.

시장, 이기적인 개인이 자아실현을 위해 자유롭게 경쟁하는 곳

애덤 스미스가 말하는 시장에 대해 이해하는 게 굉장히 중요합니다. 도덕철학자인 스미스는 인간본성에 대해 고찰하는 신학, 윤리학을 바탕에 깔고 그 위에서 경제학을 전개합니다. 그래서 『도덕감정론』에서 말하는 인간의 본성들을 이해해야 『국부론』도 정확하게 파악할 수 있어요. 애덤 스미스는 먼저 인간의 본질이 뭔지를 묻습니다. 항상 뭘 제대로 하는 사람들은 인간의 본질을 꿰뚫고 있어요. 그렇기 때문에 그 인간이 모여서 만드는 사회는 어떤 모습인지 정확하게 파악합니다. 『도덕감정론』이 탁월한 게 뭐냐면, '인간은 이기적 존재다' 여기서 시작해요. 그러니까 기독교 문화에서는 인간의 전적 부패에 대해 인정합니다. 사회주의가 망하는 이유는 인간에 대해서 헛다리를 짚기 때문이에요. 사회주의뿐만 아니라 실패한 체제는 모두 인간본성에 대한 이해가 없어요.

지금 대학가에서 교양도서로도 많이 읽히는, 좌파 출신 이론가가 쓴 『원숭이도 이해하는 자본론』이라는 책이 있어요. 원래 『자본론』이 굉장히 어려워서 제대로 정독하기 힘들거든요. 그런데 그 책을 아주 쉽게 설명해놨어요. 진짜 원숭이만 아니면 다 이해할 수 있겠더라고요.(웃음) 이런 게 퍼지면 큰일 나겠다 걱정이 됐었는데, 이 저자가 강력하게 주장한 것 중에 하나가 뭐하면 "인간이 이기적? 웃기지 마라" 이렇게 나온 겁니다. 그래서 제가 얘기하는 게 사회주의는 출발부터 헛다리 짚었다는 겁니다. 인간이 이기적인 거 맞습니다. 의로운 존재가 아니죠. 종교개혁의 전통이 있는 나라들의 정치가 탁월한 이유는 인간 존재의 본성을 알기 때문입니다. 인간을 신뢰할 수 없기 때문에 법을 중시하고, 법이 지배하는 정치문화를 만들었어요. 반면에 마르크스주의자들이 외치는 것은 '의로운 자들의 혁명'이죠. 이 세상에 의인은 없습니다(롬 3:10). 이런 철없는 혁명 타령이 기본 전제부터 틀렸다는 것은 이제 여러분 눈에도 잘 보일 것입니다. 기본적으로 인간이 이기적이고 쓰레기인데, 마르크시스트들이 정권을 잡았다고 어떻게 갑자기 의로운 정치를 보여줄 수 있겠습니까? 이미 소련과 북한을 보셔서 아시겠지만 이것은 불가능합니다. 자칭 의인들의 혁명은 내로남불과 무능력으로 인해 항상 망합니다. 우리는 항상 성경적 인간관에서 출발하는 인문사회과학을 추구해야 합니다.

스미스가 설명하는 시장은 철저하게 이런 인간 본성에 기반하고 있어요. 시장이 효율적인 이유는 자기애라는 인간본성에 충실하게 움직이기 때문이에요.[84] 자, 이기적인 인간이 경제활동하는 과정을 한번 그려봅시다. 처음에 나에게 어떤 재능이 있지? 이걸 진지하게 고민합니다. 달란트를 찾는 것은 크리스천다운 것이기도 합니다. 청소년기에 자기 재능을 탐색합니다. 나는 디자이너가 될 거야. 나는 빵을 만들고 싶어. 나는 학자가 될 거야. 이런 식으로 자기 재능을 발견하면 체계적이고 합리적으로 그 재능을 키워가요. 그 과정을 겪어야 전문가가 되고 직업인이 될 수 있죠. 예를 들어 봅시다. 바리스타로 훈련받은 사람이 커피점을 열었어요. 그럴 때, 이 커피점 주인은 가게를 운영할 때 기본적으로 자기중심적이에요(자기애). 이 사람은 생활을 개선하고 싶은 본능이 있어요. 더 나은 환경에서 살고 싶어요(생활개선본능). 아내에게 선물도 하고 싶고, 아이에게도 좋은 교육을 받게 해서 잘 키우고 싶어요. 이건 이기적인 마음의 발로죠. 커피가게에서 더 많은 이윤을 창출해야 자신의 욕망들을 실현할 수 있죠. 그럼 어떻게 합니까? 기술을 단련해서 커피를 더 맛있게 만들어야 해요. 이게 교환

---

84   이근식, 앞의 책, 62면.

가치를 높이는 건데 이것은 '자아실현'과 관련이 있습니다.

내가 바리스타면 더 좋은 커피를 내놓고 싶어서 계속 노력한단 말이죠. 내 기술과 재능이 연마되는 과정이죠. 만약 이분이 크리스천이라면 이 과정에서 하나님이 역사하시도록 간구하고 하나님의 은혜 속에서 더욱 발전하겠죠. 이렇게 바리스타 장인이 되는 거예요. 그럼 이 커피원두는 수입할 때는 똑같은데, 이분 손을 거치면 비싸지는 거예요. 이 커피가게에 가서 드립을 해 먹으면 향과 맛이 너무 좋아요. 그러니까 사람들이 돈을 더 내더라도 여기로 마시러 오는 거예요. 그렇다면 이 커피는 결국 사장님과 떼려 해도 뗄 수 없는, 사장님의 자아와 매우 밀접한 교환가치가 되는 거예요. 교환가치가 높아지면 심리학적으로 자존감이 높아지는 거예요. 자아실현이 되는 거죠. 그럼 어떻게 돼요? 사장님의 실력이 뛰어나고 이윤을 많이 창출하니까 사람들이 배우러 오겠죠. 사장님은 그렇게 제자들을 길러내고 그 제자들이 또 다른 도시에 개업해요. 이게 퍼져나가는 거예요. 많은 사람들이 이분 덕분에 일자리를 얻고 생활을 영위해 가는 거죠.

시장에서는 자발적 교환이 이루어집니다. 그건 저마다 자신에게 가장 이익을 주는 교환을 선택하는 인간의 '교환본능'에 기인해요.[85] 교환하는 쌍방은 모두 이익을 얻기 때문에 자발적으로 그 교환에 참여합니다. 예를 들어 한 동네에 빵집이 세 개가 있어요. 저마다 다른 교환가치를 가지고 있어요. 그 동네의 사람들은 자기에게 가장 이익이 되는 빵집을 선택합니다. 맛보다는 몸에 좋은 빵을 원하는 사람,

---

85   이근식, 앞의 책, 120-121면.

달콤한 케익을 원하는 사람 등 사람들의 기호에 맞추기 위해 빵집 주인들도 서로 경쟁합니다. 빵집 주인들의 경쟁을 통해 그 동네 사람들은 합리적인 가격으로 자신이 원하는 맛있는 빵을 먹을 수 있게 되는 거예요.

> "우리가 매일 식사를 마련할 수 있는 것은 푸줏간 주인과 양조장 주인, 그리고 빵집 주인의 자비심 덕분이 아니라, 그들 자신의 이익을 위한 그들의 고려 덕분이다. 우리는 그들의 자비심에 호소하지 않고 그들의 자기사랑에 호소하며, 그들에게 우리의 필요를 말하지 않고 그들 자신의 이익을 말한다."[86]

『국부론』에 나오는 잘 알려진 이 인용문은 시장이 자기애라는 인간 본성에 기반하기 때문에 가장 효율적인 결과를 내놓는 것을 보여줍니다. 그 사회의 구성원들이 풍성한 식탁을 누릴 수 있는 이유는 자기애와 자기이익의 추구가 시장에서 자유롭게 이루어지기 때문이죠.

이처럼 시장은 물리학 법칙처럼 인간의 본성에 기인한 질서로 움직여요. 시장의 경쟁 속에서 재화(용역)의 가장 균형 있는 교환이 이루어집니다. 이런 시장이라는 메커니즘 자체가 굉장한 도덕적 지형을 갖습니다. 노력하고 최선을 다한 만큼의 상응하는 보상이 주어집니다. 이걸 스미스가 탁월하게 설명한 거예요. 시장을 움직이는 이 질서를 스미스는 '보이지 않는 손'이라고 표현합니다.

---

86   이근식, 앞의 책, 121-122면 재인용.

여기서 보이지 않은 손은 가격의 문제, 그러니까 수요와 공급이 만나서 가격이 책정되는 메커니즘만 설명하는 게 아닙니다. 보이지 않는 손은 사람들 각자가 자기애로 이기심을 추구하며 좀 더 벌기 위해 아이디어를 내고, 노력하고 서로 경쟁할 때 사회가 파괴되는 게 아니라 사회가 번영하게끔 작동하는 질서입니다. 이게 바로 하나님의 손이에요. 무슨 얘기냐면 시장의 질서는 인간이 만든 것이 아니고, 우리가 자유롭게 자아를 실현하면서 사회가 번영을 이루도록 이미 자연적으로 만들어져서 우리에게 주어지는 질서예요. 하나님의 선물이자 은혜인 겁니다. 우리는 하나님이 세팅해 놓은 이 질서 안에서 정직하고 성실하게 살면서 그걸 누리게 되는 거죠.

결론을 내리면, 생활개선 본능과 교환본능과 같은 자기애적 본능이 있으니까 시장에서 이 본능대로 움직이다 보면 개인들은 자아실현을 하고 사회는 번영하고 점점 진보하게 되는 거예요. 이게 탁월한 겁니다. 그래서 제가 얘기하는 게 애덤 스미스의 이론이 진짜 진보고 마르크스를 추종하고 공산당 타령하는 건 퇴보라는 거예요.

공동체, 동감이 사회질서를 형성한다[87]

『도덕감정론』의 중요한 키워드가 바로 '동감'(sympathy)입니다. 이 감정이 아주 성경적입니다. 양심하고도 관계가 되는데 인간은 이기적

---

87 이하 아래의 내용은 오가와 히토시, 앞의 책, 28-97면 참조.

인 존재임에도 본성으로 인해 타인의 행불행에 관심을 가져요. 여기서 주목해야 할 것은 우리에게 타인의 상황에 공감하는 능력이 있다는 것입니다. 하나님께서 모든 피조물에게 심지어는 안 믿는 이교도들에게도 '이걸 하면 되겠다. 안 되겠다' 판단할 수 있는 양심을 심어주셨거든요. 이게 작동할 때 동정과 연민을 느낍니다. 이기적인 존재지만 동시에 타인을 공감하고 함께 아파해주는 게 가능한 존재인 거죠. 이걸 스미스가 "인간은 역지사지가 가능한 존재다"라고 얘기하는 겁니다.

동감과 관련된 일화로 제가 좋아하는 분이 계세요. 제가 앞에 얘기했던 하나님께 만드는 빵을 만드는 분입니다. 이분이 위그노가 되기 전에 7번을 망했어요. 마지막으로 망했을 때 고향으로 돌아왔어요. 그런데 고향에서 이분이 다니던 교회공동체가 사랑의 공동체라 이 '동감'이 적용된 거예요. 집사님 중에 한 분이 대학교 주변에서 카페를 하시는데, 그 카페 한구석을 잘라서 빵을 굽게 해주셨습니다. 처음에 권유를 받고 도저히 미안해서 못 들어가겠다고 하셔도 그 집사님이 안 들어오면 미워할 거라며 설득하셨어요. 그래서 조그만 모퉁이에서 시작된 빵집이 이제 제과업계를 평정할 만큼 대박이 났어요. 그분이 전에 "교수님 고마워요" 하며 빵을 보내줬는데, 제가 과로해서 기운이 없을 때 그 빵을 먹고는 정말 기쁘고 힘이 났어요. 이거 광고 아닙니다. (웃음)

이 카페 집사님은 어떻게 그런 일을 한 걸까요? 『도덕감정론』이 얘기하는 대로 답을 하자면 동감의 쾌락 때문이에요. 그러니까 인간존재는 본성상 이기적인 활동을 하지만 서로 동감할 때 기쁨을 느끼는 존재입니다. 교회에 다시 돌아온 후배 성도에게 자기 판매장도 좁지만, 그걸 내주는 마음이 집사님 본인에게도 쾌락을 주는 신기한 원리를 애덤 스미스가 설명하는 겁니다. 그 사장님이 어릴 때 가출해서 사업도 실패하고 고생하다가 고향으로 돌아왔는데 그걸 보고 카페 집사님 마음이 아프잖아요. 그러니까 자신의 매장을 내주는 게 가능해지죠. 그래서 이 싱크로(synchro) 상태, 내가 그 사람이 된 듯 동일하게 느끼는 상태를 동감이라고 해요. 동감은 우리에게 주는 기쁨을 알게 합니다.

인간은 동감하고자 하는 존재입니다. 우리는 서로 동감해주길 바라고 말합니다. 내가 뭘 표현할 때는 상대방이 동감해주길 바라고 말하지, 무시하길 바라고 말하는 사람은 한 명도 없습니다. 그럴 때 동감해주면서 서로 유대를 맺고 이해하는 것이 형성됩니다. 그 관계 속에서 기쁨을 얻는 거예요. 이것이 상호적 동감의 쾌락을 설명하는 겁니다. 그러니까 인간은 이기적인 존재이지만 특별히 동감할 수 있고, 서로 소통하면서 삶의 즐거움을 얻는 것이 인간의 특징입니다. '애덤 스미스가 냉혈한 이기적인 인간을 그려냈다'라는 비판은 이런 이론 배경을 이해하지 못하기 때문입니다.

『도덕감정론』은 동감을 통해 사회 질서를 형성할 수 있다고 얘기합니다. 사회 질서는 사회구성원들이 동의하는 규칙 같은 것이죠. 구성원들끼리 서로 동감함으로서 서로가 싫어할 만한 것은 하지 않고 좋아할 만한 것들을 하는 식으로 사회 질서가 구성될 수 있습니다. 여기서 중요한 것이 바로 '공평한 관찰자'의 시선입니다. 사람들은 누구나 각자의 인격에 따른 자신의 주관을 가지고 사회에 등장해요. 그렇기 때문에 어느 일방에 치우친다면 모든 구성원들이 동의할 만한 규칙을 만들기 어렵죠. 그래서 어느 누구와도 이해관계가 없는, 공평한 제3자의 시선이 필요해집니다. 내 입장이나 나와 관련된 이들의 입장이 아니라 다양한 사람들(복수의 인격)의 입장에서 생각해 볼 때 공평한 관찰자의 시선을 끌어낼 수 있습니다. 이것은 마치 공정한 재판관이 취하는 중용의 상태 같은 거예요. 그러니까 법관은 제3자로 판단해야 하는 거예요. 원고, 피고, 두 사람이 동일한 사건에 대해 전혀 다르게 말하죠. 제가 학교에서도 봤는데 캠퍼스 커플이 깨지면 남학생과 여학생이 동일한 사건에 대해 전혀 다른 얘기를 해요. 기억도 완전히 다르죠.(웃음) 이 친구들의 얘기를 들을 때 필요한 것이 중용의 태도예요. 누구 한편을 들면 우정이 깨져요.(웃음) 그러니까 공평한 관찰자의 시선에서 판단한다는 것은 타인의 눈을 의식한다는 의미입니다. 타인의 시선을 의식할 때 사회에서 요구하는 상식적인 선을 생각하게 됩니다. 사회 질서가 형성되는 것이죠.

이렇게 공평한 제3자의 관점에서 사람들의 행위를 관찰할 때 내가 어떻게 해야겠다는 사회의 일반 규칙을 발견할 수 있어요. 스미스가 중요한 것으로 제시한 일반 규칙, 즉 사회질서는 자혜와 정의, 두 가지입니다. 자혜(慈惠)는 타인의 이익을 증진시키는 행위를 하는 거예요. 정의(正義)는 타인의 생명, 신체, 재산, 명예 등을 해치는 행위를 하지 않는 겁니다. 자혜는 하면 좋은 것이지만 반드시 해야 되는 것은 아니죠. 그러나 정의는 지켜지지 않으면 타인에게 해가 되기 때문에 반드시 지켜져야 합니다. 스미스는 인간 사회를 건물로 비유해서 자혜와 정의의 특징을 설명해요. 자혜는 건물을 아름답게 꾸미는 장식 같은 것이기에 권유는 해도 강요할 필요는 없지만, 정의는 건물을 지지하는 기둥과 같아서 그게 없어지면 인간 사회가 무너지기 때문에 꼭 있어야 하는 거라는 거죠. 이것은 다시 말하면 정의는 사회가 유지되기 위한 최소한의 전제조건이지만, 자혜는 사회를 좋고 행복하게 만드는 질서라고 볼 수 있습니다. 그래서 앞의 표에 사회공동체의 덕목이 자혜와 이타심으로 나와 있어요. 자혜는 행복한 사회공동체에 꼭 필요한 덕이자 질서인 거예요.

스미스가 강조하기를 사회질서 형성에 필요한 전부는 동음이 아닌 협화음입니다. 똑같은 음을 내야 하는 게 아니라 불협화음에서 불자를 빼고 협화음을 내는 방식을 설명하는 거예요. 서로가 각기 다른 음을 내지만 그것이 조화를 이룰 수 있도록 노력하는 것이죠. 어떻게 그렇게 할 수 있을까요? 타인을 위해 더 많은 것을 느끼고, 자신을 위해서는 조금 덜 느끼는 방향으로 할 때 가능합니다. 이기적인 생각을 누르고 타인을 위해 자애로운(사랑의) 마음을 느끼려고 노력하는 거예요. 스미스는 이것을 "자연의 위대한 계율"이라고 표현합니다. 이기심을 절제하고 타인에게 동감하기 위해 노력하는 것이 인간에게 주어진 계율이라는 겁니다. 자신이 속한 공동체에서 어떻게 이기적인 생각을 누르고 타인과 공동체를 위해 동감하며 자애로운 생각을 가질 수 있을까요? 어떻게 사회 속에서 협화음을 낼 수 있을까요? 이것은 신앙에 기초할 때 가능합니다. 도시의 중심에서 누가 이런 역할을 해줘야 하냐면 바로 교회입니다. 매우 중요한 역할이죠.

그래서 이건 제 평가인데 공산주의가 위험한 게 이 자애심(사랑)을 제거합니다. 계급의식으로 무장을 시키기 때문에 계급의식은 타인에 대한 자애심이 없는 겁니다. 계급적 이익으로 활동하게 해요. 예를 들어 민주노총의 멤버가 되었어요. 그럼 사람이 어떻게 바뀌냐면 계급의식으로 모든 것을 봐요. 내가 프롤레타리아를 위해 일할 때는 내가 내 자식에게 자리를 세습해도 괜찮아요. 민주노총이 고용 세습하는 것에 스스로 비판을 못해요. 자기들은 그러면서 뭘 비판해요? 대기업 회장이 아들에게 물려주면 화가 나는 거예요. 계급의식에 사로잡히면 프롤레타리아가 아닌 부르주아를 죽일 때는 양심의 가책을 못 느껴요. 왜냐하면 부르주아는 죽여도 되는 존재거든요. 제가 깜짝 놀란 게 뭐냐면 울산이 민주노총의 본거지라서 잘 알아요. 시위할 때는 현수막이 뭐예요? "비정규직의 눈물이" 이렇게 되어있어요. 비정규직 차별하지 말라는 거죠. 그런데 현장에 가면 비정규직하고 자기들이 가는 식당이 달라요. 작업할 때 입는 조끼 색깔이 달라요. 그거 회사가 시킨 거 아니고 자기들이 하는 거예요. 철저하게 차별하면서 시위할 때는 "비정규직의 눈물이" 이러면서 이용하는 거예요. 그래놓고 그것에 대해서 문제의식을 못 느껴요. 저는 이게 공산주의의 최악의 문제라고 생각해요. 사람을 동감할 수 없는 사이코패스로 만드는 거죠.

하나님 보시기에 괜찮은 인간이 되려면, 자기애를 가지고 경제 활동은 하지만 타인과 동감할 수 있는 존재가 돼서 이기심을 억누르고 사회질서에 참여할 수 있어야 해요. 이것을 자치적으로 자발적으로 해낼 수 있도록 교회가 신앙을 통해 이기심을 억제하고 타인에 대한 자애심을 키울 수 있도록 훈련해야 합니다. 내가 문명인으로 사회에 동참한다는 것은 내 욕망대로 하고 싶은 대로 사는 것이 아니라 타인의 시선을 의식하고 나를 억제하고 조절할 수 있는 인간이 되는 거예요. 그래서 애덤 스미스가 품위와 적정성을 강조하는 거예요. 참 신앙인이 되면 굉장히 품위 있는 사람이 됩니다. 청교도 윤리가 몸에 배고 종교개혁의 윤리가 체화되니까, 움직이는 젠틀맨과 레이디가 되는 거죠. 이것은 계급의식에 절어서 혁명하자며 내로남불 사이코패스로 만드는 이념하고 질이 다릅니다. 또, 인간 존재를 만인에 대한 만인의 투쟁으로 표현한 토마스 홉스(Thomas Hobbes, 1588-1679)식으로 가면 개인들은 이기심을 절제하지 못하는 존재기 때문에 그 무질서 상태를 철저하게 지배하는 강력한 국가권력이 나타나야 합니다. 반면 애덤 스미스는 사람들이 동감할 수 있기 때문에 공평한 제3자의 시선에서 인간의 이기심이 절제되는 구조가 만들어지고 정부나 국가의 개입 없이 자율적으로 사회질서를 만들어 갈 수 있다는 것을 설명하는 겁니다. 그러니까 동감이 사회질서를 형성할 때(사회통합이 이루어질 때) 국가(공권력)의 개입이 최소화되고 그 사회의 자유가 보장되는 원리예요. 우리가 신앙인으로 성숙해질수록 우리 사회가 더 자유를 누리게 되는 겁니다.

국가(법): 시장이 실패할 때 개입해서 정의를 회복시킨다

인류는 정의에 대해서 항상 고민했어요. 정의론 중에 고전이 아리스토텔레스의 정의론입니다. 아리스토텔레스는 『니코마코스 윤리학』에서 정의를 '배분적 정의'와 '교정적 정의'로 나누어 설명합니다.[88]

교정적 정의는 만약에 타인의 생명, 신체, 재산, 명예 등에 상처를 입히는(해치는) 행위를 하면 이걸 회복시키는 원리를 말합니다. '회복적 정의'라고도 합니다. 이것이 사법과 연결되는 겁니다. 법이 나서서 교정해 줘야 해요. 19세기에 존 스튜어트 밀이 'harm to others(해악의 원칙)'를 자유주의 정치철학의 기본원리로 제시합니다. 법과 국가가 언제 자유로운 개인의 삶에 개입을 하는가에 대한 원칙입니다. 타인에게 해를 끼칠 때 즉, 해악(harm)을 가할 때 법이 개인에게 개입합니다. 타인에게 해악(harm)을 끼치면 그 행위자의 자유가 제한되어야 합니다. 개인의 자유의 한계는 타인의 권리를 침해하는 그 선에서 그어지는 것입니다.

배분적 정의는 '뭘 어떻게 분배해야 정의로운가?'라는 문제와 관계됩니다. 예를 들면, 공직을 어떻게 분배하면 제일 공정한 게 될까요? 재화를 어떻게 분배할까요? 이윤을 어떻게 분배하면 정의로울까요? 이런 배분적 정의의 문제는 현대의 정의론에서 주로 다루는 문제들입니다.

애덤 스미스가 탁월한 점이 뭐냐면, 배분적 정의에 대해선 별로 안

88[88]   아리스토텔레스/천병희 역, 『니코마코스 윤리학』, 숲, 2013 참조.

다루고 교정적 정의에 집중합니다. 왜 그랬을까요? 자유 시장의 질서와 법의 역할에 대해 예리하게 통찰한 것이죠. 무슨 얘기냐면, 재화를 제대로 분배하는 가장 합리적인 '메커니즘'은 자유로운 시장에 있습니다. 내가 열심히 키운 농작물을 판매한다고 가정해 보세요. 좋은 농작물은 좋은 가격에 팔리겠죠. 상품의 가치를 상승시키려고 노력을 한 만큼 좋은 결과를 얻게 됩니다. 시장이 정상적으로 제대로 돌아가면 배분이 제대로 됩니다. 그러니까 배분에 있어선 시장이 가장 정의로운 거예요. 그런데 시장이 정상적으로 작동하지 못하고 실패할 때에는 국가와 법이 개입해야만 시장이 회복됩니다. 애덤 스미스가 집중하는 정의는 바로 이 교정적 정의입니다. 예를 들어, 시골의 장터가 있다고 가정해 봅시다. 시장의 상인들이 모여서 상인자치회를 만들어서 '규칙'을 정합니다. 상인들이 서로 '동감'할 수 있으니까 얼마씩 비용을 지불하고 장사를 위해 좌판을 설치하자든가 뭘 지키자든가 이렇게 일반규칙이 나오는 거죠. 그런데 어느 날 조폭이 나타나서 "오늘 내가 여기 다 접수한다. 내일부터 자릿세 내", 이렇게 하면 어떻게 되죠? 그럴 때 법이 개입해서 이들을 혼내주고 쫓아내야 합니다. 교정적 관점에서의 정의가 실현되어야 하는 거죠.

스미스의 관점에서 생각할 때 자유 시장이 유지되는데 무엇보다 중요한 것은 바로 공정한 사법부입니다. 만약, 청년 5명이 지하실에 모여서 잠도 안자고 결혼할 밑천을 다 털어서 열심히 기술개발을 했는데 대기업에서 어린아이 손목 비틀듯이 쉽게 기술을 빼앗아 갈 수 있으면 고생이 무의미해집니다. 그러면 아무도 창업을 하려고 하지 않겠죠. 그러면 시장이 망하는 겁니다. 사법부가 공정하지 않으면 시장의 이런 문제를 해결할 수가 없어요. 만약 사법부가 정상적으로 공정하게 작동한다면, 실리콘밸리에서 청년들이 기술을 개발했을 때 구글 같은 대기업이 그것을 훔칠 수 없습니다. 소송으로 싸우면, 구글이 그걸 정당하게 사는 것보다 몇 배나 되는 금액을 피해자에게 배상해야 합니다. 그럼 적정한 가격으로 기술을 사는 게 구글에게 훨씬 나은 선택이죠. 창업한 청년들도 대박이 나고, 구글의 기술력도 강해집니다. 기업의 혁신과 기술의 발전이 가능해집니다. 이러면 시장이 사는 거예요. 이게 가능한 이유가 공정한 사법부가 세팅되어 있기 때문입니다. 이것은 자유 시장이 존재하기 위해서 국가와 법이 어떤 역할을 해야 하는지 정확히 보여줍니다. 법이 어떻게 작동하는 거예요? 바로 타인의 권리를 침해하는 것에 대해서 공정하고 강력하게 작동해야 합니다. 이것이 교정적 정의입니다.

그런데 위의 경우에 정의를 외치면서 반기업 정서를 퍼뜨리고 대기업이 적폐고 사회악인 것처럼 여론이 들끓으면 어떻게 될까요? 정권을 잡은 정치세력이 사법부를 정치화하고 여론의 눈치를 보게 만들어서, 기업총수를 감옥에 가두고 그 기업을 없애면 정의가 실현되는 걸까요? 그렇지 않습니다. 이것은 자유 시장 자체를 파괴하는 거예요. 모두가 가난해 질뿐만 아니라 교정적 정의도 제대로 행해지지 않는 나라가 됩니다. 사법부가 독립성을 유지하고 공정하게 판결할 수 있을 때 정의가 회복됩니다. 그럴 때 자유 시장이 건강하게 작동할 수가 있어요. 우리는 현명하게 교정적 정의를 통해 시장을 바로잡는 것과 시장 자체를 죽이는 것을 구분해야 합니다.

성숙한 사회공동체의 윤리가 자유를 누리는 기반이 된다

자~, 정리해 볼게요. 애덤 스미스가 생각하는 세상을 떠올려봅시다. 한 도시의 사람들이 이기적인 본성에 따라 경제활동을 합니다. 경제활동이 이루어지는 자유 시장은 인간의 본성인 자기애-생활개선 본능, 교환본능에 기초하기에 가장 효과적으로 재화(용역)를 분배해요. 그 과정을 통해 개인이 자유롭게 자아실현을 할 수 있는 곳이기도 합니다. 보이지 않는 손은 시장에서 사람들 각자가 이기심을 추구하며 서로 경쟁할 때 사회가 파괴되는 게 아니라 번영하게끔 작동합니다. 시장의 질서는 인간에게 주어진 하나님의 선물인 거예요.

그럼 이 자유 시장이 건강하게 작동하려면 무엇이 뒷받침되어야 할까요? 동감에 기반한 사회공동체의 윤리가 무엇보다 중요합니다. 인간이 이기적인 욕망으로 자유롭게 경제활동을 하는데도 사회가 폭발하지 않는 이유가 뭘까요? 바로 사회공동체가 자율적으로 질서를 만들어내고 사회통합을 해내기 때문이에요. 동감을 통해 이기심을 억제할 때 이웃 시민들의 행복을 증진하고 타인을 침해하지 않는 사회 질서가 자율적으로 만들어집니다. 경쟁에 낙오한 사람들을 동감으로 품고 타인을 인식하면서 지나친 탐욕을 억제할 때 사회통합이 이루어져요. 사회의 중심에서 교회가 신앙을 통해 사회질서를 구성하고 사회통합을 이루는 윤리를 체화하도록 역할을 하는 게 아주 중요해요. 스미스가 물질적 풍요에만 초점을 맞추고 시장중심의 무한경쟁을 정당화하는 학자라고 생각하는 것은 오해예요. 그는 『도덕감정론』을 가장 중요하게 생각했어요. 불신과 갈등, 폭력이 만연한 사회는 국가의 개입을 부르고 이것은 경제적인 영역뿐만 아니라 인간이 누리는 모든 자유를 축소시킵니다. 인간이 자유롭게 경제활동을 하고 공권력으로부터 자유를 누리기 위해선 성숙하고 윤리가 체화된 공동체가 무엇보다 우선되어야 한다는 것을 스미스는 강조하고 있는 겁니다.

그리고 또 뭐가 있어야 되나요? 교정적 관점에서의 정의와 법이 필요합니다. 법과 국가는 함부로 개입하는 게 아니라 한 발 빠져 있다가 시장이 실패하거나 시장이 교란되고 타인의 권리가 침해될 때 개입해서 교정적 정의가 실현되도록 해야 합니다. 공정한 사법부가 세팅되어 있다면 그 자체로 시장이 잘 작동하도록 할 수 있습니다.

우리 신앙의 본질에서 뭐가 굉장히 중요하냐면 모든 우상을 강력하게 밀어내는 거예요. 그러니까 기독교 문명 안에서 인간 사회를 이룰 때 탁월한 게 뭐냐면 인간에 대한 숭배가 없어요. 그리고 동감하기 때문에 상대방을 존중하죠. 교회에서 신앙을 하면서 이게 몸에 배는 거예요. 동감을 통해 다른 사람을 존중하지만 숭배는 하지 않습니다. 숭배를 하지 않으니 타인에게 지배받지도 않죠. 동감하지만 숭배하지도 지배받지도 않아요. 그러니까 어떻게 돼요? 누구에게도 지배되지 않는 자유롭지만 인격적인 인간관계의 질서가 형성되는 겁니다. 예를 들어 내가 선생이지만 학생을 지배하지 않습니다. 반대로 학생은 나를 존경하지만, 숭배하지 않죠. 나는 전문가로서 학생을 지도하고 학생은 열심히 배우는 거죠. 그런 것들이 선이 지켜지고 모든 관계가 사회 안에서 동감으로 구성될 때 자유로운 사회가 가능합니다. 이것은 공화제와 같은 정치적인 제도로도 구성되어 비지배의 원리를 구성합니다. 그 탁월한 문명의 구성이 신앙에서 시작되는 겁니다.

정의란 무엇인가

너희는 재판할 때에 불의를 행하지 말며 가난한 자의 편을 들지 말며 세력 있는 자라고 두둔하지 말고 공의로 사람을 재판할지며 (레위기 19:15)

자유세계의 정의론

한국에서는 이 '정의'라는 단어를 너무 좋아해요. 최근에 한국 사회에서 가장 많이 언급된 단어이기도 하죠. 그런데 한국만큼 '정의론'에 무지한 사회도 선진국 중에서는 많지 않습니다. 지식인들도 현대 정의론 논쟁의 핵심을 잘 모르는 경우가 많습니다. 앞에서 언급했듯이 현대적 정의론은 배분적 정의에 집중합니다. 예를 들면 공직을 어떻게 분배하면 제일 공정한 게 될까요? 재화를 어떻게 분배할까요? 이윤을 어떻게 분배하면 정의로울까요? 이런 걸 논쟁하는 거죠.

정의는 법의 목적입니다. 헌법이 왜 중요하냐면 거기에 그 나라가 추구하는 정의관과 정의의 원칙들이 담겨있기 때문이에요. 헌법재판은 무엇이 정의인가를 확인해 주는 과정입니다. 이러한 정의관은 역사적 차원에서 특정 시대, 국가, 체제에 따라 다를 수 있습니다. 그 사회가 어떤 '정의관'을 가지고 있는가는 매우 중요합니다. 그것에 따라 권리가 달라지고 배분되는 것들이 달라지기 때문이죠. 예를 들어, 조선에서는 남녀를 차별하는 것이 정의의 관념일 수 있습니다. 교육, 재산, 공직 등 모든 면에서 여자는 남자보다 덜 갖는 것이 조선 사회의 정의예요. 공산당이 볼 때는 부르주아를 잘 숙청하는 것이 정의일 수 있습니다. 부르주아의 재산을 빼앗아서 프롤레타리아가 갖는 것이 정의예요.

근대적 국가는 개인의 자유권을 자연권(하나님이 주신 권리)으로 구성해서 국가가 함부로 침해하지 못하게 하는 데서 출발합니다. 우리가 자유민주주의 국가라고 부르는 소위 선진국들은 이 자유권을 중시하는 나라들이죠. 이렇게 '자유를 중시하는(보장하는) 정의로운 사회를 만듭시다'라는 대원칙에 합의한 사람들도 현대 정의론의 관점에서 입장이 다를 수 있습니다. 여기서는 크게 자유지상주의(Libertarianism), 정치적 자유주의(Political Liberalism), 공화주의(Republicanism) 이렇게 3개로 나누어서 정의론을 설명해 보도록 할게요.

자유지상주의, 리버테리어니즘의 입장은 극단적으로 자유를 옹호하는 것입니다.[89] 자유지상주의는 타인에게 해만 끼치지 않으면 다 괜찮다고 하는 그야말로 '자유'를 가장 중요한 가치로 추구하는 입장입니다. 예를 들어, 성매매에 대해 어떻게 생각할까요? 타인에게 해만 끼치지 않으면 다 용인됩니다. '성매매'를 했는데 협박이나 핍박이 없고 성인끼리 서로 동의한 것이라면, 'OK'입니다. 오히려 '그것을 왜 법이 제재해?'라고 반발할 수 있습니다. 애덤 스미스를 자유지상주의자로 착각하는데 그렇지 않습니다. 스미스는 뭘 강조했어요? 동감을

---

89 이데올로기에 관해서는 폴 슈메이커(Paul Schumaker)/조효제 역, 『진보와 보수의 12가지 이념』, 후마니타스, 2016(1판6쇄)를 참조하면 좋다.

158 성경적 세계관 **경제**

통해 구성되는 사회질서인 자혜와 정의를 강조합니다. 그러니까 이건 관찰자 관점에서 '야, 그건 좀 아닌 것 같다' 그러면 하면 안 되는 거죠. 스미스는 사회공동체의 윤리적 측면, 사회적 이목과 상식을 중요하게 고려하기 때문에 타인의 자유를 침해만 하지 않으면 모든 게 가능하다는 자유지상주의와 다릅니다.

정치적 자유주의는 '법과 국가의 가치중립성'을 강조합니다. 예를 들어, 이슬람이나 힌두교의 여성관은 '나쁘다'라는 식의 가치판단을 국가와 법은 하지 말아야 한다고 생각합니다. 한마디로 법과 국가가 다양한 가치들에 대해 중립을 지켜야 옳다고 보는 정의론입니다. 존 롤스(John Rawls, 1921-2002)[90]와 드워킨(Ronald Dworkin, 1931-2013)[91]이 주장하는 정의론입니다. 두 분의 이론은 '평등을 지향하는 자유주의' 정치철학이라는 공통점이 있습니다. (상이한 부분들은 너무 복잡한 내용이니 여기서는 논의를 생략하겠습니다.) 주로 미국에서 '리버럴(liberal)하다'라고 할 때, 이 정치적 자유주의를 말하는 거예요. 오바마나 힐러리 같은 정치인들을 '리버럴하다'고 하죠.

그럼 공화주의는 뭐냐면 시민의 덕과 공동선(Common good)을 중시

---

90 존 롤스/ 황경식 역, 『정의론』, 이학사, 2003 참조. 번역자 황경식 교수가 이 책에 대해 설명한 내용을 그대로 인용했다. "존 롤즈의 『정의론』은 1971년 초판의 출간 이래 논의되어 온 많은 난점들과 심각한 약점들을 제거, 수정하고, 많은 부분들을 보완해서 1991년에 개정 출간한 『정의론』을 기본으로 하여 일부 내용이 보완된 1999년 최종 개정판이다. 이 책은 세계 26개 언어로 번역되었으며, 20세기 불후의 명저로 꼽힌다. 정의란 철학적 진리나 종교적 신념이 아닌 사회적 합의의 대상이라는 독창적 이론을 제시했으며, 사회 구성원 개개인의 자유를 인정하면서도 사회의 혜택을 제대로 받지 못한 사람들을 위한 정의론을 집중적으로 연구, 자유주의에 평등주의의 장점을 도입했다는 평가를 받는다."

91 로널드 드워킨/ 이민열 역, 『법복입은 정의』, 길, 2019. 로널드 드워킨/장영민 역, 『법의 제국』, 아카넷, 2004.

합니다. 우리 사회가 추구하는 공동의 선이 뭐냐를 전제하고 정의론을 시작하겠다는 입장입니다. 법과 국가가 다양한 가치에 대해 중립이 아니라 선이나 악으로 판단을 내리고 선을 추구하자는 정의론이죠. 이것은 애덤 스미스 계열에서 이어질 수가 있어요. 스미스는 사회 공동체가 추구하는 질서를 중시하잖아요. 이게 덕과 공동선으로 이어지는 거죠. 그래서 공화주의자들은 개인의 자유도 물론 중시하지만, 그 사회의 공동선을 더 중요하게 여깁니다. 정치의 주체인 공화적 시민이 공동체에 참여할 때는 공동의 선을 추구하는 거예요. 『정의란 무엇인가』로 잘 알려진 마이클 센델도 공화주의 정의론을 주장합니다. 이상하게 이분이 한국에서 공동체주의자로 잘못 알려져 있는데 샌델은 공화주의자예요. 이건 좀 있다 샌델을 다룬 부분에서 자세히 설명하도록 하겠습니다.

차별받는 여성을 어떻게 구할 것인가

마사 누스바움(Martha Nussbaum)이라는 탁월한 여성 법철학자가 있어요. 누스바움이 탁월한 이유는 정의와 인권을 이야기할 때 '역량'(capability)의 문제를 꺼내 들었다는 것입니다. 그녀의 책 중에서 제가 탁월하다고 보는 것이 『역량의 창조(Creating Capabilities)』입니다.[92] 마

---

[92] 마사 누스바움(Martha Nussbaum)/ 한상연 역, 『역량의 창조, 인간다운 삶에는 무엇이 필요한가』, 돌베게, 2015.

사 누스바움이 세운 이론의 기초는 아리스토텔레스입니다.[93] 인간에게 주어진 역량을 최대한 계발하여 발휘하는 것이 행복한 삶의 기초가 된다는 거죠. 인권을 발전시키려면 사회적 약자의 역량을 상승시키는 걸 고민해야 한다는 것입니다. 공산주의 사회에서처럼 모두 다 같이 평등하게 가난해지는 게 인권을 보장하는 게 아니죠. 사회적 약자의 역량을 상승시키는 것이 '정의'를 위해 매우 중요합니다.

누스바움은 노벨경제학상을 수상했던 '아마르티아 센(Amartya Sen)'[94]과 공동연구를 했습니다. 이 연구에서 누스바움은 인도의 여성 문제를 '인권'의 차원에서 분석하기 시작합니다. 인도 사회에서 여성들이 겪는 대우는 처참하죠. 지참금 때문에 잠든 며느리 몸에 기름 뿌리고 불태워 죽이는 사건이 일어나고, 집단 성범죄 뉴스로 자주 세계를 충격에 빠트리죠. 인도는 '여성인권' 분야에서 치명적인 나라입니다. 누스바움은 인도에서 가정폭력이 엄청나게 행해지는데, 피해자 여성이 가정을 떠나지 못하는 이유를 분석했습니다. 친정에 갈 수도 없는 게 지참금 준비하느라고 이미 기둥뿌리를 뽑았기 때문에 아무도 반겨주지 않죠. 피해자가 갈 곳이 없으니까 이런 참혹한 상황에서 벗어나지 못해요. 그래서 미국의 여성주의 NGO가 인도에 와서 피해 여성들을 가정으로부터 분리한 다음에 기술을 가르쳐 주었습니다. 그리고 취업

---

93 아리스토텔레스는 최선의 삶을 보장해주는 행복에 대한 질문을 그의 논의의 출발점으로 삼는데, 인간에게 주어진 역량을 최대한 계발하여 발휘하는 것이 최대의 행복이라 결론을 냄.(김남두 외, 『니코마코스 윤리학』, 서울대학교 철학사상연구소, 2004)

94 아마르티아 센(Amartya Sen, 1933-). 인도 뱅골 출신. 처음으로 노벨경제학상을 수상한 아시아인. 빈곤퇴치에 지대한 관심을 가지고 있어 빈곤을 수치로 측정, 어떤 상태에 있는 사람을 빈곤층으로 봐야 하는가에 대한 기본모형을 제시함.(박은태, 『경제학사전』, 경연사, 2011)

도 알선해 주고 이혼소송도 지원해서 합법적으로 이혼할 수 있게 도 와주었습니다. 이렇게 되니까 피해 여성들이 너무 행복해하는 거죠. 지옥에서 벗어나 인간다운 삶을 누리게 되었으니까요.

인권의 문제에서 역량의 문제가 중요하다는 것은 이런 겁니다. 아무런 사회적 능력이 없으니까 고통스러운 환경에서 벗어날 수 없었던 인도 여성들이 자립할 수 있는 사회적 역량이 생기니까 인권이 보장되는 삶을 살게 되는 거예요. 예를 들어, 조선 사회에서 여성의 권리를 박탈할 때 뭐부터 합니까? 여성이 글을 배우는 것부터 막습니다. 그 이유는 역량을 낮추어야 쉽게 지배할 수 있기 때문입니다. 이렇게 인권의 문제에서 역량의 문제는 핵심적입니다.

그런데 누스바움 이론에 대한 저의 비판의 핵심은 '너희가 NGO 활동해서 인도 여성 구한 건 알겠는데 그렇게 해서 최종으로 몇 명이나 구할 수 있냐?'라는 질문에 있습니다. 누스바움은 법과 국가의 가치중립을 주장하는 '정치적 자유주의'를 포기하지 않았습니다. 이미 설명했지만, 이 진영은 무엇이 '선한가?'에 대해서 국가와 법이 관여하지 말자는 입장입니다. 이 '정치적 자유주의'의 정의론을 펴는 분들과 제가 주로 학계에서 논쟁합니다. 그래서 제가 단언하는 겁니다. 국가와 법이 '힌두적 여성관'에 대해 악하다고 선언하지 않으면, 운 좋은 인도여성 몇 명만 구할 수 있을 뿐입니다. 인도 여성을 구하고 싶습니까? 그럼 뭐부터 해야 해요? 인도 헌법이 '인도의 힌두적 여성관은 악이다'라고 선포해야 합니다. '여성이 동등한 권리를 확보하는 것이 선이다'에서 출발해야 합니다. 그럼 무엇이 교정됩니까? 인도 여성 전체가 법의 혜택을 받아서 여성들의 역량 자체를 개선할 수 있습니다. 바로 이 지점에서 공화주의 정의론의 탁월함이 나옵니다. 공화주의는 사회가 추구하는 공동의 선이 뭐냐를 먼저 전제하고 정의론을 시작하겠다는 입장입니다. 인도에서 여성 인권과 정의가 실현되려면, 힌두적 여성관은 악이라고 선포하는 것에서 출발해야 하는 거예요. 여성을 차별하거나 지참금을 받는 관습은 악이다 이렇게 규정하지 않으면 해결이 안 난다고. 이걸 얘기하는 거예요.

우리가 선교를 쉬어서는 안 되는 이유가 바로 누스바움의 연구 속에 있습니다. '인도헌법'은 이미 상당히 발전된 내용을 가지고 있습니다. 그러나 법만 바뀐다고 인권이 보장되는 것이 아닙니다. 사회 구성원의 가치관이 바뀌고 사회관습과 문화까지 바뀌어야 정말로 인권상황이 개선될 수 있습니다. 과거 조선의 여성들의 삶도 인도와 다를 바 없이 비참했어요. 그런데 지금 대한민국은 어떻습니까? 여성의 권리가 보장되고 여성의 역량이 뛰어난 사회죠. 이런 변화가 어떻게 가능했습니까? 바로 기독교가 조선의 사람들을 바꾸고 조선의 관습과 문화가 변화되어 현재의 민주적 가치와 인권을 향유하는 자유민주공화국이 된 거예요. 우리가 열심히 선교해서 인도에 기독교가 압도적으로 전파되면, 과거 조선이 변화되었던 것처럼 인도 사회의 관습과 문화가 변화될 수 있습니다.

마이클 샌델의 공화주의 정의론

미국의 정치철학자인 마이클 샌델의 정의론[95]은 한국에도 많이 알려져 있습니다. 샌델은 그의 주저인『Liberalism and the Limits of justice』로 세계적인 명성을 얻었는데, 이 책에서 가치중립을 주장하는 롤스의 정치적 자유주의를 정면으로 비판하면서 무엇이 '선'인지를 전제하지 않으면, 정의에 대해 논할 수 없다고 주장합니다.[96] 이것이 바로 공화주의 정의론의 입장이죠.

그런데 일부 학자들과 언론이 샌델을 '공동체주의자'라고 부르는 실수를 했어요. 샌델이 한국에 막 알려졌을 때 나왔던 실수인데 지금까지도 그런 주장을 하는 분들이 있습니다. 공동체주의 (Communitarianism)라는 것은 다수가 지지하는 것이 정의의 원칙이 될 수 있다는 입장입니다. 공동체주의자들은 공공정책을 결정할 때 개인의 권리나 자유보다도 공동체의 요구를 중요하게 여깁니다.[97] 공동체가 요구하는 것이 공공성을 갖는다는 것이죠. 철자가 비슷한 커뮤니즘(Communism, 공산주의)과도 헷갈리면 안 됩니다.(웃음) 한국에선 보통 공동체주의 하면 붉은 분들이라고 받아들이니까 샌델이 갑자기 좌파 공

---

95 마이클 샌델(Michael J. Sandel)/김명철 역,『정의란 무엇인가』, 와이즈베리, 2014. 이 책이 한국에서 가장 많이 알려진 샌델의 저서이다. 그러나 샌델의 주저는 *Liberalism and the Limits of justice* (Cambridge Univ. Press, reprinted 1998)이다. 이 책은 롤스를 정면으로 등장한 샌델의 정의론을 대변해 준다. 마이클 샌델/안기순 역,『돈으로 살 수 없는 것들』, 와이즈베리, 2012.

96 Michael J. Sandel, *Liberalism and the Limits of justice* (Cambridge Univ. Press, reprinted 1998) 참조.

97 서울대 미국학연구소 · 미래인력연구원 공편,『21세기 미국의 거버넌스』, 서울대학교출판부, 2004, 72면.

동체주의자가 돼버렸어요.(웃음) 여기에 덧붙여 어떤 분들은 샌델이 롤스의 자유주의를 비판한 것을 잘못 이해하고서 자유를 비판 했냐고 생각해요. 아니, 자유주의(Libralism)의 가치중립을 비판한 것이지 자유를 비판한 게 아니라니까요. 샌델은 '공동체주의자'가 아니라 '공화주의자'입니다. 공화주의의 전통은 서구 정치사회에서 엄청난 파워를 가지고 있어요. 다들 잘 모르면서 왜 그리 확신은 강한 건지 역시 개념탑재가 중요합니다.(웃음)

저도 샌델의 공화주의 정의론을 지지합니다. 예를 들면 여러분이 점프능력이 뛰어나다고 가정해 보세요. 그럼 미국에서 태어났으면 마이클 조던처럼 되는 거예요. 그런데 하필 태어나 보니 북한이면 점프 잘하는 게 의미가 없어요. 농구 잘하면 고저 찐 계란 두 개 더 줍메다.(웃음) 그 얘긴 뭐냐 하면 배분의 문제에서 마이클 조던이 누리는 게, 미국이라서 가능하다는 거예요. 미국이기 때문에 농구에 열광하는 거죠. 북한이나 소말리아에서 태어났으면 미국 팀으로 와야 의미가 있는 거지 그 나라에 계속 살면 의미가 없어요. 그러니까 어떻게 돼요? 그걸 알게 되니까 미국이라는 공화국이 소중해지고 그 공동체에 대한 의무감을 갖는 거예요. 북한 같은 나라가 추구하는 공동선이 아니라 미국이라는 나라가 추구하는 공동선이 의미가 있고 그걸 지키고 싶어지는 거예요. 이게 공화주의적 관점이에요.

그러니까 내가 점프를 잘 하면, 공산당은 어떻게 하냐면 내 발에다가 모래주머니를 채워서 평등하게 만들겠다는 거예요. 그럼 자유지상주의자는 어떻게 생각해요? 능력도 내 소유니까 내가 잘나서 점프

잘해서 내가 연봉 많이 받는 거라고 생각해요. 나랑 상관없는 너희들은 상관 마 이런 입장이에요. 롤스 식의 자유주의는 뭐냐면 애가 점핑을 잘하니까 자유롭게 놔둬요. 대신에 내가 받는 연봉 중에서 상당부분을 사회 최소 수혜자를 위해서 세금으로 떼어 가겠다는 거예요. 공화주의는 뭐냐면 이 사회의 공동선과 미국이라는 공동체가 나에게 준 혜택. 미국이라는 사회가 존재해야만 내가 멋지게 점프하는 게 의미가 있죠. 그래서 그 나라에 대한 책임감을 가지고 그 사회의 공동선을 지켜가려는 정의론이 만들어지는 거예요. 이게 미국 보수주의 크리스천들이 추구해왔던 겁니다.

그러면 이제 법과 정의를 어떻게 세팅을 해야 할까요? 자, 흐름을 잡아봅시다. 17세기 청교도의 출현으로 세워진 탁월한 윤리가 근대적 자본주의의 정신을 이루고 엄청나게 진보하며 인류가 발전했어요. 그리고 그 정신이 존 로크, 애덤 스미스를 거쳐 덕과 공동선을 중시하는 공화주의적인 전통을, 흐름을 만들어낼 수 있게 된 겁니다. 그래서 기업의 자유, 경제 활동의 자유 등, 개인의 자유는 존중하지만, 타인의 권리를 침해하거나 타인을 괴롭히는 등의 행위는 동감의 측면에서 불가능하다는 정의관이 나오게 되는 거죠. 객관적이고 일반적인 규칙이 만들어져서 사회가 통합되는 과정에서 교회와 신앙이 강력한 역할을 해주는 겁니다. 법과 국가는 가치중립이 아니라 무엇이 선한지, 즉 공동선을 전제하고 출발해야 합니다. 이러한 정의론의 관점에서 국가를 구성하고 경제, 정치, 문화를 형성해 나가야만 법이 정의롭게 실현될 수 있는 겁니다.

●●●

크리스천들은 1도 모르는 자본주의

주께서 이르시되 지혜 있고 진실한 청지기가 되어 주인에게 그 집 종들을 맡아 때를 따라 양식을 나누어 줄 자가 누구냐 주인이 이를 때에 그 종이 그렇게 하는 것을 보면 그 종은 복이 있으리로다 (누가복음 12:42-43)

토크 특강 〈자본주의를 건강하게 하는 것, 윤리〉

이정훈: 제가 한국 사회에서 자본주의를 제대로 이해해야 한다고 한 이유가 돈 싫어하는 사람이 없습니다. 그런데 자본주의를 저주해요. 그래서 '어 이건 뭐지?' 의문을 가지게 된 거죠.

그리고 보니 자본주의를 나쁜 거라고 보는 경향이 지배적이네요. 더러운 자본주의 뭐 이런 말도 많이 하잖아요.

이정훈: 네, 자본주의가 뭔지를 모르니까, 자본주의는 단순히 '돈이면 다야' 이런 걸로 오해를 해요. 자칭 우파들도 반성할 게 많습니다. 자본주의를 중시하고 시장을 중시한다고 하면서도 자본주의가 뭔지를 잘 몰라요. 베버가 말하는 자본주의 정신이나 스미스가 『도덕감정론』에서 말하는 사회공동체의 윤리, 정의, 이런 것들이 자본주의세계의 토대가 된다는 걸 몰라요. 그러니까 이게 우리가 제정신을 차려야

되는 게 자본주의에 대한 제대로 된 이해를 못 하면 자유민주주의를 할 수가 없어요. 그리고 심지어는 법치도 불가능해집니다. 그런데 그렇게 작동되는 원리를 몰라요.

<u>그런데 왜 자본주의에 대해 그렇게 부정적일까요?</u>

이정훈: 그게 오늘 얘기하고자 하는 핵심 주제 중의 하나입니다. 저는 조선유교에 원인이 있다고 생각합니다. 한국에서는 유교적인 것이 정말 강력하게 거의 모든 삶과 사람들의 가치관, 생각들 속에 다 스며있습니다. 심지어 개신교 크리스천들조차도 여러 가지 면에서 유교도 같은 모습을 보일 때가 많아요.

부를 축적한 것이 왜 창피한 일입니까? 물론 부를 축적하는 과정에서 부끄러운 일이 있을 땐 창피할 수 있겠죠. 그런데 단지 그런 게 아니라, 재산과 부를 바라보는 관점 자체가 매우 왜곡되어 있어요. 예를 들면 어떤 리더를 원하냐 그러면 집에 돈 없는 사람, 가난한 사람을 원해요. 가난한 사람을 도덕적이라 여기는 거죠.

이게 조선과 연속성이 굉장히 강합니다. 조선의 유교사회는 가난한 것을 도덕적이라고 지향했습니다. 안빈낙도(安貧樂道)가 이런 사회 분위기를 보여주는 대표적 키워드인데요. 가난 속에서도 자족하는 안빈낙도를 자발적으로 스스로 추구한다면 그게 왜 문제겠습니까. 안빈낙도가 먹고 살 정도의 여유가 있으니까 너무 욕심내지 말고 소확행을 하자 그런 것일 때는 나쁘지 않습니다. 그런데 문제는 조선의 백성들은 굶어죽을 상태인데 안빈낙도를 본의 아니게 강요당했다는 점입니다.

예를 들어 기근이 와서 백성들이 굶어 죽고 있는데 정조가 이것을 어떻게 해결할지 묻는 거예요. 그럼 집권 신료들이 하는 말이 이런 거죠. "전하~, 백성들에게 안빈낙도를 더 가르치소서." 아니, 굶어 죽는데 안빈낙도를 어떻게 합니까? 그런데 정작 그런 말을 외치는 신하들의 창고에는 쌀과 온갖 재물들이 가득 쌓여있는 겁니다. 이런 이중적인 상황이 어떻게 펼쳐질까요. 그게 조선유교사회가 가난한 것을 더 도덕적이라고 지향하다 보니 나오는 결과인 거예요. 조선의 계급구조는 사농공상이죠. 덕과 예를 추구하는 선비가 가장 훌륭하고 상업이나 기술 등 실제생활을 윤택하게 하는 직업들은 천대를 받았습니다. 그러니 물질문화가 발달하지 못하고, 소위 지지리도 가난한 나라가 되는 거죠. 그럼 현실은 어떻게 펼쳐졌을까요? 가진 게 없는 백성들은 기근이나 전염병 등, 조금만 환경이 나빠져도 굶어죽기 쉽죠. 실제로 많이 굶어죽었습니다. 젊은 청년들은 잘 모를 텐데, 보릿고개가 이 땅에서 사라진 게 채 몇십년 되지 않았어요.

반면 많이 가질 수 있는 권력을 가진 집권사대부들은 가난한 것을 도덕적이라 보는 문화 때문에 외부적으로 부를 추구할 수는 없으니까 몰래 뒤로 자기곳간에 부를 쌓아두는 이중적인 상황이 펼쳐집니다. 그러면서 굶어죽는 백성들을 앞에 두고는 안빈낙도를 말하며 청렴한 선비인양 구는 어이없는 상황이 펼쳐지는 겁니다.

그래서 이 문제를 한국에서 8년을 공부하신, 한국 전문가인 오구라

기조 교수가 이렇게 지적했어요. 그분은 한국을 너무 잘 아시니까 한국을 비판하면 큰일 난다는 것을 알아요. 그래서 긍정적으로 얘기하셨어요. "한국은 나라 전체가 큰 철학 체제이다, 다들 도덕 지향이다" 이렇게 말했어요.[98]

우리나라가 도덕적이라고요? 그건 동의하기 어려운데요.

이정훈: 도덕적인 것과 도덕 지향적인 것은 달라요. 이분이 잘 지적한 게 뭐냐면 도덕 지향적이라고 해서 꼭 도덕적인 것은 아니라고 했어요. 그런데 이분은 그 부분을 긍정적으로 얘기하는데 저는 아주 비판합니다. 입만 열면 도덕 타령이고 도덕을 지향하는 나라죠. 그러니까 그런 걸로 선동하면 잘 먹히죠. 그런데 실제로 파고 들어가 보면 도덕적이지도 않고 도덕이 무엇인지도 잘 모르는 겁니다. 그 도덕이나 선이 무엇인지도 정의하지도 못하고 일단 가난하면 도덕적이라고 착각하는 거죠.

그래서 제가 수업을 듣는 학생들에게 과제를 내 준 적이 있어요. 우리나라 돈에 나오는 할아버지들, 율곡 이이나 퇴계 이황 같은 뛰어난 분들이 '재야'에만 계셨던 것이 아니라 집권을 했었는데 조선은 왜 그렇게 망했는지 조사해 오라고 한 겁니다. 학생들이 "이 수업 듣지 말걸. 수강 정정 기간 지났는데…흑흑" 이런 반응을 보였어요. 그런데 놀랍게도 정답을 제시한 학생이 있었어요. 우리 학교에 천재가 하나

---

98   오구라 기조/조성환 역, 「한국은 하나의 철학이다: 리와 기로 해석한 한국 사회」, 모시는사람들, 2017 참조.

있었던 거죠. 그 학생이 뭐라고 했냐면 "사람을 몰라도 너무 몰라" 이렇게 한 줄 썼습니다. 천재는 길게 얘기 안하죠. 그래서 제가 그 친구에게 'A+'을 줬어요.(웃음)

제가 조선 정치사를 연구하면서 얻은 결론도 그겁니다. 조선정치가 망할 수밖에 없는 이유는 인간에 대한 이해가 없다는 거예요. 유교 정치의 핵심이 군자가 돼야, 군자가 움직여야 정치가 돌아가게 되어 있어요. 그런데 군자가 없어요. 인간은 수행, 수양으로 군자가 될 수 없는 존재거든요. 여기서 전제가 벌써 무너지는 거죠. 그래도 인간적 기준으로 군자가 나올 수도 있죠. 율곡이나 퇴계 같은 분들요. 그런데 200년에 한 명씩 나와요. 그러니까 망하는 거예요. 그리고 진짜 군자 잖아요? 그러면 숙청 당해요.(웃음) 그러니까 조선정치의 리더들은 입으로는 안빈낙도를 외치는데 실제로는 재테크의 화신이 되는 거예요. 백성은 굶어 죽는데 자기 곳간에는 재물이 잔뜩 쌓여있는 거죠.

그러니까 서구정치의 탁월함은 어디 있냐면 인간이 어떤 자인지를 알고 시작하는 거예요. 인간의 부패함을 아니까 인치(人治)가 아니라 법치(法治)의 전통을 만들어서 인간의 악함을 제어할 수 있는 제도를 만든 겁니다.

아~, 조선정치가 인간에 대한 이해에 바탕하지 않아서 조선 백성들에게 여러 가지로 힘든 점들이 많았겠군요. 유교 하면 참 이상적인 것들을 많이 얘기하는데 현실은 그렇지 못했던 것 같습니다.

이정훈: 네, 유교에서는 이상적인 것들을 많이 얘기해요. 대동 사회(大同社會)가 그 대표적인 거예요. 대동 사회가 아주 이상적인 거예요. '천하위공'(天下爲公), 천하가 개인의 사사로운 소유물이 아니라 모든 이의 것이라는 뜻이죠. 들어보면 아주 멋있어요. 그런데 문제는 인간이 천하위공이나 대동사회를 할 수 있는 존재가 아니라는 것에 있어요. 인간은 이기적인 존재지 함께 나눌 수 있는 존재가 아닌 거죠. 그러니까 종교개혁의 문명권이 아주 탁월한 게 인간의 본질을 꿰뚫어 봐요. 인간이 어떤 존재냐면 이기적인 존재죠. 그럼 그 이기심을 어떻게 조절하고 억제할 것이냐 이런 해결책들이 탑재되는 거예요. 그러니까 이기적인 인간이 오히려 수준 높은 행위자가 되고 행위 주체가 될 수 있어요. 그런데 유교에서는 전제부터 이상적이니 저런 과정들이 생략하니까 현실에서는 참 어려워지는 겁니다.

그래서 "최선은 대동인데 차선은 소강(小康)이다" 또 이렇게 말합니다. 소강은 천하가 자기 집안을 위하는 천하위가(天下爲家) 사회인데 이것이 강화되니까 자기랑 자기 가족밖에 모르는 극단적 이기주의가 거꾸로 여기서 나옵니다. 윤리가 없어요. 이기적 인간이라는 본질을 무시하고 이상적인 얘기만 하니까 현실에서는 최소한의 윤리도 지키지 못하는 사회가 됩니다.

인간의 힘으로 유토피아를 만들 수 있다고 외치는 사회주의가 망할 수밖에 없는 게 그래서입니다. 그런데, 한국 사회가 왜 사회주의를 좋게 여기고 별로 거부감이 없을까요? 사실 우리나라엔 정통 마르크시스트들이 별로 없었어요. 박헌영[99] 같은 분은 소련에서 제대로 교육을 받으셨는데 그런 분이 몇 안 되죠. 그런데 왜 사회주의가 잘 받아들여지느냐를 제가 생각해보니, 유교조선에 아직 머물러 있는 사람이 많아서예요. 우리 대부분은 막연하게 들었던 대동 사회, 이것에 익숙하고 이게 이상적이라 생각해요. 대학생들조차도 '대동제'를 하지 않습니까? 사회주의를 이 대동 사회와 비슷한 것이라고 받아들이는 거죠.

그런데 양극화나 지나친 경쟁 같은 자본주의의 폐해도 만만치 않은 것 같습니다. 그래서 요즘 대안적 사회주의도 많이 거론하고 있는데 사민주의[100]는 어떻게 보시나요?

이정훈: 네, 좋은 질문을 해 주셨습니다. 제가 중요한 걸 깨달았는데 그게 뭐냐면 자본주의에 대한 대안적 관점에서 대안적 사회주의가 가능한 지역도 종교개혁의 전통이 있는 지역이에요. 왜냐면 사민주의는 윤리가 체화되지 않으면 할 수가 없거든요. 잘 모르시는 분들이 북유럽 복지 좋아요 이러시는데, 그런 복지를 하기 위해서는 자신의 연봉 60%를 세금으로 내야 합니다. 그런 세금 부담을 사회공동체를 위

---

99   박헌영(朴憲永, 1900-1955 추정). 해방 이후 북한에서 남조선노동당 부위원장, 북한 정권 부수상, 외상 등을 역임한 사회주의운동가. (한국민족문화대백과, 한국학중앙연구원)

100 사회민주의(社會民主主義, social democracy). 보통선거나 의회를 통한 정치적 평등에 이어 경제적 평등을 지향하는 것으로 민주주의가 사회주의와 결합하여 만들어진 운동ㆍ체제원리. 20세기 이후의 사회민주주의는 국가가 사회공학(social engineering)을 통하여 사회를 '계획'하는 것을 특징으로 하며 시장기구가 낳은 불평등과 불안정에 대해 국가가 부분적으로 개입함으로써 실질적인 평등ㆍ공정을 달성하고자 함. 국가나 통치제도에 대한 국민의 신뢰와 의존을 전제로 하는 체제. (21세기 정치학대사전, 한국사전연구사)

해 감당할 수 있는 윤리가 그 사회 구성원들에게 체화되지 않으면 불가능한 겁니다. 한국의 지식인들이 위선적인 것은 입으로는 복지 타령을 하면서 자신의 연봉의 60%를 세금으로 내겠냐고 하면 싫어해요. 입으로는 대동을 말하지만, 소강보다 더 심각하게 자기와 자기 가족밖에 모르는 이기주의입니다. 실제로 공산 혁명을 체제 변혁의 혁명으로 했던 중국과 러시아를 역설적으로 사민주의가 불가능한 지역으로 제가 꼽습니다. 중국이나 러시아에서는 절대 사민주의를 할 수가 없어요.

결국은 개인의 자유를 존중하고 개인의 탁월한 윤리의식이 바탕이 되지 않으면 서유럽이나 북유럽모델은 나오기 어렵습니다. 내가 세금으로 60%를 내기 싫은데 그럼 누구 걸로 복지를 하죠? 그럼 내 것 말고 다른 사람들 걸로 하자고 하니까 공산주의 혁명처럼 총칼이 등장해야 하는 겁니다. 선동해서 다른 사람 것을 빼앗아서 하는 것은 공공성이 아니죠. 우파가 자본주의에 대한 바른 이해를 가지고 수준이 높아져야만 좌파들이 입에 달고 있는 공공성이 품위 있게 등장할 수 있습니다. 그런데 자본주의가 어떻게 출발했는지도 모르고 자본주의의 본질도 모르기에 비극이 강화되는 것입니다.

전혀 생각지 못했는데 윤리적 측면이 중요하군요. 자본주의와 윤리는 연결이 잘 안 되는 것 같은데 신기하네요.

이정훈: 베버가 『프로테스탄트 윤리와 자본주의 정신』에서 강조하

는 것이 바로 윤리적인 부분입니다. 그리고 이 윤리는 칼빈주의에 기반한 개신교 신앙에서 기인한다는 거죠. 노동을 중시하고 땀 흘려 일하는 것을 소중히 여기고 자본을 축적해서 재투자함으로써 사회가 발전하는데, 대신 본인은 신앙인이기 때문에 사치와 향락을 하지 않는 프로테스탄트들의 윤리, 이런 탁월한 정신이 바로 자본주의 정신이고 근대자본주의는 바로 여기서 시작된 것이라는 거죠.

제가 봤을 때, 토크빌이 칭찬한 미국의 민주주의, 이것도 사실은 저 청교도들이 미국으로 가서 가능했던 거예요. 참 신앙인들의 몸에 밴 윤리의식과 생활방식의 수준이 있으니까 민주주의도 프랑스와 달랐던 거예요. 이런 체화된 윤리의식과 수준 높은 문화가 자본주의와 자유민주주의가 정착할 수 있는 기반이 되는 겁니다. 우리는 근대 자본주의 세계를 열었던 뿌리, 자본주의 정신이 무엇인지를 제대로 이해해야 합니다. 자본주의를 물신주의처럼 생각해서 악으로 보는 것은 자본주의 정신에 대해 무지하기 때문이에요. 이렇게 시작한 자본주의가 발전하다 보니까 여러 부작용을 내게 됩니다. 인간이 하는 일은 늘 부족하고 문제가 생기기 마련이니까요. 애덤 스미스는 이런 자본주의 세계의 문제를 해결할 답을 그 자본주의 사회 안에서 찾습니다. 애덤 스미스가 중요하게 생각하는 것도 '덕'입니다. 그 덕은 두 가지인데 정의와 자혜예요. 사회공동체의 윤리가 자본주의의 자유를 지키고 문제를 해결하는 데 중요한 역할을 합니다. 그리고 신앙이 그 윤리의 기반이 됩니다.

※ 이 특강은 펜앤드마이크TV의 방송 "바보들아 자본주의가 왜 싫니?"의 강의내용을 일부 발췌·수정한 것입니다.

특강 〈 금융지배 자본주의 시대, 크리스천의 경제생활 〉

앞에서 설명한 근대 자본주의 정신이 산업자본주의의 엄청난 팽창 속에서 질식당합니다. 교회와 성도들이 성경의 가르침보다 '자본'의 논리에 순종합니다. 아파트가 없어서 '결혼을 못한다'는 크리스천 젊은이들이 대세가 되고, 예비 신랑과 예비 신부는 그리스도 안에서 사랑으로 혼인한다는 믿음보다 부모님과 함께 '자본'의 논리에 복종합니다.

여기에 미국식 '금융지배 자본주의'가 문재인 정부의 부동산 정책 실패와 맞물려 쓰나미처럼 크리스천의 삶에 밀어닥쳤습니다. 이런 틈을 타서 '금융전도사'가 교회에 들어와 주식에 투자하라는 가르침을 설파하고 있습니다.[101] 존리는 자신을 '금융전도사'라고 소개합니다. 한국은 '금융문맹' 상태이기 때문에 미국식 선진 금융을 가르쳐서 한국인들을 모두 부자로 만들어주겠다고 자신의 저서에서 주장합니다.

---

101 존리, 『존리의 부자되기 습관』 (지식노마드, 2020), 교보ebook edition, 존리, 『존리의 금융문맹 탈출』 (메가북스, 2020), 교보ebook edition.

존리는 어떤 교회의 강연에서 '크리스천이라면, 부자가 되어야 하고 부자가 되려고 노력해야 한다'라는 성경적이지 않은 원칙을 강조했습니다. 성경은 '돈을 사랑함'이 일만 악의 뿌리(딤전 6:10)라고 분명하게 가르치고 있습니다. 앞에서도 제가 '돈' 자체는 악이 아니라고 강조했습니다. 그러나 부자가 되기 위해 투자를 시작하는 크리스천은 '돈을 사랑함'으로써, 돈의 지배를 받는 올무에 걸리게 됩니다. 요즘 자신의 욕망을 말씀으로 포장하는 크리스천들이 늘고 있습니다. 자신의 욕망을 포장하고 합리화하는데 말씀을 활용하는 것은 '딸깍발이'사회주의자만큼 위험하고 잘못된 신앙생활입니다.

사실 '가상화폐'가 등장한 배경도 존리가 선진적이라고 찬양하는 미국의 금융지배 자본주의의 모순 때문입니다. 2000년대 들어 세계 경제는 정보기술(IT)관련 버블의 붕괴로 고전했습니다. 미국은 1990년대에 IT경제의 붐에 힘입어 연 5~6%의 경제성장률을 달성했습니다. 하지만 그 속에서 과잉 설비투자가 이뤄졌고 IT 버블이 꺼지면서 2001년과 2002년 경제성장률은 각각 0.3%, 2.3%로 둔화됐습니다. 미국 중앙은행은 경기침체를 막기 위해 2000년 연 6.5%였던 기준금리를 2001년 연 2%, 2003년 6월 연 1%까지 낮췄습니다. 세계 각국 중앙은행도 이 같은 저금리정책을 2004년까지 유지했습니다. 각국은 이런 조치로 성장률이 높으면서도 물가상승 압력이 낮은 '골디락스(너무 뜨겁지도 너무 차갑지도 않은 상태) 경제'를 이뤄냈습니다.

하지만 장기간 유지된 저금리는 위기의 씨앗을 잉태했습니다. 금리가 낮으면 쉽게 돈을 빌릴 수 있게 되니까요. 기업이나 가계는 차입 비용이 적어지기 때문에 돈을 빌려서 투자를 하거나 주택을 구입했습니다. 금융회사들이 수익을 높이기 위해 대출을 늘리면서 신용도가 낮은 사람이나 기업에게도 돈을 빌려줬죠. 경기는 활성화되었지만, 이건 언제 터질지 모르는 거품을 만들어내게 됩니다. 세계 각국에서 주택과 부동산 가격이 급등했고, 주식 가격도 크게 올랐습니다.[102]

2004년 저금리 정책이 종료되면서 서브프라임 모기지론 금리가 올라갔고, 부동산 거품이 터지면서 대출로 집을 산 시민들이 노숙자로 전락하게 됩니다. 증권화된 서브프라임 모기지론을 구매했던 금융기관들은 엄청난 손실을 보게 되고 불량 채권이 늘어나면서 은행권 채무에 보증을 선 보험회사가 파산하는 사태가 일어나죠. 미국 정부는 결국 시민들의 세금을 쏟아 부어 이 문제를 해결했습니다. 문제의 원인이었던 월가의 투자은행과 엘리트 금융 CEO들은 아무런 책임을 지지 않았습니다. 이들의 '도덕적 해이'가 미국의 중산층의 삶을 파괴했습니다. 이런 상황에 분노한 '블록체인' 전문가들이 정부와 중앙은행의 통제에서 벗어난 '가상화폐'를 개발하게 됩니다.[103]

문재인 정부의 잘못된 부동산 정책으로 집값이 폭등하여 '집을 사는 것'이 불가능해진 젊은이들이 주식투자(사실상 투기)와 가상화폐 투기로 몰려들면서 '빚을 내서' 투자하는 현상이 가열되고 있습니다. 이런 사회적 분위기에 편승해 교회에 '금융전도사'가 등장한 것입니다.

---

102 장재형, "미국발 세계금융위기", KDI 경제정보센터, 2010.11.20. https://eiec.kdi.re.kr/material/clickView.do?click_yymm=201512&cidx=1357

103 고란·이용재, 넥스트머니, 『부의 미래를 바꾸는 화폐 권력의 이동』, (다산북스, 2018), 교보 ebook edition 참조.

앞에서 제가 막스 베버의 '프로테스탄트 윤리와 자본주의 정신'의 역사적 의의에 대해 설명했습니다. 크리스천들은 시류에 편승한 것이 아니라, 성경의 가르침에 따라 삶이 예배가 되는 종교개혁의 정신을 실천했더니 결과적으로 '부'가 축적되고, 이것이 근대 자본주의 시대를 여는 원인이 되었다는 설명이었습니다. 부자가 되기 위해 노력하는 것과 크리스천다운 삶으로 부가 축적되는 것은 완전히 다른 것입니다.

미국식 금융지배 자본주의는 금융의 논리가 기업과 개인뿐만 아니라, 정부까지 지배하는 이데올로기입니다. 존리가 금융문맹이라고 비판하는 일본과 한국은 미국에 비해 노숙자가 많지 않습니다. 경제발전의 역사와 토양이 다르기 때문입니다. 각각 나름의 장점과 단점이 존재합니다. 일본과 한국도 점점 '금융지배 자본주의'로 이행할 것입니다. 크리스천이 투기가 아닌 노후대비 재테크나 '연금펀드' 등에 가입하거나 슬기로운 금융 생활을 하는 것은 '악'이 아닙니다. 목회자의 노후대비도 저는 필요하다고 생각합니다. 오해하시면 안 됩니다.

신학자 캐스린 테너는 '막스 베버'를 재해석합니다. 이 연구는 과거 크리스천의 경제윤리가 자본주의 정신을 창출한 것처럼, 금융지배 자본주의의 쓰나미로 모든 영역이 금융의 지배를 받을 때 역설적으로 '금융'의 지배를 거부할 수 있는 존재는 크리스천 뿐이라는 진단입니다.[104] 저도 테너 교수의 주장에 동의합니다.

모든 이가 결혼을 결정할 때 가장 중요한 요소로 '아파트' 매수와

---

104 캐스린 테너(Kathryn Tanner)/백지윤 역, 『기독교와 새로운 자본주의 정신』, IVP, 2021 참조.

이에 따른 은행권의 대출 가능성을 꼽을 때 크리스천은 그리스도 안에서의 '사랑'을 제일 중요시할 수 있다는 뜻입니다. 우리의 '믿음'은 금융권의 대출심사를 초월합니다. 시류에 편승하지 않고 일과 결혼, 그리고 출산 등을 결정할 수 있습니다.

크리스천은 아무리 세상이 빠른 속도로 변해도 진실된 '땀의 가치와 노동의 의의'는 불변한다는 말씀을 믿고 실천합니다(잠 12:11). 가상화폐 투기 열풍이 몰아쳐도 크리스천 전문가는 '블록체인' 기술을 더 발전시키고 '가상화폐'의 문제를 제도권으로 가져와 안전거래를 할 수 있도록 제도를 구축하는데 활약할 수 있습니다. 이러한 기여는 자신의 '커리어'를 강화하는 동시에 다른 젊은이들의 생활과 삶을 보호해주는 것이지요. 과거 프로테스탄트의 실천과 같은 선하고 압도적인 기술력과 전문가적 능력은 하나님 보시기에 합당한 '부'와 풍요를 가져다줄 수 있습니다.

성경적 세계관
/
역사

이 땅에 역사하시는 하나님

입문　경제　**역사**　법·정치　문학　철학

종교개혁과 대한민국의 건국

그리스도께서 우리를 자유롭게 하려고 자유를 주셨으니 그러므로 굳건하게
서서 다시는 종의 멍에를 메지 말라 (갈라디아서 5:1)

대한민국이 조선인가요

여러분, 대한민국이 자유민주공화국이라는 거 알고 계셨나요? 우리가 외국 여행 갈 때 여권을 들고 다니죠? 여권에 뭐라고 쓰여 있어요? Republic of Korea. '리퍼블릭'(Republic), '공화국'이라고 쓰여 있어요. 그런데 크리스천 청년들은 말할 것도 없고, 대한민국이 공화국인 줄 아는 사람들이 별로 없습니다. 오히려, 북한 애들은 "고저 공화국에서는~" 이러면서 입만 열면 공화국이라고 합니다. 그런데 북한은 공화국이 아니에요.

'브라이언 마이어스'라고 북한 전문가이자 한국에서 일하시는 교수님이 있어요.[105] 그분이 얘기하시길 대한민국은 신기하게도 광화문 한복판에 나가봐도 공화국을 상징하는 상징물이 없다는 거예요. 지금 서울 시내에 가보세요. 광화문 광장에 세종대왕과 이순신 장군이 위용을 과시하고 있죠. 이분들이 훌륭한 인물이긴 하지만 조선시대 분

---

105   B. R. Myers, *The Cleanest Race: How North Koreans See Themselves - and Why It Matters* (New York: Melville House publishing, 2011)의 저자이다.

들이지 대한민국을 대표하진 않잖아요. 제삼자의 관점에서 볼 때는 이게 참 희한한 겁니다. 조선왕조를 대표하는 인물들이 대한민국이라는 공화국의 중심을 차지하고 있는 것이 신기한 거죠. 여러분은 어떤가요? 세종대왕과 이순신 동상을 보면서 너무도 당연히 우리나라 사람이라고 생각하지 않았나요? 그럼 여러분이 우리나라라고 여긴 나라는 대한민국인가요? 아니면 '조선'과 한 묶음이자 연장선에 있는 '후조선'인가요?

대한민국의 위기는 어디에서 올까요? 대한민국이라는 공화국의 정체성과 역사를 가르치지 않기 때문이라고 저는 생각합니다. 나라가 어떻게 건국되었는지, 그리고 그 나라의 정체가 뭔지를 모르니까 귀한 줄 모르는 거예요. 그리고 귀한 줄 모르니까 왜 지켜야 하는지도 모릅니다. 그러니까 젊은이들이 학교에서 전교조 선생님이 이 거지같은 나라는 애초에 생기지 말았어야 한다고 가르쳐주면, 그렇구나 하고 한국을 저주하는 겁니다. 그런데 잘 생각해보세요. 여러분이 사는 나라인데, 이 나라가 원래 생기지 말았어야 하는 나라라면 어떻게 되는 걸까요? 젊은이들에게 자기 나라를 저주하고 그 역사를 저주하게 가르치면, 그 나라에 무슨 미래와 희망이 있을까요?

그래서 이번 PLI 성경적세계관 역사 시간에는 조선이라는 왕조에서 어떻게 대한민국이라는 민주공화국이 세워질 수 있었는지 그걸 설명하려고 합니다. 많은 사람들이 착각을 하는 게 일본 식민지에서 독립하면 대한민국이라는 나라가 자동적으로 세워지는 걸로 생각해요. 그렇지 않습니다. 지금까지와는 전혀 다른, 그러니까 조선왕조와도 다르고, 식민지와도 다른 '자유민주주의 공화국'을 세워야만 하는 거예요. 그리고 그 공화국의 건국과 우리 기독교 신앙이 어떻게 연결되는지도 제가 아주 중요하게 다루는 부분입니다.

대한민국 건국과 신앙이 무슨 관계인가요?

기독교인들도 잘 모르는 것 중의 하나가 종교개혁의 역사인데, 사실 자유민주공화국이 생긴 것도 종교개혁과 역사적으로 굉장히 깊은 관계를 맺고 있습니다. 제가 역사를 연구하며 발견한 게 있어요. 대단히 뛰어나서 어떤 상황을 인식할 때 일반인보다 두세 수 정도가 아니라 그 이상을 볼 수 있는 사람이 있다고 가정해 봅시다. 그럼 동시대의 사람들이 이해를 못 하고 오히려 그 사람을 공격해요.

이승만

저는 건국 대통령인 이승만 박사가 그런 사람이라고 생각해요. 너무 뛰어났기 때문에 그 당시에도 오해와 공격을 많이 받았고, 지금까지도 비판을 받고 있어요. 물론, 역사적으로 과(過)도 분명한 분이에요.

1913년에 초판이 나온 『한국교회핍박』이라는 책이 있어요. 이 책의 저자인 이승만 박사는 이렇게 말해요.

"2백년 동안 루터의 종교개혁의 흐름이 정치제도까지 개혁하기에 이르렀고, 영국, 프랑스, 미국 등 각국의 정치 대혁명이 여기에서 생겨났다. 오늘날 구미 각국이 평등의 자유를 누리는 모든 인간의 행복은 거의 다 여기에서 시작된 것이다. 이런 이유로 루터를 근대 문명의 시조라 칭하는 것은 적당한 말인데 루터선생의 힘은 예수 진리로부터 비롯된 것이다."[106]

여러분들이 이해해야 할 것이 뭐가 있냐면, 이승만이라는 인물을 저 시대적 배경 상황 속에서 생각해야 한다는 거예요. 그 당시에는 지금과는 다르게 연구를 위한 자료를 쉽게 얻을 수가 없었어요. 인터넷도 없고 참고문헌도 몇 권 없던 당시 상황 속에서 저런 얘기를 했던 겁니다. 이승만은 종교개혁을 통해 서구 정치문명이 탁월하게 발전해 왔다는 것을 완벽하게 이해한 상태로 지도자로 등장한 거예요. 지구의 중심이 아직도 중국이라고 생각하는 사람들이 지식인 대우를 받던 당시 상황을 생각해 보면, 정말 놀랍죠. 『한국교회핍박』을 보면 전기가 오는 이유가 여기에 있어요. 그렇게 제한된 상황에서 책을 썼는데 그 혜안이 엄청난 거죠. 21세기를 살아가는 한국 크리스천들조차 종교개혁의 정치사적 의미를 잘 모르는데 저 분은 100년도 더 전에 그걸 통찰하신 거예요.

---

106 김명구 역주 · 해제, 『한국교회핍박 외: 우남 이승만 전집 3』, 연세대학교 대학출판문화원, 2019, 91-92면.

제가 서울대 대학원생 시절에 함께 조선시대 법전 연구모임을 했던 국사학과의 안종철 박사는 이승만과 개신교의 관계에 대한 연구를 발표합니다. 이 논문은 다른 연구들과 함께 단행본으로 출판됩니다. 이 연구서의 5장을 담당한 공동저자인 안박사는 '로렌스 반 데어 포스트'의 명언인 "조직화된 종교는 정치를 '기독교화'하기보다는 기독교를 '정치화'시킨다"라는 명제를 첫 페이지에 인용합니다.[107] 로렌스 반 데어 포스트(Lourens van der Post)는 남아공 출신 작가입니다. 이분은 영국의 유명한 지성인이자 찰스 왕자의 멘토도 하신 분입니다. 한국 사람들은 기독교를 정치화한다고 하면 정치라는 단어에 대해서 부정적인 반응을 보일 것입니다. '이거 나쁜 거 아니야?' 하면서요. 그런데 '기독교를 정치화'한다는 말은 종교개혁의 그 정신(이념)이 제도화된다는 뜻으로도 해석할 수 있습니다.

어떻게 영미가 주도한 문명이 가장 정치적으로 탁월했고 인간에게 자유를 보장했으며, 가장 진보된 상태의 민주주의를 가능하게 했을까요? 바로 기독교를 정치화했기 때문입니다. 종교개혁을 추구했던 사람들의 신앙을 기초로 제도를 체계화하고, 헌법을 제정하여 법치를 정착시켰습니다. 이런 현상을 신학적으로 정리한 것이 카이퍼의 '영역주권'입니다. 캐나다의 임상 심리학자이자 토론토 대학교의 심리학 교수인 조던 피터슨(Jordan Peterson)이 요즘 부르짖는 게 바로 이거예요. 서구사회, 특히 영미가 주도한 시대의 서구사회가 지구상에서 가장 진보된 상태였다는 겁니다. 그리고 기독교 문화권의 도덕적 · 사회

---

107 안종철, "문명개화에서 반공으로", 『이승만과 대한민국 건국』, 연세대학교 출판부, 2010, 157면 이하.

적 장점을 설명합니다. 그는 서구인들 스스로 이런 서구사회의 장점과 기독교의 역할을 부정하고 저주하고 있는 상황의 문제들을 지적했습니다.[108]

그런데 우리는 가장 진보된 상태(체제)에 살고 있으면서 우리의 체제를 저주하고 미워하고 비판하고 있는 겁니다. 부족한 점은 보완하고 발전시켜야지 체제 자체를 붕괴시키면 안 됩니다. 오히려, 진보를 외치는 사람들이 후진적이고 자유를 억압하는 북한, 구소련, 중국공산당의 체제를 숭배합니다. 지상에 완벽한 체제는 없습니다. 다 흠이 있고 부족한 점이 있고 단점이 있어요. 인간이 만든 것이기 때문에 부족한 점이 있을 수밖에 없죠. 그런데 우리는 몇 개 흠을 잡아서 서구의 자유민주주의 전통을 계승하는 체제가 지옥인 것처럼 말합니다. 한국이 '헬조선'이라고 얘기하는 거죠.

'조직화한 종교는 정치를 기독교화하기보다는 기독교를 정치화한다'고요? 그렇다면, 기독교를 정치화하는 것과 정치를 기독교화하는 것의 차이가 뭘까요? 가톨릭은 정치를 기독교화했습니다. 그래서 기독교적인 정신과 윤리가 인간의 삶과 정치, 그리고 제도 속에서 뿜어 나오질 못했던 것입니다. 그래서 개혁의 힘이 없었고 오히려 역사적으로 개혁의 대상이 되었습니다.

---

108 Jordan B. Peterson, *Maps of Meaning, The Aechitecture of Belief*, (New York and London:Routledge, 1999), Kindle ebook edition, 참조.

종교개혁에서 시작된 자유의 제도화

제가 여러 번 강조했지만, 대부분의 사람들이 칼빈의 위대함과 그 역사적 중요성을 잘 몰라요. 법의 역사를 보면, 근대적 관점의 '헌법'과 '법치주의'가 윤곽을 나타내서 구체적으로 사람들 앞에 등장하는 것이 '칼빈'부터예요. 물론, '마그나카르타'로 시작해서 영국정치가 선구적으로 '명예혁명'을 통해 근대적 입헌주의와 의회주의를 정착시킨 것이 맞습니다. 청교도혁명과 명예혁명에 참여했던 분들이 칼빈의 영향을 받았습니다.

여기에 더해 칼빈은 법학자로서 '제도화'의 귀재였습니다. 그의 교회정치와 제도에 대한 사상은 세속정치와 법의 발전에도 크게 기여했습니다. 헌법을 앞세워서 사회질서를 체계화하고 정치사상을 구성하는 근대적 방식의 선구자라고 할 수 있어요. 헌법을 앞세운다는 것, 소위 Constitutionalism(입헌주의 또는 헌정주의)이라는 것이 인류 역사에 등장했다는 것은 아주 큰 의미가 있습니다. 어떤 권력자도 헌법의 지배를 받아야 하고 헌법 안에서 움직여야 한다는 시스템을 만들었기 때문이죠. 이것을 제가 '공구리친다'라고 표현을 해요.(웃음) 법을 콘크리트 바르듯 확실하게 단단하게 세팅하여 모든 권력이 법이라는 틀 안에서 움직일 수 있도록 하는 겁니다.

독일의 위대한 법학자 게오르그 옐리
네크(Georg Jellinek, 1851-1911)는 칼빈주의
자들이 헌법의 자유권적 기본권의 보장
과 발전에 기여한 것에 대해 '기본권의
어머니'라는 표현으로 찬사를 보냅니
다.[109] 헌법이 보장하는 자유권적 기본권
은 종교의 자유를 성취하면서 확립됩니
다. 종교개혁의 정신을 붙들었던 사람들

게오르그 옐리네크

은 말씀대로 신앙하고 싶어 했어요. 하지만, 과거(종교개혁 이전)에는 그
것이 불가능했어요. 말씀대로 신앙을 하기 위해서는 기독교인의 양심
의 자유, 신앙고백의 자유 등 각 사람이 원하는 방식으로 신앙을 할
수 있는 자유가 보장되어야 하는데 왕이 누구냐에 따라 그 자유가 보
장되기도 하고 무용지물이 되기도 했던 겁니다. 왕의 인심이 좋으면
다행이고 포악한 왕이 나타나면 자유를 다 앗아갑니다. 그래서 참 기
독교인의 양심을 어떻게 보장할까를 고민하게 된 것입니다.

영국의 명예혁명 과정을 보세요. 제임스 1세, 찰스 1세, 제임스 2세
등 수많은 왕이 나타나 청교도를 박해해서 청교도혁명이 일어나기도
하고, 국왕이 처형되기도 했습니다. 청교도혁명의 공화정이 무너지고

---

109 옐리네크의 칼빈주의자들의 기본권에 관한 기여에 관한 설명은 Georg Jellinek, *Die Erklärung
der Menschen- und Bürgerrechte : Ein Beitrag zur modernen Verfassungsgeschichte* (Staats-
und völkerrechtliche Abhandlungen I.3)에 있다. 이 책은 1895년에 Leipzig에서 출판되
었는데 Duncker & Humblot reprints 판이 1927년에 다시 출판되었다. 지금은 ebook으로
도 볼 수 있다. ebook edition에는 부제와 출판정보가 새롭게 표기되었다. (Wissenschaftliche
Abhandlungen und Reden zur Philosophie, Politik und Geistesgeschichte, Heft VI) Duncker
& Humblot reprints, 1927. 4. Aufl. (in 3. Aufl. bearb. von Walter Jellinek). XIX, 85 S.

왕정이 복구되었지만, 명예혁명을 통해 국왕도 '법의 지배'하에 놓이게 되는 입헌주의가 자리를 잡습니다.[110] 중요한 것은 왕이 누가 되든 '의회주의'의 통치와 '법의 지배' 원리가 정착되어야 국민이 '종교의 자유'를 비롯한 기본권을 누리게 됩니다. 종교개혁은 신앙의 영역뿐만 아니라 인간의 삶에 필수적인 정치와 법의 영역을 혁명적으로 진보시킵니다.

이렇게 크리스천들은 예수님께서 인간에게 주신 본질적 자유를 현실적으로 제도화하게 되었습니다. 종교의 자유를 보장하다 보니까 선교를 할 수 있는 터전이 보장돼야 하고, 선교를 하려면 여행의 자유, 표현의 자유가 보장되어야 하겠지요. 또, 교회를 세워야 하니까 법인 설립의 자유, 출판의 자유, 집회의 자유 등 많은 자유들이 기본권으로써 보장되어야 했던 겁니다. 민사상 부여되는 계약의 자유 안에서의 자유들 또한 다 여기서 시작되는 거예요. 자유의 제도화, 즉 기본권으로서의 자유권이 헌법에 탑재되는 출발이 바로 종교개혁이에요. 종교개혁은 영국에서 탁월한 법의 발전으로 이어집니다.[111] 정말 놀랍죠? 우리가 이 사실을 제대로 이해하지 못하니까 종교개혁의 정신으로 세워진 법과 국가가 얼마나 귀한 줄 모르는 것입니다. 제가 오늘 이야기한 것만 기억해도 하나님께 감사한 마음이 올라올 겁니다. '우리에게

---

110 청교도혁명과 명예혁명에 관해서는 앙드레 모루아/신용석 역, 『영국사』, 김영사, 2013의 제5장을 참조하면 좋다. 영국의 통치제도에 관해서는 박지향, 『클래식 영국사: 세계사를 바꾼 최초의 순간들 그 찬란한 역사의 기록을 만나다』, 김영사, 2012의 제3장을 참조하면 좋다.

111 종교개혁이 영국법에 끼친 영향에 대한 연구서로는 Harold J. Berman, *Law and Revolution: The Formation of the Western Legal Tradition*, (Harvard University Press, 1983)과 동일저자의 *Law and Revolution, II: The Impact of the Protestant Reformations on the Western Legal Tradition* (Harvard University Press, 2003)이 있다.

자유를 주신 것이 하나님의 은혜였구나. 인간에게 자유가 은혜로 주어진 것이구나'라고 말입니다.

인류의 정치사와 법사를 보면 인간이 자유를 성취할 때, 종교의 자유를 성취하면서 시작된다는 것을 깨달을 수 있습니다. 인간이 자유를 얻을 때 종교의 자유가 보장되면서 다른 자유가 뒤따라 나옵니다. 반대로 인간의 자유를 억압하고 뺏을 때는 종교의 자유부터 빼앗아요. 역사적으로 종교의 자유를 뺏긴 나라는 인간의 다른 자유가 완전히 말살되는 상태가 되어 버려요. 느낌이 오나요? 지구상에서 종교의 자유를 부정하는 나라일수록 다른 자유들도 보장되지 않습니다. 그리고 한 가지 더 알아야 하는 것은 종교개혁 이후에 자유를 확보한 나라들이 자유를 침해하는 것에 동의하게 되는 과정이 혐오 표현을 규제하는 것에 동의하는 것에서부터 시작된다는 거예요. 표현의 자유를 뺏기기 시작하면서 자유를 하나씩 하나씩 박탈당해요. 표현의 자유를 뺏는 것은 총체적 자유를 뺏기 위한 계략인 경우가 많습니다.

조선에서 대한민국으로: 예수교로 새로운 문명의 기초로 삼아야

종교개혁으로부터 서구의 정치제도가 만들어졌다는 것을 통찰한 이승만 박사는 조선을 개혁할 힘이 개신교에 있다고 생각했습니다.[112]

---

112 『뭉치면 살고―1898-1944 언론인 이승만의 글 모음』, 조선일보사, 1995, 148-151면.

"풍속과 인정이 일제히 변화하여 새것을 숭상해야 하는데 새것을 행하는 법은 교화로써 근본을 아니 삼고는 그 실상 대익을 얻기 어려운데, 예수교는 본래 교회 속에 경장하는 주의를 포함한 고로 예수교 가는 곳마다 변혁하는 힘이 있으므로⋯⋯예수교로 새로운 문명의 기초를 삼아야 한다."

경장(更張)은 개혁한다는 뜻입니다. 그러니까 예수교는 본래 교회 속에 개혁하는 사상을 포함하기 때문에 예수교가 들어가면 변혁의 힘이 생긴다는 주장이죠. 그렇다면 우리 크리스천의 본질은 무엇입니까? 어떻게 살아야 합니까? 우리 크리스천은 세상에 휩쓸려서 시류에 끌려 다니는 자들이 아니라, 세상 속에 살지만 세상에 물들지 않는 빛과 소금으로 사는 사람들이죠. 그렇게 살아갈 때 오히려 세상을 변혁하게 된다는 거예요. 그래서 뭐라고 얘기합니까? "예수교로 새로운 문명의 기초를 삼아야 한다"는 거예요. 이승만은 토크빌이 얘기했던 모럴을 꿰뚫어 본 겁니다.[113] 토크빌이 『미국의 민주주의』에서 뭐라고 얘기합니까?

"자유는 도덕성(모럴) 없이 세워질 수 없고
도덕성(모럴)은 신앙 없이 세워질 수 없다."

---

113 A. 토크빌(Alexis de Tocqueville)/임효선 역, 『미국의 민주주의1』, 한길사, 2002와 동일저자의 『미국의 민주주의2』, 한길사, 2009 참조. 이 책에서는 '모럴'을 '풍습'으로 번역하고 있다.

알렉시 드 토크빌

이게 어떤 의미인지, 토크빌에 대해서 얘기를 좀 해 볼게요. 토크빌(Alexis de Tocqueville, 1805-1859)은 프랑스의 정치학자이자 역사가예요. 제가 강의에서 자주 프랑스 혁명의 문제점을 지적했었죠? 프랑스 지식인들이 프랑스 혁명 200주년을 기념할 때 인권선언만 기념하자고 했어요. 왜냐면, 로베스피에르 시대에 공포 정치로 엄청난 살육, 잔혹한 처형을 벌인 것은 축하할 수가 없다고 여겼기 때문이죠.[114]

자유, 평등, 박애를 내걸었지만, '단두대'로 상징되는 공포정치로 귀족, 평민을 막론하고 평등하게 시민들이 학살당했습니다. '인간의 존엄성'을 선포했지만, 인간을 소보다 못하게 단두대에서 죽입니다. 그러니까 프랑스 지식인들은 프랑스 혁명을 온전하게 축하할 수가 없었던 것입니다. 토크빌이 바로 이런 시대를 직·간접적으로 경험한 사람이에요. 귀족 출신이었던 토크빌은 혁명 때 친척들이 살해당하는 아픔을 겪었습니다. 1831년 프랑스 정부는 이런 토크빌을 미국의 감옥 제도를 연구하도록 미국에 파견합니다. 그리고 그는 미국에서 9개월 정도 머물면서 연구를 진행했어요. 이 연구의 결과가 엄청난 스테디 셀러인『미국의 민주주의』입니다.

토크빌이 연구를 하며 놀란 것이 있었습니다. 프랑스가 혁명한다

---

114   프랑스혁명에 관한 비판서 중 고전에 해당하는 것이 에드먼드 버크의 책이다. 에드먼드 버크/이태숙 역,『프랑스혁명에 관한 성찰』, 한길사, 2017.

고 했지만, 막상 19세기 프랑스를 보니까 법원도 엉망이고 말은 민주주의라고 하지만 민주주의가 제대로 작동되지 않았습니다. 지방자치는 말할 것도 없었지요. '왜 그럴까?' 고민하던 때에 그는 미국을 보고 놀랐습니다. 시골 카운티(군) 단위에 들어가서 지방자치를 봤더니, 그 마을의 중심에 교회가 있는 겁니다. 교회가 중심이 되어서 지방자치가 돌아가는 거예요. 또 사법부에 가봤더니 배심재판을 하는데 수준이 다릅니다. 배심원으로 차출된 사람 중 건성으로 참여하는 사람이 없고 동료 시민의 공정한 재판을 위해 노력하는 게 보이는 거예요. 그래서 '도대체 미국 시민은 프랑스 시민과 무엇이 다른가?'하면서 이 문제에 천착했습니다.

토크빌은 미국의 민주주의를 연구하면서 도달한 결론은 앞에 인용한 문장으로 표현할 수 있어요. "자유는 도덕성(모럴) 없이 세워질 수 없고 도덕성은 신앙 없이 세워질 수 없다." 여기서 '모럴'의 개념은 단순히 도덕적이라는 의미가 아니고 사회의 도덕관과 삶의 방식 전반을 모두 포함하는 거예요. 풍습, 또는 습속이라고 번역하기도 하는데 그 의미를 다 담기가 어려워요. 토크빌이 깨닫게 된 것이 앞에서 언급한 것처럼, 이승만의 깨달음과 통합니다. 이승만으로서는 독립하면 새로운 나라를 세워야 하는데, 나라라고 하는 것은 자동으로 건국이 되는 게 아닙니다. 우리가 착각하는 것이 일본이 미국에 항복한다고 해서 자동으로 대한민국이 세워지고, 민주공화국의 위용을 갖출 수 있는 것이 아닙니다. 토크빌이 말한 '모럴'을 바탕으로 우리가 세워야 하는 겁니다. 결국, 공화국을 세울 때 무엇이 제일 필요할까 고민해 보았을 때 정부를 잘 구성하고 법을 잘 만드는 것도 중요하지만, 가장 중요한 것은 토크빌이 설명한 수준 높은 '모럴'이 형성되어야 하는 겁니다. 질서의식, 준법정신 등등의 모럴이 형성되지 않으면 시스템을 아무리 잘 만들어놔도 결국에는 작동하지 못하고 엉망진창이 되는 겁니다. 현재 한국 정치의 문제도 바로 이 모럴이 부재하다는 데 있어요. 제도는 건국헌법부터 만들 수 있었지만, '모럴'은 단번에 해결되는 문제가 아닙니다. 그래서 크리스천들의 역할이 중요합니다.

그래서 현재 한국 사회에서 보수 운동한다는 분들에게도 이걸 얘기해 드립니다. '모럴'이 바뀌지 않으면 아무리 혁명을 외치고 시위를 해도 소용이 없습니다. 먼저 그것을 외치는 자신부터 그 모럴로 바뀌어야 하는 거예요. 개혁은 먼저 자신부터 개혁되어야 합니다. 문재인 정부의 출범과 함께 잘못된 방향으로 정치투쟁을 벌이는 기독교인들이 교계와 사회에서 물의를 일으키는 이유도 이거예요. 미국의 민주주의를 발전시킨 기독교적 '모럴'의 부족 때문입니다. '모럴'이 바뀌어야 정치가 바뀝니다.

종교개혁의 위대한 역사도 우리가 스스로 개혁되지 않으면 우리와 아무런 의미가 없는 거예요. "개혁은 내가 개혁되는 것이요." 스코틀랜드 종교 개혁가인 존 녹스(John Knox, 1514-1572)가 1559년 스털링의 홀리루드 처치(Church of The Holy Rude)에서 시편 80편으로 한 설교의 한 구절입니다. 이 설교는 스코틀랜드 종교개혁의 전환점으로 평가받습니다. 제가 스코틀랜드에서 종교개혁의 현장을 답사할 때 눈물을 철철 흘리면서 얼마나 은혜 받았는지 몰라요. 존 녹스의 무덤이 교회 뒷

마당 주차장 23번이에요. 녹스가 유언하신 거예요. "나를 기념하지 말고 오직 그리스도만 기념하라." 이걸 보면 폭풍 은혜가 밀려와요. 아니, 장로교를 창시하신 위대한 존 녹스인데요? 그래도 어디가 무덤 인지는 알아야 하니까 주차장 바닥에 벽돌 몇 개가 네모 비슷한 모양 으로 박혀 있어요. 그의 신앙과 삶이 우리 개혁의 모델이 되어야 합니 다.[115]

프랑스 군대가 스코틀랜드의 세인트앤드루스 성을 함락할 때 존 녹스도 포로로 끌려갔어요. 그래서 19개월 동안 갤리선의 노 젓는 노 예로 고통을 당했습니다. 생각해보세요. 2년 가까운 시간동안 배 밑 에서 맛없는 비스킷만 먹으며 노만 젓는 거예요. 그때 마리아 그림 주 면서 여기 마리아 발에 입 맞추고 마리아의 이름으로 기도하면 풀어 줄게 하면 여러분은 어떻게 할 것 같아요? 즉시 뽀뽀하고 튄다?(웃음) 그런데 이분은 오히려 그 그림을 물에 던져 버려요. '나는 예수 외에 는 절대… 오직 예수다.' 이게 종교개혁 정신입니다. 그 후에 녹스는 '피의 메리'로 알려진 메리 여왕의 박해를 피해 제네바로 건너가서 칼 빈의 가르침을 받았어요.[116] 그리고 다시 돌아온 스코틀랜드에서 권력 자를 두려워하지 않고, 복음의 나팔수로 살아가신 거예요. 무지와 악 의로 인한 비방에 시달렸지만 그는 승리하여 종교개혁의 위대한 유산

---

115 D. Martyn Lloyd-jones · Iain H. Murray, *John Knox and the Reformation* (Banner of Truth, 2011) 참조. 이 책의 번역서로는 마틴 로이드 존스 · 이안 머리/조계광 역, 『존 녹스와 종교개 혁』, 지평서원, 2011이 있다. 마틴 로이드 존스는 위대한 스코틀랜드의 종교개혁가 존 녹스(John Knox, 1514년-1572년)를 청교도의 시조로 보고 있다. 칼빈의 영향을 받았지만 칼빈보다 정치 에 있어서 강경파였다. 장로교의 역사에서 매우 중요한 인물이다.

116 마틴 로이드 존스 · 이안 머리, 앞의 책, 54-58면.

을 우리에게 남기신 겁니다. 지금 한국교회에 선동가는 등장해도 개혁가가 부족한 것은 역사적으로 큰 고통입니다.

●●●●

자유민주공화국의 출발과 과제

만국의 모든 신들은 우상들이지만 여호와께서는 하늘을 지으셨음이로다 (시편 96:5)

올바른 역사의식과 외교의 중요성

한반도는 대륙세력과 해양세력이 부딪히는 지정학적 특징을 가지고 있습니다. 그래서 역사적으로 외교를 잘하지 않으면 항상 위험에 처했어요. 현재도 잘못된 역사의식으로 국제관계(주로 한일관계)를 파탄낸다거나 '한미동맹'이 위협을 당하는 상황이 되면 우리의 생존이 위험해집니다. 당시 조선을 식민지화했던 이토 히로부미도 조선을 삼키기 위해 아주 전략적인 외교전(外交戰)을 펼쳤던 인물입니다. 제가 교토에서 이토 히로부미 연구를 한 적이 있는데, 이 연구를 통해서 이토가 국내정치뿐만 아니라 외교전에도 뛰어난 인물이었다는 걸 알게 되었습니다. 여담으로 제가 대머리가 된 것도 그때 교토에서 연구하면서 일어난 산업재해입니다. (웃음)

제 아내가 산 증인이에요. 이 얘기는 시간이 아무리 없어도 해주고 넘어가야겠어요. 제가 대머리가 된 것은 제 뜻이 아닙니다. 하나님 은혜의 산물이죠. 일본의 유명한 교수님과 같이 협력해서 이토 연구를 하려 교토에 간 거였어요. 교토는 분지라서 여름에 엄청 습하고 더워요. 숙소가 리츠메이칸 대학 근처였는데 교토대학까지 자전거를 타고 가면 40분-50분 정도 걸립니다. 도착해서 티셔츠를 벗어서 짜면 물이 나올 정도로요.

그런데 사고가 어디서 났냐면, 제가 머물 숙소를 잘못 예약해서 학생들 기숙사에서 살게 되었습니다. 이 기숙사(일본에서는 '료'라고 부름)가 에어컨을 켜면 20분은 있어야 시원해지고, 샤워도 백엔을 넣고 사용해야 하는 코인 샤워기였습니다. 백 엔을 넣으면 20분 동안 온수가 나와요. 어쨌든 샤워를 하는데, 뭐가 퍽퍽 빠지기 시작했어요. 습기가 많은 교토에서 열을 받았을 때 샤워를 하니까 머리가 막 빠지는 겁니다. 닭털을 뽑을 때 뜨거운 물로 뽑는 이유를 그때 알았어요. 제 아내도 그 당시에 저를 응원하기 위해 교토에 왔는데 교토역에서 기다리는 저를 못 알아보고 지나갈 정도로 머리가 많이 빠진 겁니다. 그때부터 이렇게 된 거예요. 그 뒤로 나지를 않습니다.(웃음) 여하튼, 중요한 점은 이렇게 머리가 빠질 정도의 악조건에서 제가 이토 히로부미를 연구했고, 그때 이토의 정치전략과 외교전에 대해 감탄하게 되었다는 것입니다.

이토는 한국에 들어오기 전에 이미 일본에서는 프랑스가 알제리를 어떻게 지배했는지 영국이 이집트를 어떻게 지배하는지 이 두 개를 비교분석하고 조선을 어떻게 보호국으로 할지 이미 전략을 짜놓고 있었어요. 그 정도로 치밀하게 들어오는 거예요. 이토는 외교전도 정말 끝내줍니다. 러일전쟁을 하던 당시 일본은 전면전으로 러시아를 이길 수가 없었습니다. 그 어떤 나라도 전면전으로 러시아를 이긴 적이 없죠. 러시아에 들어가면 추운 뺄이기 때문에 그냥 죽는 거예요. 그러니까 짧게 빨리 끝내야 하는 거죠. 그래서 이토는 러시아 내부에서 반전운동을 일으켜야겠다는 생각으로 몰래 레닌한테 반전 운동을 위한 혁명자금까지 줍니다.[117] 레닌도 처음에는 적의 돈을 받을 수 없다고 거절하다가 이토가 "뭣이 중한디~" 하며 설득하자 결국 돈을 받죠. 이뿐만이 아닙니다. 이토는 미국 정치는 돈으로 매수하는 것보다 여론전이라는 것을 파악했고 그래서 반전여론을 펼쳐 외교전을 펼칩니다. 루스벨트 대통령 로스쿨 동창인 가네코를 보내서 언론인들, 지식인들을 통해 여론전을 펼치고 로비하고, 예일대학의 교수 한 분은 계속해서 일본의 중요성에 대해 쓰기도 했습니다. 그런데 그때 조선에서는 뭘 했을까요? 여러분의 상상에 맡깁니다.

물론 우리나라에도 외교전, 여론전을 탁월하게 펼친 분이 계십니다. 바로 우남 이승만 박사예요. 일본으로부터 독립하고 새로운 나라를 세우는데 있어서도 이런 외교전은 아주 중요했습니다. 아직까지도 이승만이 우리나라 건국에 기여한 외교적 영향력을 알지 못하는 사람들이 있어서 안타깝습니다. 저 당시에 미국에서 활동했던 이승만을 포함한 식민지 지식인들은 미국의 지성인들에게 독립과 건국에 대해서 이해시키고 저들을 도와야겠다고 결단하게 만들었습니다. 그게 가능했던 것은 기독교라는 공통신앙을 갖고 있기 때문입니다. 그 덕분

---

117 "러일전쟁 때 아카시 모토지로라는 훌륭한 스파이가 엄청난 공작금으로 1905년 러시아 혁명을 부추겼고, 그에 차르도 밀렸습니다."(『もはや、これまで: 経綸酔狂問答』, PHP연구소, 2013, 152p)

에 독립하고 건국도 할 수 있었던 것입니다. 동맹이 그래서 중요한 겁니다. 그래서 제가 항상 동맹은 가치동맹이라고 얘기합니다. 가치를 함께 추구할 수 있을 때 동맹이 될 수 있는 겁니다.

네이션빌딩의 단계

이승만 박사는 1919년에 미국의 동지들과 손을 잡고, 미국이 독립을 선언했던 필라델피아에서 대한 독립을 선포합니다. 그러면서 이승만 박사가 했던 일이 뭐냐면, 미국의 주요 언론인, 정계 주요 인사, 이런 사람들과 폭넓은 네트워크를 구축하는 거예요. 이런 것들이 굉장한 힘을 갖습니다. 그러니까 나중에 일본이 미국에 항복한 후에 국내에 들어올 때에도 그냥 들어오지 않고 맥아더를 먼저 만나고 들어오죠. 이런 작전들이 어떻게 가능하냐면 그걸 꿰뚫어보는 혜안과 지혜가 있기 때문에 가능한 거예요.

제가 추천하는 책이 김용삼 기자의 『이승만의 네이션빌딩』이에요. 제가 미국, 일본, 독일의 석학들과 함께 쓴 『Beyond Versailles』도 1919년의 의의와 네이션빌딩에 관해 썼는데 영어로 미국에서 출판한 책이기 때문에 제목만 각주로 소개하겠습니다.[118] 김용삼 기자의 책에서는 1919년에 필라델피아에서 있었던 '제1차 한인회의'에 대해 핵심을 잘

---

118 Contribution by Junghoon Lee 외, (edited by TOSH MINOHARA AND EVAN DAWLEY),*Beyond Versailles : The 1919 Moment and a New Order in East Asia* (Lexington Books, 2020).

설명하고 있습니다.[119] 이승만과 서재필을 중심으로 미국의 인사들과 손을 잡고 독립과 대한민국 건국에 대해 선포합니다. 그때 채택된 내용이 제헌헌법의 정신을 구성하는 것입니다.

이승만은 필라델피아에서 독립과 건국을 선포할 때 무엇을 강조했을까요? 그것은 '미국식 공화제 정부를 수립한다'입니다. 저에게는 이 선언이 매우 의미가 있습니다. 당시 인민의 교육수준이 낮고 자치 경험이 부족한 점을 고려해서 정부 수립 후 10년은 중앙집권적 통치를 시행한다는 내용도 있습니다. 어떻게 보면 강하게 권위주의적 통치로 가겠다는 뜻을 보여주고 있습니다. 그 시대의 우리나라 국민의 수준으로는 중앙집권적인 동시에 권위적인 통치가 필요했을 것으로 이해할 수 있습니다. 자유민주주의의 실현도 점진적으로 시간이 걸리는 것입니다.

이 배경을 잘 이해하지 못하면 이승만이 독재자라는 인식을 하게 됩니다. 중학교만 나와도 엘리트였던 그 시대 사람들의 의식 수준을 가지고 나라를 세우는 것이 쉽지 않았을 것이라는 생각은 하지 않고 말이죠. 무엇인가를 세운다는 것은 어렵습니다. 특히 한 나라, 또 산업기반을 만든다는 것은 쉬운 일이 아닙니다. 어떤 사람들은 그럽니다. '박정희가 잘한 게 뭐가 있어요? 내가 열심히 일한 거지', 그런데 일할 직장이 없고 공장이 없으면요? 열심히 일하고 싶은데, 공장과 기업이 없다면 어디서 열심히 할 수 있을까요?

한 나라의 구성원이 열심히 일하고 번성하는 것 이전에 한 나라의

---

119 김용삼, 『이승만의 네이션빌딩: 대한민국의 건국은 기적이었다』, 북앤피플, 2014 참조.

제도와 시스템이 올바르게 구축되어야 하는 겁니다. 그리고 그것을 세우는 것은 만만치 않은 일이죠. 그래서 제가 이승만을 탁월하게 보는 것입니다. 당시 인민의 레벨에 맞추어 점진적으로 미국식 공화제를 실현해내려고 했다는 점을 매우 높이 평가하는 것입니다. 이것을 바로 점진주의라고 합니다. 역사 영역의 부록으로 실은 소논문에서 일본의 근대화 과정을 설명하면서 이 개념이 설명되어 있으니 참고하시면 됩니다. 이승만은 미국식 공화제의 가치를 이해하고 있었을 뿐만 아니라, 그것을 실현하기 위해서는 점진적으로 가야 한다는 아이디어를 가지고 있었습니다.

그러니까 한 번에 하는 게 불가능합니다. 우리는 민주주의를 해야 하고, 자치를 해야 하는데 갑자기 어떻게 됩니까? 그래서 이승만이 뭘 강조해요? 개혁신앙이 깔려야 한다. 그러니까 신앙으로 교회에서 사람들이 변화되어서 도덕이 뭔지도 인식하고. 무슨 얘기예요? 여자들 학대하고 그런 저급한 짓 하지 말고, 제대로 법을 인식할 줄 알고 자치에 참여할 수 있는 인간다운 인간, 모럴을 습득한 인간이 되지 않으면, 어떤 정부를 세우고 어떤 법을 만들어도 이게 작동되지 않아요. 그걸 먼저 깨달으셨어요. 공화국의 출발은 교회가 먼저 세워져야 하고, 그 교회 안에서 모럴을 개혁신앙에 의해 훈련되어서 종교개혁의 윤리가 탑재된 사람들이 나와줘야만 이 나라가 제대로 반석에 설 수 있다는 것을 이해하고 계셨다는 거예요. 우리가 PLI를 통해 격조있는 공화적 시민이 되려고 하는 이유도 역사적으로 보면 의의가 있지요? 결국 좋은 국가는 좋은 국민이 만듭니다.

대한민국 건국은 1919년? 1948년?

한겨레신문은 단군신화와 고조선을 '건국'이라는 이름으로 소개하는 것을 좋아합니다. 건국 타령을 하면서 곰이 마늘과 쑥을 먹고 사람으로 변신해서 민주공화국을 세웠다는 식의 헛소리를 자주 하다가 자기들도 쑥스러웠는지 언제부터인가 1919년에 대한민국을 건국했다고 주장하기 시작했어요.[120] 대한민국이 건국된 해가 왔다 갔다 하는 것도 웃픈 현실이죠. 문재인 대통령은 1948년이 아니라 1919년이 건국이라는 주장을 했습니다. 상해임시정부[121]가 출범한 것이 대한민국 건국이 될 수 있을까요? 사실, 김대중 대통령도 1948년을 건국이라고 했습니다. 우리가 상해임시정부에 대해서 제대로 알고 있지 못합니다. 그래서 선불리 1919년의 상해임시정부 수립일을 건국일로 삼아야 한다고 주장하는 사람들이 있습니다.

『백범일지』를 읽어보면 김구가 이렇게 얘기합니다. 당시 백성들이 소위 한일병합의 의미를 몰랐다는 겁니다. '원-명-청'에 속국이었다고는 하지만 자치를 보장받았던 것처럼, '왜국'에게 속국이 되어도 그와 비슷할 것이라고 동포들이 생각했다는 것이지요.[122] 우리가 굴욕적으로 나라를 빼앗겼을 때, 근대적 국가개념이 없었고, 국제법에 대한 이해가 박약했기 때문에 일제의 식민통치에 대해 백성들이 이해조

---

120 김용택, "3·1절에 다시 생각해 보는 건국절 논란", 한겨레온, 2018.03.05., http://www.hanion.co.kr/news/articleView.html?idxno=6791

121 대한민국임시정부(大韓民國臨時政府). 1919년 중국 상하이에서 한국독립운동가들이 수립한 임시정부. 정부수립일은 1919년 4월 11일. (한국민족문화대백과, 한국학중앙연구원)

122 김구/ 도진순 주해, 『백범일지』, 돌베게, 2010(개정판34쇄), 300면.

차 하지 못했다는 김구의 고백은 정말 뼈아픈 내용입니다. 근대적 국제법에 대한 이해가 없었기 때문에 '병합'이라는 말의 뜻도 몰랐다는 얘기입니다. 그래서 기분은 좀 나쁘지만, '일본 애들한테 조공을 주면 되지!' 하며 간단하게 생각했던 겁니다. 그런데 시간이 지나 보니 그렇게 단순한 게 아니었던 것입니다. 십 년 만에 정신을 차린 겁니다.

여러분, 이런 국민 수준으로는 일본으로부터 독립할 수도 없고, 당연히 민주공화국을 건국할 수도 없고, 건국을 한다고 해도 국가를 유지할 수가 없습니다. 김구는 백범일지 하권에서 상권을 쓸 때 이미 임시정부는 외국인은 고사하고 한인도 국무위원들과 10여명의 의정원 의원 외에는 찾아오는 사람도 없으니 '임시정부'라는 이름만 있고, 실체가 없다고 고백했습니다.[123] 국제법적으로도 임시정부는 승인을 받지 못했기 때문에 국가라고 주장하기 어렵습니다.[124] 어떤 국제법 교수가 용감하게 썼더군요.[125] "국가론에 입각하여 실질적 건국으로 인정하려면 일정한 요건을 갖추어야 합니다. 영토가 있어야 하고, 국민이 있어야 하고, 주권이 있어야 하는데 임시정부는 이 중에 어느 것도

---

123 김구, 앞의 책, 296면.

124 국제법적 국가승인 문제에 관한 연구로는 박배근, "대한민국임시정부의 국제법적 지위와 국가적 동일성(하)", 『법학연구』, 14권 1호, 연세대 법학연구원 (2004)와 동일저자의 대한민국임시정부의 국제법적 지위와 대한민국의 국가적 동일성(상), 법학연구 13권 4호, 연세대 법학연구원 (2003)이 있다. 참조하면 유익하다.

125 "하지만 국가론(國家論)에 입각하여 실질적 건국으로 인정하려면 일정한 요건을 갖추어야 합니다. 영토가 있어야 하고, 국민이 있어야 하고, 주권이 있어야 하는데 임시정부는 이 중에 어느 것도 갖추지 못한 망명정부였습니다. 엄격하게 보자면 망명정부라고 하기에도 문제가 있는 것이 임시정부는 대동단결하지 못하여 국제적인 승인을 받지 못했고, 국민들의 실질적인 동의를 얻지 못하였습니다. 전후(戰後)에 국제적 승인을 받아 통치행위를 한 프랑스 드골 망명정부와는 상황이 다릅니다." ("헌법학자 김철수 교수, '임시정부는 단결 못해 국제적 승인도, 국민 동의도 얻지 못했다'", 조선pub, 2016.08.16)

갖추지 못한 망명정부였습니다. 엄격하게 보자면 망명정부라고 하기에도 문제가 있는 것이 임시정부는 대동단결하지 못하여 국제적인 승인을 받지 못했습니다." 외교로 기반을 탄탄히 했던 이승만의 필라델피아 선포와는 다르게 상해임시정부는 나라가 아니었던 겁니다. 이게 팩트입니다.

또 상하이에서 있었던 일들을 보면 참 황당한 일들이 많습니다. 레닌이 독립자금으로 쓰라고 임시정부에 자금을 지원했어요. 당시 임시정부의 총리였던 이동휘가 그 돈을 임시정부에 주지 말고 빼돌리려고 자신의 심복인 김립을 급파합니다. 그런데 김립이 그 자금을 횡령해서 자기 가족을 위해 북간도에 토지를 마련해 놓고 자기는 상하이에서 첩을 거느리고 호화생활을 한 거예요. 그래서 김구 선생님이 김립을 어떤 도랑에서 암살해요. 제가 상하이 갔을 때 임시정부를 답사했었는데 건물 옆에 개울이 흐르더라고요. 그래서 저기서 보내셨나 혼자서 상상했었어요.(웃음) 공산주의자 대표격인 이동휘는 책임을 추궁당하자, 총리를 사직하고 러시아로 도주했다고 합니다.[126] 막장 드라마 스토리가 아니라, 임시정부와 임시정부에 참여한 공산주의자들 이야기입니다. 우리가 그 수준이었습니다.

우리가 좌편향적인 정치의식을 천박하다고 보는 이유가 여기에 있

---

126 "이동휘는 임시정부 명의로 모스크바에서 받은 자금의 행방을 추궁당하자 1921년 1월 총리직에서 사임했다.", "임시정부 경무국장 김구는 부하인 오면직과 노종균을 동원, 임시정부 국무원 비서장 겸 사무국장인 김립을 처형했다.", (박종효, "레닌이 임시정부에 준 자금의 행방", 월간조선, 2019년 5월호)

습니다. 그들이 우파인 김구와 공산주의자 이동휘 등이 합작한 상해 임시정부의 수립을 건국이라고 주장하는 이유는 이승만 대통령을 건국대통령으로 인정하지 않으려는 꼼수인 동시에 대한민국의 정통성을 인정할 수 없다는 주장이기도 합니다. 그래서 제가 이런 역사의식을 당시의 현실도 제대로 파악하지 못한 천박한 역사의식이라고 평가합니다. 역사는 현재의 정치적 이익에 맞추어 거짓으로 구성할 수 있는 것이 아닙니다. 대한민국의 정통성을 부정하는 세력으로 인해 체제가 늘 위협을 당하는 것이 바로 지금 우리가 처한 정치적 재앙입니다.

정치제도와 정치적 인물의 경쟁

지금도 정치인의 카리스마에 의존하는 정치의식을 가진 분들이 많습니다. 이제는 이승만이나 박정희 정도의 제도보다 우위에 있는 인물의 리더십으로 국가를 이끌어 주기를 기대할 수 없는 시대입니다. 건국 초기에 이승만이라는 인물은 제도와 경쟁할 수 있는 비중을 가졌습니다. 여기서 제가 짚으려고 하는 부분이 있는데 당시 허정 의원은 "이 박사를 제외하고는 건국 초의 막중하고 다난한 국사를 강력하게 수행하지 못한다는 정치가와 국민의 공통된 의견이 제헌 작업 방향전환의 배경이었다"라고 합니다. 여러분, 이걸 보셔야 해요. '정치

제도와 정치적 인격의 경쟁'입니다.[127]

처음에 우리 헌법을 구상했던 분들은 대통령제를 주진하지 않았어요. 의원내각제[128]로 아이디어를 냈다가 이승만 대통령이 강력하게 주장해서 대통령제로 전환한 것입니다. 이때 이승만 대통령이 힘으로, 강압적으로 전환했다고 해서 독재자의 면모를 보였다고 분석하는 사람들이 있습니다. 물론 저는 그렇게 보지 않습니다.

단지 그 당시에 이승만 대통령이라는 '정치적 인격'이 '정치제도'와 맞먹는 힘이 있었을 뿐입니다. 정치제도와 정치적 인격이 경쟁한다는 것은 한 사람 자체가 전체제도와 경쟁하는 수준이었다는 말이에요. 임시정부를 비롯한 거의 모든 인사가 이승만과 대적했지만, 자기들이 하는 모든 것의 최고 수준에 그분을 추대했습니다. 이유는 간단해요. 그분이 들어감으로써 국민으로부터 지지를 받게 되고, 수준이 높아지기 때문이었습니다. 국내에서 이승만 대통령은 헌법과 제도전체와 맞먹는 인물이었던 겁니다. 그래서 대통령 중심제로 전환할 수 있는 힘이 있었던 것이고요. 이해가 되시죠?

여기서 잠깐 대통령제와 의원내각제에 대해 공부하고 갑시다. 교회 내에서 '내각제개헌은 공산화의 음모'라고 주장하는 분들이 계셔서 깜짝 놀랐습니다. '내각제가 무엇인가요?'라고 질문하면 결사반대 하시는 분들이 대답 못하실 가능성이 크지요.

---

127 서희경, "이승만과 대한민국 건국헌법 제정", 『이승만과 대한민국 건국』, 연세대학교 출판부, 2010, 54면 이하.

128 내각제, 의회제(議會制, parliamentary system). 의회에 의해 선출된 총리와 총리가 조직하는 내각이 행정을 담당하는 정치제도. 대표적인 국가로 영국과 일본이 있음. (정치학대사전편찬위원회, 『21세기 정치학대사전』, 한국사전연구사)

대통령제와 의원내각제는 가장 고전적인 정부형태입니다. 미국연방헌법의 아버지들이 몽테스키외의 권력분립사상을 실현했죠. 대통령제는 의회로부터 독립하고 의회에 대해서 정치적으로 책임을 지지 않는 대통령을 중심으로 국정이 운영되고 대통령에 대해서만 정치적 책임을 지는 국무위원에 의해 구체적인 집행업무가 행해지는 정부를 말합니다. 의원내각제는 의회주의를 역사적 배경으로 하는 영국의 입헌주의를 통해 등장했습니다. 의원내각제는 의회에서 선출되고 의회에 대해서 정치적 책임을 지는 '내각'을 중심으로 국정이 운영되는 정부형태를 말합니다. [129]

의원내각제를 중국공산당이 선호한다든지 '내각제 개헌'을 주장하면 좌파라든지 이런 주장들은 근거가 없는 위험한 것들입니다. 물론 여기서 우리가 기억해야 할 것이 있어요. 의원내각제든 대통령제든 국민의 정치의식이 성숙하지 못하면 시스템이 작동하지 않는 불량국가가 된다는 사실입니다. 역사적으로 정치적 인격성이 강조되는 정치는 독재정으로 빠질 위험이 있다는 것도 명심해야 합니다.

이제는 제도적 정치의식으로

21세기를 맞은 우리에게 남겨진 과제는 '정치제도 중심으로' 발전하는 것이라고 생각합니다. 제가 처절하게 느끼는 것은 우리 정치의

---

129 허영, 『한국헌법론』, 박영사, (전정15판) 2019, 773-774면.

식의 수준이 아직도 제도 중심의 정치의식을 못 갖췄다는 겁니다.

박근혜 전 대통령의 억울함, 법치를 붕괴시킨 문재인 정권의 횡포, 이런 것들을 우리가 철저하게 바로잡아야 하는 것이 맞습니다. 그러나 박근혜라는 한 정치인을, 이승만 시대처럼 정치적 인격을 신봉하는 방식으로 추종하거나 특정 정치인을 이렇게 지지하는 방식은 지금 21세기에 맞지 않습니다. 이해가 되나요? '대깨문'의 등장도 바로 이렇게 인물을 숭배하는 저급한 정치의식 때문입니다. 한 정치인을 이승만 시대처럼 정치적 인격성이 제도보다 우위에 있는 것으로 인식하고 추종하는 방식은 21세기 한국이 갈 길이 아닙니다.

위험한 것은 소위 보수라고 주장하는 사람들이 보수주의에 대한 올바른 정의를 알지 못해 제도적 정치 인식이 없다는 거예요. 그래서 한 인물에 꽂혀서 맹목적으로 추대하는 경향을 보입니다. 이것은 좌—우를 가릴 수 없는 위험한 현상입니다. 여기에 일부 기독교인들이 직통계시를 받았다는 목사를 추종하면서 세력화하는 부작용까지 등장했습니다. 지금은 우남 시대가 아니에요. 박정희 시대도 아닙니다. '그때가 좋았어'라는 향수로 '그때로 돌아가는' 정치는 불가능합니다. 저와 여러분은 미래를 향해 나아가야 합니다.

이제는 제도적 정치의식이 정착되고 시스템이 돌아가고 안정적으로 제도중심의 정치를 추구해야 합니다. 이러한 선진화의 과정을 통해 한국의 민주주의가 성숙하면, 대통령이 누가 되든 집권당이 누가 되든 시스템이 작동하고, 그 안에서 나라는 안전해지고 체계화됩니다.

우리가 세워가야 할 공화국의 전통

조지 워싱턴(George Washington, 1732-1799)은 미국의 초대대통령으로 미국인들의 존경을 받는 인물입니다. 전쟁 영웅인 동시에 훌륭한 대통령이었어요. 미국 국민들이 대통령이라는 것을 처음 겪어보잖아요. 이전에 없었으니까 혼란스러운 거예요. "저게 뭐야?" "선출된 왕인가봐." 또 미국 헌법에는 대통령을 몇 번 해야 한다는 게 정해진 게 아니었어요. 두 번 이상하면 안 돼 라는 것을 정한 적이 없어요. 조지 워싱턴이 알아서 물러난 거예요. 국민들은 오히려 돌아가실 때까지 해주시면 안 될까요 했는데 본인이 안 돼 하고 가버렸어요. 그래서 그 뒤에 대통령하는 분들은 어떻게 해야 해요? 왕형님이 하신 대로 우리도 한다는 거죠. 이게 뭐예요? 권위(authority)예요. 멋있잖아요. 그럼 이게 공화국의 전통으로 세워지는 거예요.

그런데 이런 전통은 만드는 겁니다. 무슨 얘기냐면 저 같은 전문가한테 30분만 주면서 "조지 워싱턴을 악마로 만들어주세요" 하면 바로 만들 수 있어요. "쓰레기로 시궁창에 넣고 싶을 정도로 만들어주세요." 이렇게 요구해도 바로 만들 수 있어요. 그러니까 조지 워싱턴도 위대함과 어두움의 양면이 있는 거죠. 그 중에서 공화국의 전통으로 세울 만한 위대한 것을 부각시켜서 미국이라는 공화국의 전통을 세워가는 겁니다.

인간 중에 완벽한 사람은 없습니다. 우리 모두 마찬가지죠. 건국대통령인 이승만도 그렇다는 겁니다. 그래서 제가 학생들에게 얘기했어요. "어떻게 한 인간을 정치사적으로나 역사적으로 평가할 때 그렇게 심플할 수가 있냐." 영웅 아니면 쓰레기예요. "너는 아메바냐?" "아닌데요?" "너도 내면이 복잡하냐?" "네." "그런데 건국한 이승만 대통령은 안 복잡하냐?" 역사적 인물을 단순화시켜서 이분법으로 바라보면 그 인물을 제대로 평가하기도 어렵거니와 진실도 아닙니다. 역사적 공과 과를 잘 살필 필요가 있어요. 저는 독립운동 기간에 이승만이 제시한 기독교 입국의 의의, 집권 후 보여준 외교능력, 그리고 한미동맹을 통한 대한민국의 발전의 토대를 마련한 점 등을 매우 높이 평가합니다. 또한, 초대 대통령으로서 이승만은 대한민국의 건국 헌법을 통해 국가의 정체성을 명확하게 함으로써, 지금 우리가 풍요와 자유를 누릴 수 있는 국가의 기초를 만들었습니다. 이건 제대로 평가되어야 할 부분입니다. 물론 이승만 정부의 일민주의 *와 같은 앞으로 극복해야 할 부분도 있습니다.

그래서 제가 묻는 겁니다. 우리가 건국 이래에 어떤 전통을 만들어 낼 것인가? 대한민국의 다음 세대에게 공화국의 어떤 전통을 물려줄 것인가? 대한민국의 중심 광장에 계속 조선의 인물이 서 있을 수는 없잖아요. 공화국의 전통을 새롭게 세워가는 것, 그것이 우리가 앞으로 해가야 할 과제입니다.

생각해봅시다

#이승만 정부의 일민주의

서중석은 미국 유학파이자 기독교인인 이승만이 주창한 '일민주의'의 독특한 성격에 대해 설명하고 있습니다. 한국민족은 '단군의 자손'임을 주장하고 반미와 반자본주의적 성향도 드러내는 동시에 가부장적인 영도자론, 군주의식이 일민주의에 투영되어 있음을 밝히고 있습니다.[130] 일민주의의 내용은 기독교도의 양심·사상과 양립하기 어렵습니다. 미국 정치의 우월성과 민주주의의 의의를 역설했던 이승만이 집권한 정부에서 주창한 일민주의가 반미적이고 반자본주의적 정치이데올로기를 포함하고 있는 것도 의아합니다.

그러나 천황은 황제일 뿐만 아니라, 신민의 부(父)이기도 하다는 내용의 메이지 천황의 헌법공포에 따른 '칙어'를 보면, 일민주의의 연원을 가히 짐

---

130 서중석, 『이승만의 정치이데올로기』, 역사비평사, 2005 참조.

작하기 어렵지 않다고 생각합니다. 단군이나 화랑도 같은 내용으로 국가주의의 내용이 대체되었지만, 파시즘적 국가주의의 구조는 일본과 거의 동일합니다. 한국의 일부 우익인사들의 반미나 반자본주의의 연원도 군국주의 일본입니다.

안호상은 이승만 정부의 초대 문교부 장관으로 사실상 '일민주의'를 개발하고 국가이념으로 발전시킨 인물입니다. '대종교'를 민족주의 관점에서 중요시하는 연구자는 '일민주의'를 전체주의와 부정적 의미의 국가주의와 연결시키는 학계의 통설을 반박합니다.[131] 안호상은 청년기에 대종교에 입교했습니다. 그는 종교적 관점에서 '단군민족주의'를 골자로 하여 사분오열된 국민을 통합하고자 1948년 대한민국의 중심정치 이데올로기로 '일민주의'를 주창합니다.

초대 국무총리 이범석도 "일민주의는 영명하신 우리의 지도자 이대통령 각하께서 그의 혁명투쟁을 통하여 체험하신 민족의 부활과 조국의 광복을 찾기 위한 이론과 실천의 양면을 체계화한 철학적인 민주원론"이라고 주장했습니다. 이승만 정부는 공식적으로 일민주의로 국론을 통일하겠다고 천명했습니다.[132] 예수교를 건국의 기초로 삼겠다는 이승만의 다짐은 건국 후 단군신앙의 일민주의라는 받아들이기 어려운 현실로 변질되었습니다. 위에서 설명한 유길준, 윤치호 등과 같은 개화파 엘리트들은 일본적 가치에 매몰되었지만, 이승만은 일본의 본질을 예리하게 파악하여 해양세력 미국과의 연대를 추구했습니다. 건국 당시 한국은 신생국으로서 미국처럼 깊이 있는 기독교 문화가 없었기 때문에 대종교의 영향을 받아 단군민족주의로 '사

---

131 이 논문은 대종교의 관점에서 일민주의를 옹호하는 내용을 골자로 하고 있다. 정영훈, "안호상과 일민주의 단군민족주의", 『단군학연구』 39권 (2018), 223면 이하 참조.

132 서중석, "이승만정부 초기의 일민주의", 『진단학보』 83권 (1997), 155면 이하 참조.

상과 국론을 하나로 통일한다'라는 '일민주의'를 내세웠다고 변론할 수 있습니다. 그러나 기독교를 표면에 드러내지 않더라도 영미 전통의 자유민주주의 이념을 좀 더 한국 현실에 맞게 체계화하여 제시하지 못한 점은 이승만 정부의 한계였다고 지적하지 않을 수 없습니다.

최근 전문가로서 연구능력이 부족한 일부 목사들의 강의를 통해 교회에 퍼진 이승만 관련 숭배 일변도의 내용으로 인해, 교회에 이승만 동상을 세우자는 주장이 등장하는 것을 보면서, 저는 우려를 표하지 않을 수 없었습니다. 이러한 성급함은 크리스천들이 주의해야 할 문제입니다. 이승만 정부의 공과는 객관적으로 평가되어야 합니다. 그 어떤 정치인물도 숭배의 대상이 될 수 없습니다.

진짜 헬조선의 정체

우리에게 왕을 주어 우리를 다스리게 하라 한 그것을 사무엘이 기뻐하지 아니하여 여호와께 기도하매 여호와께서 사무엘에게 이르시되 백성이 네게 한 말을 다 들으라 그들이 너를 버림이 아니요 나를 버려 자기들의 왕이 되지 못하게 함이니라 (사무엘상 8:6-7)

정치, 경제, 사회, 문화 모든 분야에서 어떤 것이 크리스천다운 것인지 그 정체성을 모르니 혼란이 가중됩니다. '예수님은 사랑이니까 김정은도 사랑해줍시다' 이런 말도 안 되는 얘기가 나옵니다. 예를 들어볼게요. 비가 억수 같이 오는 날, 강도가 칼을 들고 집에 쳐들어왔습니다. 그럼 어떻게 해야 할까요? 아내와 딸들을 지키기 위해서 나는 싸워야 합니다. 어리석은 것과 사랑을 구별해야 합니다. 강도를 사랑해서 문을 열어주고 강도가 아내를 죽이면, 딸이 숨어있는 곳도 정직하게 가르쳐 주는 자를 우리는 사랑이 많다고 하지 않고 '머저리'라고 불러요.

교회가 제구실을 못 하니까 주사파[133]가 복음주의 운동이라는 양의 탈을 쓰고 늑대 짓을 합니다.[134] 교회에서는 사회 · 정치 · 경제 방면에서 어떻게 살아야 하는지 안 가르쳐주는데, 저런 곳에서는 인권을 강

---

133 주사파(主體思想派). 김일성 주체사상을 지도 이념으로 삼은 남한의 반체제 운동 세력. 정식명칭은 주체사상파(主體思想派)이며, 주사 NL(민족해방)파, 자주파 등으로도 호칭됨. (한국민족문화대백과, 한국학중앙연구원)

134 복음주의 운동으로 가장하여 좌편향 정치운동을 교회 내에서 펼치고 있는 단체들에 대해서는 이정훈, 「기독교와 선거: 교회는 어떻게 정치에 참여하는가」, PLI, 2020을 참조하시기 바랍니다.

조하면서 자유주의 신앙을 아주 세련되고 교묘하게 주입합니다. 어떻게 살아야 하는지 혼란에 빠진 젊은이들은 거짓 교사의 말에 끌려가는 것이죠. 이럴 때일수록 성경 말씀에 근거해서 우리 스스로 진정한 개혁을 추구해야 합니다.

기독교인이 정체성을 제대로 갖지 못하면 종교개혁 오백주년에 '동학혁명'을 기념하기 위해 열심히 일할 수 있습니다. 실제로 장로교 목사님이 이런 일을 벌여서 제가 놀란 적이 있습니다. 여기서 동학의 실체에 대해 설명하는 이유도 바로 이 지점에 있습니다. 우리가 성경의 권위가 우리 삶 속에서 회복되는 진정한 개혁을 이룰 때 동학혁명이나 추종하는 정신 나간 기독교인이 아니라 진정한 예수님의 제자가 될 수 있습니다.

동학농민운동의 실제

인기가 제법 있었던 '알쓸신잡'[135]이라는 예능방송에서 동학농민운동[136]을 다룬 내용을 보고 제가 정말 경악했습니다. 유시민이 게스트로 나와서 동학이 위대했다고 입에 침이 마르도록 설명을 하더군요.

---

135 《알아두면 쓸데없는 신비한 잡학사전》. JTBC가 제작한 예능 프로그램.
136 동학농민운동은 1894년 전라도 고부의 동학교도와 농민들이 합세히여 조선 양반 관리들의 탐학과 부패, 사회 혼란에 대한 불만에 일으킨 반봉건·반외세 농민운동으로 주로 '갑오농민혁명'으로 부른다. 동학농인운동을 반외세와 민족주의 차원에서 찬양하는 것이 좌편향된 역사학계의 관행이 되었다. 이런 류의 주장을 대표하는(대부분 비슷한 논조이기 때문에 하나만 거론했다) 논문을 소개하면 다음과 같다. 백승종, "〈기조발제〉 1894년 동학농민운동의 성격: 농민의 관점에서", 『역사연구』 27권(2014), 7명 이하.

목사, 장로 등 기독교인들 중에도 이런 분들이 많습니다.

지금부터 제가 왜 이런 역사왜곡이 미친 짓인지, 그리고 여러분은 이런 미혹에서 왜 깨어나야만 하는지 설명을 드리겠습니다. 여러분이 학교 다닐 때 동학에 대해서 좋은 얘기 굉장히 많이 들으셨을 거예요. 저도 부르르 떨면서 '동학 위대했어'라고 생각하던 때가 있었죠. 알쓸신잡에서 우금치 전투[137]를 말할 때, 웅장한 배경음악을 넣어줍니다. 그러면 패널들이 "와~ 위대한 동학혁명 전봉준 녹두장군… 저게 성공했어야 했는데… 일본군이 잔인하게 진압해서 흑흑흑" 뭐 이렇게 진행을 하죠.

저도 학창시절 이런 분위기에 휩쓸렸었는데 제가 대학원에서 직접 연구하다가 확 깼습니다. 여러분이 저처럼 논문 읽고 전문가처럼 연구할 필요도 없고, 따뜻한 데 배 깔고 과자 먹으면서 백범일지만 읽어봐도 다 나옵니다. 김구 선생님이 동학에 투신하셨던 분입니다. 동학의 지역장이 접주인데, 접주 대리까지 하셨습니다.

19세에는 전투에도 참여하셨으니 동학의 실체에 대해서 모두 알고 계신다고 할 수 있죠. 김구도 나중에 기독교로 개종합니다. 김구를 존경한다는 사람들이 백범일지도 안 읽고 동학을 찬양하고 있을까요? 가끔 한국인의 정신세계는 알다가도 모를 일입니다.

제가 대학에서 강의할 때 백범일지 읽어봤냐고 물어보면 읽은 학

---

137 동학농민군의 주력부대가 공주의 우금치를 지키고 있었다. 이들은 일본군과 연합한 정부군과 교전을 벌였다. 전봉준이 우금치 전투로 인한 대규모 병력손실을 언급하는 것으로 보아, 매우 치열한 전투였으며 농민군이 전력 손실의 피해를 입은 전투라고 할 수 있다. 역사문제연구소 민중생활사연구모임, "역사기행 황토현에서 우금치까지", 『역사비평』(1989년 8월호), 338면 이하.

생이 별로 없었습니다. 대학은 다녔는데, 다닌다는 의미가 집과 캠퍼스를 이동하는 왕복의 의미인 겁니다. 그래서 국가가 국민을 상대로 역사 사기를 치고, 국민을 세뇌시키는 것이 가능해집니다. 당시 조선시대는 삼정의 문란[138]으로 지옥이 따로 없었습니다. 조선이 진짜 '헬조선'입니다.

제가 연구를 해보니 이런 조선이 빨리 안 망하고 버텼다는 것이 신기했습니다. 동학이 대단해서가 아니라 민중이 희망이 없으니까 동학이 퍼질 수밖에 없었던 것입니다. 외세타도를 외치면서 (주로 반미운동) 동학과 조선을 찬양하는 사람들을 보면 참 이해하기 어렵습니다.

예를 들어, 어떤 멍청한 애가 "외세의 괴롭힘으로 북한이 무너졌어" 하며 우는 짓이랑 비슷한 것입니다. 객관적으로 구한말 조선이 안 망하면 이상한 거죠. 이것은 일본이 침략해서 무너진 것과는 별개의 문제입니다. 동학의 실태에 대해 더 알아보자면 부적을 태워서 마시면 병이 낫는다고 주장하는 등 온갖 민간 신앙과 샤머니즘을 융합한 종교입니다.[139]

이런 황당한 믿음이 1차 농민봉기를 지휘한 전봉준의 전술에서도 나타나 있습니다. 제가 연구하다 충격을 받은 게 일본군에게 스나이더 소총이 있었어요. 당시 최고의 무기로 명중률이 높고 재장전도 쉬

---

138 삼정의 문란(三政紊亂)이란 다음과 같다. 토지세 징수 및 운영에 관한 것이 '전정(田政)'이다. 군역에 관한 것이 군정(軍政)이다. 환곡을 종자 및 식량으로 분급하고 회수·관리하는 것이 환정(還政)이다. '삼정의 문란'은 부패로 인해 지방재정이 타격을 입고, 생활고에 시달리는 농민들이 19세기에 항쟁을 일으킨 주요 원인으로 지목되었다. 손병규, "삼정문란과 지방재정 위기의 재인식", 『역사비평』(2012년 11월호), 254면 이하.
139 손세일, 『이승만과 김구 제1권』, 나남신서, 2008, 102면.

웠습니다. 그래서 동학군과 전투하니까 상대가 안 되잖아요. 그러니까 뒤에서 우리 동학군이 화를 내는 거예요. 왜냐하면 자기 접주가 빨리 주문을 외워서 스나이더 소총이 휘어야 하는데 이 자가 주문을 제대로 못 외운다고 하면서, 죽어 나가는 거예요. 이게 동학의 실상입니다. 무지몽매의 절정 판이죠. 그런데 동학의 실상을 아는 것에서 끝나면 안 됩니다. 이걸 좌파에서는 왜 위대하게 포장할까요? 민중혁명을 정당화해야 다음 단계의 공산혁명으로 끌고 갈 수 있기 때문입니다. 혁명론자들은 동학혁명을 미화시킬 수밖에 없는 거죠.

생계형 동학농민군, 생계형 의병

그래서 제가 강의할 때 많이 쓰는 말이 생계형 의병입니다. 우리 교과서를 보면 의병장들이 멋있게 나옵니다. 근데 저는 그 사진을 보고 여러분이 감동하거나 감탄하길 바라지 않습니다. 저는 백성들이 얼마나 살기 힘들었기에 목숨을 걸고 봉기를 했는지 그 사실에 통탄해야 한다고 생각합니다.

그러나, 백성들이 봉기하기는 했으나 그 수준이 얼마나 떨어졌는지 파악하고 그것을 반복하지 않아야 역사를 배우는 의미가 있습니다. 의병들의 처참한 수준은 제가 주장하는 내용이 아니라 『백범일지』에 나오는 내용입니다.

동학군이 전투하다 후퇴해서 패엽사라는 절에 퇴각해 있을 때 김구 선생님은 자기 부대에서 약탈하거나 부녀자에게 성범죄를 저지르거나 한 자들을 완전히 무장해제시키고 엄하게 벌했습니다. 그랬더니 의병이라는 사람들이 노략질을 일삼는 이동엽 부대로 탈영해 버립니다. 시간이 지날수록 김구 부대에는 군인이 점점 줄어듭니다.[140]

왜냐하면, 김구 부대에 있으면 진짜 전투도 나가야 하고, 노략질을 못 하게 했기 때문입니다. 정말 동학군 대부분은 의병이라고 부르기 민망할 정도의 수준이었습니다. 지배층의 수탈로 배고파 죽을 것 같아서 생계를 위해 노략질하려고 들어온 겁니다. 우리가 생각하는 것처럼, 멋있게 대의를 위한 혁명 그런 모습은 아니었습니다. 그 노략질 수준의 행보가 전투로 격상되고 혁명이라고 말하는 것에 저는 동의하기 어렵습니다.

동학농민운동에 이어서 우리가 알고 있는 대부분의 혁명의 실체에 대해 말하자면, 지도부의 종교적 교리나 이데올로기에 선동당한 백성들이 죽창 등의 조잡한 무기를 들고 일어나 이웃의 재산과 식량을 빼앗는 폭도가 되는 것입니다. 인간의 지식은 유한하기에 인간이 만든 이데올로기는 항상 위험성을 내포합니다.

제가 미국에서 강의를 했을 때 마무리 기도하시는 장로님이 그러시는 거예요. 고향인 이북에서 교장 선생님을 부댓자루 같은 곳에 넣어놓고 완장 찬 애들이 죽창으로 찔러서 죽이는 것을 어린 나이에 두 눈으로 목격하셨다는 겁니다. "그게 공산당이다" 이렇게 얘기하시더라고요. 정신을 차려야 합니다. 우리의 혁명 동지라고 문재인

---

140 김구/도진순 주해, 『백범일지』, 돌베개, 2010(개정판34쇄), 52면.

대통령이 베이징 대학에서 강연할 때 얘기했던 김산[141] 있죠? 중국공산당 혁명기에 조선 출신의 공산당 혁명 영웅이에요. 김산 평전을 보면 중국 공산당들이 지역의 지주와 지식인들을 어떻게 죽였는지가 나오는데 19금이라서 제가 차마 얘기를 못 합니다. 평등해서 좋죠? 잔인하게 아주 평등하게 다 죽습니다. 어리석음에서 깨어나야 해요. 그런 어리석은 사람들과 무슨 동지를 합니까? 혁명을 부끄러워하고 대적해야 하는데 역사에 대한 지식이 없으면 도덕과 윤리가 증발한 역사는 반복됩니다. 그래서 '죽창을 들자'라고 선동하는 자들을 기독교인은 용인할 수 없는 것입니다.

저는 제일 듣기 싫어하는 게 "민심은 천심이다"라는 말입니다. Public sentiment(민심)라는 것은 절대로 정의의 기준이 될 수 없어요. 군중이 분노하는 게 어떻게 정의의 기준이 됩니까? 민심은 잘못된 언론 보도 하나로도 금방 달아오릅니다. 민심대로 정치하면 권력자는 폭도들의 머리가 되고 폭력과 살인이 자행되겠죠. 제가 항상 강조하는 정의는 기반이 달라야 합니다. 그런 말 있죠? "국민의 법 감정에 맞지 않는 판결이다." 그런 얘길 하는 기자에게 제가 해주고 싶은 말이 있어요. "닥쳐라!"(웃음) 이런 언론이 나라를 망치는 거예요. 지금 우리 젊은이들이 정신을 똑바로 차려야 해요. 법은 감정일 수가 없어요. 감정적 법이라는 말은 법을 모욕하는 겁니다. 철저하게 냉정해져

---

141 김산의 본명은 장지락(張志樂, 1905-1938)이다. 3·1운동과 상해임시정부 독립운동에 참여할 만큼 민족의식이 강했으나, 재일조선인 노동자의 처지를 목격하고 마르크스주의와 무정부주의에 빠져 광저우 중국공산당에 입당했다. 중국 공산당에서 활동을 하다가 1938년 반역자, 일본 스파이, 트로츠키주의자로 낙인찍혀 비밀리에 처형을 당했다. 이원규, 『김산평전』(실천문학, 2006), 교보ebook edition, 참조.

서 누구의 권리인지를 마지막까지 이성적으로 싸워야 하는 거예요. 법이 이성이지 어떻게 감정이 될 수 있습니까? 국민의 감정에 맡겨볼까요? 죽창 들고 나와서? 그게 무법상태를 이야기하는 겁니다. 군중이 모여서 자기 욕망을 실현하기 위해서 분노를 표출하는 게 어떻게 하늘의 뜻이 될 수 있습니까? 그 군중이 무릎을 꿇고 회개하는 게 하늘의 뜻이죠. 법이 다스리는 나라가 가장 복된 나라입니다. 하나님이 모세에게 법을 주시면, 그 법을 순종하는 이스라엘 백성이 훌륭한 백성이지, 그 법에 저항하고 "내가 하고 싶은 대로 하겠습니다" 파당을 지어서 모세에게 달려드는 것이 어떻게 하늘의 뜻입니까? 금송아지를 만들자고 모여서 결의하는 것이 어떻게 하늘의 뜻이 되고 법이 될 수 있습니까? 그게 바로 우리를 죽음의 길로 인도하는 더러운 악한 뱀의 목소리입니다. 크리스천에게 법은 인간이 합의한다고 되는 것이 아니라 하나님께서 주시는 것입니다. 우리는 하나님의 그 도덕법을 존중하는 사람들입니다.

이 민심이 천심인 의병의 실상을 김구 선생님이 『백범 일지』에 솔직하게 적으셨어요.[142] 감옥에서 만난 의병들이 으레 의병을 강도짓하는 걸로 여기며 그걸 자랑하는 것에 충격을 받으시는 겁니다. 처음에는 "강원도 의병의 참모장이니, 경기도 의병의 중대장이니 하여 대부분 두령이고 졸병이라는 사람을 보지 못"해서 여기 사람들과 교제하면 뭔가 배울 수 있겠다고 기대를 하셨던 거예요. 그런데 문제는 뭐냐면 "이 사람들의 행동거지를 봤더니 순전한 강도로밖에 보이지 않았

---

142   김구, 앞의 책, 241-243면.

고, 참모장 출신이라고 주장하는 사람과 대화해봤더니 군대의 규율이나 전략이 뭔지도 모르고 국가가 뭔지도 모르더라"라고 정확하게 문제를 짚었습니다. 이런 사람들이 일본만 없어진다고 제대로 된 나라를 세울 수 있었을까요? 국가가 뭔지 모르는데 어떻게 새 나라를 세웁니까? 그런데 그건 지금도 같습니다. 학생들이 시위하면서 "대한민국은 민주공화국입니다!" 하길래 제가 물어봤어요. 그럼 "공화국이 뭐냐?" "그건 잘 모르겠습니다." 그래서 제가 수업 땡땡이치지 말고 수업이나 들어라 그랬어요. 아니 공화국이 뭔지 모르는데 공화국을 어떻게 세울 건데요. 그러니 무장하고 있으면 강도떼 밖에 안 됩니다.

어디를 선택할까? 서대문형무소 VS 한성 감옥

제가 서대문형무소(근대감옥)랑 한성 감옥을 학생들에게 자주 비교해주는데 충격을 많이 받더라고요. 안중근 의사를 놓고 자기감정 위주로 감성팔이 하는 사람들이 참 많습니다, 그렇게 해서는 역사를 통해 아무것도 배울 수가 없습니다. 학자들이 얼마나 더 우려먹을지 생각하면 슬픔이 몰려옵니다. 제가 앞 장에서 소개했었던 1919년에 대해 다룬 『Beyond Versailles: The 1919 Moment and a New Order in East Asia』라는 책에 공저자로 참여한 이유도 우리의 역사를 제대로 조명하기 위해서예요. 1919년은 세계 질서가 만들어졌던 해이기 때문에 한국에서만 중요한 게 아니고, 유럽사에서도 중요했고, 중국에서도

5.4운동이 있었습니다. 우리는 거리를 둔 시점에서 제대로 평가해야 하는데, 문제는 한국이 감성팔이에서 벗어나지 못하고 있다는 것입니다. 연구 실적과 정권 유지를 위해 감성을 막 불 지르죠.

그래서 제가 연구팀을 이끌 때 지금은 경찰대학의 교수님인 제 후배도 류모 교수라고 우리 연구팀의 연구원이었어요. 한국 사법의 근대성과 근대화를 연구해야 하는데 제가 얍삽하게 안중근 연구를 후배한테 떠넘겼습니다. 저는 편하게 이토 히로부미 연구를 택했습니다. 왜냐면 안중근 연구했다가 글 한번 잘못 쓰면 큰일 납니다. 연구실 앞에 폭탄이 설치될 수도 있어요.(웃음)

예를 들어 안중근 의사가 재판받은 뤼순 감옥은 일본이 러일전쟁 이후 조차지로 관리한 곳에 있어서 감옥도 일본식 근대감옥이고 재판도 일본식입니다. 그런데 우리 애국 역사학자들께서 안중근 의사가 한성에 와서 재판을 받으셔야 하는데, 일본이 부당하게 뤼순 감옥에서 받게 했다고 화를 내며 소설을 써놓으십니다. 그래서 제가 그래요. 아니 한성 감옥에 계시면 뭐가 좋은데요? 한성 감옥은 상태가 더 끝내줍니다. 칼 쓰고 차꼬 차고 화장실 어떻게 가요? "여기요~" 하면 간수가 풀어주나요? 대한 마사회에서 아르바이트해보신 분 있다면 거기가 훨씬 청결해요. 우리 독립 영웅들을 한성 감옥에 넣으면 너무 불결해서 재판이고 뭐고 이미 장티푸스로 다 죽습니다.

김구 선생님이 고백하는 것이 한성 감옥에 계실 때 감옥에서 밥을 안 줘서 사식을 누가 가져다주는 게 아니면 굶는 겁니다. 그래서 선생님이 감옥에서 짚신을 꽈요. 그리고 간수 인솔 하에 장터에 가서 팔고는 들어오는 길에 겨우겨우 국밥 사 먹는 이게 한성 감옥의 실태였습니다.[143] 그리고 이토가 통감부 설치하기 전에 한성 감옥 실태조사[144]를 했어요. 그래서 수감자한테 "너 왜 잡혀 왔니?"를 물어보는데, "기억이 잘 안 나는데요…?"라는 사람이 대부분입니다. 이상해서 "얘를 잡아 온 사람 나와봐. 얘 왜 잡아 왔니?" 했더니 잡아 온 사람도 "저도 잘 기억이 안 나는데요?" 이러는 겁니다. 주로 왜 왔는지도 모르는데 오면 일단 맞아야 하는 거죠. 그래서 면역력이 좋으면 살아남고, 약하면 죽는 겁니다. 이토가 확신하기를 조선에서 사법 개혁만 해줘도 조선인들이 자신을 열광할 것으로 생각했어요. 왜냐하면, 실제로도 최악의 상태였고 사법적인 정의가 존재하지 않는 땅이라 법 제도만 개혁해줘도 자신을 신처럼 떠받들 거라 기대했는데 생각보다 개혁이 쉽게 되지를 않습니다. 그런 한성 감옥에서 안중근 의사가 재판을 받으면 뭐가 좋을까요?

그래서 한성 감옥과 나중에 개선되어 지어진 서대문형무소 상황을 비교해주고 학생들에게 "네가 이 당시 수감자면 어디로 갈래?" 그러면 백 퍼센트 서대문형무소를 택하게 되어있습니다. 그리고 한성 감옥으로 안중근 의사를 보내서 장티푸스에 걸려 죽는 것이 자주가 아닙니다. 근대식으로 재판을 받으면 억울하더라도 후에 "부당했다"라

---

143   김구, 앞의 책, 112면.

144   을사늑약으로 통감부를 설치한 일제가 한국민으로부터 신뢰를 얻기 위해 착안한 분야는 사법 제도의 개선으로 초대 통감 이토 히로부미는 사법 제도 개혁을 명분으로 재판 사무를 감독하고 간섭할 수 있도록 1907년 1월 일본인 판·검사 29명을 한국의 법부와 평리원, 한성재판소에 배치해 재판 실태를 종합하고 이에 의거해 시정개선협의회에서 한국 대신들과 논의하여 개선사항을 결정함. ('근대 사법 제도와 일제강점기 형사 재판을 한 눈에」, 행정안전부 국가기록원)

는 증거가 다 글로 남습니다. 하지만 한성 감옥에서의 죽음은 정말 개죽음입니다. 주사파들이 말하는 자주에 속으면 안 됩니다. 그래서 제가 법률가 대회에서 이 일제강점기의 사법 시스템을 주제로 한번 발표했었습니다. 안중근 의사도 고백하기를 일본은 신기한 놈들이라는 겁니다. 안중근 의사 재판이 정치화될까 봐 도쿄 본국에서 법원장을 소환합니다. 처음에는 이 법원장이 근대 법학을 존중하는 사람이라 "절차대로 하자" 이렇게 갑니다. 그래서 메이지 형사소송법을 그대로 적용해서 변호인의 조력을 받을 권리를 실현해주려고 했는데, 러시아 변호사까지 개입이 되니까 당황합니다. 국제문제화가 되어 안중근 의사한테 변호인이 8명이나 붙었던 것입니다. 그랬더니 일본 본국에서 법원장을 불러내서 일 키우지 말고 빨리 끝내라고 화를 냅니다. 이러고 돌아와서 어쩔 수 없이 빨리 끝낸 거예요. 원래 절차대로 하면 일본 내각의 중요 인물을 사살한 사람한테도 변호사를 위임할 권리를 주는 근대 법학을 일본은 갖추고 있었다는 것이죠. 안 의사가 사형당하기 전에 기록하기를 "우리도 빨리 개명해서 이런 감옥 시스템을 갖춰야 한다, 이게 모더니티(Modernity)다"라고 하십니다.[145] 일본인이 관리하는 근대감옥이었던 뤼순 감옥은 시간이 되면 밥도 주고 체조시키고 옷을 입힙니다.

이것은 안중근 의사만 느낀 것이 아닙니다. 105인 사건을 겪은 분들이 대부분 크리스천이었습니다. 우선 이 105인 사건에 관해 설명하자면 일본이 데라우치 총독을 암살 미수 사건을 꾸며낸 것으로 기독

---

145   안중근, 『안응칠 역사(安應七歷史)』, 유페이퍼, 2014 참조.

교를 때려잡는 것을 목적으로 했습니다. 왜냐하면, 기독교는 일본 제국주의의 적이었기 때문입니다. 선교사들이 일본인들이 함부로 대하기 껄끄러운 영미권에서 온다는 것과 또 선진학문을 가르치고 말씀을 읽어서 조선 애들이 똑똑해지면 독립의 기초가 세워진다는 사실에 일본은 부담감을 느꼈을 것입니다. 이 내용은 『한국교회핍박』에 정확하게 나옵니다. 그 책에는 교회의 장점도 10가지로 정리되어 있는데 그 내용이 아주 은혜롭습니다. 일단 청년들이 교회의 일원이 되면 도박과 술을 끊습니다. 건전해지고 도덕이 뭔지를 알게 됩니다. 일본은 그런 역할을 하는 기독교인들이 당연히 싫죠.

그래서 그렇게 목사님들이 서대문형무소에 구속되었는데 감옥에 이가 들끓는 거예요. 아니 서대문형무소는 근대감옥인데 그게 무슨 이야기지? 뒤에 가면 그 이유를 알 수 있습니다. 그래서 똑똑한 목사님 한 분이 이를 잡아 시체를 다 모았습니다. 당시 일본의 근대를 이끌었던 자들은 영국 유학파들도 있고 굉장히 치밀하게 공부하는 자부심 가득한 사람들이었습니다. 그래서 목사님께서 이 일본의 엘리트가 교도소 소장으로 오면 이 친구에게 그것을 모아서 보여주는 거예요. 조선을 개도하기 위해 통치한다는 타당성을 보여주려면 일본이 훌륭해야 하니까 일본 애들이 제일 듣기 두려워했던 것이 "개명한 대일본 제국에서"라는 말이었습니다. 그런데 목사님이 딱 그 약점 집어서 특히 영미를 예로 들어 말합니다. "영미의 지식인이 보면 기절하겠죠?" 이러면서 이랑 빈대 잡은 걸 보여줍니다. 그러면 일본이 가랑이 찢어지게 스트레스 받으면서 따라가려는 게 영국이거든요. 일본의 엘리트 관료가 깜짝 놀라면서 "누가 이따위 짓을 하냐?" 원래 근대감옥 규칙에 따르면 죄수복이어도 다 스팀에 소독해서 옷을 주거든요? 그거 당장 시행하라고 합니다. 그리고 밥에서 돌이 나오면 그 돌을 모아 수감자들이 또 비판했죠. "아니 대일본제국에서… 영국인들이 보면 비웃겠네요…." 그 콤플렉스가 워낙 강력해서 그럼 바꿔줍니다.[146] 그런데 조선에서는 개혁하고 개선하려는 의지 자체가 없으니까 불평해도 바뀌는 것이 없습니다. 그리고 알고 보면 일본 근대감옥의 스팀이나 쌀이 왜 그렇게 됐냐면, 조선인들이 훔쳐 가서 그랬었습니다. 아니 아무리 그래도 어떻게 감옥에 갇혀 있는 죄수들이 먹어야 할 쌀을 훔쳐 갑니까? 쌀 있으면 팔아먹고 돌로 채워놓고. 스팀 쪄야 하는데 기름 팔아먹고 그런 일들이 있었던 것이죠.

---

146 김구, 앞의 책, 241면.

이 땅을 향한 하나님의 계획

너희는 내 백성이 되겠고 나는 너희들의 하나님이 되리라 (예레미야 30:22)

미국과 한국의 영적 대각성

미국이라는 나라가 하나님의 은혜로 세워진 것처럼 대한민국이라는 나라도 하나님의 은혜로 세워집니다. 미국이 1차 대각성 운동을 일으켜서 엄청난 부흥이 되고, 영국으로부터 독립합니다. 우리는 1907년 평양 대부흥의 역사를 바탕으로 대한민국을 세웠습니다. 이것은 우연의 일치가 아닙니다. 제가 이 두 독립의 역사를 어떻게 연결하냐면, 미국에서 대각성 운동의 영향을 받아 세워진 뛰어난 선교사들이 한국에 왔어요. 그분들이 한국에 순교의 피를 흘려 세운 교회가 조선에 좋은 신앙인들을 키워냈습니다. 그들은 높은 교육수준과 깊은 신앙으로 복음을 전하고 한국의 독립을 위해 힘썼습니다. 이 역사를 보셔야 합니다.

제가 18세기 미국의 대각성 운동을 자주 언급하는데, 역사적으로 볼 때 미국도 제정신이 아니었습니다. 1629년 메사추세츠 주의 베이 지역에 식민지를 건설하고, 유명한 청교도 리더 존 윕스럽(John

Winthrop, 1588-1649)이 '언덕 위의 도시'(마 5:13-16)가 되어야 한다고 주창하면서 본격적으로 시작된 미국의 역사는 이민 첫 세대 지도자인 윈스럽과 존 코튼 목사가 사망하자 정치적 격변을 겪으면서 신앙도 점차 변질되어 갔습니다. 18세기에 이르면 자유주의 신학이 득세하여 하버드가 점령당했고, 체험중심의 신앙이 부흥운동과 맞물려 성행했습니다. 1730년대 조나단 에드워즈가 대각성 운동을 이끌면서 새로운 갱신과 부흥이 일어나면서 청교도 신앙이 회복되기 시작했어요.[147]

조나단 에드워즈

조나단 에드워즈[148]는 '미국의 영적 상황은 총체적 배교상황이다'라고 평가하셨습니다. 지금의 한국 상황을 저한테 물어보면 저도 똑같이 대답할 겁니다. 그 당시 미국 기독교의 문제는 "모든 종교개혁 전통의 교회들이 얼마나 오랫동안 열매 없이 죽어있었고 얼마나 황폐한 상태에 있었던가? 축복의 소나기가 저지를 당했고 성령의 영향이 중지되었으며 복음은 어떤 탁월한 성취도 전혀 거두지 못했다. 회심은 드물었고 그 자체가 의심스러울 정도였다"라고 했습니다. 회심했다는 자들이 있어도 회심했는지 의심스러운 지금의 한국 상황과 비슷합니다. 당시 미국교회도 "극히 소수의 사람

---

147 김재성, 『청교도, 사상과 경건의 역사』, 세움북스, 2020, 565-573면.

148 조나단 에드워즈(Jonathan Edwards, 1703-1758)는 미국이 낳은 가장 위대한 신학자이자 사상가로 평가 받는다. 에드워즈는 회심론, 부흥론, 교회론에 관한 방대한 저서를 남겼다. 미국의 대각성 운동의 영적·지적 지도자였다. 양낙흥, 『조나단 에드워즈 생애와 사상』, 부흥과개혁사, 2003 참조.

만 하나님의 자녀로 거듭났었다. 그래서 그리스도인들의 마음도 차갑지도 뜨겁지도 그렇다고 말씀과 성례[149]로 새로워지지도 못했다"라고 서술했던 신앙적 침체기였습니다.[150]

그런데 우리는 역전의 용사들이기 때문에 항상 위기는 기회입니다. 미국의 1차 대각성 운동의 강렬한 지도자가 조나단 에드워즈입니다. 에드워즈는 불신자들이 타락의 가도를 달리고 있는 죄악된 사회를 향해서 그 결과가 얼마나 무서운 것인지를 알리는데 생명을 걸었습니다.[151] '1차 대각성 운동'을 통해서 미국 전체가 성령의 불길에 사로잡힙니다. 냉담하던 사람들이 회개하고 회심했으며 하나님 말씀에 집중하게 됩니다. 그래서 미국이 살아나기 시작했어요.

지성과 함께 하는 신앙, 영성이 이끄는 지성

저는 조나단 에드워즈의 지성과 영성을 너무 사랑합니다. 그래서 제 서재에 에드워즈 시리즈가 구비되어 있습니다. 회심 초기부터 지금까지 제 신앙의 멘토십니다. 에드워즈는 감정적 신앙을 경계했습니다. 기도하다가 '필'(feel) 받으면, "그렇지. 이게 하나님 뜻이야"라고 외

---

149 성례(聖禮, sacrament). 그리스도를 위해 목숨을 바치기로 약속한 후 세례를 받고 성만찬에 참여하는 예전을 가리켜 거룩한 예식, 성례라 함. 이 같은 인간의 주체적 결단만이 아니라 하나님 편의 신비적인 힘, 하나님의 질서 속으로 참가하는 것을 포함함. (가스펠서브, 『교회용어사전: 교파 및 역사』, 생명의말씀사, 2013)

150 박용규, 『세계부흥운동사』, 한국기독교사연구소, 2016, 376-377면.

151 박용규, 앞의 책, 376면.

치는 어리석은 신앙을 저도 2007년 회심 직후 가지고 있었습니다. 그러다가 정신을 차렸습니다. 조나단 에드워즈가 감성에 기대 하나님을 느끼고 그분의 사랑을 이해하고 받아들이는 것은 필요하지만, 감성에만 의지해서는 안 된다고 하면서 제시한 영적 분별방법을 신학적으로 체득한 것은 제 신앙을 성숙시키는데 큰 도움이 되었습니다.[152]

한국의 대다수 성도들이 압도적으로 신앙을 감성에만 의지하고 있습니다. 심지어 '직통계시'를 받는다고 주장하는 선동가를 '선지자'라고 따르기도 합니다. 찬양도 소비자처럼 소비하고, 집회에 참가해서 뜨거워지는 것도 감정적 소비인 경우가 많습니다. 잠깐 기분 좋았다가, 돌아서면 '죄'의 유혹에 쉽게 무너지는 것도 감정만 의지하는 신앙 때문입니다. 감정은 요동칩니다. 따라서 감정은 하나님의 사랑을 느끼고 함께하는데 중요한 요소이지만, 이것이 신앙의 거의 전부가 될 때 성도의 신앙도 요동치고 기복이 심해질 수밖에 없는 것입니다. 그러니까 뜨겁지 말라는 말이 아니에요. 뜨거운데 레벨이 달라져야 한다는 거예요. 그 뜨거운 마음과 말씀을 깊이 있게 이해하는 지성이 함께 할 때 신앙이 바른 방향으로 가게 되는 것입니다.

또 중요한 것이 에드워즈는 "지성과 영성을 동시에 소유하지만 지성이 영성을 지배하는 것이 아니라 영성이 지성을 지배"했다는 겁니다.[153] 저는 이 말을 너무 좋아합니다. 영성이 지성을 지배한다는 것이 무슨 의미일까요? 우리는 먼저 '이신칭의'에 대해 생각해 보아야

---

152 조나단 에드워즈, 『성령의 역사 분별방법』, 부흥과개혁사, 2004와 조나단 에드워즈/김성욱 역, 『신앙감정론』, 부흥과개혁사, 2005년 참조.
153 박용규, 앞의 책, 378-379면.

합니다. '믿음으로 의롭다 칭함을 받는다'는 교리는 사상이나 철학에서 파생된 명제가 아닙니다. 마틴 로이드 존스는 『로마서 강해』 1권에서 '칭의'를 부정하는 자는 성경을 부정하는 자라고 명확하게 설명합니다.[154] 하나님은 죄를 경멸하시고 죄에 진노하십니다. 현대 크리스천들이 대부분 성부 하나님의 절대적 거룩함에 대해 묵상하기를 꺼리고, 그의 임박할 진노를 마치 존재하지 않는 것처럼 여기는 신앙생활은 매우 잘못된 것입니다.

현대사회에서 늘 문제가 되는 도덕과 정의의 문제도 불경건과 불의의 순서를 바꾸어 놓기 때문입니다. 성부 하나님과 인간의 불화(不和)상태 즉, 창세기 반역에 의한 인간의 원죄는 인간이 하나님을 생각하지도 갈망하지 않도록 만듭니다. 하나님을 거부하는 인간은 불경건으로 나갑니다. 불경건이 바탕이 된 불의(不義)가 사회의 부도덕과 각종 내로남불의 부정의를 창출해 냅니다.

로마서 1:24-27에서 하나님의 진노는 인간들이 정욕대로 행하도록 방임하시는 것으로 나타납니다. 인류는 하나님을 배제하고 하나님이 자신의 형상으로 만들어 주신 로고스(이성)를 사용합니다. 아리스토텔레스가 탁월하게 '니코마코스 윤리학'을 집필해서 인간들에게 정의와 윤리의 스승으로 등장하죠. 인간은 하나님을 갈망하지 않고서도 도덕의 원칙을 이성(실천이성)으로 확립할 수 있습니다. 자연계의 물리적 법칙을 탐구해서 이론화할 수도 있죠. 그러니 하나님을 등진 불경건한 상태에서 인간의 이성이 작용하여 이룩한 것들은 본질적으로

---

154 로이드 존스/ 서문강 역, 『로마서 강해 1: 속죄와 칭의』, CLC, 2012 참조.

'불의'를 향할 수밖에 없습니다. 로이드 목사는 신학적 논의를 배제하고 이웃을 어떻게 섬길 수 있는지 묻는 영국의 글래스고 시장의 질문에 난색을 표명했습니다. 하나님을 향한 사랑과 갈망을 배제한 '불경건'의 상태에서 시도되는 이웃 섬김은 본질적으로 '선'할 수 없습니다. 이런 선행은 정치적 쇼가 되거나 내로남불의 불의로 이어질 수밖에 없다는 뜻입니다.

결국, 예수 그리스도를 믿는 그 믿음으로부터 의롭다고 칭함을 받은 자가 성부 하나님의 거룩하심을 경외하는 가운데 이웃을 섬기게 된다는 뜻입니다. 이러한 과정을 성화와 견인으로 설명할 수 있습니다. '회심과 칭의' 이후에 성도가 거룩하게 '성화'되는 것과 성화의 과정에서 성도가 견인되면서 선행과 이웃을 섬기는 삶이 자연스럽게 나오게 됩니다.

이러한 성도의 삶 속에는 로마서 1:24-27의 하나님의 진노와 이에 따른 심판(내버려 둠)이 적용되지 않습니다. 하나님은 성도를 내버려두시지 않고 간섭하십니다. 성령 하나님의 간섭하심과 통치 속에서 '경건'을 회복한 성도는 반드시 성화됩니다. 그 과정 속에서 성도는 자신의 이성을 하나님께 순종하기 위해 사용하기 시작합니다. "하나님의 주권과 인간의 책임"[155]은 하나님께서 간섭하실 때 내가 그의 주권에 순종하는 것을 말합니다. 우리는 주권자이신 하나님께 순종할 책임이 있는 것입니다. 하나님의 간섭이 없는 인간의 이성은 반드시 하나님을 대적하는 문화를 만들고, 정의의 이름으로 불의를 행하게 됩니다.

---

[155] 박용규, 앞의 책, 378-379면.

예수님과의 인격적 교통과 죄에 대한 각성

조나단 에드워즈는 '예수님과의 인격적 교통'을 중시하셨는데, 저도 이것을 아주 중시합니다. 에드워즈는 "1737년 어느 날 나는 내 건강을 위해 말을 타고 숲속으로 들어갔다. 흔히 하는 나의 습관대로 거룩한 묵상과 기도를 드리며 산보하기 위해 한적한 곳에서 말에서 내렸다. 나는 내게 특별한 하나님과 인간 사이에서 중보자 되신 성자 하나님의 영광과 그분의 놀랍고도 위대하고 순수하고 달콤한 은혜와 사랑, 그리고 온화하시고 부드러운 겸손을 보았다"라고 고백했습니다.[156]

'예수님이 누구신가?'라는 물음에 머무는 것이 아니라 그분의 인격이 가슴에 울림으로 다가올 때 나의 교만이 죽으면서 그 자리에서 무릎을 꿇게 됩니다. 저는 이 구조가 너무 사랑스럽다고 생각합니다. "영화롭게 되신 예수 그리스도의 형언할 수 없는 영광에 직면한다"[157]는 이 표현도 가슴에 깊이 새겨집니다. 매일 기도와 묵상으로 이 영광에 직면하면 나처럼 더러운 자가 매일 순결해지는 것을 체험하기 때문에 너무나 행복합니다. 이런 과정에서 죄에 대한 각성이 일어납니다. 제가 깜짝 놀란 것이 세계적인 부흥의 역사를 여러분이 한번 공부해보시면 공통점이 있습니다. 부흥은 바로 죄에 대한 각성에서 시작해요.[158] "영적 각성이 처음 시작될 때는 그들의 양심이 일반적으로 외

---

156 박용규, 앞의 책, 380-381면.
157 박용규, 앞의 책, 380-381면.
158 박용규, 앞의 책, 391면.

적으로 사악한 과정, 다른 죄의 행위에 가책을 받다가 이후에는 마음의 죄책감, 그들의 본성의 무시무시한 타락, 하나님과의 반목, 심령의 교만함, 불신앙, 그리스도에 대한 거부, 그들의 의지에 대한 고집과 강퍅함, 그리고 그와 유사한 것으로 인해 훨씬 더 강하게 된다"[159] 그러니까 여기서 열거되는 것들이 우리 성자 하나님과의 인격적 교통을 통해서 완전히 무너져버려요. "내가 이런 자였구나. 그리스도를 거부한 자였구나" 하면서 엄청난 회개가 일어나요.

부흥의 본질이 뭐냐 했더니 회개와 말씀입니다. 회개를 통해서 말씀으로 돌아가는 신앙의 본질을 회복합니다. 죄를 각성하고 회개한 성도는 말씀을 사모하는 거죠. 항상 모든 부흥은 조나단 에드워즈가 강조한 것처럼 죄에 대한 각성과 깊이 있는 회개, 그리고 예수님의 임재, 그 안에서 뜨겁게 부흥이 일어납니다. 그리고 반드시 말씀이 중심이 되어야 해요. 감정에 치우치는 신앙이 아니라 말씀으로 균형 잡힌 바른 신앙 그리고 영성과 지성이 함께 있지만, 영성이 지성을 이끌고, 주권자이신 하나님과 그 하나님의 통치를 받는 인간의 책임이 세팅될 때 멋있는 신앙인으로 변신하는 겁니다. 이게 대각성의 핵심입니다.

그래서 제가 놀란 것이 조선 땅에서도 그런 부흥이 일어난 거예요. 제가 자주 드는 예가 첩을 여섯 명 둔 할아버지가 동네방네 자랑하고 다녀요 부끄러움, 윤리가 없는 거죠. 그러다가 예수님을 영접하고 그게 죄라는 걸 알게 된 거예요. 그래서 무릎 꿇고 처절하게 회개하면서 첩들에게 사죄하고 그분들을 경제적으로도 뒷받침해서 자유롭게 해

---

159 박용규, 앞의 책, 390면.

주시는 거예요. 이런 게 부흥이에요. 신기하게 조선인들이 사경회를 많이 했어요. 말씀을 사모했다는 거죠. 그래서 그런 강력한 부흥이 일어날 수 있었어요. 예수님의 임재 안에서 나의 교만함, 나의 강퍅함, 저질스러움, 죄성을 완전히 자각하고 무릎 꿇고 회개하고 거듭나는 이것이 각성입니다. 이 각성이 이 땅에서 일어났고 그 각성을 바탕으로 우리가 뭘 해냈어요? 바로 독립과 건국을 이루어냈습니다.

값싼 구원과 기독교 의인들의 반란

얼마 전에 돌아가셨는데 시카고신학교에 퀴어 신학의 전문가인 테드 제닝스라는 교수가 있었어요.[160] 한겨레신문사가 그분을 한국에 초대했었는데, 이분이 와서 하신 말씀이 "기독교는 곧 없어진다"였습니다.[161] 한겨레가 이분의 저서에 대한 인터뷰를 하는 과정에서 이런 발언이 나왔는데, 그가 『무법적 정의』라는 책에서 주장한 내용입니다. 뉴스앤조이도 테드 제닝스 교수를 곧잘 소개합니다. 테드 제닝스를 좋아하는 목사와 신학생들의 정체는 뭘까요? 기독교가 곧 없어지는데 목사는 왜 하고, 신학교는 왜 다닐까요? 저에게는 이런 분들의 존재 자체가 미스터리예요. 하지만 제가 좋아하는 팀 켈러(Timothy

---

160 테드 제닝스(Theodore W. Jennings, 1942-2020). 시카고신학교 교수로 대표적인 퀴어 신학자. 저서 『예수가 사랑한 남자』는 동성애자들을 억압에서 해방되어야 할 대상이라 주장하고, 성경을 게이적으로 해석해 예수님과 제자의 관계를 게이라 가정하는 왜곡적 해석을 자행함.
161 노신학자의 예언 "기독교 없는 사회 올 것" 한겨레신문, 2018년 8월 30일 기사, https://www.hani.co.kr/arti/culture/book/860032.html.

J. Keller) 목사님은 고도의 과학기술 사회에서 오히려 기독교가 답이 될 수밖에 없다고 말씀하십니다.[162] 저도 이 주장에 동의하고요. 인간의 허무와 실존의 절망에 기독교만이 답이 됩니다. 예수 그리스도가 진리이시기 때문이죠.

그런데 테드 제닝스의 이론이 만만치 않습니다. 제닝스를 비판하는 보수쪽 분들의 글을 보고 이런 수준으로는 테드 제닝스를 제압하기 어렵다는 생각이 들었어요. 보수라고 주장하시는 분들의 이론이 좀 약합니다. 팀 켈러 목사님같은 수준 높은 변증가가 목회현장에 등장하는 한국교회를 기대하고 있지만, 아직 갈 길이 먼 것 같습니다. 저와 여러분이 더 분발해야 합니다.

그런데 제닝스 같은 '퀴어 신학자'가 어떤 이론적 근거에서 출발했는지 살펴보면 놀라게 됩니다. 유럽의 기독교가 나치를 환영하고 2차 대전 이후에 아주 쉽게 나치 세력을 용서하는 것을 목격한 유대인 철학자 레비나스는 『Difficult Freedom: Essays on Judaism』이라는 책을 씁니다.[163] 이 책에서 그는 잘못했다고 하나님께 기도하고, 용서받았다고 하면서도 행동의 변화나 가해자에 대한 공정한 처벌도 전혀 없는 뻔뻔한 모습의 기독교인을 비판합니다. 바울의 칭의를 왜곡해서 구원파로 변신한 교회를 비판하는 겁니다. 영화 '밀양'의 살인자를 떠올려 보시면 어떤 상황인지 납득이 갑니다. 아들을 잃은 엄마가 크리

---

162 팀 켈러(Timothy J. Keller)/윤종석 역, 『팀 켈러의 답이 되는 기독교 현대 세속주의를 의심하다』, 두란노서원, 2018 참조.

163 영어판으로는 Emmanuel Levinas, Seán Hand (Translator), *Difficult Freedom: Essays on Judaism* (Johns Hopkins Jewish Studies), (JHUP, 1997)이 있다.

스천이 되고서 아들을 죽인 사람을 용서해 주기 위해 감옥으로 찾아 갔는데 이 사람이 자긴 벌써 예수님 믿고 다 용서받았다고 합니다. 아무런 죄책감도 없는 너무도 당당한 살인자의 그 고백을 듣고 아이를 잃은 엄마는 말문이 막힙니다. 자신은 아직 용서하지 않았는데 용서할 사람이 없어진 현실에 그 사람을 용서한 신을 증오하게 됩니다. 레비나스는 '밀양'의 이 살인자처럼 행동하는 서구의 교회와 크리스천들을 정면으로 겨냥한 겁니다. 값싼 구원과 어려운 자유입니다.

철학자 데리다가 레비나스의 논리를 이어받아서 그 유명한 '로고스주의'의 해체를 발표합니다.[164] 대중들 앞에서 성경의 권위를 완전히 해체해버리는 논리를 펼치는 거죠. 그러니까 어떻게 됩니까? '퀴어신학'이 가능해지는 거예요. 테드 제닝스는 레비나스와 데리다를 자신의 이론에 체계화시켜서 퀴어 신학 이론으로 구성해냈어요.[165]

보시다시피 우리의 적들은 나날이 발전하고 있어요. 항상 어떤 틈을 파고드냐면, 우리가 죄에 대한 각성을 잃어버리고 깊이 있는 영성과 신앙을 잃어버렸을 때 활개를 칩니다. 사실, '퀴어신학'의 발전의 배경에는 '구원파'로 전락한 교회의 타락이 있습니다. 종교개혁의 위대한 '칭의'교리를 제대로 가르치지 않은 교회의 문제도 있지요. 정통 교회가 타락하고 죄를 각성하지 않으면 악이 융성하게 되는 역사적 원리를 우리는 철저하게 이해해야 합니다. 이것은 '퀴어신학'과 동성

---

164 데리다 철학에 관해서는 브누아 페터스/ 변광배 · 김중현 역, 『데리다, 해체의 철학자』, 그린비, 2019를 참고하면 좋다. 데리다 '해체'의 번역서로는 자크 데리다/김보현 역, 『해체』, 문예출판사, 1996가 있다.
165 테드 W. 제닝스/박성훈 역, 『데리다를 읽는다, 바울을 생각한다: 정의에 대하여』, 그린비, 2014 참조.

애 정치투쟁에 대해 교회가 대응할 때 놓쳐서는 안 되는 본질적 문제입니다.

언더우드 박사와 노춘경의 회심

조나단 에드워즈와 같은 지성과 영성의 거장이 이끈 대각성 운동 이후 부흥한 미국교회에서는 탁월한 선교사들이 세워집니다. 그리고 이분들이 한반도에 오십니다. 특히 교육 분야와 의료 분야*의 탁월하신 선교사들 덕분에 교회를 통해 대한민국의 기반이 되는 인재들이 배출되었습니다. 언더우드 박사님도 한국에 헌신하신 탁월한 선교사 중의 한 분입니다.

언더우드 박사

언더우드(Horace Grant Underwood, 1859-1916) 박사가 조선에 와서 사역하면서 거둔 첫 열매(첫 회심)는 노춘경이라는 노인입니다. 이분은 노도사라는 이름으로 유명했어요.[166] 노도사가 자꾸 성경에 관심이 가서 누가 강요한 것도 아닌데 복음을 읽고 싶어서 알렌 박사에게 영어를 배우는 척하면서 그의 서재 책상에서 누가복음과 마태복음을 몰래 가져와서 읽었어요. 천주교도들이 조선 땅

---

166 릴리어스 호턴 언더우드/ 이만열 역, 『언더우드』, IVP, 2020, 134면.

에서 어떻게 죽었는지 알기 때문에 두려웠지만, 원래 금지된 것을 더 하고 싶잖아요.

그런데 이분이 누가복음을 읽는데 너무 은혜를 받아서, 한 절 읽고 는 구르는 겁니다. 그는 밤새 이 책을 읽고 아침에는 놀랍게도 성경은 진실로 하나님의 말씀이라고 확신하게 되었어요. "예수님, 이분은 나 의 하나님이십니다"를 고백하고, "하나님을 위해서라면 기꺼이 목숨 을 바치겠다"라고 결단하셨습니다. 두려움 속에서 성경책을 몰래 읽 고, 은혜 받아서 하나님을 위해서 죽겠다고 결심하는 놀라운 역사를 보면 은혜가 됩니다. 그러니까 여러분, 말씀을 많이 읽으세요. '은혜' 의 부작용을 막 받으세요. 그래서 죄짓고 싶었는데 부작용으로 막 회 개를 하는 이런 부작용을 막 누리시기 바랍니다.(웃음) 저도 그 부작용 을 많이 경험한 자이기 때문에 회심하고 이 강의를 하고 있어요.(웃음) 그래서 '이 책(성경)을 읽으면 원하든 원치 않든 믿게 된다'라는 유명한 소문이 돌기 시작했어요. 그러니까, 이 책은 처음에는 뭔지도 모르고 읽는데 읽다 보면 믿게 되는 신비한 책이라는 설이 돌았어요. 언더우 드는 노도사에 대해 "한 사람의 신자가 바로 하나님이 자신의 것으로 만드시려고 작정하신 백성에 대한 하나님의 보증임을 우리는 확실히 믿었다"라고 설명하셨습니다.[167]

언더우드 박사와 사모님이 이 땅에 와서 선교하실 때 조선의 상황 은 여러분의 상상을 초월합니다. 선교사들이 조선으로 가기로 결정 이 나면 '왜 하필 조선이냐, 흑흑'하는 그런 곳이었어요. 그런데 그 땅

---

[167] 릴리어스 호턴 언더우드, 앞의 책, 64–65면.

이 이렇게 바뀐 거예요. 그 자체가 하나님의 크고 놀라우신 은혜인 거죠. 여기서 "작정하신 백성에 대한 하나님의 보증", 그러니까 이분들이 그 선교사역의 고난을 겪다가 작정하신 하나님의 열매인 노춘경의 고백과 변화를 보고, 얼마나 마음에 위로가 되고 은혜가 되었을까요? 하나님의 크신 계획과 역사 가운데 자신들이 쓰임받고 있음을 확신할 때, 그간의 말도 못할 고통이 다 치유가 되는 거죠. "1886년에 비밀리에 세례를 받고 이듬해 봄에는 3명이 세례를 받고 여기서부터 첫 교회가 조직되었다"라는 대목에서는 하나님의 섭리를 느낍니다. 이것이 우리 교회의 역사입니다.

이 책의 저자는 언더우드 박사의 사모님이에요. 사모님도 동학에 대해서 아주 '나쁘다'라고 써놓으셨거든요, 그랬더니 번역자가 각주를 친절하게 달아서, 사모님이 동학을 잘 몰라서 그렇다고 변명을 합니다.[168] 번역자는 미제국주의와 싸우시는 역사학자인데 언더우드 책은 왜 번역했을까요? 이해는 잘 안 되지만, 여하튼 동학을 옹호하고 싶으셔서 얼마나 입이 간지러우셨을까요? 제가 앞에서 강의해 드린 것처럼 동학은 사모님이 보신 게 맞습니다.

선교사들을 통해 키워진 한국의 크리스천 리더들

조지 래드(George Trumbull Ladd)는 예일대 교수인데 신학자로도 유명

---

168 릴리어스 호턴 언더우드, 앞의 책, 160면.

하죠. 그런데 이분이 한국이 식민지가 되는 것에 관해 일본에 유리한 내용을 뉴욕타임스에 기고합니다.[169] 당시 일본에 우호적이지 않은 미국의 정책을 비판하고 미일관계를 돈독하게 하기 위한 그의 기고문도 있습니다.[170] 제가 뉴욕타임스 데이터베이스에서 그의 기고문들을 찾아보았습니다.

정한경

1919년에는 3·1운동에 관한 지상 논쟁을 정한경 선생과 래드 교수가 벌였습니다.[171] '헨리 정'이라는 이름을 사용한 정한경[172] 선생은 한국의 독립을 위한 투쟁을 정당화하는 글을 기고했습니다.[173] 이승만도 래드 교수의 주장에 조목조목 합리적으로 반박하며 대응했습니다.[174]

래드 교수는 당시에 한반도에 선교사를 파견하는 것도 재고하자고 주장합니다. 이러한 주장의 배경에는 일본이 있었습니다. 식민지를 지배하는 일제 당국이 미국에서 선교사

169 George Trumbull Ladd, "Prof Ladd on Korean Affairs", May, 23. 1908, The New York Times.

170 George Trumbull Ladd, "America and Japan", March, 22. 1907, The New York Times.

171 George Trumbull Ladd, "The Korean Revolt", May, 25, 1919, The New York Times.

172 정한경(鄭翰景, Henry Chung, 1890-1985). 일제 강점기 대한민국임시정부 외무위원을 역임한 독립운동가로 1910년 미국으로 망명해 샌프란시스코에서 대한인국민회 전체 대표회를 열어 재미교포의 자치활동과 독립정신 양양에 힘씀. 국제연맹 위임통치 보호 청원서를 미국 월슨 대통령에게 제출하여 미국 상원에서 한국독립문제를 토의하게 함. (한국민족문화대백과, 한국학중앙연구원)

173 Henry Chung, "Korean Independence", May, 11, 1919, The New York Times.

174 손세일, 『이승만과 김구 제3권: 제2부 임시정부를 짊어지고 1919-1945 (1)』, 조선뉴스프레스, 2015, 94면 이하.

가 오는 것을 싫어했던 것입니다. 왜냐하면, 외교적으로 강한 나라에서 선교사가 와서 교회를 세우고 기독교인이 늘어나면 식민지가 독립할 가능성이 커지기 때문입니다. 이승만이 『한국교회핍박』을 통해 이미 상세하게 설명한 내용입니다. 그리고 일제가 두려워했던 것은 기독교의 특징이 핍박하면 할수록 더 강해진다는 역사적 사실입니다. 핍박자인 일본인들의 입장에서 볼 때, 예수교회가 늘어난다는 것은 조선이 강해진다는 것을 의미합니다. 일본은 외교적으로 교묘하게 선교사 파송 반대 여론을 래드 교수를 비롯하여 미국 내 지식인들을 포섭해서 조성했습니다. 한국을 일본이 지배하는 것은 한국인들에게 좋은 일이고, 우상숭배가 강한 한국에 선교사를 보내는 것은 무익하므로 다른 곳으로 선교사들을 보내자는 주장들이 터져 나왔습니다.

이런 여론의 흐름에 반발하여 똑똑하게 반박한 한국인 리더들이 바로 헨리 정과 이승만 박사 같은 뛰어난 인물들이었습니다. 이들은 자신들의 뛰어난 반박 기고글을 통해 오히려 선교의 결실을 미국 사회에 보여주게 됩니다. 정한경은 임시정부에서 외교를 담당하셨습니다. 그리고 한국인 리더 중에 현순 목사님[175]이 계십니다. 이분은 외교 분야에서 정말 뛰어나셨습니다.

제가 놀란 것은 그 어두움의 땅에서 이런 인재들이 그 짧은 시간에 키워진 거예요. 예수 믿고 변화된 탁월한 지성과 영성을 겸비한 인물들입니다. 이런 인물들이 교회를 통해서 길러지지 않았다면, 독립도

---

175 현순(玄楯, 1880-1968). 역관 가문에서 태어나 상하이에 밀파되어 평화회의의 주창자인 미국 대통령 T.W.윌슨과 평화회의에 독립청원서를 보내 한국독립의 필요성을 강조하였으며, 파리와의 통신을 담당하고 미국 각지의 한인국민회에 독립운동의 현황 전달함. (한국민족문화대백과, 한국학중앙연구원)

건국도 모두 '판타지'에 불과한 것이 되었을 것입니다. 우리는 하나님의 은혜를 느끼는 동시에 올바른 역사의식과 교회사를 성도들과 교회의 젊은이들에게 가르쳐야 합니다. 이런 역사를 가르치지 않고서 교회의 위기를 운운하는 어리석음과 지적 나태함을 접할 때 저는 고통을 느낍니다.

생각해봅시다

#의료선교의 교회사적 의의

제국주의 침략의 관점에서 '선교'를 바라보는 기독교인이 존재한다는 것은 슬픈 일입니다. 특히, 미제국주의의 첨병으로써 선교사를 인식하는 교회사 연구는 이데올로기에 자폐적으로 몰입한 역사의식이 교회의 역사를 왜곡하는 결과로 이어졌다고 평가할 수 있습니다.[176] 이데올로기에 경도된 주장들과 조선의 현실은 달랐습니다. 구한말 의료선교는 의료와 선교의 영역뿐만 아니라, 정치적-사회적으로도 커다란 역사적 의의를 갖습니다.

저는 선교뿐만 아니라, 의료체계의 전환과 독립정신의 고양 등, 구한말의

---

176 류대영, 『개화기 조선과 미국 선교사』, 한국기독교역사연구소, 2013(3쇄), 63-80면, 류내영은 조선에 온 미국의 환상과 실체라는 '장'에서 의료나 교육을 통한 선교정책은 한말사회에 긍정적인 영향을 끼쳤으나 그 본질과 실체는 제국주의 침략이라는 평가를 제시했다. 이러한 반선교주의적 주장은 세속국가의 외교정책이나 대외전략을 선교와 구분하여 인식하지 못하고, 미제국주의의 침략이라는 이데올로기적 역사해석에 교회사를 편입시키려는 자폐적 사고의 결과로 보인다.

정치와 사회에 영향을 끼친 의료선교의 역사적 의의에 대해 이번 특강을 통해 설명하고자 합니다. 신앙과 신학은 세계관과 분리될 수 없습니다. 따라서, 행위 주체가 정치, 경제, 사회, 문화 등 각 영역에 참여하는 방식과 태도에 이것은 결정적인 근거가 되거나 영향을 줄 수 있습니다. 신앙과 신학이 정치적-사회적 문제와 분리될 수 있다는 사고구조는 이것이 세계관과 분리될 수 있다는 주장과 양립하기 때문에, 그 자체로 모순이라고 할 수 있습니다.

의료선교는 당시 조선의 지배층의 마음을 열고, 민중들의 '삶' 속으로 들어갈 수 있었던 '창구'의 역할을 했을 뿐만 아니라, '회심'과 '개종'의 과정을 통해 전통적 세계관(유교적 중화주의, 불교나 도교, 무속 등)을 극복하고, 새 시대(새 국가를 포함하여)를 열 수 있는 역사적 원동력이 되었습니다. 대한민국이라는 공화국을 독립 후 건국할 수 있었던 힘의 근간은 바로 선교사들이 전해준 '복음'에 있었습니다.

의료체계의 전환과 근대화

한국의 역사에서 의료체계가 서구적으로 전환된다는 것은 근대화의 관점에서도 매우 중요합니다. 의료체계의 변화는 '근대와 근대성'을 논의하는데 매우 중요한 근거가 될 수 있기 때문입니다. 전통적 '한의학적 사고'는 단지 의학적 지식에 국한되는 것이 아니라, 철학적 인간관과 세계를 인식하는 세계관을 내포하고 있었습니다. 당시 조선인이 서양에서 도래한 서양의학을 받아들인다는 것은 세계관의 대전환을 의미했습니다. 또한, 이것은 기독교로의 회심-개종과 분리할 수 없는 상호 연관성을 갖습니다. 한의학을 무시하는 발언이 아닙니다. 오해하지 마세요. 제 아내가 경희대 출신 한의사입니다.

구한말 의료체계의 전환은 대체로 3시기로 구분합니다. 첫 번째 시기는 강화도 조약(1876)에서 갑오개혁 전까지의 시기로, 서구의학에 대한 모색기라고 할 수 있습니다. 두 번째 시기는 갑오개혁(1984)에서 1905년 '을사조약'까지의 시기입니다. 이 시기를 서양의학의 본격적인 도입기라고 할 수 있습니다. 세 번째 시기는 1905년에서 조선통감부 설치를 거쳐, 1910년 '강제병합'까지의 시기입니다.[177]

구한말 의료체계의 근대적(서구적) 전환의 과정에서 개신교 선교사, 조선 정부, 그리고 일본 세력이라는 주체들은 각각 상호 각축을 벌이며 의료분야의 발전을 이룩해 나갔습니다. '제중원과 세브란스'는 각각의 시기에 매우 중요한 역할을 했습니다.

의료선교와 제중원

의료선교는 복음이 조선의 왕실과 민중의 심령 속에 파고드는 데 절대적 역할을 했을 뿐 아니라, 합법적으로 선교사가 활동할 수 있는 제도적 기반이 되었습니다. 의료선교는 단순히 환자를 치료하는 차원이 아니라, 왕실에서부터 걸인과 나환자에 이르기까지 모든 계층에게 의술을 통해 복음을 전하고 섬기는 '치료사역'이었습니다.[178]

---

177 양현혜, "한말 의료체계의 전환과 제중원-세브란스", 『대학과 선교』, 제31집(2016), 134-135면.

178 박용규, 『한국기독교회사 I 1784-1910』, 한국기독교사연구소, 2018(3판1쇄), 592-593면.

맥클레이 선교사가 김옥균을 통해 고종으로부터 의료 및 교육선교는 해도 좋다는 허락을 받았습니다. 이후, 갑신정변 때 민영익을 치료한 업적에 힘입어 1885년 '광혜원'이 설립되어 선교의 제도적 교두보가 마련되었습니다. 광혜원은 초기 한국에 파송된 선교사들에게 전초기지의 역할을 할 수 있었습니다. 알렌의 공헌으로 시작한 광혜원의 선교 활동은 1885년 4월 언더우드의 입국, 5월의 스크랜튼, 6월의 존 헤론, 그리고 1886년 간호사 앨러즈의 합류로 한국선교의 거점이 되었습니다.[179] 광혜원은 설립하고 2주일도 못 되어 '제중원'으로 개명했습니다. 제중원은 조선정부와 미국 선교부가 공동으로 운영하는 협동의료기관의 성격을 띠고 있었습니다. 조선정부는 왕실의료를 담당하는 내의원, 의약행정의 담당하는 전의감, 대민-역병 구료기관인 제중원이라는 '신3의사' 체제를 갖추게 되었습니다.

미국 북장로교 선교부의 입장에서 보면, 제중원의 설립은 기독교에 반대하는 모든 요소들을 암묵적으로 해소할 수 있는 좋은 기회가 되었습니다. 조선에서 활동하려는 선교사들은 누구든 교파와 관계없이 제중원에서 일하는 방법 외에 합법적으로 조선에 들어올 수 없었습니다.[180] 제중원은 외과술을 중심으로 꾸준히 좋은 평판을 얻어 1년간 1만명이 넘는 환자들을 치료했습니다. 제중원의 성공에 힘입어 북장로교는 1891년 11월 부산에 의료선교사 브라운 부부를 파송하고 부산 진료소를 열었습니다.[181] 북감리교도 알렌을 도와 제중원에서 일했던 스크랜튼이 독자적인 병원을 열었고, 이후

---

179   박용규, 앞의 책, 594면.
180   양현혜, 위의 글, 138면.
181   양현혜, 위의 글, 139면.

1887년 메타 하워드를 파송하고, 1892년에는 원산에 맥길, 1893년에는 평양에 홀을 파견했습니다. 캐나다 대학 YMCA 선교회의 파송 선교사 '하디'가 1892년 11월부터 원산에서 진료소를 운영했습니다.[182]

서양병원은 조선인들에게 전염병의 예방과 공중위생의 관념을 갖도록 도움을 주었습니다. 병의 원인을 풍수나 잡귀에서 찾던 사람들이 비위생적인 환경이 발병의 주요 원인이라는 것을 깨닫게 되었습니다.[183] 이러한 의학적 인식의 근대화는 기존의 조선을 지배하던 종교적 세계관들이 폭넓게 전환되는 계기가 되었습니다.

많은 교회사관련 선행연구들이 이 점에 주목하지 않았습니다. 저는 의학적 인식전환이 세계관의 전환에 영향을 주고, 이것이 기독교를 수용할 수 있는 정신적 토양이 되었다고 주장합니다. 왜냐하면, 동양의학은 단지 의학에 국한되는 것이 아니라, 인간과 세계를 인식하는 철학이자 세계관을 내포하고 있기 때문입니다. 치유의 경험과 선교사들의 헌신은 서양 선교사들과 기독교에 대해 조선 민중이 마음을 여는 동기를 제공할 수 있었습니다. 세계관의 전환을 통해 민중이 복음을 듣고 수용할 수 있는 토대가 만들어졌습니다.

에비슨과 세브란스 병원

에비슨은 제중원의 개혁과 제중원이 세브란스병원으로 발전하는데 큰 공

182　양현혜, 위의 글, 140면.
183　박용규, 앞의 책, 601면.

헌을 한 인물입니다. 그는 영국 요크에서 태어났습니다. 1886년 6세 때 캐나다 온타리오주로 이주했습니다. 그는 토론토대학 의대 교수를 역임했습니다. 토론토대학 YMCA에서 활동할 때 그는 게일, 펜윅, 하디를 한국 선교사로 파송하는 것을 후원했습니다. 그는 안식년에 뉴욕에서 언더우드의 강연을 듣고 감동을 받아서, 한국 선교사로 자원했습니다.[184]

에비슨은 1893년 11월 1일부터 제중원 원장으로 시무했습니다. 제중원은 낙후한 건물과 재정 등 심각한 문제에 직면했습니다. 고질적인 주사들(한국인 직원들)의 운영상의 부패도 문제였습니다. 당시 한국인들(조선인들)은 거짓말과 사기에 아주 능숙했습니다. 그는 차례대로 문제들을 개혁하기 시작했고 의학교육도 강화시켰습니다.

1900년 뉴욕에서 선교대회가 열렸습니다. 이 선교대회는 1900년 4월 21일부터 5월 1일까지 뉴욕의 카네기홀과 인근의 7개 교회에서 개최되었습니다. 선교현장의 선교사들과 후원자들의 만남이 이루어졌습니다. 에비슨은 '카네기홀'에서 자신의 '의료선교 협동론'을 발표할 수 있는 기회를 갖게 되었습니다. 그는 각 교단에서 파송된 의료선교사가 피선교지에서 소규모의 병원에서 혼자 활동하는 것보다, 파송 받은 선교사들이 재정과 힘을 모아 최고의 시설을 갖춘 병원을 세우고 서로 협력하면서 일한다면 더 큰 효과를 거둘 수 있다고 주장했습니다.[185]

그는 이를 실현할 구체적인 방법도 제시했습니다. 첫째, 몇 개의 지역에

---

184 최재건, "에비슨의 의료선교활동과 1900년 뉴욕에큐메니컬 선교대회", 『피어선신학논단』 6(2), 2017, 150-151면.
185 최재건, 위의 글, 153-158면.

연합병원을 설립하고 각 교단이 미리 정해진 비율로 건물, 인력, 장비 관리에 기여하는 방법입니다. 둘째, 각 교단이 맡고 있는 지역에 개별 병원을 설립하는 방법입니다. 그 병원은 그 지역에서 연합병원의 업무를 수행합니다. 셋째, 업무를 교차하는 원칙을 적용하는 것입니다. 예를 들어, 한 교단이 병원을 설립하면 다른 교단은 인쇄나 교육 업무를 하도록 하는 방식입니다.[186]

그는 병원과 의과대학 병설을 주장했으며, 의학교육의 중요성을 강조했습니다. 그의 주장들은 '토착인 양도론'으로 이어졌습니다. 선교사 경영의 병원과 의과대학은 제대로 궤도에 오르면 피선교지의 토착인들에게 병원의 경영과 의료인 양성기관을 이양하여 스스로 운영토록 하는 것이 의료선교의 최종단계라고 주장했습니다. 그는 재력가 세브란스의 후원에 힘입어 병원을 세웠습니다. 에비슨은 병원장과 의학교의 수장으로서, 세브란스 병원 및 연합의학교육 그리고 간호교육을 체계화시키고 발전시켰습니다.[187] 이런 훌륭한 의료선교사 덕분에 우리는 의과대학과 종합병원을 우리 스스로 현재 운영하고 있습니다.

제가 회심 전 조계종 승려 시절에 네팔의 권력자를 안내해 서울의 대학들을 둘러볼 수 있게 도와준 적이 있습니다. 그때 그 권력자가 연세대와 세브란스 병원을 상당히 부러워했습니다. 가끔 '지금 그 의과대학과 대학병원 관계자들 중에 과연 몇 명이 하나님의 은혜에 감사하고 있을까?'라는 질문을 저 혼자 던져봅니다.

---

186 최재건, 위의 글, 159면.
187 최재건, 위의 글, 159-160면.

새로운 국가의 토대를 조성한 선교사역

에비슨이 주장한 '토착인 양도론'은 현재의 성공한 세브란스 병원과 연세대학교로 실현되었습니다. 저는 에비슨의 선교사상이 19세기와 20세기 초 근대국가를 건설해야 하는 한국인들에게 독립정신과 건국의 비전을 심어주는 데 아주 중요한 역할을 했다고 평가하고 있습니다.

근대국가의 건설은 단지 '신정부'의 수립으로 달성할 수 없습니다. 교육과 의료 등 사회의 기본 인프라가 구축되지 않으면 새로운 국가의 비전이나 이념을 가질 수 없습니다. 또한, 의료계에서 보여준 '토착인의 육성'의 실현은 새로운 시대의 가능성을 우리 민족 스스로 경험하는 중요한 계기가 되었습니다. 독립과 건국의 과정에서 이것을 주도할 인재들이 없다면, 현실 속에서 (독립도 불가능 하지만) 독립한 국가는 신기루에 지나지 않을 것입니다.

의료와 교육 선교에 집중한 선교정책은 단지 선교와 민족 복음화에만 기여한 것이 아닙니다. 해방 이후, 한국이라는 새로운 국가의 탄생과 새로운 체제를 지탱할 수 있는 정치–사회적–문화적 배경을 창출했다는 차원에서 교회사는 그 역사적 의의를 재고할 수 있습니다.

한국 독립운동사에서 외국인 독립유공자들이 대부분 선교사들인 이유도 이러한 역사적 의의와 무관하지 않음을 보여주는 것이다. 대한민국임시정부를 지원했던 중국 국민당 인사들을 제외하고, 알렌, 스코필드, 에비슨, 헐버트 등은 모두 개신교 선교사였습니다.[188]

특히, 3·1운동 시기 세브란스 외국인 선교사들은 독립선언서를 미국에

---

188 도면회, "한국 독립운동과 외국인 독립유공자", 「인문논총」 제7권 제2호(2020), 13-14면.

보내는 등 국내의 상황을 해외에 알리는데도 기여했습니다. 3·1운동으로 인해 세브란스는 일제에 의해 압수수색을 당했습니다. 세브란스 병원장 에비슨과 부속 의학전문학교 스코필드는 한국인 학생들을 도왔을 뿐만 아니라, 언더우드(원한경)와 함께 만세 시위가 있었던 지역을 자동차로 찾아다니며 피해 상황을 조사하고 부상자들을 세브란스로 이송해 치료했습니다.[189]

에비슨과 스코필드는 일제의 식민정책을 지속적으로 비판하고, 한국의 상황을 해외에 알렸습니다. 에비슨은 은퇴 후에도 이승만의 독립운동을 도와 미국인과 캐나다 유력인사들로 '기독교인친한회'를 조직하여 대한민국임시정부 승인과 한국인의 독립운동을 지원할 것을 호소했습니다.[190]

우리가 '신학과 신앙'을 '삶과 분리하는 잘못된 종교적 인식구조와 습성으로 인해, 쉽게 놓치고 있는 것은 교회의 역사에서 의료선교는 '의료'와 '선교'에만 국한되지 않았다는 역사적 '의의'입니다. 교회의 역사도 결코 교회에만 머무르지 않았습니다. 민족의 복음화는 대한민국이라는 신생 독립국의 건국의 초석이 되었습니다.

인간에게 세계관은 인간과 세계를 인식하는 틀이 되기 때문에 매우 중요합니다. 이 세계관이 바뀌지 않으면 새로운 국가의 건설은 불가능합니다. 조선인에게는 조선이라는 국가가 있을 뿐입니다. 의료선교사들이 조선인들의 마음을 열어 의학에 관한 관점만 바뀔 수 있도록 도운 것이 아닙니다. 복음의 수용과 전파는 광범위하게 기독교 세계관이 한반도에 퍼져 나가는 것

189 김승태, "3·1운동 시기 세브란스 외국인 선교사들의 대응: 스코필드와 에비슨을 중심으로", 연세의사학 제22권 제1호(2019), 55-78면.
190 김승태, 위의 글, 84면.

을 의미했습니다. 그래서 우리 PLI도 성경적 세계관 확산을 통해 더 나은 대한민국 건설에 이바지하고 있다고 확신하고 있습니다.

특히, 에비슨의 "토착인 양도론"은 의료선교가 어떻게 한국이라는 근대적 국가건설의 초석이 될 수 있었는지 보여주는 중요한 근거라고 생각합니다. 세브란스병원과 부속 의과대학은 단지 병원과 학교로만 역사 속에서 존재하는 것이 아닙니다. 그것은 존재 자체로써 한국인들에게 비전이자 현실이었습니다. 의료선교와 선교의 역사는 현재의 무기력한 한국교회와 성도들에게 복음의 의미와 교회의 역할에 대해 많은 것을 시사해 주고 있습니다.

●●●

대한민국의 근대화: 억세게 운 좋은 나라

세계가 다 내게 속하였나니 너희가 내 말을 잘 듣고 내 언약을 지키면 너희는
모든 민족 중에서 내 소유가 되겠고 너희가 내게 대하여 제사장 나라가 되며
거룩한 백성이 되리라 (출애굽기 19:5-6)

대한민국의 건국과 발전은 기독교와의 관계를 분리해서 설명할 수 없습니다. 하나님의 은혜로 세운 억세게 운 좋은 나라이기 때문입니다. 경제사 전문가들도 "한국은 억세게 운이 좋습니다"라고 하시거든요. 그래서 제가 "선교사님들의 목숨을 바친 헌신과 교육, 조선시대 권사님들의 기도 덕분에 그렇습니다. 교회에 감사하세요" 그러면 당연히 그분들은 "저 기독교 환자 또 시작했다"라고 하시죠. 그래서 제가 그 역사에 관해 조금이나마 설명하려고 합니다.

우리가 조선과 대한민국의 역사를 배우면서 쉽게 착각하는 것 중 하나가 "조선이 원래 괜찮은 나라였다"라는 생각입니다. 그 큰 교만으로 인해 건국 이후를 저주하고 그 이전을 미화시키는 바보짓을 하게 됩니다. 하지만 저는 스스로 근대사에 관해 연구하면서 편견과 잘못된 역사관이 깨졌습니다. 우리가 어떤 자들이었는지 직면했거든요. 그것은 제가 어떤 자인가 주님 앞에서 직면한 것과 비슷한 경험이었습니다. 전에는 제가 잘난 줄 알았는데 주님의 임재 안에서 "나는 쓰레기였구나"라고 회개하게 되는 것입니다.

역사를 이해할 때 조선인이라는 존재가 하나님의 시선에서 쓰레기 민족이었다는 게 이해가 됩니다. '죄성' 최상, 우상숭배 최상, 윤리 없음, 불학 무식의 지존[191]이었습니다. 뭐든지 1등하면 좋습니까? 이 상황이 인식되어야 이 땅에 복음을 주신 예수님의 존재가 훨씬 더 은혜되는 거예요. 그래서 제가 하나님께서 "My people" 하실 때 꼭 뛰어난 사람들을 말씀하시는 것이 아니라는 걸 이해하게 되었습니다. 자만에서 벗어난 우리에게 삼중 은혜가 덮쳐 "예수님 너무 사랑합니다. 어떻게 저처럼 한심한 자를 위해서 죽으셨습니까?", 이렇게 고백하고, 교회가 세워지는 기적이 일어난 것이죠.

건국 초기 한국의 부정적 위상

지금은 동맹국이지만 미국은 한국에 대해 매우 부정적인 시각을 가지고 있었습니다. 국가보안법 위반으로 구속되었던 강정구 전 동국대 교수나 문익환 목사 같은 분들은 이런 역사적 사실들을 근거로 반미 투쟁의 길에 나선 것입니다. 애치슨[192]을 생각해 봅시다. 미국의 고

---

191 1930년 조선의 인구는 2천백만으로 조선인은 97.1%였다. 조선인의 문맹률(가나와 한글 모두 모르는 비율) 76.4%에 달했고 15.4%만 한글을 읽고 쓸 줄 알았음. (출처: 통계청, 행정구역/문맹여부/성별 내지인, 조선인, 1930)

192 딘 에치슨(Dean G. Acheson, 1893-1971). 미국의 국무장관을 역임하며 제2차 세계대전 전후 외교 문제 해결 중책을 수행함. 공직을 떠난 뒤에도 케네디·존슨 대통령의 외교 정책고문으로 활약하면서 막강한 영향력을 행사함. 1970년 국무부 시절을 회고한 『Present at the Creation』으로 역사부문 퓰리처상을 받음. (두산백과)

위관료이자 외교관이었던 그는 '애치슨 라인'[193]을 그으면서 한국을 미국의 방어선에서 배제합니다. 그래서 6·25 전쟁이 터졌어요.

미국의 리더들은 "일본이 원래의 정상적인 힘과 위엄을 회복하면 당연히 한국에서 영향력을 되찾을 것이다"[194] 이렇게 간단하게 생각했어요. 한국을 미국이 직접 관리하기에는 너무 저급한 땅이라 일본이 회복되면 일본이 다시 영향력을 회복할 것으로 생각했습니다. 일본이 미국에 잠깐 덤벼서 혼내줬더니 그 뒤에 순순히 항복하고 말을 잘 들었으니까요.

'일본이 회복되면 한반도 문제는 자동으로 해결된다'라고 생각한 거예요. 말 잘 듣는 일본을 통해서 한국을 관리하고 중국과 러시아를 견제하면 되니까요. 2차 세계대전 이후 냉전시대에 그럴 수밖에 없는 외교·안보적 구조가 있었습니다. 그런데 이런 상황들을 아주 편협한 관점에서 인식하면 주사파가 됩니다. 바르르 떨면서 반미투쟁 하자면서 김일성을 숭배하는 것입니다. 여러분 정신을 차리고 스마트해 져야 합니다. 당시 우리는 구소련과 중국 공산당을 견제하는 자유진영의 범퍼같은 위치에 놓이게 됩니다.

---

193 애치슨 라인 선언(Acheson line declaration). 1950년 1월 대(對)중국 정책상 태평양에서의 미국의 방위선을 알류샨열도-일본-오키나와-필리핀을 연결하는 선으로 정하여 한국과 타이완[臺灣]을 제외함으로써 군사적 공격에 대해 보장할 수 없다는 내용으로 6·25전쟁의 발발을 묵인하는 결과를 가져왔다는 비판을 받는 선언. (두산백과) 애치슨선언과 관련된 미국의 군사정책에 관해서는 김명섭, "한국전쟁 직전의 '애치슨선언'에 대한 재해석: 서유럽에서 동아시아로 확장되는 미국의 전략적 관심", 『군사』 41권(2000), 77면 이하.

194 브루스 커밍스/김동노 외 역, 『브루스 커밍스의 한국 현대사』, 창작과비평사, 2001, 435면

신생독립국이 모두 근대화에 성공하는 것은 아니다

전쟁 이후 범퍼역할이나 하면 되는 나라로 인식되었던 한국이 도약하는 기회가 옵니다. 갑자기 미국의 젊은 교수 두 사람이 한국에 관한 연구를 시작합니다. 로스토우[195]와 코머[196]라는 분들이 미국이 한국에 희망이 없다고 잘못 알고 있는데 막상 가서 한국인들을 만나보면 독특한 잠재력이 있다고 설명해요.[197]

월트 휘트먼 로스토우   로버트 코머

중요한 것은 우리를 무시하고 멸시하는 엘리트들이 미국에 많았지만, 우리를 이해하는 분들도 많았어요. 왜냐면 교회를 통해 연결된 분들이 우리를 많이 이해하고 있었던 것이죠. 그러다가 신기하게도 로스토우 박사와 코머가 정부가 바뀔 때 미국 대통령의 정책고문으로 임명되었습니다.[198]

이분들이 한국에 관해서 연구해서 '미국이 한국을 도웁시다' 이렇

---

195 월트 휘트먼 로스토우(Walt Whitman Rostow, 1916-2003), 케네디 대통령 시절 국무성 정책기획위원회 위원장으로 활동한 반공주의 경제학자. 『경제성장의 과정』을 저술함. (두산백과)

196 로버트 코머(Robert Komer, 1922-2000). 국가안보위원회 관리로 남한이 강력한 인적자원을 지니고 있어 수출용 경공업을 개발하기 좋은 곳이라 주장. 브루스 커밍스, 앞의 책, 437면.

197 브루스 커밍스, 앞의 책, 436-437면

198 브루스 커밍스, 앞의 책, 436면.

게 전략을 제시하고, '미국의 대외전략 정책에서 한국을 미국이 도와야만 한다'라는 분위기로 연구를 이끌었어요. 한국의 입상에서는 엄청나게 운이 좋은 거죠. 그래서 미국이 한국 경제가 발전할 수 있도록 정책적으로 전폭 지원하게 됩니다. 6·25전쟁 이전과 이후에 이미 엄청난 지원을 받았지만, '한국이 일본에 종속된 경제 상태에서 안정되게 유지되면 된다'가 아니라, 한국 스스로 발전할 수 있도록 미국이 도와줘야 한다로 정책의 기조가 바뀐 것입니다.

한국의 근대화와 기독교

미국의 전문가들이 박정희를 평가한 것을 보면 굉장히 재미있어요. 당시 미국이 볼 때 박정희는 꽤 촌스러운 사람이었습니다.[199] 박정희가 젊은 시절을 만주국에서 보냈는데, 만주국이라는 땅은 독특합니다. 한국 역사책에는 만주국은 청나라 푸이(선통제)를 황제로 내세운 일본의 괴뢰정부라는 측면만 설명하는데, 만주국은 정부가 주도해서 한 지역을 일시에 근대화시키고 산업화시킨 일본 근대화 전략의 대표적인 예시입니다.

이 당시 조선 식민지 청년들에게 만주국은 기회의 땅이었어요. 그런데 이 만주국 건설에 참여한 엘리트 관료 중에 기시 노부스케가 있

---

199 브루스 커밍스, 위의 책, 437-438면.

기시 노부스케

었습니다.[200] 아베 총리의 외할아버지로 나중에 일본 총리가 되어서 전후에 폐허가 된 도쿄를 재건하는 데에도 큰 활약을 했습니다. 박정희는 만주국에서 만주군관학교를 졸업했습니다. 이렇게 박정희는 직간접적으로 만주국의 발전을 보며 기시 노부스케의 발전 전략을 경험한 것이죠. 이런 경험은 박정희 시대의 국가 개발 전략의 기초가 됩니다.

한국의 산업화 과정에서 크리스천들이 엄청난 역할을 합니다. 이때 박정희 정부와 크리스천들이 연합하게 된 배경은 반공정신입니다. 주로 평양 대부흥 이후에 북한에서 회심하셨던 분들이 공산당의 만행을 보고 그들의 실체를 알게 됩니다. 기독교인들은 유물론을 근거로 하는 공산당과 함께할 수 없다는 것을 깨닫고 월남했습니다. 미국교회와 강한 연대를 가지고 있던 상황에서 기독교 인사들이 주로 미국 유학을 경험하게 되고, 인재가 귀하던 시절에 산업화의 주축세력이

---

200 기시 노부스케(岸信介, 1896-1987). 1920년 도쿄제국대학 법과를 졸업하고, 일본 농상무성(農商務省)에서 근무함. 1936년부터 만주국 정부에서 산업계를 지배함. 1941년 도조 히데키(東條英機) 내각의 상공 대신이 되었으나 총리와 대립하여 내각 총사퇴를 한 뒤, 일본 민주당을 결성함. 이후 민간외교 차원에서 한국을 찾은 것을 비롯하여 여러 차례 한국과 타이완을 방문함. (두산백과) 일본의 발전국가와 만주에 관한 연구로는 이동준, "일본 발전국가 체제와 담론의 전개: 만주국에서 전시 및 전후 일본으로", 『아시아문화연구』 48권 (2018), 97면 이하 참조.

되어 박정희 정권과 합력하면서 한국의 발전을 이루었습니다. [201]

하지만, 이것을 주사파 관점에서 보면, '미국 기독교에 세뇌당한 니 제국주의 앞잡이들이 박정희와 연합해서 나라를 망쳤다'라고 하겠지요. 저는 그들과 반대로 우리 크리스천들이 근대화의 주역으로 떠올랐다고 설명합니다. 그런데 그럴 수밖에 없는 것이 교육을 통해서 사람이 키워지는데, 그 폐허 속에서 교육하고 사람을 바로 세우는 집단이 선교사들과 그 제자들이었습니다. 당시에 모든 문화적 욕구가 충족되는 곳이 교회였습니다. 전쟁 이후에 누가 미쳤다고 즐겁게 노래 부르고 공부합니까? 전지전능한 하나님을 믿으니까 그 힘으로 희망을 품고 나라를 다시 세우고 교육으로 인재를 키우는 것입니다.

구한말에도 스크랜턴 선교사가 병들어 버려진 여자아이들을 구출해서 살려내어 학생으로 공부시켜 인재로 만들었습니다. 이화여대는 이렇게 시작된 것입니다. [202] 교회사만 제대로 알아도 은혜가 됩니다. 스크랜턴 선교사는 미국으로 떠나는 이승만에게 추천서를 써준 분으로도 알려져 있습니다.

제가 미국의 인사에게 들은 더 놀라운 이야기는 평양 대부흥 때 예수 믿고 변화된 할아버지의 후손인 우리 교포들이 북한 해방을 위해서 미국 정부에서 목숨을 걸고 일하고 있다는 것입니다. 기독교의 영향력과 역사는 만만하지 않습니다. 왜냐면 아브라함이 자신의 신앙을

---

201 윤정란, 『한국전쟁과 기독교』, 한울아카데미, 2015. 이 책은 부정적인 관점에서 전후 한국의 기독교가 미국의 원조 물자를 분배하는 과정에서 헤게모니를 획득하고, 박정희 시대에는 반공을 내세워 정권을 도왔던 측면을 기술하고 있다. 필자는 동일한 역사적 사실을 긍정적 관점에서 설명했다.

202 김용삼, 『대한민국 건국의 기획자들』, 백년동안, 2015, 61면 이하.

후손들에게 전달했듯이 할아버지가 어떻게 예수 믿게 되었는지 손자에게 들려주는 거예요. 말씀과 찬양 속에서 자란 후손들은 저 악한 체제에서 신음하고 있는 북한 크리스천들의 해방을 위해서 목숨을 거는 것에 동의하게 된 것입니다.

실제로 6 · 25와 그 이후 한국이 재건되는 과정에서 크리스천들의 역할은 컸습니다. 심지어 미국과 한미동맹을 체결할 때 기독교가 엄청난 역할을 했다는 건 부정할 수 없는 사실입니다. 미국이 6 · 25 때 한반도에 빨리 진주할 수 있었던 것도 한국과 미국의 교회 네트워크 덕분이었습니다. 프레데릭 해리스 목사님과 이승만의 관계가 미군의 조속한 개입에 어떤 영향을 주었는지 연구한 논문이 발표되었습니다.[203]

지금도 반일투쟁을 하는 사람들은 국민감정을 자극해서 자신들이 원하는 방향으로 선동하는 일부 정치세력에 속기 때문입니다. 우리가 반일을 해서 한일관계가 악화되면 이익을 얻는 세력은 중국공산당과 김정은 정권입니다. 미국은 '인도태평양' 전략을 통해 세계 질서를 재편하고 있습니다.

남중국해에서 중국이 주변국에 횡포를 부리고, 대만을 위협하고 있는 것에 대응해 미국은 매우 강경한 태도를 취하고 있습니다. 미국의 외교안보 전략에서 가장 중요한 동맹이 일본입니다. 일본과 우리가 적대관계가 되면 종국에 '한미동맹'이 위태로워집니다. 이것을 이해하지 못하는 국민이 일부 정치세력에게 선동되어 반일투쟁에 참여

---

203 유지윤 · 김명섭, "프레데릭 B. 해리스의 한국관련 활동: 이승만과의 관계를 중심으로", 『한국정치외교사논총』 40권 1호 (2018) 참조.

합니다. 자신도 모르는 사이에 한—미—일 삼각관계가 강력해지는 것을 두려워하는 김정은 정권과 중국공산당을 돕게 되는 것입니다.

역사를 있는 그대로 분석할 수 있어야 미래가 있다

찰머스 존슨[204]은 만주국 집단이 어떻게 일본발전에 기여하는지를 연구합니다.[205] 한국 연구자는 일본과 한국의 역사적인 관계성 때문에 외국 학자처럼 만주국이라는 주제를 가지고 객관적인 연구를 하기 어렵습니다. 이런 천박한 풍토가 우리의 발전에 위협이 됩니다. 주사파적 편협함을 극복해야 합니다. 맨날 남 탓하는 게 습성이 되어 역사연구인지 '신파극' 대본인지 구분이 안 되는 상황을 극복해야 미래가 있습니다. 객관적인 분석이 근거가 되어야 무엇이 문제인지 파악할 수 있고, 해결방안도 도출할 수 있습니다.

일본 근대화 과정을 공부하면 그들의 장인정신은 감동을 줍니다.[206] 제가 일본에서 이토 히로부미를 연구하면서 알게 된 재미있는 사건이 있습니다. 이토와 그의 동지들이 처음 런던에 갈 때 나중에 한

---

204 찰머스 존슨(Chalmers Johnson, 1931-2010). 버클리대학교 교수, 아시아 문제 및 외교정책 전문가. 대표작 『통산성과 일본의 기적』에서 일본이 고도 경제성장을 달성한 배경에는 전(戰)중 여러 제도와 함께 우수한 통산 관료들이 전개한 산업정책의 역할이 컸다고 주장하여 일본연구의 큰 방향성을 제시함. (정치학대사전편찬위원회, 『21세기 정치학대사전』, 한국사전연구사)

205 찰머스 존슨 교수의 일본발전에 관한 연구로는 Chalmers A. Johnson, *MITI and the Japanese Miracle: The Growth of Industrial Policy, 1925-1975* (Stanford University Press, 1982)가 있다.

206 박종서, 『일본 장인정신 형성의 사회적 배경 연구』, 이화여자대학교 디자인대학원, 석사학위논문, 2013. 참조.

국 통감이 되는 이노우에 카오루라는 인물도 동행합니다. 이토랑 친구였는데 이노우에가 이토보다 신분이 높았습니다. 이 죠슈번의 다섯 지사를 일본에서 '조슈 파이브'라는 별명으로 부릅니다. 이들이 영국에 가보고 싶은데 도쿠가와 막부시대에는 해외로 허가 없는 항해를 하면 사형이었습니다. 당시 막부는 프랑스와 관계가 좋았지만, 영국과 미국과는 대립 관계에 있었습니다. 그런데 죠슈번 번주가 외국에 가서 문명을 배워오라고 일부러 눈을 감아줘요. 상해에 와서 영국에 가는 배를 타려고 했는데, 이노우에가 평소에 영어를 좀 한다고 자랑을 했었어요. 그래서 친구들이 "너 영어 잘하지 빨리 얘기해봐" 해서 이등칸을 샀어요. 돈 내고 샀는데 "너희들 영국에 왜 가려 하니?" 하고 물어보니까, "해군 기술을 배우러 가는데요" 하고 싶은데 이노우에가 영어가 안 되는 겁니다. 그래서 네비~ 뭐였는데 이러다가 "네비게이션" 이렇게 말했어요. 그런데 일본이 영어 발음이 안 좋잖아서 "나비게이션" 이렇게 들립니다. 그랬더니 영국 선박 회사 친구들이 "너희들, 선원이 되겠다고? 항해술을 배우겠다고?" 이래서 수부로 배에 태웠어요. 그래서 돈을 다 내고 자기 침대에 못 가고 배 청소를 해야 했어요. 그것도 힘든데 이토는 음식 문제로 설사병까지 걸립니다.

　그런데 수부들은 승객용 화장실을 못 씁니다. 그럼 어떻게 해야 해요? 바다를 향하여… 장전…. 이렇게 된 겁니다. 그런데 슬픔이 어디에 있냐면, 조준을 잘하면 좋은데…. 실수하면, 덩치 큰 영국 서원들한테 맞는 겁니다. 설사 해보신 분들은 다 알겠지만, 다리에 힘이 빠집니다. 그런데 파도가 세기 때문에 난간에 걸쳐있다가 잘못하면 사망이에요. 그래서 런던에 도착할 때까지 이토가 신호가 오면 이노우에가 끈으로 묶어주고 잡아주고, 이러면서 함께 여행을 했습니다. 그래서 둘은 엄청난 동지가 되었죠. 정말 처절한데, 왜 이런 항해를 해야 하는지 도착할 때까지 몰랐답니다. 이렇게 만신창이가 되어서 런던에 도착했고, 그렇게 고생을 하면서 영국의 문명을 배우기 시작했습니다.

그런데 런던을 보고 깜짝 놀라요. 고생해서 온 보람이 있는 것이죠. 그래서 이 조슈번 촌놈들이 서양의 힘은 어디서 나오는가 고민하기 시작합니다. 영국에 오기 전 개화파로 변신하기 전까지 이토는 하급 무사로서 개화파를 암살하던 자였어요. 과거에 개화파를 암살하던 하찮은 일본 무사들이나, 우리나라 주사파들이나 역사의식 수준이 똑같습니다.

왜 서양을 배워야 하는지를 모르니까 "서양인을 죽입시다" 하고 선교사들 오면 죽이고 그런 거예요. 변화하고 배워야 한다고 주장하는 일본 개화파들은 다 죽이려고 하다가 정신을 언제 차리냐면, 5개국 연합 함대가 포격[207]을 하는데 일본은 반격할 무기가 없는 겁니다. 당시 사무라이들은 "일본은 신의 나라이기 때문에 우리를 지켜줄 겁니다" 그랬어요. 일본 근대화를 주도했던 막부의 뛰어난 지식인 가츠 가이슈가 있었는데 그분이 답답해서 "사무라이들, 바보 소리 하지 마. 미국은 마음만 먹으면 또 군함을 보낼 수 있다. 얼마든지 일본에 올

---

207 시모노세키 전쟁은 1863년 7월과 1864년 9월 두 차례에 걸쳐 미국·영국·프랑스·네덜란드 등의 서구 열강이 간몬해협(關門海峽) 봉쇄에 나선 조슈번을 공격하여 벌어진 전쟁이다. 일본 역사 교과서 『詳説 日本史B』, 文部科学省検定済教科書, 2017. 참조.

수 있다. 그런데 우리는 미국에 갈 수 있는 배가 없다. 이 전쟁은 시작할 수 없는 전쟁이다" 이렇게 정확하게 상황을 분석해요.[208]

그래서 그는 근대해군을 창설을 위한 연설에서 "우리가 강력한 해군을 만들어야 하는 이유는 미국과 전쟁하기 위해서가 아니라 전쟁을 막기 위한 것이다"라고 합니다. 똑똑하죠? 그런데 멍청한 사람들은 전쟁을 막기 위해서 무장을 해제해야 한다고 생각하고 있어요. 우리가 무장해야 하는 이유는 전쟁을 막기 위한 것입니다.

아시아의 근대화 과정에서 일본의 영향을 무시하고 역사를 인식할 수 없습니다. 이 영향을 사실적으로 분석할 수 있어야 우리가 이룩한 '근대국가'와 제도들의 문제들을 정확하게 파악할 수 있습니다. 무엇을 고쳐야 하는지 무엇을 더 보완해야 하는지 과거에 대한 분석적 이해가 없으면 파악하기 어렵습니다. 우리의 시행착오들은 감정을 배제하고 역사를 사실로 대하지 못하는 어리석음에 기인하는 경우가 많습니다. 우리의 신앙도 감정에 치중된 상태를 지양해야 한다고 이미 설명드렸습니다.

우리는 신앙의 선배들이 어려운 상황 속에서 건국을 하고, 산업화와 민주화를 이룩한 성과들을 함부로 폄하해서는 안 됩니다. 여기서 더 나아가 어떻게 하나님의 은혜로 놀라운 성취를 이루어낸 우리나라를 올바른 신앙을 기초로 더 아름답고 정의로운 나라로 만들 것인지 행동하는 것은 이제 우리의 몫입니다.

---

208 가츠 가이슈(勝海舟, 1828-1899)는 일본 근대화의 선구자였고, 근대 해군 창설에 크게 기여한 인물이다. 勝海舟の日記について, 가츠 가이슈의 일기는 일본국회도서관이 만든 디지털 데이터 베이스를 통해 열람할 수 있다. https://www.ndl.go.jp/nikki/person/katsukaishu/

<역사부록>

일본 메이지 헌법의 제정과 구한말 개화파들의 추종

대한민국의 건국에 대한 역사적 의의를 제대로 이해하기 위해서는 구한 말의 상황과 당시 개화파들의 고통을 인식하는 것이 중요합니다. 일부 거짓 교사들이 식민지가 되기 전 구한말 상황을 선비들이 통치하는 유교적 낭만시대로 묘사합니다. 연구자들조차 '왜 식민지가 되었는가'에 대한 학문적 분석을 시도조차 하지 않고 모든 것을 일본의 탓으로 돌립 니다. 역사학이라는 이름으로 이데올로기로 결론을 내놓고 사료를 여기 에 짜 맞추는 왜곡도 빈번합니다.

저는 이런 태도를 저급한 피해의식에 젖은 한국적 패배주의로 규정합니 다. 한국 사회에서는 이런 비학문적이고 소아병적인 태도를 애국자이자 민족주의자로 추앙하기까지 합니다. 이런 역사의식과 한일관계에 대한 조선조 유생 스타일의 편협한 인식이 정치적으로 악용되면서 한일관계 와 국제관계 속에서의 대한민국을 위협하고 있습니다.

사실에 근거한 역사 인식은 왜 중요한가

이번 강의는 법철학계에 발표했던 제 논문[209]을 재구성한 것입니다. 제가 이것을 특강의 형식으로 제공하는 것은 당시 구한말의 상황과 구한말 개화파들에 대해 사료에 근거해서 들여다보고 당시의 사법개혁의 좌절 등의 상황과 일본의 전략 등을 공부하시면서 과거를 통해 현재를 인식하고 미래로 나가는 계기가 되기를 희망하기 때문입니다.

19세기 조선의 상황을 아래 인용문보다 더 적절하게 표현할 수는 없을 것 같습니다. "국가자원의 대부분을 장악한 사회지배층에게 세금도 군역도 부과할 능력을 상실한 조선의 국가는 사회지배층의 사유화된 폭력조직일 뿐, 외세로부터 나라와 민중을 보호할 능력을 갖고 있지 못했다."[210] 또는 "양반들은 이 나라의 허가 낸 흡혈귀들이며 나

---

209 이 장은 이정훈, "明治欽定憲法의 成立과 韓國開化派의 追從", 법철학연구(2012), 논문을 인용하여 재구성하였다.

210 이삼성, 『동아시아의 전쟁과 평화2』, 한길사, 2011(4쇄), 185면.

머지 5분의 4에 해당하는 국민들은 흡혈귀들이 빨아먹을 피를 공급한 다."[211] 인간의 두뇌로써 고안할 수 있는 최대한의 방법으로 백성을 수탈했던 조선이라는 나라는 존 페어뱅크가 청조말의 중국 국가를 일러 조직화 된 부패로서의 정부라고 말했던 것을 훨씬 능가하는 것이었습니다.[212]

동일한 역사적 사실을 해석하면서도 고종과 민비를 개명한 군주와 왕비로 묘사하려는 시도가 있었죠.[213] 이에 대해 이삼성 교수는 갑오 농민봉기에 이르기까지 10년간 조선정치의 개혁부재상태를 상징하는 '민영준 현상'을 고종과 민비로부터 분리시켜 계몽군주로 미화하려는 시도를 날카롭게 비판했습니다.[214] 민영준은 청과 결탁한 '민씨 척족 부패정치'의 상징과도 같은 인물이었습니다. 고종은 다른 조선의 왕 들처럼, 한 정파를 중용했다가 다시 멀리하는 방식으로 왕권을 확보 하려는 정치게임에 몰두했습니다. 곧 사라지게 될 왕국의 '왕권'은 고 종에게 가장 중요한 정치적 목적이었습니다.

고종과 민비를 개명한 군주로 묘사하려는 연구는 민족주의적 강박 의 산물이라고 할 수 있습니다. '재판소구성법'으로 상징되는 갑오개

---

211 브루스 커밍스(Bruce Cumings)/ 김동노 외 역, 『브루스 커밍스의 한국현대사』, 창비, 2008(9쇄), 183면: 커밍스는 비숍 여사의 한국에 대한 설명을 소개하면서 그녀를 독자들이 구제불능의 오 리엔탈리스트로 생각할 것을 걱정해서 한국에 대한 애정을 표현한 내용도 친절하게 인용해 주고 있다. 한국에 대한 친근감을 표현하는가 여부가 오리엔탈리스트인가 아닌가를 결정할 수 있는 기준이 될 수 있는지 필자는 회의적인 입장이지만, 커밍스의 태도가 한국 독자들의 속성을 매우 잘 이해하고 있는 것 같아서 흥미롭다.

212 이삼성, 앞의 책, 188면.

213 이태진, "1894년 6월 청군 출병 과정의 진상", 『고종시대의 재조명』, 태학사, 2000, 이태진, "20 세기 한민족 고난의 역사와 세계평화", 『백년 후 만나는 헤이그 특사』, 태학사, 2008

214 이삼성, 앞의 책, 670~672면.

혁기 사법개혁의 법제사적 의의를 애써 강조하고자 하는 연구도 같은 맥락에서 이해할 수 있습니다.[215] 갑오개혁의 주체에 대한 논쟁이 뜨거웠던 것도 민족주의와 무관하지 않습니다. 사법개혁의 배경과 내용이 된 법사상이나 제도 그 자체보다 개혁에 참가한 인사들의 생물학적 유전자가 더 연구의 쟁점이 되는 관행이 존재했습니다. 지금도 학계에서 인물의 유전자에 더 의미를 두는 비학문적 한심한 태도를 극복하지 못하고 있습니다.

일본이 끼친 영향을 부정하고 민족의 우수성이나 스스로의 근대화 가능성을 입증하기 위해 노력하는 바로 그 '국가주의'적 열정도 일본의 영향과 무관하지 않다는 사실을 묵과할 수 없습니다. 이와 같이 한국 사회에서 종교와도 유사한 '민족-국가'라는 이데올로기는 한국 학계의 현실을 흥미롭게 대변해 줍니다. 도쿠가와 막부의 쇼군은 서양 제국주의에 대한 굴욕적 대응으로 효과적 통치능력을 상실하자 일본 전체에 조성되고 있던 내전 위기를 피하기 위해 스스로 권력을 포기하는 결단을 내립니다. 이것이 대정봉환(大政奉還)이고, 메이지 유신의 시대는 그렇게 열렸습니다. 끝까지 기존질서와 권력에 집착했던 중국과 조선의 지배층과 근본적으로 대비되는 사태의 전개였습니다.[216]

사실을 사실로 볼 수 없고, 명분과 이데올로기로 재가공의 과정을 거쳐야만 하는 고착적 사유의 연원은 실로 그 역사적 연속성이 장구합니다. 지금도 이런 한심하고 편협한 사람들이 인기가 있습니다. 이

215 문준영, 『법원과 검찰의 탄생』, 역사비평사, 2010.
216 이삼성, 앞의 책, 213면.

러한 고착과 강박에서 벗어나 현실을 현실로, 사실을 사실로 직시하면서 절망의 상황 속에서 개혁의 길을 모색했던 개화파들은 친일파가 되었습니다. 역사의 아픔입니다.

그들은 이미 성립된 일본의 메이지 헌정체제를 한국개화의 목표와 방향으로 설정했습니다. 저는 여러분에게 개화파의 일본 추종의 심리를 추적하거나 그들의 내면에 메이지 헌법사상이 수용되는 과정을 묘사하는 것을 목적으로 이 강의를 구성하지 않을 것입니다. 또한, 메이지 헌법과 그 헌정이 구한말 한국의 개혁조치에 몇 퍼센트 영향을 미쳤는가와 같은 질문에 답하기 위한 것도 아닙니다.

저는 이 강의를 통해 첫째, 메이지 흠정헌법의 성립과정을 설명하고, 이 과정에서 일본이 서구로부터 수용하고 변형시켜 만든 메이지 헌법과 헌정의 법사상을 밝히고자 합니다. 초연주의와 점진주의라는 두 가지 키워드로 메이지 헌법의 특징을 설명하고자 합니다. 초연주의는 의회의 다수파를 통제할 수 있는 강력한 정치권력을 상징하고, 점진주의는 서구의 제도는 일본의 현실과 다르므로 점진적으로 일본 현실에 부합하도록 수용하여 발전시킨다는 의미입니다. 한국 헌정사에서 초연주의와 점진주의의 궤적을 발견하는 것은 어렵지 않다고 생각합니다.

둘째 갑오개혁에 참여한 개화파 인사들의 개혁 모델이 메이지 헌정이었지만, 현실적으로 이들은 제대로 개혁을 실행도 해보지 못하고 추종만 하다가 통감부 체제로 전환된 구조를 설명해 드리겠습니다. 이 구조는 갑오개혁의 성격에 기인합니다. 갑오개혁은 일본이 그 개혁의 실패를 예상하고 실행한 일본이 주체가 된 정치적 전략이었습니다. 통감부 설치의 정치적 명분 만들기의 일환으로 수행된 측면도 있었습니다. 특히, '법전정략'(法典政略)을 설명하는 과정에서 갑오개혁의 정치사적 의의가 드러납니다.

갑오개혁 이후, '헌정연구회'나 '애국계몽운동'과 같이 한국 스스로의 근대화 가능성의 근거로 제시되는 정치 · 사법개혁의 노력들이 창의적으로 어떤 새로운 가능성과 방향을 제시한 것이 아니라, 이미 형성된 메이지 헌법과 헌정을 추종하고자 한 것임을 설명하겠습니다. 당시 한반도의 정치사적 맥락과 배경 속에서 개혁에 좌절한 개화파 인사들은 이미 완성품으로 존재했던 메이지 헌법과 헌정을 그대로 추종했으며 수용하기를 원했습니다. 이러한 태도는 19세기부터 20세기 초까지 그들이 겪었던 정치적 고난, 그리고 역사적 상황과 무관하지 않았습니다. 일본과 한국의 개화파들은 '헌정'을 도구로 인식했습니다.

그들이 닮고 싶었고, 되고 싶었던 근대 일본을 만드는데 중심이 되었던 '메이지흠정헌법'과 그 헌법에 내재하는 법사상, 그리고 그것을 추종하지 않을 수 없었던 조선의 개화파인사들의 사상을 차례로 설명해 드리겠습니다.

이토 히로부미와 메이지흠정헌법(明治欽定憲法)

이토 히로부미(伊藤博文)는 흠정헌법의 제정과정에서 가장 큰 역할을 수행했습니다. 그의 헌법과 헌정에 관한 이해와 구상은 일본과 한국의 헌정사에 큰 영향을 끼쳤습니다. 그를 배제하고 일본과 한국의 헌정사를 논의하는 것은 불가능하다고 해도 과언이 아닙니다. 이토 히로부미의 역할과 사상을 중심으로 흠정헌법 제정과정을 검토하는 과정에서 메이지 헌정체제가 함의하고 있는 법사상과 이 법사상이 갖는 사상사적 의의를 설명하고자 합니다.

가와구치 아키히로(川口曉弘) 교수는 메이지 유신의 역사적 정통성을 부정하고, 샷쵸정권(薩長政權)의 성격을 모반정권으로 규정합니다.[217] 그는 명치 14년 정변의 과정에서 영국식 입헌주의의 도입을 주장하는 오쿠마 시게노부(大隈重信)의 급진론에 정치적으로 대항하기 위해 이노우에 고와시(井上毅)가 주창한 보수적 입헌론에 이토가 합류해 이노우에를 이용하여 헌법제정의 주역이 되었다고 평가하고 있습니다. 이 정변에서 주역은 이토가 아니라, 이노우에였다는 주장입니다.[218] 일본의 좌파들은 메이지유신을 깡패들의 모반정도로 평가절하합니다.

일본정부가 헌법조사를 하기 위해 파견한 사람은 이토만이 아니었습니다. 테라지마 무네노리(寺島宗則)는 미국으로 파견되는데 지위와

---

217 川口曉弘, 『明治憲法欽定史』, 北海道大學出版會, 2007, 5-6면: 가와구치는 메이지정부를 내란 정부로 규정하고, 기존의 일본사 서술방식을 따르지 않는다.
218 川口曉弘, 앞의 책, 61-78면.

비중이 이토와 동격이었음을 그는 강조하고 있습니다.[219] 이토가 정치력이 뛰어나 헌법제정의 주도권을 쥐게 되었을 뿐이며 이토로 인해 프러시아류의 헌법사상이 헌법제정의 중핵이 된 것에 비판적인 입장을 드러내는 것으로 보입니다. 이러한 주장은 흠정헌법의 입헌구상을 샷쵸정권[220]과 민권파의 정쟁의 과정에서 샷쵸세력이 제시한 정치적 전략 정도로 낮추어 평가하고, 헌법제정 과정에서 이토의 역할과 그의 법사상을 부정적으로 보고자 하는 역사관에 기초해 있습니다. 민권파는 샷쵸정권 인사들보다 더 급진적으로 서양문물을 받아들이기 원하는 급진 개화파였습니다. 이토와 정권의 수뇌부는 수구파와 급진 개화파 사이에 샌드위치 상황에 자주 놓였습니다.

그러나 흠정헌법의 구상을 정쟁의 전략 정도로 평가하는 입장은 수용하기 어렵습니다. 이와쿠라 사절단에 참여했던 기도(木戸孝允)나 오쿠보(大久保利通)는 정변 이전에 이미 문명국으로 자립하기 위해서는 입헌제의 도입이 필요하다고 인식하고 있었고, 기도는 서양 각국의 입헌제도를 파악하는데 열심이었습니다. 군민공치(君民共治)의 입헌제도에 대해 인식하면서도 일본의 현실로 인해 '국민개화'에 이르기까지의 점진론을 주장했습니다. 이토의 '헌법의견서'에도 이러한 점진주의가 등장하고 있습니다.[221]

1881년 이와쿠라 도모미(岩倉具視)는 프러시아주의자인 이노우에 고

---

219 川口曉弘, 앞의 책, 83면.
220 샷쵸정권이란 메이지유신을 주도한 싸쓰마와 죠슈의 동맹으로 탄생한 정권을 말한다. 일본은 '번'으로 나누어져 자치를 유지하고 있었는데 두 번이 동맹을 맺고 도쿠카와 막부를 제압하여 메이지 시대가 열렸다.
221 瀧井一博, 『伊藤博文』, 中公新書, 2010, 49-53면.

와시의 건의를 받아들였습니다. 이와쿠라는 헌법을 도입해 일본을 서구형 근대국가로 만들어야 하지만, 서양에 심취하는 것도 아니고 전통을 무조건 고수하는 것도 아닌 중용의 길로 나아가야 한다는 보수주의를 천명하였습니다.[222] 이와쿠라가 사망한 후, 이토 히로부미가 이와쿠라의 보수주의를 계승하여 프러시아헌법보다 훨씬 입헌적 가치가 부족한 바이에른·뉘른베르크 등의 남부 독일의 헌법을 모델로 하여 엄중한 경계 속에서 비밀리에 기초한 제국헌법을 하늘(천황)이 내리는 방식으로 국민에게 강요했다고 헌법제정 과정을 설명하기도 합니다.[223]

또한 이에나가(家永三郎) 교수는 "흠정헌법으로 인해 다원적인 진로들에 대한 탐색이 남아있던 일본의 진로가 태평양 전쟁의 패배에 이르기까지 단 하나의 길로 한정되어 버렸고, 부르주아 데모크라시의 범위에 포함되는 어떠한 진보적인 정치사상도 기본적으로 이 헌법체제와 양립할 수 없는 원리를 전개하기란 불가능 했다. 이런 의미에서, 대일본제국헌법의 공포는 단지 정치사나 법제사에서만이 아니라 사상사에서도 획기적인 전환점이었다고 하지 않을 수 없다"라고 흠정헌법의 사상사적 의의를 설명하고 있습니다.[224] 이에나가는 근대 일본을 반자유주의 코드의 초국가주의의 길로 질주하게 만드는 중요한 원인

---

222 川口曉弘, 앞의 책, 87-88면.
223 이에나가 사부로(家永三郎)/ 연구공간 수유 너머 일본근대사상팀 역, 『근대일본사상사』, 2006,
      71-72면: 이러한 이에나가의 주장을 그대로 수용할 수는 없다. 당시 영국의 헌정에서 여왕이 차
      지하는 지위와 일본헌정에서 일본 천황의 지위를 사실적으로 비교하는 설명이 필요하다고 생각
      한다. 일본의 진보적 연구자들은 메이지 헌법의 역사적 의의를 비판하기 위해 영국의 헌정을 확
      대해석하는 경향이 있는 것이 사실이다.
224 이에나가 사부로, 앞의 책, 72-73면.

으로 흠정헌법을 지목하고 있습니다.

그러나 흠정헌법 제정자들의 대척점에 서 있다고 생각하는 민권론자들도 흠정헌법이 공포된 후 일부 비판자들과 달리 정계에 복귀해 활발히 활동했습니다.[225] '민선의원설립건백서'의 주인공 이타가키 타이스케(板垣退助)와 영국식 내각제 도입의 주창자 오쿠마 시게노부(大隈重信)는 헌법제정자의 헌법사상에 친화적인 태도로 바뀌었습니다. 서구 친화적 이미지로 인해 오쿠마는 정계 복귀 후 테러의 대상이 되기도 했습니다. 이 문제는 갑오개혁기 사법개혁의 문제와도 관련이 있으므로 뒤에 자세히 설명하도록 하겠습니다. 서구 친화적 이미지는 보수적 대중의 공격과 분노의 대상이 되기도 하였고, 서구 정치를 이해하고 서구를 수용하고자 하는 태도는 소수의 엘리트들에게 국한된 것임을 인지해야 합니다.

당시 일본의 상황을 현재의 시각에서 판단하는 것은 무리가 있습니다. 자유민권파조차도 '헌정'과 '헌법'을 도구로 이해하는 데에는 큰 차이가 없었습니다. 누가 헌법제정과정에서 주도권을 잡느냐는 정권의 유지와도 관계가 있었으므로 헌법논쟁은 샷쵸정권과 반샷쵸세력 간의 정쟁적 측면도 있었습니다. 서구의 제도를 일본에 이식하려한다는 사실만으로도 대중을 자극할 수 있었고, 정치적 위협이 될 수 있었

---

225 이에나가 사부로, 앞의 책 72면: 이에나가는 나카에 초민이 "민주적 헌법구상과 너무도 상이해서, 한 번 읽어보니 쓴 웃음이 나올 뿐"이라고 비판한 것과 니시무라 시게키와 같은 보수주의자도 "서양의 헌법은 전적으로 민력에 의해 이루어 진다. 메이지의 헌법정치는 전제정치와 크게 다를 바 없다"라고 비판한 것을 소개하고 있다.

습니다.[226] '자유민권파'의 서양 헌법사상에 대한 이해의 천박함과 헌법에 대한 도구적 이해를 헌법제정세력과의 친화성의 이유로 설명하고 '증기기계'와 같이 헌정을 인식하는데 있어서 헌법제정자들과 다를 바 없음을 지적한 입장을 간과해서는 안 됩니다. 당시 일본 정계와 학계 인사들 사이에는 국가주의적 공동인식이 존재했습니다.[227]

이토 히로부미의 '점진주의'를 정치사적 맥락을 무시하고 이해해서는 안 된다고 생각합니다. 이토는 정치적 현실과 시대적 한계 속에서 실현 가능한 선택을 해야만 했습니다. 조선의 개화파 지식인들이 이토의 법사상을 현실적 대안으로 받아들이는 배경도 이와 매우 유사합니다. 이토와 조선의 추종자들의 내면에는 유교적 국가주의, 사회진화론이 공통적으로 자리하고 있었습니다. 이승만은 이런 흐름을 따르지 않고, 기독교와 미국의 민주주의의 가치를 중시했습니다. 그러나 그가 실제 대통령이 되었을 때 통치의 방향은 전혀 다른 방향으로 흘러갑니다. 이 문제는 '일민주의'를 설명하면서 뒤에 좀 더 자세히 설명하겠습니다.

---

226 宮武外骨・尾佐竹猛・吉野作造, 『明治文化研究會と明治憲法』, 御茶の水書房, 2008, 11-13면: 흠정헌법의 공포 전, 헌법제정작업에 정치적 타격을 주기 위해 이토가 헌법조사를 위해 독일에 갔을 때 이토에게 강의를 해 준 그나이스트 교수의 강의 노트를 비밀리에 출판 유포한 사건이 있었다. 자유당계의 활동가들이 계획한 이 사건의 비밀 출판물이 『西哲夢物語』이다.

227 김창록, 『일본에서의 서양헌법사상의 수용에 관한 연구: 대일본제국헌법의 제정에서 일본국헌법의 출현까지』, 서울대학교 박사학위논문, 17면.

초연주의와 점진주의

이토 히로부미의 법사상의 기초를 두 가지 개념을 통해 제시하고자 합니다. 첫째는 프러시아류의 군권(君權)주의 법사상을 수용하여 일본적으로 재구성하는 '초연주의'(超然主義)입니다. 둘째는 일본의 현실에 부합하고 실현가능한 제도의 실행을 강조한 '점진주의'(漸進主義)입니다.

초연주의는 대권정치의 이념과 관련됩니다. 헌법제정 후 의회제가 시행되더라도 중의원을 장악한 다수 정당으로부터 전문 관료와 정책을 집행하는 정부가 '초연'하지 않으면 안 된다는 것을 강조하는 입장입니다. 다수당의 영향력을 제한할 수 있는 헌법해석의 기초로 '천황대권'을 설정했습니다.[228] 이토가 헌법조사 중에 슈타인의 이론에 매료되고 그것을 적극적으로 수용하는 과정에서 초연주의가 체계화되고, 제도화되었다고 판단합니다. 초연주의에는 샷쵸정권을 유지하고자 하는 정치적 전략도 포함됩니다.

앞에서 잠깐 언급했던 브라이언 마이어스 교수는 북한의 수령제는 사실상 이토가 구상한 천황제를 따라한 것으로 북한은 공산주의 사회가 아니라 민족주의 파시즘이 지배하는 체제로 보아야 한다고 주장했습니다. 이승만 정권에서 '일민주의'를 만들어서 확산시킨 초대 문교부 장관 안호상도 일본의 '신도'를 대신해 단군신앙을 가져와 근대적 민족주의 국가를 만들고자 했습니다.

---

228 坂野潤治, 『近代日本の國家構想: 一八七一－一九三六』, 岩波書店, 2009, 171-173면.

초연주의에 대해 설명하기 위해서는 헌정과 헌법의 성격을 대표하는 '흠정'의 개념부터 검토해야 합니다. '흠정'(欽定)은 군주의 명에 의해 제정되었다는 의미로 '칙찬'(勅撰)과 동의어입니다. 뜻은 같지만 '흠정'이 일본어의 표현상 중후한 느낌이 더 강하다고 합니다.[229] 이 '흠정'이라는 개념은 일본헌법에서 천황이 '국체'(國體)이고 곧 국가라는 의미와 관련됩니다. 가노 마사나오(鹿野政直)는 제국헌법과 교육칙어가 일종의 '국체론'의 경전이라고 표현하고 있습니다. 천황의 대권 관련 조항이 17개이고, "대일본제국은 만세일계(萬世一系)의 천황이 이를 통치한다"의 제1조로 제국헌법은 시작됩니다.[230] 국체를 정한다는 것은 통치권의 주체와 객체를 정한다는 것을 의미합니다.[231]

이러한 '흠정'의 정치사적 배경은 다음과 같이 요약할 수 있습니다. 이와쿠라 사절단의 소임을 마치고 돌아온 기도와 오쿠보는 입헌정체 도입의 필요성은 인식하면서도 당시 일본인들의 낮은 정치의식과 교육수준, 그리고 '정한론'을 둘러싼 정치적 분열 등의 정권 위협요소들을 걱정하고 있었습니다. 그들은 강력한 중앙집권적 권력의 필요성을 공감했습니다.[232] 메이지 정부의 샷쵸세력이 중앙집권의 강력한 행정력의 필요성을 인식하는 것은 '번'을 중심으로 권력이 분산되었던 일본의 정치사와 무관할 수 없습니다. 그들은 서구 각국의 입헌체제와

---

229 川口曉弘, 앞의 책, 42–43면.

230 가노 마사나오(鹿野政直)/ 김석근 역, 『근대 일본사상 길잡이』, 소화, 2010.

231 가노 마사나오, 앞의 책, 120면.

232 大久保利謙 編, 『近代史史料』, 吉川弘文館, 平成8年(1996, 十刷), 76–81면: 중앙집권화를 위한 관제정비와 입헌정체 도입에 대한 기도와 오쿠보, 그리고 이토의 의견들이 나타난 문서들이 수록되어 있다.

각각의 장단점을 이해하고 있었습니다. '점진주의'는 바로 이러한 정치사적 배경에서 서구열강과 같은 제국주의적 강국이 되기 위한 과도기적 체제의 수립을 목적으로 등장합니다.

기도와 오쿠보 모두 전제군주제 아래에서 이루어지는 자의적 정치에는 반대했고, 법률에 기초한 합리적 지배, 즉 법치주의를 시행할 필요성을 인정했습니다. 그러나 프랑스의 사례들을 통해 급격한 민주화에 대한 거부감을 드러냈습니다.[233] 이러한 배경에서 이토 히로부미가 그 성격을 초연주의와 점진주의로 설명할 수 있는 흠정헌법의 제정을 주도하게 되는 것입니다. "국체 = 천황 = 국가"의 국체론은 군주권을 확립해서 삿쵸정권을 유지하려했던 정치적 전략과도 무관할 수 없습니다.

영국식 입헌군주제를 주창한 것으로 알려진 오쿠마도 헌법을 '흠정'으로 제정하자고 주장했습니다. 그가 주장했던 정당내각제는 기존 정부의 배타적 독재 권력을 부정하는 것으로 군주권을 확립하고, 그것을 방패로 자신들의 권력을 유지하려는 삿쵸정권의 존립에 위협을 주려는 것이었습니다.[234] 이러한 정치 상황을 이해하고 보면, 앞에서 언급한 헌법제정사에 대한 가와구치의 주장을 일부 인정하지 않을 수 없게 됩니다. 국체론은 역사적·철학적 깊이를 갖는 헌법이론이라고 하기보다는 삿쵸정권의 강력한 중앙집권적 권력, 즉 중의원의 다수파를 압도할 수 있는 초연한 권력을 위해 구성된 도구적 의미도 갖습니다.

---

233 방광석, 『근대일본의 국가체제 확립과정』, 혜안, 2008, 41-42면.
234 방광석, 앞의 책, 92면.

점진주의에 대해 설명하기 위해서, 이토에 대해 해명해야 할 것이 있습니다. 문제의 핵심은 선진적 제도와 사상을 이토가 인식하지 못한 것인가, 아니면 인식했지만 실현가능성을 기준으로 실행을 뒤로 미룬 것인가에 있습니다.

허버트 빅스(Herbert P. Bix)와 미요시 토우루(三好徹)는 태평양전쟁의 파국과 패전의 책임의 일부를 이토가 구상한 헌법에서 찾고 있습니다. 이토가 쇼와 시대로 접어들어 발생한 군통수권 문제를 헌법제정 당시 예측하지 못했다는 주장입니다. 그가 구상한 헌법에 따라, 천황만이 군을 통수하고 편제할 수 있으므로 군이 내각이나, 추밀원, 의회의 통제를 받지 않게 되었습니다. 헌법을 제정할 무렵에는 이토, 구로다, 이노우에 등 문관 거물들이 군부를 장악하고 있었고, 군이 이토와 상의하지 않고 독주할 가능성은 없었습니다.[235] 그들은 의회를 견제하려는 차원에서 구상한 헌법이 태평양전쟁 발발의 원인이 될지 이토는 헌법제정 당시에는 예측할 수 없었다고 주장했습니다.[236]

그러나 타키이 가츠히로(瀧井一博) 교수는 이러한 논의에 설득력 있는 비판을 제기합니다. 타키이 교수가 저랑 책을 같이 썼습니다. 그는 이토가 통감으로서 통감부 이사청 관제에 기초해 한반도 주둔 일본군에 대해 문민통제를 시도했음을 밝혔습니다. 일본 육군은 이토의 정책에 강하게 반발했습니다. 특히 이토는 육군의 토지수용과 관련하여

---

235 미요시 토오루(三好徹)/ 이혁재 역, 『사전(史傳) 이토 히로부미』, 다락원, 2002, 339면.

236 허버트 빅스(Herbert P. Bix) / 오현숙 역, 『히로히토 평전, 근대 일본의 형성』, 삼인, 2010, 321면 이하에 천황과 군부, 의회와의 관계, 그리고 히로히토가 태평양전쟁에 끼친 영향 등이 상세하게 분석 · 기술되어 있다.

배상금 지급문제를 처리함에 있어서, 토지 소유권자의 권리에 관한 근대적 법리를 이해하고 있었고, 이를 시행하고자 했습니다.[237]

타키이는 이토가 일본 국내정치에서 서구를 추종하는 급진론자로 자주 비판을 받았음을 지적합니다. 이토는 한국에서 군대에 대한 문민통제와 같은 선진적인 정책을 시험적으로 시행하고 이를 본국 정책에 반영시킨다는 전략을 가지고 있었습니다.[238] 이토가 헌법제정 당시 쇼와시대의 군통수권으로 인한 문제를 예측못했던 것이 아니라, 당시에는 사실상 군부가 문관들의 강력한 통제를 받고 있었고 점진적으로 이를 수정·보완하여 군의 문민통제를 법제화하려고 했다는 주장은 매우 설득력이 있습니다. 이토는 타고난 정치적 조정자로서 반대가 심하면 잠시 우회하여 타협을 이루어내는 정치적 수완을 발휘하는 인물이었음을 간과해서는 안 됩니다.[239]

이토는 헌법초안심의 과정에서 "헌법을 창설하는 정신은 첫째로 군권(君權)을 제한하고, 둘째로 신민의 권리를 보호하는데 있다. 따라서 만일 헌법에서 신민의 권리를 열거하지 않고 책임만을 기재한다면 헌법을 제정할 필요가 없다"라고 주장했습니다. 이토는 보수파들로부터 서양심취자로 비난을 받을 만큼 입헌주의의 이론과 실제에 대해 당시로서는 발군의 이해를 가지고 있었습니다.[240]

서양 사정에 정통했던 이토는 보수파가 볼 때 어떤 면에서는 아주

---

237 瀧井一博, 앞의 책, 330-332면.
238 瀧井一博, "知の政治家, 統監伊藤博文の思想的背景", 성균관대·울산대 공동 한일국제학술회의 발표문, 성균관대학교 법학연구소, 2011.
239 瀧井一博, 위의 발표문과 필자와의 토론과정에서 제기된 타키이 교수의 주장을 참조했다.
240 김창록, 위의 논문, 27면.

급진적인 입장을 관철시키고, 또 어떤 면에서는 국체론의 초연주의와 같은 보수적 색채를 강하게 드러내는 이중성을 보였습니다. 이러한 양면성을 이토가 지니고 있는 독특한 정치적 실용주의의 발현으로 볼 수 있다고 생각합니다. 이토의 점진주의는 서구의 법사상과 제도를 수용하면서도 정치적으로 실현가능한 것을 중시하는 그의 실용주의, 그리고 삿쵸정권의 유지를 위한 정치적 전략 속에서 형성된 것이라고 하겠습니다.

이토 히로부미의 헌법조사

1881년 정변으로 이토를 비롯한 메이지 정부의 수뇌는 프러시아형 입헌론을 이용해 영국식 내각제 구상을 물리쳤으나 프러시아 헌법의 채용을 결정한 것은 아니었습니다. 이토의 유럽 입헌제도 조사는 베를린에서는 그나이스트(Rudolf von Gneist)의 담화와 못세(Albert Mosse)의 강의, 빈에서는 슈타인(Lorenz von Stein)의 강의를 중심으로 이루어졌습니다.[241]

이토는 6개월을 독일에서, 2개월 반은 오스트리아 빈에서, 2개월은 영국에 체류하면서 헌법조사 작업을 수행했습니다.[242] 독일을 거쳐

---

241 방광석, 앞의 책, 156~157면.
242 稲田正次, 『明治憲法成立史』(上), 有斐閣, 1960, 568면: 稲田正次의 '메이지헌법성립사'는 상·하권으로 구성되어 있으며 독일의 영향에서부터 당시 일본에 등장했던 거의 모든 헌법 논의와 헌법제정 과정을 정리하고 분석한 연구서로서 메이지헌법에 관한 교과서와 같은 저작이다.

오스트리아에 갔을 때 이토는 일본에 필요한 헌법의 구상을 확정했습니다. 그나이스트와 못세의 강의 내용은 독일공법학의 전반적인 내용(프로이센 헌법정체의 연혁, 국왕의 행정권, 왕위계승권, 국민의 권리와 의무, 지방자치제도, 양원의 관계, 사법조직, 내무경찰 등)이었습니다.[243] 이토는 그나이스트의 강의와 빌헬름 1세의 주장을 듣고 매우 실망했습니다. 그나이스트는 의회가 군사와 재정에 간여할 수 없도록 만들어야 한다는 등 전제군주의 입장에서 강의를 했습니다. 전제군주제를 개혁해 입헌제도를 수립할 목적으로 유럽에 온 이토에게 전제적 내용의 강의는 도움이 되지 못했습니다.[244] 또한, 그나이스트는 헌법은 '정신', '국가의 능력'이라고 말하고 일본에 당장 입헌정치를 실시하는 것은 적당하지 않다는 생각을 가지고 있었습니다. 이러한 그나이스트의 태도와 전제적 이론은 이토를 실망시켰습니다.[245]

1882년 오스트리아 빈을 방문한 이토는 빈대학 교수인 슈타인을 면회하고 강의를 듣습니다. 슈타인은 독일 출신으로 국가학, 행정학, 사회학의 대가로 알려져 있었습니다. 이토는 슈타인의 강의를 통해 영·미·프의 자유과격론자에게 대항할 수 있는 '입헌제 수립론'을 이해하고 확신을 갖게 되었습니다. 이토는 일본은 전제군주에 대항해

---

[243] 稻田正次, 앞의 책, 569−582면, 방광석, 앞의 책, 145면: 稻田는 그나이스트에 대한 인물소개와 강의 일정과 내용, 그리고 그나이스트의 제자인 못세가 대부분 그나이스트를 대신한 상황을 설명하고 있다.

[244] 稻田正次, 앞의 책, 569−571면.

[245] 방광석, 앞의 책, 144−145면: 방광석은 稻田正次의 연구 이후 발표된 일본 연구자들의 연구들을 검토하고 이토가 슈타인의 영향을 받아 일본의 헌법구상을 확정했다는 주장을 제시했다. 방광석은 이노우에 고와시를 중심으로 프로이센 형 헌법제정의 구상을 설명하고 이토의 역할을 축소시키려는 종래의 연구들을 비판했다. 본고도 방광석의 입장에 동조하며 그의 주장을 주로 인용하고자 한다.

입헌제를 쟁취한 구미와 달리, 천황제를 중심으로 기존의 여러 국가 기구를 입헌적으로 바꿈으로써 입헌체제의 수립이 가능하다고 생각했습니다. [246]

이토는 슈타인의 국가유기체설에 감동을 받았습니다. 슈타인은 군주 홀로 정치를 주도하는 체제를 '전제군치(專制君治)', 입법부가 독재하는 것을 '민정전압(民政專壓)', 행정부가 독재하는 것을 '전리자(專理者)'로 규정하고 입헌제와 대립하는 것으로 설명했습니다. 그는 유럽에서 행정권이 '자운자동(自運自動)'의 활기를 가질 수 있는 독립된 체제가 이루어져 있지 않다고 보았습니다. 프랑스는 의회, 영국은 정당, 독일은 군주에게 행정권이 장악되었다는 것입니다. 영국과 프랑스의 의회정치를 특히 강도 높게 비판하고 민주주의와 입헌제의 긴장관계를 강조했습니다. 이토는 슈타인의 강의를 통해 군주세력과 의회세력이 대립하는 입헌제가 아니라 군주주권과 행정권을 분리하고 군주제 아래에서 입법부와 행정부가 균형을 취하는 안정적인 입헌체제를 수립할 수 있는 길을 발견했습니다. 이토는 설령 아무리 좋은 헌법을 제정하고, 좋은 의회를 개설한다고 해도 행정력이 좋지 못하면 성과를 거둘 수 없다고 생각했습니다. [247]

메이지 헌법이 독일 헌법학의 영향은 받았지만, '국체론'을 통해,

---

246 방광석, 앞의 책, 147-149면.

247 방광석, 앞의 책, 150-154면: 슈타인은 입헌정체를 군주입헌체와 공화체로 대별한 다음, 군주입헌정체에서는 입법과 행정을 병립시키고 군주가 이 양 조직의 위, 즉 즉 불가침적인 지위에 서서 국가를 통괄해야 한다고 말한다. 군주국이라도 군권이 완전하지 않으면 그 정체는 공화이며, 국가 통치권한이 국회에 치우쳐 재상의 진퇴가 국회의 다수에 의해 이루어지면 공화라고 설명했다. 슈타인은 국가를 인체에 비유하면서 입헌정체를 설명했다.

일본 특유의 독자적인 헌법으로 회귀했다고 평가하는 입장이 있습니다.[248] 저는 일본의 독자성으로 회귀했다고 설명하기보다는 일본적 서구 제도 수용의 독특한 방식이라고 설명하는 것이 더 적절하다고 봅니다. 행정권 중심의 '초연주의'를 실현하기 위해 전략적으로 천황 대권을 강조하고 천황 대권의 배후 이론으로 국체론을 체계화한 상황을 보면, '국체론'은 일본적인 색깔을 입혀 서구의 제도를 수용하는 일본적 서구 수용의 전형이 될 수 있다고 생각합니다. 이토는 슈타인의 이론을 국체론이라는 이론을 덧 입혀 '초연주의'로 실현했습니다.

행정에서 분리된 천황이 입법부와 행정부 사이에서 균형을 잡는 구조는 위에서 설명한 초연주의로 구체화됩니다. 전문 관료의 양성에 주력하고, 이렇게 양성된 관료에 의해 유지되는 효율적인 행정력을 중심에 둔 일본의 정치체제는 슈타인의 이론과 이를 수용한 이토의 노선에서 유래되었다고 해도 과언이 아닙니다.

일본제국헌법의 제정

귀국 후 이토는 국가조직의 정비작업에 착수했다. 1884년에 참의 이토는 제도취조국을 설치하여 장관에 취임하고 궁내경까지 겸임하여, 철저한 비밀 속에서 헌법제정 작업을 준비했습니다. 그의 작업의 핵심은 장차 헌법에 의해 개설될 의회에 대적할 준비를 하는 것이었

248　石村 修, 『明治憲法 その獨逸との隔たり』, 專修大學出版局, 1999, 91면 이하.

습니다. 오쿠마와 같은 자유민권파도 '화족'으로 편입시키고, 1885년 태정관제를 내각제로 개편했습니다. 또한, 천황의 권한을 강화하기 위해 군제를 확립하고 황실재정도 마련했습니다.[249]

이토는 메이지 천황의 명령으로 1886년 이토 미요지, 가네코 켄타로, 그리고 나중에 이노우에 코와시를 동반하고 요코하마 카나자와의 여관 아즈마야에서 초안심의를 시작했습니다. 여관에 도둑이 드는 사건으로, 이토는 무인도 나쯔시마의 별장으로 들어가 작업을 완성했습니다.[250] 이것이 '나쯔시마'(夏島) 초안입니다. 이에 뢰슬러(Herman Roesler)[251]가 문제점을 지적하여 수정의견을 제시한 것을 참조하여 '10월 초안'이 나옵니다.[252] 이노우에가 여기에 다시 의견을 제시하여 1888년 '2월 초안'[253]이 나오고, 여기에 약간의 수정을 해서 4월에 초안을 완성하여 천황에게 제출했습니다. 이토는 추밀원을 설치하고 의장에 취임했습니다.[254] 3차에 걸친 추밀원 심의는 1889년 2월 5일에 완료되었고, 1889년 2월 11일 메이지헌법은 천황으로부터 내각총리대신에게 하사되었습니다.[255]

---

249 김창록, 위의 논문, 11면.

250 코세키 쇼오이치(古関彰一)/ 김창록 역, 『일본국헌법의 탄생』, 뿌리와 이파리, 2009, 37면.

251 독일인 뢰슬러는 1878년 법률고문으로 일본에 와서 헌법제정의 조언자로 1893년 귀국할 때까지 일본에서 활동했다.

252 稻田正次, 『明治憲法成立史』(下-1), 有斐閣, 1960, 268면.

253 稻田正次, 『明治憲法成立史』(下-1), 330-346면: 10월 초안에 대해 이노우에가 제시한 안에 대해 가필과 수정이 이루어졌다. 천황의 교전선언과 화친조약 체결에 관한 조항처럼 기존의 조약 공포에 따른 신민의 복종의무 조항에 가필하는 형식으로 수정하거나, 중의원 해산 조항처럼 4개월에서 5개월로 중의원 해산에 따른 선거 실시 기간에 관한 수정 또는 '內閣諸大臣'을 '國務各大臣'으로 바꾸는 용어나 명칭의 수정이 이루어졌다.

254 稻田正次, 『明治憲法成立史』(下-1), 411-412면.

255 김창록, 위의 논문, 12면.

메이지헌법은 제정이래, 3기의 과정을 겪습니다. 제1기는 앞에서 설명한 '초연주의'의 시기입니다. 제2기는 다이쇼 데모크라시로 알려진 시기로, 정당정치가 발전하기 시작하고, 자유주의적 성향이 강한 헌법 학설들이 등장하기 시작했습니다. 제3기는 지나사변(중일전쟁) 이후의 시기입니다. '대정익찬회'가 결성되고 맹아기의 정당정치가 파괴되었으며, 입헌주의가 퇴보하는 현상이 지속되어 패전에 이르기까지 유지되었습니다.[256]

갑오개혁의 역사적 의의

위에서 파악한 메이지 헌법과 헌정은 그 자체로 한국 개화파에게 추종모델로 자리 잡게 됩니다. 그 정치사적 배경을 이해하기 위해서 갑오개혁의 역사적 성격과 정치사적 의의를 규명하지 않을 수 없습니다.

한국의 개화파 인사들이 갑신정변에 대한 반성에 기초해서, '군민공치'의 새로운 근대국가를 구상하고 있었으며 여기에 정치적, 사회적, 경제적 개혁의 구체안을 담고 있었다는 사실을 충분히 검토하지 못했다고 선행연구의 문제점을 지적하는 연구가 있습니다.

이 연구는 선행연구들에 대해 "일본은 명목적으로 조선의 독립을 보호한다는 원칙에서 벗어날 수 없는 한계 내에서 간섭정책을 실시하

256　長尾一紘, 『日本國憲法』, 世界思想社, 2011, 7면.

고 있었다. 그런데 이러한 일본의 의도와 결과를 너무 과도하게 해석하여 일본의 식민지화 정책으로 일반화시킴으로써 갑오개혁의 외세의존적 성격을 객관적으로 파악하지는 못했다. 당시 일본의 보호국화정책은 본래 의도와는 달리 도저히 보호국화를 이룰 수 없는 실패한대외간섭정책이었음을 인식할 필요가 있다"라고 주장했습니다.[257]

이 연구는 갑오개혁의 주도세력의 한계도 지적하고 있습니다. 위로부터의 개혁을 선호하고, 지주제의 해체나 농민적 토지소유의 실현을 받아들이지 않은 점, 그리고 농민군을 일본군에 의존하여 탄압한 것을 한계의 근거로 설명하고 있습니다. 그러나 이러한 한계에도 불구하고 갑오개혁의 이념은 주체적 개혁논리에서 찾을 수 있으며, 결정적으로 1880년대 말 개화파 관료들의 구상에서 마련된 것으로 보았습니다. 또한, 사회개혁의 성과를 높이 평가하면서, 조선이 갑오개혁으로 객관적으로 근대사회로 전환되었다고 주장했습니다.[258]

갑오개혁의 타율성론을 비판하고 민족의 주체성을 강조한 연구들

---

257 왕현종, 『한국근대국가의 형성과 갑오개혁』, 역사비평사, 2003, 26-29면; 갑오개혁에 관한 연구사를 3단계로 나누어 정리할 수 있다. 1단계는 갑오개혁이 시종일관 일본의 지도와 간섭을 통해 이루어졌다는 점을 강조하고, 오도리와 이노우에 공사의 역할을 절대적으로 평가하는 연구이다. 조선 관료들의 역할은 단지 개혁을 실행하는 정도에 그치며, 그것도 제대로 해내지 못하고 정치적 분란과 파쟁을 일삼음으로써 갑오개혁이 실패로 돌아갔다고 평가했다. 왕현종은 이러한 연구로 田保橋潔의 연구(1944)와 千寬宇의 연구(1954)를 꼽았다. 2단계는 갑오개혁을 일제의 근대화 정책으로 볼 것이 아니라 본래 일본제국주의의 침략성의 대표적인 사례로 비판하는 연구이다. 박종근의 연구(1974, 1975)를 소개하고 있다. 오히려 북한학계에서 1960년대 초 부르주아민족운동에 대한 연구가 본격화 되면서, 갑오개혁을 적극적으로 평가하고 있다고 소개하고 있다. 3단계는 1990년대의 시기이다. 갑오개혁 당시 개혁론자의 사상, 특히 유길준이나 박영효의 사상을 본격적으로 검토했다. 당시 개혁론자들은 단순히 근대 서구문명을 소개하는데 그치지 않고 전통과 근대를 조화 또는 복합화 하면서 '조선적'근대를 추구했다고 주장했다. 유길준 등의 근대국가 개혁구상이나 일본의 문명개화론과 비교하는 연구로 박명규(1991), 조선적 근대에 대해서는 최진식(1990), 김봉렬(1998), 정용화(1998)의 연구를 소개하고 있다.

258 왕현종, 앞의 책, 67-69면, 430면.

이 등장하는 정치적 배경으로 1960년대 이후 근대민족국가의 수립이라는 과제가 국가권력에 의해 주어진 상황을 포착한 논평이 있습니다.[259] 1990년대에 개화파의 주체적 이념이나 사상을 강조하고 개혁의 긍정적 의의를 재조명하는 연구들이 증가했던 정치·사회적 배경으로 1980년대 이후 '주체'와 '민족'이 중요한 이념적 상징이 된 대학가의 분위기와 무관하지 않다고 생각합니다. 민족의 주체성을 강조하면서 갑오개혁의 자율성을 주장한 북한학계의 태도도 영향을 주었을 것으로 봅니다.

한반도에 영향력을 끼칠 수 있는 구미열강에 대응하기 위해, 이토-이노우에의 공조 속에서 합의된 '실질적 보호국화 정책'과 이에 따르는 구체적 정치 전략인 '법전정략'의 문제를 재검토해야 할 필요성이 있습니다. 또한, 선행연구들이 후쿠자와 유기치로 대표되는 일본의 개화 지식인과 메이지헌정체제를 추종하는 제자에 불과했던 한국인 개화파 인사들을 과대평가한 면을 지적하지 않을 수 없습니다.

주체적 이념이라고 소개한 개화파의 개혁구상은 유학시절 공부한 서구정치의 내용과 제자의 입장에서 일본과 미국의 선생들이 주장한 내용을 추종한 것임을 뒤에 상세히 다루도록 하겠습니다. 왕현종 교수가 개화파의 '한계'로 지적한 내용들도 위에서 설명한 이토의 현실적 '점진주의'의 관점에서 재검토 되어야 합니다.

왕현종 교수의 지적대로 갑오개혁은 일본의 실패한 대외간섭정책이었습니다. 문제는 이 실패를 이토와 이노우에가 예측하지 못했는가

---

259 이삼성, 앞의 책, 704면.

여부에 있습니다. 이 개혁은 당시 조선의 여건상 성공할 수도 없었지만, 저는 이토와 이노우에가 이 개혁이 성공할 것이라고 기대했을 가능성도 없다고 봅니다. "일본이 도와줘도 스스로는 결코 개혁에 성공하지 못하는 조선"이라는 명제의 입증은 일본에게 중요하면서도 꼭 필요한 전략이었습니다.

여기서 "스스로"라는 지점을 집중 발굴해서 갑오개혁의 자주성을 강조하는 입장과 "도와줘도"에 해당하는 사료에 집중해서 타율적인 개혁이라고 주장하는 입장이 존재했다고 할 수 있습니다. 그러나 정작 가장 중요한 부분은 "개혁에 성공하지 못하는 조선"입니다. 또한, 이 명제를 현실에서 입증하는 것 자체가 일본의 전략이 될 수 있음을 이해하는 것도 매우 중요합니다.

갑오개혁 당시의 상황은 윤치호가 정확하게 묘사하고 있습니다. 그는 이 개혁에 대해 회의적인 입장을 피력했습니다. 그 이유로 첫째는 국왕과 민비, 그리고 대원군은 개혁에 필요한 능력도 의욕도 없다는 것입니다. 둘째는 정부 관인들이 국가의 장래보다 사리를 위해 대립과 분열을 일삼는 조선의 정치풍토 때문입니다. 셋째는 일본군이 주둔하면 인민의 반일감정으로 개혁이 진행되기 어렵고, 일본군이 철수하면 정부나 국왕이나 민비가 청국을 끌어들여 개혁이 중단될 것으로 보았습니다.[260] 그의 판단은 정확했습니다. 일본과 조선의 개혁 사이에는 딜레마 관계가 형성되어 있었습니다.

본격적인 논의에 들어가기 전, 먼저 해결해야 할 문제가 바로 사법

---

260 유영렬, 「개화기의 윤치호 연구」, 경인문화사, 2011, 103-104면.

개혁의 관점에서는 명백하게 실패한 개혁인 갑오개혁의 성격을 밝히는 것입니다. 이러한 논의는 개화파의 사상과 입장을 논평하는데 선제가 됩니다. '법전정략'(法典政略)으로 표현되는 일본의 대조선 정치·외교전략(당시 일본의 대조선 전략은 러시아, 영국, 미국 등 다른 열강을 염두에 둔 전략이라는 점을 인식해야 한다)을 사실적으로 인식하는 것이 필요합니다. 또한, 불평등 조약의 개정과 이를 위한 국내법 체계의 근대적 발전을 먼저 경험한 일본이 자신의 경험을 '조선'을 다루는 전략에 활용했다는 사실을 인식해야 합니다.

이노우에 카오루(井上馨)의 법전정략(法典政略)

'법전정략'이란 일본정부가 서구열강을 상대했던 자신의 경험을 토대로 대외적으로는 조선을 청의 속국에서 독립하도록 돕는다는 명분을 내세우고 대내적으로는 일본이 만든 근대적 제도를 조선에 이식하여 식민화의 기초를 만든다는 정치 전략입니다. 갑오개혁이 위에서 언급한 것처럼, 일본의 실패한 대외전략인가 여부는 매우 중요한 쟁점인데 법전정략은 일본이 전략적으로 실패를 예견하면서 대외적으로 실패하는 것을 보여주는 효과를 기대하고 실행했음을 밝혀주는 단서가 됩니다.

일본정부는 개항과 이에 따른 불평등 조약을 개정해야 하는 과제에 봉착해 있었습니다. 특히 치외법권의 문제는 가장 큰 당면과제였습니다. 이노우에는 1886년 5월부터 각국 공사와 교섭을 거듭했고, 1년간 20여 차례의 회담을 가졌습니다. 이노우에는 일본이 단번에 치외법권을 폐지할 수는 없다고 판단하여 점진적 협상안을 마련했습니다. 프랑스인 사법성 법률고문 브나소아드가 이노우에의 협상안은 오히려 기존 조약보다 후퇴하는 것이라는 의견서를 제출했고, 협상안과 함께 이 의견서가 민간에 알려지면서 이노우에는 정치적 위기에 봉착합니다. 이노우에는 각국 대표와 협상안 개정안을 합의한 상태였는데 개정을 무기한 연기하지 않을 수 없었고, 이에 따라 외무대신직을 사임했습니다.[261]

이토 히로부미는 영국식 입헌제 도입을 주장했던 오쿠마를 영입했습니다. 자신은 헌법제정에 전념하면서, 오쿠마에게 불평등 조약의 개정문제를 맡겼습니다. 오쿠마는 24개조로 구성된 새로운 화친 통상 조약을 마련해 각의에 제출한 후, 독일을 시작으로 러시아, 이탈리아, 오스트리아 공사에게 신조약안을 전달했습니다. 가장 먼저 신조약에 동의한 나라는 미국이었습니다.[262]

외국인 관련 소송은 향후 10–12년간 대심원에서 외국인 재판관이 다수가 된다는 제3항이 공개되었습니다. 외국인 재판관이 등장하는 제3항은 오쿠마를 정치적 위기로 몰아넣었습니다. 이토와 이노우에가 오쿠마안에 반대해 천황에게 상신하는 사태가 벌어집니다.[263] 불평등 조약의 개정은 일본국민의 비원이며 역대 정부의 숙원이었습니다.

---

261 미요시 도오루, 앞의 책, 308–310면.
262 미요시 도오루, 앞의 책, 318–319면.
263 미요시 도오루, 앞의 책, 321면.

조약의 개정 없이는 일본이 근대국가로 인정받지 못한다고 판단했습니다. 이후 오쿠마는 테러를 당해 오른쪽 다리를 절단하게 됩니다.[264] 일본 스스로 제국주의 열강을 경험한 내용을 토대로 법전정략을 수립했을 개연성은 매우 높습니다.

1차 갑오개혁의 성격을 청일전쟁을 위한 포석에 지나지 않는 것으로 보고, 개혁이 실현될 것이라는 전망도 없었다고 보는 모리야마의 입장을 반박할 근거는 마땅하지 않습니다. 개혁의 전체적인 틀에서 보면 그렇습니다. 그러나 오도리(大鳥圭介) 공사는 신개화파의 정권장악과 민씨정권 타도를 목표로 구체적인 개혁안을 제시합니다. 유길준, 김가진과 같은 신개화파도 일본의 지원으로 새로운 개혁으로 나아간다는 열망이 있었습니다.[265]

갑오개혁의 자주성을 주장하는 입장의 근거는 무엇일까요? 자주성을 주장하는 유영익의 입장을 검토해 보겠습니다. 무츠무네미츠(陸奧宗光)가 청을 상대로 조선정부의 내정개혁을 공동으로 실시하자고 제의했다가 거절당하고, 조선에 일본군 대부대가 파견되자 스기무라(杉村濬)는 일본군의 서울점령을 계기로 조선의 친청 민씨척족정권을 무너뜨리고 친일정권을 수립한 후 조선의 내정을 개혁하고자 시도했습니다. 오도리 공사와 스기무라는 조선측 대표와 협의하는 과정에서 일본 측이 준비한 '내정개혁강목'을 제시하고 이를 시한부로 실현하라고 강권했습니다. 이에 조선 정부는 김홍집과 김병시를 내세워 조

---

264 미요시 도오루, 앞의 책, 323–325면.

265 모리야마 시게노리(森山茂德)/ 김세민 역, 『근대한일관계사연구』, 현음사, 1994, 35–37면.

선 스스로 자발적인 개혁을 실시하는 것으로 방침을 정하고 일본군의 철수를 주장했습니다. 일본측은 조선이 청의 속방이냐 아니냐를 따지는 '속방론'을 내세워 경복궁을 강점했습니다. 이후, 일본측은 반청과 반민씨정권 성향의 친일 인물을 포섭하는 일에 집중했습니다. 포섭한 '일본당' 인사로는 안경수, 김가진, 유길준이 있으며 이들을 기용했습니다.[266]

유길준 등 '일본당' 인사의 기용이 일본 공사관 측의 직접적인 지시에 의한 것이 아니고 그 당시 일본의 대한정책에 동조하던 일부 정객, 특히 안경수 그리고 부차적으로는 조희연이 일본 측에 내응한 결과라고 설명하고 있습니다.[267] 일본군 철수를 요구하기 위한 방책으로 김홍집과 김병시를 내세워 스스로 개혁하겠다고 주장한 것과 '일본당' 인사들을 일본공사관의 직접지시가 아니라, 친일 개화파인 안경수와 조희연의 천거로 이루어진 것이 갑오개혁의 자주성의 근거가 될 수 있다고 볼 수는 없습니다.

당시 조선은 조선 내에서 일본의 힘이 약해지면 언제라도 개혁을 무력화시킬 준비가 되어 있었습니다. 아관파천 후 친일내각의 개화파들을 역적으로 규정하고 '포살령'을 내린 사실을 상기해야 합니다. 김홍집 · 박영효 연립내각에서 박영효가 민비와 손잡고 김홍집 세력을 견제하려고 하고, 일본의 기대에 부응하지 않는 자주적 입장을 표명하기도 했습니다.[268] 그러나 정파 간 권력투쟁의 상황 속에서 정치가

---

266 유영익, 『甲午更張研究』, 일조각, 1990, 115-116면.

267 유영익, 앞의 책, 118면.

268 김윤희, 『이완용평전』, 한겨레출판, 2011, 66면.

개인의 태도나 정책의 일면을 근거로 '자주성'을 설명하는 것은 불가능합니다.

2차 개혁은 1차 개혁에 비해 성과가 없지 않았습니다. 이노우에(井上馨)의 등장으로 2차 개혁은 시작됩니다. 위에서 서술한 것처럼, 이노우에는 구미열강과 일본의 조약개정 교섭 체험을 통해서 근대적 법치국가의 형식을 갖추는 것이 구미 열강에게 독립국으로서 승인받는 방법이고, 또한 통치 효율을 높이는데 좋다고 인식하고 있었습니다. [269] 대외적으로 조선을 명목상 독립국으로 유지하는 것을 돕는다는 것을 구미 열강에게 보이고, 동시에 조선의 실질적 보호국화 정책을 추진할 적임자로서 이노우에가 등장합니다. [270] 이것이 바로 '법전정략'의 골자입니다.

이토와 이노우에는 일본의 대한정책의 목적이 '실질적 보호국화'에 있음을 확인하고 개혁안에 합의합니다. 이노우에는 자신의 정책을 '영국의 이집트에 대한 정책'이라고 요약했습니다. [271] 영국이 이집트를 지배하듯이 조선인을 뒤에서 가르치고 지원하여 근대화를 추구한다는 의미입니다. 친일 개화파를 포섭하고 기용하여 개혁을 추진하도록 하는 정책은 영국이 이집트를 보호국화한 모델에 따라 기획된 것입니다. 법전정략의 전략적 배경은 영국의 이집트 통치 모델에서 기인합니다. 통감부 시기 이토의 법무보좌관 제도도 이러한 전략의 연장선

---

269 모리야마 시게노리, 앞의 책, 46면.
270 운노 후쿠쥬(海野福壽)/ 정재정 역, 『한국병합사연구』, 논형, 2008, 120면: 일본 정부가 공식적으로 정책목표로서 한국의 보호국화를 명시한 것은 1901년 제4차 이토 내각의 뒤를 이어 수상에 취임한 가쓰라 다로가 정강의 하나로 '한국 보호국화'를 내세운 것이 처음이다.
271 모리야마 시게노리, 앞의 책, 43-44면.

에서 인식할 수 있습니다. 일본이 지원하지 않으면 친일 개화파가 집권할 가능성도 없었습니다.

이노우에의 등장으로 시작되는 2차 개혁의 내용은 첫째 궁중의 비정치화, 둘째 근대적 법치국가체제의 창출을 위한 '법전정략'과 이 전략의 실행을 위해 일본인 고문관에 의한 조선 정무의 감독입니다. 셋째는 차관공여와 이권 획득에 의한 조선경제의 대일 종속화입니다.[272]

당시 조선 사회의 문제 중 사법의 폐해는 지면의 한계상 열거할 수 없을 정도로 심각했기 때문에 '법전정략'은 전략적 의미 이상의 역사적 의의를 갖습니다.[273] 누가, 왜 주도했는가를 따지기 이전에 사법개혁은 조선에 꼭 필요한 과제였습니다.[274] 운노 후쿠쥬의 연구에 따르면, 한국을 보호국화 하기 위한 거의 모든 한일협약 속에 사법개혁은 반드시 포함되었습니다.[275] 일본식 법제와 관제의 개혁은 일본의 통치를 용이하게 할 수 있는 사전적 조치가 될 수 있었습니다. 한국 입헌주의의 효시이자 흠정헌법으로 평가되기도 하였던, 〈홍범 14조〉도 이노우에의 '법전정략'의 산물인 20개조 '내정개혁요목'을 취사 · 정리한

---

272 모리야마 시게노리, 앞의 책, 46면.

273 森山茂德, "保護政治下韓國における司法制度改革の理念と現實", 『植民地帝國日本の法的構造』, 信山社, 2004, 282면.

274 도면회, 『1894-1905년간 형사재판제도 연구』, 서울대학교 박사학위논문, 1998, 71-74면, 펠릭스 클레르 리델(Felix Clair Ridel)/ 유소연 역, 『나의 서울 감옥생활 1878: 프랑스 선교사 리델의 19세기 조선 체험기』, 살림, 2009: 재판관의 역할을 하는 수령의 부패와 폐단, 수사와 재판과정에서의 남형과 고문, 미결수 상태로 장기간 구속하는 체수(滯囚), 판결확정력의 결여, 형벌권 행사와 집행기관의 중첩, 지방 토호나 양반가이 사적 형벌의 집행 등이 일상적이다. 경미한 범죄로 체포 · 구금되어 장기간 미결 상태로 감옥에 방치되다가 불결한 환경으로 인해 전염병으로 사망하는 자가 많았고, 심지어 간수들의 폭행으로 사망하는 형사피의자가 많았던 것으로 보인다.

275 운노 후쿠쥬(海野福壽)/ 연정은 역, 『일본의 한국병합』, 중원문화, 2010, 193면, 운노 후쿠쥬(海野福壽)/ 정재정 역, 앞의 책, 362-382면.

문서에 불과합니다.[276] 〈홍범14조〉의 서약과 같은 조치들은 조선 측의 개혁에 대한 자주성을 강조해서, 구미열강의 간섭을 조래하지 않도록 하는 의도도 있었습니다.[277]

실패한 사법개혁

갑오개혁기 사법개혁의 의의를 설명하고자 하는 연구는 "1차 개혁기와 달리 2차 개혁기에는 재판소구성법을 비롯한 재판제도에 관한 개혁법령들이 공포되었다. 행정과 사법의 분리, 재판소 설치라는 점에서 2차 개혁의 의미는 매우 크다"라고 평가하고 있습니다.[278] 한국인들이 이미 전통사법의 폐해를 인식하고 있었고 사법개혁을 포함한 갑오개혁은 한국 스스로 보여준 근대화를 향한 주체적인 노력의 표출 중 하나였으므로 통감부기라 하더라도 한국인 스스로의 지속적인 개혁이 가능했을 것이라고 주장하면서, "1896년 의병투쟁 상황에서 전개된 일본 측의 사법개혁은 일본인의 생명·신체·재산을 보호하고 항일운동을 압살한다는 지상명제가 전제되어 있었고, '한국사법제도의 개선'이라는 명제는 일본의 이익을 지키기 위해서 제 기능을 하지 못하고 있는 사법제도를 일본의 통치목적에 맞게 바꾼다"라는 명제의

---

276 신우철, 『비교헌법사: 대한민국 입헌주의의 연원』, 법문사, 2008, 62−64면: 신우철은 유진오가 〈홍범14조〉를 우리나라 최초의 근대적 헌법이라고 서술한 것과 권영성이 '일종의 흠정헌법'이라고 평가한 것을 비판하고 있다.

277 모리야마 시게노리, 앞의 책, 50면.

278 문준영, 『법원과 검찰의 탄생』, 역사비평사, 2010, 167면.

변형일 뿐이라는 주장도 있습니다. [279]

이러한 주장들은 갑오개혁의 자주적 의의를 밝히고, 한국 스스로의 '개혁가능성'을 설파하고자 하는 선행연구들과 같은 맥락에서 이해할 수 있습니다. 소수의 개화파들이 주도한 갑신정변은 이미 실패했습니다. 갑신정변과 임오군란 이후 위안스카이로 상징되는 청의 내정 간섭과 이 부패한 외세와 결탁한 민씨척족의 수탈 정치로 인해 농민봉기가 일어났습니다. 이런 상황에서도 개혁의지가 명확하지 못했던 고종과 그 고종을 바라보며 권력을 향해 합종연횡하기에만 여념이 없었던 대다수의 관료들이 지배적인 상황에서, 개화파에 대한 일본의 지원과 왕실 및 조정에 대한 일본의 강요가 없었다면, 실패한 개혁이었을 지라도 개혁의 시도 자체가 불가능했을 것입니다.

불행하게도 유길준과 같은 개화파가 일본을 추종하게 되는 것은 매우 자연스러운 현상이었습니다. 이러한 절망적 상황에서, 한국인 스스로의 개혁 가능성과 갑오개혁 이후 개혁의 지속 가능성을 운운하는 주장은 납득하기 어렵습니다. 위의 이토 다카오의 주장처럼, 설령 '한국사법제도의 개선'이 오직 일본과 일본인의 이익을 지키기 위한 것이었다고 해도, 그의 지적처럼 일본인이 많이 살고 있어서 유일하게 비교적 개혁취지에 부합하도록 운영된 '한성재판소'는 합리적인 조선인에게는 희망의 상징과 같은 존재였을 것입니다.

1895년 3월 25일 법률 제1호로 공포된 '재판소구성법'은 '법률'이라는 명칭으로 공포된 최초의 근대적 법령입니다. 한국 정부는 2003년

---

279 이토 다카오(伊藤孝夫), "통감부의 사법개혁 착수", 『한국과 이토 히로부미』, 선인, 2009, 137-139면.

부터 동법의 시행일인 4월 25일을 '법의 날'로 기념하고 있습니다. 이 법률에 대해, "재판소구성법은 행정사무로부터 재판사무를 분리하고 재판권을 재판소로 통일시키는 계기가 되었다는 점에서, 일본의 '사법직무정제'(1872)와 같은 의미를 가진다. 그러나 당시 예정된 것들 가운데 시행되지 않은 것들도 있었고 그 결과 개혁의 의미가 퇴색되어 버렸기 때문에, 개혁 자체의 한계나 불철저성이 지적되기도 한다. 예컨대 재판소가 설치되었지만 사법권의 독립이 불철저하고 법부로의 권력집중이 나타났으며 재판소 구성이나 소송제도 면에서도 미흡한 점이 많았다. 그러나 행정기관으로의 권력집중과 제도축약 현상은 법제 근대화 초기의 혼란을 사법제도, 특히 통일적 재판조직 정비를 통해 극복하려는 것으로서, 일본과 조선에서 공통으로 나타나는 특징이었다"라고 그 법제사적 의의를 평가한 입장이 있습니다.[280]

그러나 이 법은 제대로 시행조차 되지 못한 법률이었습니다. 지방에는 재판소 자체가 설치되지 않았습니다. 1906년 일본인의 기행문이나 법무보좌관제도 시행을 통해 축적된 기록들이 군수재판(소위 원님재판)의 실상을 생생하게 증언해 주고 있습니다. 당시의 재판장면을 번역하여 소개하면 다음과 같습니다.[281]

우리가 왔기 때문에 집무를 폐하는 것은 안 될 일이므로, "사양하시지 말고 일을 보십시오"라고 통역을 시켜 말하자, "그렇다면"이라고

280　문준영, 앞의 책, 175면.
281　江見水蔭, 『捕鯨船』, 博文館, 1907, 107–109면.

하면서 법정으로 소송을 제기한 사람(出訴人)을 불러냈다. 예닐곱 명이 마당에 앉아 대기하고 있는 모습이 아무래도 '사쿠라소고(佐倉宗吾)'의 연극 같은 느낌이 들었다. 옆에는 머리에 씌우는 커다란 칼(首枷)이 있다. 태(笞)가 있다. 고문대가 있다. 하급 관리가 불그레한 얼굴(赤面)로 으스대는 모습을 보니, 아무래도 20세기라고는 생각되지 않는다. 우리들은 여러 명의 관기(관청에 근무하는 기생)가 부어주는 술로 대접을 잘 받았는데, 군수도 역시 마찬가지로 손에 술잔을 들고 마시면서 소장(訴狀)에 대해 하나하나 결재를 내리는 등, 우리가 보기에는 너무나 이상한 모습이었지만, 조선에서는 특별히 이상할 것도 없는 듯했다. 취조를 하는 중에 이런 일이 있었다. 어떤 남자가 누군가에게 돈을 빌렸다. 기한이 다가와도 갚을 수가 없었다. 양친이 병을 앓고 있어 간호를 위해 온갖 힘을 다하고 있었기 때문에 어쩔 도리가 없었다는 설명이었다. 마을 사람들이 모두 연서를 해서 증명을 한 바, 그것은 사실 그대로라고 했다. 그 사람은 드물게 보는 효자라는 것이었다. 재판이 끝나고 나자, 관기 한녹주, 이계월 두 사람이 '칼춤'이라는 것을 추어 보여주었다. 정청(政廳)에서 죄인을 꾸짖고 있던 하급관리는 악공(樂人)을 겸하고 있었는데, 큰 북과 피리를 성의껏 잘 연주하는 것이 상당히 능숙한 모습이었다.

20세기 초 울산에서 사또가 음주운전도 아니고, 음주재판을 히는 장면입니다. 우리가 역사적 사실을 외면하고 구한말의 상황을 미화하는 것은 역사를 이데올로기의 문제로 인식하는 천박한 역사의식 때문입니다. 저는 한심하면서도 한 편으로는 백성들이 어떤 고통 속에 살았을까를 생각할 때 마음이 아픈 이러한 진실에 우리가 직면해야 한다고 생각합니다. 이 부분을 3번 이상 읽으시면서 당시 상황을 상상해 보시기 바랍니다.

지방에 재판소가 설치되지 못했음에도 불구하고, "재판소구성법은 군수의 재판권에 대해 아무런 언급도 하지 않았습니다. 아마 각 부청 소재지 및 주요 도시에 지방재판소와 지방재판소지청을 설치하면 군수의 재판권은 당연히 폐지되는 것으로 예정했던 것 같다"라고 설명하기도 합니다.[282] 통감부가 작성한 한국시정일반에는 1907년까지도 지방에 재판소 지청이 설치되지 못했다고 밝히고 있습니다. 통감부 '시정일반'의 내용을 보면, 재판소구성법의 입법 의도를 더욱 정확하게 알 수 있습니다.

개국 이래 오랫동안 행정, 사법의 구별이 제대로 되지 않고 재판이 보통 행정관리의 손에 좌우되어 이를 혼동할 뿐만 아니라 이로 인해 각종 폐해가 수반되어 일어나면서, 마침내는 공정해야 할 재판이 뇌물의 많고 적음으로 옳고 그름을 정하고 권세의 유무에 따라 곡직을 정함이 극에 달해, 무고한 국민을 잡아들여 재산을 착취하고 유죄인 자를 풀어주어 금품 강요와 같은 비리가 횡행하게 되었다. 개국 504년(1895년)에 최초로 재판소구성법을 제정하였고 그 후 다소의 개정을 거쳐 현행 제도와 같이 재판소를 (1)특별법원(황족의 범죄를 재판함) (2)평

---

282 문준영, 앞의 책, 177면.

리원(종심) (3)순회재판소 (4)한성부 및 각 개항시장 재판소(초심) (5)지방 재판소(초심) (6)동지청(초심, 이를 둘 수 있음)로 나누었다. 그러나 특별법 원은 임시로 설치하는 것으로 하고 순회재판소 및 지방재판소 지청은 지금까지 이를 설치, 실행하지 못하고 있다. (중략) 관찰부 목사청(牧使廳) 및 감리서에 합설하여 관찰사, 목사 및 감리가 판사를 겸임하게 하고, 제주재판소에 전임 검사보 1인을 두는 외에는 특별히 1인의 아전도 두지 않고 오로지 관찰사, 목사 및 감리 등이 재판소 판사의 이름으로 판결하여 군수 또는 예부터 내려오는 관례에 의해 일정 범위의 재판을 하는 등 조금도 구태를 개선한 부분이 없었다. 전술한 바와 같이 재판소로서 독립 존재할 수 있는 재판소는 초심 재판소이며 유일하게 한성재판소 및 종심 재판소인 평리원(平理院)뿐이었다. 한성재판소는 수반(首班)판사 이하 판사 4명, 검사 2명 및 주사 8명의 직원이 있었고 평리원에는 재판장[원장 니시테 칙임(勅任)] 외에 수반판사 칙임 이하 판사 4명, 수반검사(칙임) 이하 검사 3명 및 주사 10명의 직원으로 구성되어 있었으며, 차츰 그 조직이 자리를 잡게 되었다. 대개 권세에 인연이 있어 임관된 자들로서 법률상의 소양이 부족하고, (중략) 숱한 폐해가 이 사이에 발생하여 국민들이 억울하게 굴복하는 경우가 많았으니, 지방 각도의 재판 상황은 미루어 짐작하기 어렵지 않을 것이다.[283]

---

283 統監府 編, 「韓國裁判制度」, 『統監府施政一斑』(明治四十年一月), 韓國倂合史研究資料, 龍溪書舍, 2008, 120-122면.

위의 한국재판제도에 대한 「통감부 시정일반」의 내용을 검토해 보면, 갑오개혁기 사법개혁의 의미가 명확해질 수 있습니다. 이미 살펴본 것처럼, 갑오개혁을 식민화 전략의 산물로 보든, 한국의 개화파가 참여했으므로 내재적 발전론의 근거로 삼을 수 있다고 주장하든, 일본의 영향을 부정하는 연구자는 아마도 없을 것입니다. 통감부가 재판소구성법으로 구태가 개선되지 못했다고 평가하는 것은 일본 스스로 자신들이 영향을 끼친 개혁이 실패했음을 인정하는 것이 됩니다.

1907년 이토 통감과 이완용 내각총리대신 사이에 체결된 제3차 한일협약의 내용에 따라, 한국의 사법권은 행정권에서 완전히 독립했습니다. 또한, 한국 재판소에 일본인 사법관, 즉 법무보좌관을 임용해 전문성이 부족한 한국인 판검사를 보좌하던 제도를 폐지하고, 일본인이 직접 재판을 담당하게 되었습니다.[284] 이토는 법무보좌관 제도에도 나름대로 공을 들였지만, 한국의 현실상 성공할 수 없었습니다. 갑오개혁기 사법개혁은 법무보좌관 제도와는 그 본질이 다르다고 할 수 있습니다. 일본이 영향을 끼친 재판소구성법의 입법 당시에 이미 당시 조선의 현실상 전문법관에 의한 재판이 불가능하다는 것과 군수재판이 아닌, 행정권에서 독립한 재판소에서의 재판이 불가능하다는 것을 일본정부는 충분히 예상할 수 있었습니다.[285]

일본은 1875년에 지방관이 판사를 겸임하는 제도를 폐지했습니

---

284 이영미/ 김혜정 역, 「한국사법제도와 우메 겐지로」, 일조각, 2011, 47면.
285 이영미, 앞의 책, 39~40면: 통감부가 법무보좌관제도를 시행할 때에도 전문가인 일본인 보좌관의 보좌를 거부하는 한국 지방관들의 자의적이고 규정을 지키지 않는 재판으로 구태는 시정되지 않았다.

다.[286] 1876년부터 지방에 재판소와 지청을 설치하는 사법개혁을 시행했습니다.[287] 일본은 개혁과정에 필요한 정치적 · 경제적 · 사회적 토대를 이미 알고 있었습니다. 자신들의 개혁과정을 통해 이미 혼선을 일으키는 부분과 개혁의 부작용 등은 충분히 예측 가능했습니다. 2차 갑오개혁기 사법개혁은 '법전정략'을 통해 대외적으로 일본이 조선의 독립을 돕고 있다는 것을 천명해서 구미열강의 간섭을 피하고, 법제와 관제를 일본식으로 정비하여 본격적인 보호국화 정책을 준비한다는 차원에서 이해해야 합니다.

당시 조선은 개혁을 성공시킬만한 사회적 · 정치적 토대가 전무했습니다. 외국의 제도를 수용해서 개혁한다는 사실이 정치적 위협이 될 수 있음을 이미 본국에서 경험했고, 위에서 언급한 것처럼 오쿠마가 조약개정을 추진하다가 테러를 당한 것도 경험한 인사들이 상투를 자르는 것만으로도 의병을 일으킬 수 있는 조선에서 갑오개혁이 성공할 것이라고 확신했다고 설명한다면, 누가 이를 납득할 수 있겠습니까? 또한, 갑오개혁기 사법개혁의 실패는 이토 히로부미가 '통감부'와 '통감의 감독과 지도'의 필요성을 주장함에, '한국 국민의 권리보호와 신장'이라는 정당화 근거를 내세울 수 있는 정치적 배경을 제공할 수 있었습니다.[288] 통감부로 상징되는 보호정치가 엄청난 비판에 직면했을 때, 이토가 통감정치에서 병합쪽으로 입장을 바꿨던 것, 즉 통감정

---

286 菊山正明,『明治國家の形成と司法制度』, 御茶の水書房, 1993, 250면.

287 前山亮吉,『近代日本の行政改革と裁判所』, 信山社, 1996, 7–88면.

288 森山茂德, "保護政治下韓國における司法制度改革の理念と現實",『植民地帝國日本の法的構造』, 信山社, 2004, 288면.

치의 포기와 갑오개혁의 실패는 전혀 다른 정치사적 관점해서 이해해야 합니다.

일본의 소수 개화파들이 성공적으로 실현한 개혁조치들을 부러워하면서 그들처럼 되고자 시도했던 갑신정변은 실패했고, 이후 등장한 유길준과 같은 신개화파는 갑오개혁에 참여하게 되었습니다. 역사의 소용돌이 속에서 그들은 어떤 선택을 할 수밖에 없었을까요? 저는 이들이 '영미식 입헌제'나 '미국식 입헌제'를 선호했다는 내용을 근거로 이토 등 일본의 메이지 헌법제정자들보다 더 선구적이라든지 내재적 발전론의 근거가 된다든지 하는 근시안적 논의를 하지 않을 것입니다.

풍전등화와 같은 조국의 명운 앞에서, 희망을 걸었던 개혁들이 실패하는 것을 목도하면서 그들이 일본에서 또는 미국에서 유학하며 배운 새로운 지식들과 이에 대한 그들의 생각을 기록한 편린들을 가지고 내재적 발전의 가능성을 논의한다는 것이 가능할까요? 이토 등이 이미 공부한 근대 서구의 이론과 현실을 일본과 미국의 선생들을 통해 자기 나름대로 이해하고 기록한 노트나 일기의 내용이 '개혁의 주체성'이나 '자주적 발전의 가능성'의 증거가 될 수 있을까요?

유길준과 윤치호, 그리고 헌정연구회가 왜 일본의 메이지 흠정헌법의 체제를 현실적인 대안으로 선택할 수밖에 없었는가는 앞에서 검토한 갑오개혁의 정치사적 의의와 성격을 밝히는 과정에서 충분히 드러났다고 생각합니다. 친일 개화파는 조선의 정치·사회·문화적 현실 속에서 절망하고, 동시에 조선이 하지 못한 개혁을 같은 동양인임에도 불구하고 실현한 일본을 동경하고 추종하게 되었습니다. 그렇다면 그들이 추종한 개혁의 내용은 무엇인가요? 바로 앞에서 자세히 설명한 메이지 헌법과 헌정의 사상입니다. 조금 더 자세히 유길준과 윤치호를 중심으로 개화파의 메이지 체제의 추종에 대해 살펴봅시다.

친일 개화파의 일본인식: 유길준과 윤치호를 중심으로

'친일'과 '반일'이라는 '선과 악' 또는 '매국과 애국'의 이분법으로 근현대사의 인물들을 분류하는 방식에 한국인들은 이미 너무 익숙해서, 어쩌면 이분법을 넘어 사유하는 것이 당혹스러울 수도 있다고 생각합니다. 이 이분법을 적용하면, 19세기 말 이완용은 애국지사의 표상이 될 수 있습니다. 갑오개혁의 과정에서 이완용은 고종의 신임을 받고, 고종에게 충성을 다했으며 친미성향의 정동파를 이끌면서 고종과 민비의 의중을 읽어 일본을 배척했습니다.[289]

유길준에 대한 평가를 보면, 일본이 조선의 내정에 개입해 조선을 개혁시키고 조선을 부국강병의 나라로 만들어 주는 것이 인접국의 침략과 지배를 막아준다는 논리를 수용하고 일본의 침략가능성을 경계하지 못한 것을 결정적인 한계로 지적하고 있습니다.[290] 러시아에게 지배당하느니 같은 황인종인 일본이 낫다는 인식, 즉 러시아에 대한

---

289 김윤희, 『이완용평전』, 한겨레출판, 2011, 69면.
290 김학준, 『구한말의 서양정치학 수용 연구』, 서울대학교출판문화원, 2000, 304면, 최문형, 『한국 근대의 세계사적 이해』, 지식산업사, 2010, 104면.

공포증인 공로증을 확산시킨 일본의 심리전에 동요되었다고 비판하기도 합니다.[291] 그러나 한계로 지적되거나 비판의 대상이 된 진일 개화파의 일본인식이 지나치게 일제의 식민지배라는 결과론적 이분법에 따른 평가라고 생각합니다. 그들에게 영향을 끼쳤던 사상과 정치사적 상황을 배제하고 그들을 평가할 수는 없습니다.

유길준은 다른 개화파 인사들과 마찬가지로 '조일수호조약'에서 조선을 '자주독립국'으로 선언한 것을 의미 있게 해석했습니다. 청일전쟁에서 일본이 승리한 것에 대해서도 조선이 분명한 독립국이 되는 길로써 일본에 감사한다고 주장했습니다.[292] 윤치호도 일본의 승리를 원했습니다. 청국의 야만적 압제보다는 일본의 근대적 지배하에서 개혁을 도모할 수 있다고 보았기 때문입니다.[293]

청의 위안스카이는 조선 내 개화 억제책을 강력하게 펴면서 개화파 유학생들을 박해했습니다. 위안스카이는 조선의 내정을 좌지우지했고, 부패한 민씨척족 권력자들은 그에게 의탁해 백성들을 착취했습니다. 갑신정변 후 그는 유학생들을 강제 귀국시켰는데 일부 유학생들은 귀국 즉시 처형당했습니다. 유길준은 고종과 측근들의 도움으로 위기를 모면하게 됩니다.[294] 청은 조선의 인재들을 죽여야 발전을 막을 수 있고, 속국으로 계속 지배할 수 있다고 판단했습니다.자신들의 생명을 위협하고 부패한 세력의 배후가 되어서 개혁을 방해하고 조선

---

291 김학준, 앞의 책, 275면.

292 현광호, "유길준의 동아시아 인식과 구상", 『근대동아시아 지식인의 삶과 학문』, 성균관대학교출판부, 2009, 61면.

293 유영렬, 『개화기의 윤치호 연구』, 경인문화사, 2011, 98-99면.

294 유영익, 앞의 책, 101-102면.

을 착취하는 '청'이라는 존재는 개화파에게 혐오의 대상이 되었습니다. 일본은 이러한 청을 물리치고 조선을 개혁의 길로 나아가도록 돕는 감사의 대상이 되는 동시에, 닮고 싶은 '개화'의 모델로 자리 잡기 시작합니다.

유길준과 윤치호는 일본과 미국에서 유학한 유학파들입니다. 그들은 일본의 발전상을 보고 이에 심취했으며 국내에서 말로만 듣던 개화와 문명을 경험으로 체득하게 되었습니다.[295] 이들보다 뒤인 1904년에 유학했던 최남선도 일본에 똑같이 매료되었습니다.[296] 당시 조선의 현실에 고뇌하던 개화파 인사들이 유학을 통해 일본에 매료되는 것은 너무나도 자연스러운 현상이라고 할 수 있습니다. 그들에게 일본은 조선이 가야할 미래지향적 모델이 되었습니다. 그들은 일본이 그 제도나 법규를 서양의 것을 모방한 것이 대부분임을 알게 되었습니다.[297] 미국 유학에서는 인종주의와 인종차별을 경험하게 되고, 백인종에 대한 '회의'를 품었을 가능성을 배제할 수 없습니다.[298] 백인으로부터 받은 인종차별의 경험은 '일본'이 유일한 현실적 대안이라고 판단하는데 영향을 주었을 것으로 추론할 수 있습니다. '공로증'도 한계로 지적할 것이 아니라, 그들의 삶의 궤적을 통해 보면 이해 가능한 측면이 분명히 존재합니다.

---

295 김학준, 앞의 책, 251면.
296 류시현, 『최남선평전』, 한겨레출판, 2011, 29-30면.
297 유길준/ 구인환 엮음, 『서유견문』, 신원, 2005, 13면.
298 유영렬, 앞의 책, 85면: 윤치호는 미국유학을 통해 미국식 민주주의를 현존하는 최선의 정치체제로 인식하게 되었다. 미국의 정치, 사회, 문화 전반에 매료되고 그 장점들을 인식했다. 그러나 인종차별의 문제를 직시하게 된다. 청국인, 흑인, 인디언들에 대한 천대를 경험하게 되고 자신도 미국인들로부터 경멸과 모욕을 당하기도 했다.

1868년 메이지유신 이후 일본을 서구처럼 문명개화국으로 만들어야 한다는 이른바 문명개화운농이 전개되었습니다. 이 운동에서 선노자적 역할을 수행한 지식인이 후쿠자와 유기치입니다. 후쿠자와 유기치는 유길준과 윤치호뿐만 아니라, 조선의 개화파에게 큰 영향을 주었습니다. 그는 일본의 만엔권에 나오는 인물이자 게이오 대학의 설립자입니다. 그는 서양의 동아시아 침략에 대비해 일본을 맹주로 하는 일본·한국·중국의 연대를 성사시켜야 한다고 제의했는데, 그의 아시아연대론은 중국과 조선의 지식인들로부터 호의적인 반응을 얻었습니다.[299]

김학준 교수는 후쿠자와(福澤諭吉)의 '탈아론'과 이에 대한 유길준의 반응을 언급했습니다. 유길준이 자신에게 은혜를 베푼 사람들을 거론하면서 후쿠자와의 이름을 거론하지 않은 점을 들고 있습니다. 마치 유길준이 후쿠자와의 '탈아론'에 반감을 가지고 거리를 둔 것처럼 설명하고 있습니다. 후쿠자와는 조선을 중국과 더불어 일본이 문명세계로 가는 길에 '걸림돌'이 된다고 주장하고, 서유럽국가들이 조선과 중국을 다루는 방식으로 일본 역시 조선과 중국을 다루어야 한다고 덧붙였습니다.[300]

그러나 후쿠자와는 이미 '조선정체론'을 제시하면서, 조선이 서양에 굴복해서 서양의 지배를 받으면 일본의 안전에 위협이 된다는 주장을 했고, 유길준이 일본에 도착한 1881년에는 '조선보호론'으로 논

---

299 김학준, 앞의 책, 247면.
300 김학준, 앞의 책, 258면.

리가 확대되어 있었습니다.[301] 후쿠자와의 문명론과 탈아론의 배경에는 사회진화론이 있다고 볼 수 있습니다. 친일 개화들이 일본의 침략 의도를 제대로 인식하지 못한 것을 한계로 지적하지만, 중요한 점은 개화파 인사들이 이러한 일본의 의도와 생각을 알면서도 일본을 추종하지 않을 수 없었던 당시의 현실이라고 생각합니다.

일본의 사회진화론이 개화파에게 끼친 영향

일본에서 문명개화의 정책들은 구체적인 이론적 기반이나 프로그램이 없었고 단지 서구식 모델을 흉내 내기 시작한 '기회주의적' 또는 '피상적인' 근대화 정책들이었습니다. 초기 메이지 정부의 주요 인사들은 서구의 문명화를 '선택적 수용' 방법에 따라 받아들였습니다. 이것은 서구의 물질, 문명, 산업, 기술, 무기 등을 수용하고, 서구의 정치적, 사회적 사고는 최소한으로 줄여 수용하는 방법을 말합니다.[302] 이러한 과정에서 '진화론'도 수입되었습니다.

진화론은 일본에서 처음부터 일본의 근대화라는 정치적 목표와 뗄 수 없이 연관되어 수용되었습니다. 일본에 진화론을 소개한 사람은 동경대학의 미국인 교수 에드워드 모스(Edward S. Morse)였습니다. 일본은 1889년 대일본제국헌법 공포 이후 독일의 사회진화론자들의 이론

---

301 김학준, 앞의 책, 247면: 김학준은 자신의 저서에서 후쿠자와의 조선에 대한 태도가 돌변한 것처럼 설명하고 있는데 후쿠자와의 조선에 대한 입장은 일관성을 갖고 있다.
302 전복희, 『사회진화론과 국가사상』, 한울아카데미, 2010(3쇄), 45면.

을 수용했습니다. 수입된 사회진화론은 계급적 · 엘리트적 사회질서를 칭송하며 '유기체적'으로 성장하는 문화를 위하여 기계적 · 물질적 문명화의 가치보다 민족 공동체를 중시하고, 민족공동체적 감정에 대립되는 자유주의적 개인주의를 비판하는 특성을 가지고 있었습니다. 1880년대 일본에서 '생존경쟁'과 '우승열패'와 같은 사회진화론적 개념은 일반화되었습니다. 일본의 사회진화론은 국가유기체설과 결합되어 독특한 양태로 나타났습니다.[303]

개화파들의 엘리트 의식과 계급의식이 유교적 윤리체계와 세계관에서 비롯되었고, 이들이 수용한 사회진화론에 의해 강화되었다고 할 수 있습니다. 유교정치철학은 인민의 교화를 정치의 목표로 설정하고 있고, 문명으로 상징되는 '중화'와 야만의 '오랑캐'라는 중화적 세계관을 포함하고 있습니다. 유교적 사유에 익숙한 개화파에게 '중화'를 '서양'으로 대체하고, 서양처럼 진화해야 한다는 사유를 수용하는 일은 어렵지 않았을 것입니다.

유길준은 미국에서 한 때 동경대학에서 가르쳤던 에드워드 모스로부터 가르침을 받았습니다. 일본에서는 후쿠자와 게이오에서 공부했습니다. 그는 개화를 상대적 개념으로 파악하여 '개화', '반개화', '미개화'로 등급을 나누었습니다. 그가 추구한 개화는 문명화였고, 개화의 원동력을 경쟁에서 찾았습니다.[304] 윤치호도 모스교수, 후쿠자와와 교류했고 영향을 받았습니다.[305] 개화파 인사들은 일본적 사회진

---

303 전복희, 앞의 책, 48–51면.
304 전복희, 앞의 책, 106–111면.
305 유영렬, 앞의 책, 24면.

화론의 영향을 강하게 받았으며, 이 영향이 그들의 세계정세 인식과 개혁사상에 많은 영향을 주었습니다.[306]

전복희는 유길준의 역사관은 전통적·유교적 역사관을 벗어나 서구의 진화적 사상의 영향을 받고 있다고 설명했습니다.[307] 그러나 허동현은 유길준이 조선의 전통적 유교윤리체계를 충분히 세척하지 못했다고 지적했습니다.[308] 윤치호도 유교적 세계관에서 자유롭지 못했습니다.[309] 개화파가 유교적 세계관과 역사관을 개혁하려고 한 것은 사실이지만, 유교적 사유를 완전히 탈피하지 못했다고 할 수 있습니다. 또한, 일본의 메이지 흠정헌법과 메이지 시대의 정치질서를 유교와 분리할 수 없습니다.

한국의 정치문화에서 '관'(官)을 민(民)보다 우선시하고 중요시하는 태도도 유교정치사상에 기인합니다.[310] 일본 근대화의 과정에서 등장한 초국가주의(超國家主義)는 개인을 국가를 위해 희생해야 하는 존재로 파악하고 개인의 권리를 무시하는 정치이념으로, 우익적 전체주의라고 볼 수 있습니다. 박찬승은 박정희 시대를 비롯하여, 한국적 국가주의의 연원으로 일본의 초국가주의를 지목했습니다.[311] 개화파들의 농

---

306 國分典子, 『近代東アジア世界と憲法思』, 慶應義塾大學出版, 2012, 43면 이하: 이 책은 想加藤弘之 등 일본의 헌법학자들이 공유했던 사회진화론과 이에 영향을 받은 헌법사상을 설명하고 있다. 또한 유길준, 박영효, 서재필 등 개화파 인사들의 국가론도 다루고 있다.

307 전복희, 앞의 책, 107면.

308 허동현, "1880년대 개화파인사들의 사회진화론 수용양태 비교 연구: 유길준과 윤치호를 중심으로", 『사총』55권(2002), 179면.

309 양현혜, 『윤치호와 김교신: 근대 조선의 민족적 아이덴터티와 기독교』, 한올아카데미, 2009(개정판), 30면.

310 서중석, 『이승만의 정치이데올로기』, 역사비평사, 2005, 167-195면.

311 박찬승, "20세기 한국 국가주의의 기원," 『한국사연구』117권(2002), 200-201면.

민봉기에 대한 부정적 인식과 엘리트 의식도 유교와 무관하다고 볼
수 없습니다.

미야지마 히로시(宮嶋博史)는 후쿠자와 유기치(福澤諭吉)와 마루야마
마사오(丸山眞男) 등 일본학자들의 '탈아론(脫亞論)'적 역사인식 패러다임
을 문제 삼았습니다. 즉, '서구화 = 문명화'의 도식을 거부하고 '유교
문명주의'의 역사적 의의를 재고해야 한다는 입장을 제시하고 있습니
다.[312] 그가 제시한 후쿠자와 비판에는 동의하지만, '유교문명주의'에
대한 입장과 메이지 유신이 유교와 무관하다는 주장은 수용할 수 없
습니다.[313]

그는 유교모델의 정치체제가 이미 발전된 문명을 이루었음을 강
조하며 탈아론적 역사인식을 비판했습니다. 그는 메이지유신이 유교
와 거리가 멀고, 일본이 상대적으로 유교모델 수용의 역사가 빈약하
기 때문에 현재 일본의 미래를 제약하고 있다고 평가합니다. 그의 주
장은 일본이 추구한 서구모방 일변도의 근대사로 인해, 역사·문화적
정체성 인식에 있어, 중국과 한국에 비해 상대적으로 일본이 한계를
갖게 되고, 이러한 한계로 인해 일본의 미래에 대한 논의가 어려워진
다는 지적입니다.

---

312 미야지마 히로시(宮嶋博史)/ 최덕수 역, "일본사 인식의 패러다임 전환을 위하여", 『일본, 한국
     병합을 말하다: 일본의 진보 역사학자들이 말하는 한국 강제 병합의 의미』, 열린책들, 2011,
     15~44면.
313 미야지마 히로시, 앞의 책, 같은 면: 미야지마는 19세기 중반까지 일본이 동아시아의 주변적 지
     위에 있었던 것은 유교모델을 거부한 것에 기인한 것으로 설명하고, 19세기 후반이후 일본이 동
     아시아의 중심으로 도약할 수 있었던 것도 유교모델로부터 일본이 상대적으로 자유로웠던 것이
     결정적으로 작용했다는 점을 지적한다. 나아가 현재 국제화가 맹위를 떨치고 있는 가운데 유교
     모델 수용의 역사적 경험부재라는 조건이 일본의 진로를 크게 제약하고 있다고 판단한다.

'일본적 사회진화론'은 독일의 사회진화론이 유교적 세계관에 기초해 수용된 이론으로 이해할 수 있습니다. 메이지 시대를 이끌었던 인사들과 한국의 개화파가 공통으로 보여주고 있는 근대국가에 대한 구상과 현실적 점진주의는 바로 유교적 세계관에 기초해 수용한 '사회진화론'에 있으며, 일본의 초국가주의와 한국형 파시즘의 연원과 무관하지 않은 것으로 볼 수 있습니다. 미야지마가 동아시아의 미래를 생각하면서, 탈아론적 역사관을 탈피해 주목해야 한다고 주장한 '유교문명주의'는 사회진화론 속에 용해되어 엘리트의식과 계급의식을 만들었고, 동아시아 특유의 초국가주의를 탄생시키는데 기여했음을 간과해서는 안 된다고 생각합니다.

개화파의 메이지 일본에 대한 추종

사회진화론의 영향을 받은 개화파 인사들이 조선도 스스로 강해져 우승열패와 생존경쟁의 현실에서 살아남아 일본처럼 되자는 목표를 세우게 되는 것은 어쩌면 자연스러운 현상입니다. 이러한 과정에서 일본의 메이지 입헌체제는 현실적인 모델이 될 수 있었습니다.

윤치호가 생각한 입헌군주제는 메이지 헌법 하의 일본형보다는 인민의 자유를 추구했던 영국형에 가까웠던 것으로 보는 것이 타당합니다.[314] 독립협회가 지향한 입헌군주제가 불철저하게나마 인민주권에

---

314 유영렬, 앞의 책, 231면.

바탕을 둔 영국식 입헌군주제를 염두에 두었다는 점에 대해 학계의 합의가 성립됐다고 해도 무리가 아니라는 주장이 있습니다.[315] 유길준도 영국의 정체가 가장 아름답고 가장 잘 갖춰져서 세계 제일이라고 극찬했습니다.[316]

그러나 유길준은 미국식 공화제의 도입을 강력하게 반대했습니다. 자신이 극찬한 영국식 입헌군주제의 도입에 대해서도 유보론이나 시기상조론을 폈습니다. 다른 나라의 제도를 들여올 때에는 '인민의 풍속'과 '국가의 경황'을 살펴서 준비를 시켜야 한다는 것입니다.[317] 그는 인민의 지식수준을 중요시했습니다. 자신의 주도로 상투를 자르게 한 일로 의병이 일어난 나라에서 영국식 입헌군주제는 실현불가능한 이상에 불과했습니다. 윤치호도 당시 한국사회의 민도가 너무 낮아 현실적으로 입헌주의나 대의제도의 철저한 실현이 불가능하다고 믿었습니다. 윤치호는 1881년 일본 유학 이래로 메이지 일본을 모델로 하는 조선의 개화·개혁을 구상했다고 평가할 수 있습니다.[318] 이러한 내용은 바로 이토의 점진주의와 상통하는 것입니다.

독립협회의 민권파도 당시의 상황에서 군주제를 전면적으로 부인할 수 없으며 철저한 대의정치의 실현도 불가능하다고 판단했습니다.[319] 독립협회는 황국협회의 중추원 참가 및 인민의 참정을 의미하는 '하의원' 설립주장에 대해서도 배타적 엘리트 의식을 나타내며 강

---

315 김학준, 앞의 책, 368면.
316 유길준전서편찬위원회, 『유길준전서』 4권, 1971, 163-174면.
317 김학준, 293-294면.
318 유영렬, 앞의 책, 236면.
319 유영렬, 『대한제국기의 민족운동』, 일조각, 1997, 49면.

력하게 반대했습니다. 원칙적으로 인민의 참정은 인정하지만, 실제의 참정은 독립협회 회원으로 국한시키고 있었습니다.[320]

이러한 개화파의 입장은 결국 민도가 낮은 인민을 가르치고 계몽해서 스스로 강해지는 길로 가야 한다는 1900년대 애국계몽운동과 대한자강회 등으로 나타났다고 할 수 있습니다. 개화파는 자신들이 일본과 미국유학을 통해 습득한 서구에 대한 지식을 통해, 영국적 입헌제를 이상적으로 생각하였지만, 현실적 선택으로 메이지 일본을 모델로 하는 개혁구상과 근대적 국가구상을 하게 되었습니다. 이토의 메이지 헌정체제는 유길준, 윤치호로 상징되는 갑오개혁 시기부터 20세기 초 자강운동까지 한국 개화파에게 현실적 대안으로써 강력한 영향을 끼쳤습니다.

헌정연구회와 헌정쇄담(憲政瑣談)

1905-10년 사이 자강운동론자들은 위에서 설명한 '우승열패'와 '생존경쟁'의 사회진화론을 받아들였습니다. 자강운동론이 본격적으로 확산된 것은 1905년경부터였지만, 1897-1898년 독립협회의 운동부터 시작되었습니다. '자강'에 대한 구체적인 방법으로 입헌정체의 성립, 신교육의 보급, 산업개발 등을 주장했습니다.[321] 일본의 메이지

---

320 유영렬, 앞의 책, 54-55면.
321 박찬승, 『한국근대 정치사상사 연구』, 역사비평사, 1992, 37-39면.

헌법제정자들과 마찬가지로 한국 개화파들에게 '헌정'과 '헌법'은 '증기기관'과 같은 도구의 의미로 인식되는 경향이 있었습니다.

헌정연구회는 1905년 이준, 윤효정, 심의승 등이 발기하여 5월 24일 창립되었습니다. 헌정연구회에 참여한 인사들은 '독립협회-공진회' 계열로 이준, 윤효정이 있었습니다. 유학자들도 참여했는데 서양문물을 수용하자는 소위 개신유학자들이었습니다. 일진회의 활동에 불만을 가지고 있던 기독교도들도 참여했습니다.[322] 보호조약 이후 장지연, 윤효정은 오오가키 다케오(大垣丈夫)와 함께 대한자강회를 만들었는데 헌정연구회 회원들과 황성신문계 인사들로 구성되었습니다.[323]

최기영은 "헌정연구회에 참여한 인물들이 모두 반일적이라고 하기는 어려울 것이다. 적어도 〈을사보호조약〉이 체결되기 전까지는 많은 지식인들이 일본의 침략적 의도를 제대로 파악하지 못하였다고 생각되기 때문이다. 오히려 아시아 연대론과 같은 입장에서 〈러일전쟁〉을 이해하고 있었다"라고 헌정연구회 인사들의 반일성향에 대해 설명하고 있습니다.[324]

친일파로 거명되는 윤치호도 을미사변 후 '춘생문 사건'에 연루되어 미국공사관에 피신했다가, 1896년 2월 11일 아관파천 이후 다시 정치활동의 자유를 얻었습니다.[325] 이처럼 누가 친일인가를 따지는 일은 매우 어려운 일입니다. 그러나 위에서 이완용의 예를 언급한 것처

322 최기영, "헌정연구회에 과한 일고찰", 『1900년대의 애국계몽운동연구』, 아세아문화사, 1993, 2-6면.
323 박찬승, 앞의 책, 49면.
324 최기영, 위의 논문, 7면.
325 유영렬, 앞의 책(2011), 111면.

럼, 어떤 시기 또는 어떤 상황인가에 따라 인사별로, 또 단체별로 친일인가 반일인가 여부가 달라질 수도 있습니다.

헌정연구회는 회원들이 정계진출이나 관직획득을 위해 단체를 구성한 성격도 있다는 지적이 있습니다.[326] 유영익은 1897년의 독립협회를 조선최초의 근대적 정당으로 평가하고, 1895년 결성된 '조선협회'의 정당적 성격을 설명하고 있습니다.[327] 개화와 개혁을 위해 결성된 단체들은 정치개혁을 목표로 하고 있었고, 정계진출과 정치적 연대를 염두에 두고 활동했으므로 정당활동과 유사했습니다.

최기영은 헌정연구회가 '입헌'을 '군민입약지헌'(君民立約之憲)이라고 주장하면서도 군주의 명령으로 제정되어 국민이 봉승하는 형태의 흠정헌법을 추구하였던 것을 모순이라고 지적했습니다. 또한, 어떤 이유에서 자신들이 주장했던 헌정의 형태와 다른 '흠정헌법'을 추구했는지 궁금하다고 했습니다.[328] 헌정연구회는 흠정헌법에 의한 입헌군주정을 목표로 흠정헌법의 제정을 위한 준비 작업에 진력하고자 했습니다.

위에서 유길준과 윤치호의 사상을 검토하면서 파악한 것처럼, 갑오개혁기부터 거의 모든 개화파들은 그들이 속해 있는 정파나 대외인식이 어떠하든 간에 메이지 흠정헌법 체제를 현실적 대안으로 파악하고 있었습니다. 따라서, 한국의 개화파들이 영국식 헌정모델이나 미국식 헌정모델에 대해 이상적으로 가졌던 생각들을 발굴해 내어서,

---

326 최기영, 위의 논문, 10면.

327 柳永益/ 秋月望訳, 『日清戦争期の韓国改革運動』, 法政大学出版局, 2000, 161면.

328 최기영, 위의 논문, 12면.

일본 인사들과 비교하고, 이를 통해 내재적 발전의 가능성을 운운하거나 일본보다 더 진일보했다는 능의 평가를 하는 것은 무의미한 공언(空言)에 불과한 것입니다.

헌정연구회의 메이지 흠정헌법 체제에 대한 입장은 황성신문 1905년 6월 12일자부터 6월 21일자까지 6차례에 걸쳐 기고된 '헌정쇄담'(憲政瑣談)에 나타납니다. 일본인 利龍子[329]의 이름으로 투고된 '헌정쇄담'은 '헌정'을 '체용론(體用論)'을 통해 설명하고 있습니다.[330] '체용론'은 대승불교철학의 이론으로 주자에게 수용·발전되어 '이기론(理氣論)'으로 발전합니다. '체'는 존재의 본질이자 원리이고, '용'은 말 그대로 현상으로써의 '쓰임'이나 '도구'를 의미합니다. '인의'(仁義)를 '체'로 보고, '인의'를 실현하기 위한 '용'으로써, '헌정'을 설명한 것입니다. 당시 동양의 지식인에게 '체용론'은 익숙한 이론이므로, 이를 이용하여 서구적 '헌정'의 수용을 역설한 것으로 보입니다.

利龍子가 누구이든 중요한 것은 이 '헌정쇄담'의 내용은 이토의 '헌법의해(憲法義解)'에 나타난 바로 그 내용이라는 것입니다. '체용론'을 사용하여 '헌정'을 설명한 인물이 이토 히로부미입니다. 이토는 통치권을 총괄하는 것이 주권의 '체'이고, 이를 행하는 것이 주권의 '용'이라고 했습니다. '체'가 있고 '용'이 없으면 전제정치로 타락하고, '용'이

---

329 최기영, 위의 논문, 19면, 최기영의 각주 57 참조: 최기영은 利龍子를 일본의 국가주의 단체인 玄洋社나 黑龍會의 관련자로 추정하고 있다.

330 황성신문 3면, 1905년 6월 16일 기사, 한국언론진흥재단 고신문 DB: 헌정연구회 창립자의 한 사람인 심의성은 利龍子를 헌정연구회의 취지에 찬동하는 인물로 소개하고 있다.

있고 '체'가 없으면 '산만'(散漫)해 진다고 주장했습니다. [331] 이 내용을 통해 메이지 흠정헌법에 나타난 '국체(國體)'의 사상적 연원을 짐작할 수 있으며, 동시에 1905년 利龍子라는 이름으로 이토의 헌법과 헌정에 관한 사상을 한국의 교양 층에 소개한 것으로 '헌정쇄담'을 이해할 수 있다고 추론했습니다. 한국에 영향력이 있는 일본의 인사들을 통해 메이지 체제를 한국에 소개하고, 통감부 설치를 준비하는 과정으로도 볼 수 있습니다.

利龍子가 누구인지 찾고자 했던 한국 연구자들의 시도는 모두 실패했습니다. 제가 홋카이도대학 구내 카페에서 커피를 마시며 느긋하게 이토의 '헌법의해'를 문고판으로 읽다가 화들짝 놀랐습니다. 2011년 여름방학이었습니다. '헌정쇄담'과 동일한 내용이 '헌법의해'에 있었습니다. 한국사 연구자들이 일본정치사에 얼마나 무지한가 정말 탄식이 나왔습니다. 구한말이나 식민지기를 연구하는 역사학자들이 일본정치나 일본 사료를 안 보고 당시 상황을 어떻게 설명할 수 있겠습니까? 한국의 역사학계나 올림픽 참가하러 가서 선수촌에 정치구호나 거는 국가나 참 부끄럽습니다. 제가 당시 귀국하고 관련 논문을 발표했다가 곤란한 상황에 직면했습니다.

갑오개혁의 정국에서 반일·친미성향의 정동파를 이끌었던 이완용은 미국과의 관계를 염두에 둔 이노우에의 전략으로 중용되었습니다. 이후 이완용은 친일파의 상징으로 한국인의 기억에 남게 됩니다. 김윤희는 이완용이 보호국체제에서도 개혁을 이룰 수 있으며, 이를

---

331 伊藤博文/ 宮沢俊義 校註, 『憲法義解』, 岩波書店, 1989, 175-182면: 이 책은 1940년 출판되었고, 1989년 '岩波文庫版'으로 다시 출판 되었다.

통해 일본과 유사한 근대문명 국가를 이룰 수 있다고 생각했다고 지적합니다.[332] 이러한 생각은 친일에 대한 합리화의 근거가 되었습니다. 일본이 만든 개혁의 틀을 깨지 않고, 이 안에서 실력양성을 한다는 그의 노선은 '대한자강회'와 다를 바가 없어 보입니다. 이완용의 예를 갑자기 다시 소개하는 것은 구한말 자신이 속한 정파와 노선이 무엇이든 간에, 정치사적 배경과 상황에 의해 일본이라는 틀을 벗어난 개혁을 생각할 수 없었다는 점을 강조하기 위함입니다.

특강을 정리하며

한국의 근대와 근대화에 대한 성급한 가치평가를 유보하고, 먼저 사실적이고 과학적인 기술을 시도해야 한다는 저의 입장에 대해 혹자는 강한 불쾌감을 드러낼 수도 있습니다. "어떻게 가치평가를 배제한 역사 기술이 가능한가?"라는 반론도 있을 수 있겠지요. 저의 입장은 가치평가를 하지 말자는 주장이 아닙니다. 당시의 정치 상황과 사회상황을 고려하지 않고, 친일과 반일의 이분법으로 현재의 관점에서 개화파 인사들을 평가할 수는 없습니다.

동일한 인물이 친일파로 분류되어 비난의 대상이 되었다가도 영국식 헌정모델을 주창한 근대사상의 선각자로 등장해 내재적 발전론의 근거나 민족주의적 영웅이 되는 아이러니도 기가 막힌 일이라고 저는

---

332   김윤희, 앞의 책, 225면.

생각합니다. 일본이 구한말과 통감부 시기 사법개혁에 끼친 영향에 대해서도 무조건 묵살하거나 부정해서는 안 됩니다.

메이지 흠정헌법으로 상징되는 일본 메이지 시대의 정체와 그 주역인 이토 히로부미가 한국의 정치와 사법에 끼친 영향은 실로 크다고 하지 않을 수 없습니다. 이토의 점진주의와 초연주의로 상징되는 헌법사상과 정치ㆍ제도개혁의 노선, 그리고 일본의 정치적 지원은 현실정치에서 집권해야 개혁을 추진할 수 있고, 동시에 추진할 개혁 정책의 모델이 필요했던 구한말 개화파에게 추종의 대상이 되었습니다.

제가 메이지 헌법의 성립과정을 자세히 설명한 이유는 바로 개화파가 새로운 입헌체제를 메이지 헌법과 그 헌정에 영향을 받아 당시 구한국에 필요한 모델을 새롭게 구상한 것이 아니라, 완성품인 메이지 체제를 추종하며 이 모델을 한반도에 실현하고자 하였으나, 정치사적 상황으로 실패하여 통감부가 설치된 역사적 배경에 기인합니다. "이토 히로부미가 주도하여 구상하고 실현했던 바로 그 헌법과 헌정을 우리도 해보고 싶었으나 하지 못했다"라는 표현이 당시 구한국(舊韓國, 대한제국)의 개화파를 설명해 줄 수 있다고 생각합니다.

유길준과 윤치호, 그리고 헌정연구회가 추구했던 근대적 헌정모델은 바로 메이지 헌정체제입니다. 따라서 개화파의 헌정에 대한 인식이 궁금하다면, 그들이 영국이나 미국의 헌정에 대해 공부하면서 적어놓은 노트나 일기장의 내용을 볼 것이 아니라, 바로 메이지 헌법성립과정에서 이토가 어떻게, 왜, 무엇을 하고자 했는지를 보아야 하는 것입니다.

이 특강에서 메이지 흠정헌법이 제정되는 과정에서, 그 중심에 있었던 법사상과 그 정치사적·헌정사적 의의를 설명했습니다. 유교적 맥락에서 사회진화론의 영향을 받은 한국의 개화파들에게 진화의 모델로써 일본의 메이지 흠정헌법은 추종의 대상이 되었습니다. 메이지 흠정헌법과 메이지 헌정체제는 갑오개혁 시기를 거쳐 20세기 초 자강운동이나 애국계몽운동에 이르기까지 거의 모든 구한국의 개화파 인사들에게 사회진화와 자강의 모델로 존재했습니다.

해방 후에도 우리는 그 편리함과 우수성 때문에 일본의 사법부와 검찰 제도를 상당부분 그대로 계수(繼受)했습니다. 우리가 현재 우리가 유지하고 있는 사법부와 검찰제도의 바람직한 개혁을 위해서라도 역사적 연원을 이해하는 것은 아주 중요한 일이라고 생각합니다.

법·정치

자유와 인권의 역사

자유민주주의란 무엇인가

사십 주 사십 야를 지난 후에 여호와께서 내게 돌판 곧 언약의 두 돌판을 주시고 내게 이르시되 일어나 여기서 속히 내려가라 네가 애굽에서 인도하여 낸 네 백성이 스스로 부패하여 내가 그들에게 명령한 도를 속히 떠나 자기를 위하여 우상을 부어 만들었느니라 (신명기 9:11-12)

신앙과 정치가 무슨 상관인가요

부산 PLI 성경적세계관 스쿨을 처음 시작했을 때의 일입니다. 엄마가 보내서 온 대학 신입생이 "신앙생활 하는데 정치가 무슨 관계가 있어요?"라고 항의성 질문을 했어요. 실제로 많은 크리스천들이 교회는 정치와 관계가 없고 '우리 교회만 잘하면 되지 뭐'라고 생각해요. 정말 그럴까요? 우리는 지금 당장 정치가 얼마나 중요한지를 인식을 못 하고 있어요. 법·정치, 경제, 문화 등은 인간 삶의 방식을 규정합니다. 삶의 방식이 바뀌면 우리의 신앙과 믿음도 여기에서 자유로울 수가 없습니다. 그 중에서도 법·정치는 더 직접적인 영향을 준다는 점에서 특히 중요합니다.

2008년도에 국가공무원법 개정안이 '종교편향방지법'[333]이라는 이름으로 등장해서 입법될 뻔 했어요. 이 법안은 공적 영역에서 선교하지 못하도록 기획된 법입니다. 만약 초등학교 선생님이나 공직에 있는 크리스천들이 적극적인 선교를 한다면 처벌까지 가능한 법이었습니다. 종교자유정책연구원의 연구위원으로서 그 법을 기획한 사람이 바로 저였습니다. 그 시절에 했던 일들을 생각하면 정말 죄송스럽죠. 2007년 그 법을 기획한 후, 저는 예수님을 만났고 그 다음해 2008년 그 법이 통과되기 직전에 감사하게도 그 법을 막는데 쓰임 받았습니다. 그런 법이 하나 만들어지면 공적 영역에서 선교하기 어려워져요. 제 또래들만 해도, 간증을 들어보면 선생님이 신앙이 좋으셔서 그 영향으로 믿게 되는 경우가 많았어요. 그런데 요즘은 학교에서 선교를 못 합니다. 선생님 스스로 여러 가지 제재 때문에 두려움을 느끼고 위축됩니다. 기독교 학교인데도 기도를 못 하죠. 그런 풍조가 일상화되고 삶의 방식이 바뀌어 버리는 거예요.

크리스천들이 잘 체감을 못 하시는 게, 지금 대한민국의 수많은 교회에서 자유롭게 예배드릴 수 있는 건 자유민주주의 체제 안에 있기

---

333 종교편향방지법. 공무원의 종교 편향을 금지하는 2008년 국가공무원법 및 지방공무원법 개정안. 종교자유정책연구원에 의해 처음 기획되었으며, 조계종 진국 26개 교구본사 주시 스님늘이 시행 촉구 성명을 발표하여 추진되었다. 하지만, 공적 영역에서 선교행위나 종교의 자유, 표현의 자유 등이 위축될 위헌논란으로 인해 '처벌조항'이 삭제되고 공무원 종교중립의무를 선언하는 내용으로 통과되었다. 이정훈 교수의 '위헌성' 주장에 관해서는 불교신문의 기사를 참조할 수 있다. "이정훈 교수 종교차별금지법 위헌성 있다", 불교신문, 2008년 11월 24일. http://www.ibulgyo.com/news/articleView.html?idxno=92105.

때문이에요. 만약 중국 공산당[334]과 같은 정당이 집권하고 한국을 장악한다면 어떻게 될까요? 우리는 지금처럼 자유롭게 교회에 나갈 수 없습니다. 모이려면 당국의 눈치를 봐야 합니다. 입구에서 CCTV로 우리 얼굴을 다 확인하고 탄압하고 다이너마이트로 교회를 폭파할지도 몰라요. 집권당과 체제가 바뀔 뿐인데 내 삶이 그렇게 바뀌어 버리는 겁니다. 이렇게 무시무시한 거예요. 그런데 정치의 중요성을 깨닫지 못하는 것은 너무나 무지한 거죠. 중국에 유학을 다녀온 크리스천 청년들은 정치가 얼마나 큰 영향을 미치는지 공감합니다. 자유를 보장하는 체제는 예배의 자유를 중시하는 크리스천들뿐만 아니라 모든 국민을 위해 소중한 것입니다.

그래서 오늘 법-정치 강의가 특히 중요합니다. 오늘은 '자유민주주의란 무엇인가'에 대해 공부해 보려고 합니다. 이 책의 서두에 얘기했듯이 '개념화'는 문제를 푸는 출발점입니다. 자유민주주의를 수호하자고 하는데 '그게 뭔데요?' 그러면 대답을 못합니다. 그게 뭔지 모르는데 어떻게 지킵니까? 그래서 한국의 자유민주주의가 위험에 빠집니다. 자유민주주의가 무엇인지 알아야 자유민주주의를 지킬 수 있어요. 기독교인들이 광장에 쏟아져 나와서 '자유민주주의'를 수호한다고 외쳤는데 정작 자유민주주의가 무엇인지 잘 모르는 현실이 교회를 사회로부터 고립시키고 여러 가지 상황을 악화시킵니다.

그럼 크리스천의 정치의식을 얘기할 때, 자유민주주의는 왜 중요

---

334 공산당(共産黨, communist party). 공산주의 사회의 실현을 목표로 하고 마르크스-레닌주의를 지도지침으로 삼는 공산주의자의 정당이라고 할 수 있다. 전 세계적으로 다양한 변종 형태의 공산당과 공산주의 이데올로기가 존재한다. 로버트 서비스/ 김남섭 역, 『코뮤니스트:마르크스에서 카스트로까지, 공산주의 승리와 실패의 세계사』, 교양인, 2012를 참조하면 좋다.

할까요? 자유민주주의는 역사적으로 '종교개혁'과 매우 밀접한 관련을 맺고 있습니다. 종교개혁과 서구가 이룩한 자유민주주의를 분리해서 생각하는 것 자체가 불가능할 정도입니다. 제가 회심 후 교회의 일원이 되었을 때 크리스천들 중에 이걸 아는 사람들이 거의 없고 또 교회에서 가르치지도 않아서 놀랐어요. 자, 그럼 종교개혁이 세계를 어떻게 바꾸어 놓았는지 지금부터 차근차근 살펴보도록 합시다.

민주주의란 무엇인가

'민주주의'(democracy)란 단어는 demokratia라는 그리스어에서 유래하는데 대중(시민, 평민, demos)과 지배(kratos)가 그 어근의 의미예요. 단어의 의미로만 보자면 민주주의는 '대중에 의한 지배'(rule by people)—왕이나 귀족이 아니라 대중(시민)이 지배하는 통치 방식이라고 할 수 있겠죠. 그런데 '대중'(people)의 범위가 어디까지인지, '지배'(rule)와 '에 의한'(by)의 의미에 따라 아주 다양한 모델들이 나올 수가 있어요. 실제로 다양한 민주주의의 유형들이 역사 속에서 수없이 등장했고 지금까지도 민주주의에 관한 이론과 학술적 논의들이 쏟아져 나오고 있어요. 그래서 민주주의가 무엇인지 한 문장으로 답하기가 어렵습니다. 그런데 그 동안 나왔던 모델들을 크게 두 가지의 포괄적 유형으로 묶어볼 수 있어요. "시민으로서 공공업무에 대한 의사결정을 할 때 또는 중요한 정치적 결정을 할 때, 직접 참여하는 체제"인 직접(참여, 민중)민주주의와 "법의 지배의 틀 내에서 선출된 공직자가 시민의 이익과 의견을 대표하는 책임을 지는 체제"인 자유(대의)민주주의가 그것입니다. [335]

　'직접(참여)민주주의'는 민중이 직접 지배해야 한다는 사상입니다. 이것이 진짜 민주주의라고 생각해요. 최장집 교수님은 이걸 민중민주주의라고 했어요. 오래된 모델로 아테네가 있습니다. 아테네 전체 시민으로 구성된 민회는 핵심적 주권기구였는데 아테네 국가의 정치적 의제들을 심의하고 결정했습니다. 단, 시민의 자격은 '20세 이상의 아테네 남성들'에게만 주어졌고 여성과 노예는 제외되었어요. 시민이 '직접 참여'해야 한다는 이런 사상은 18세기 사상가였던 루소(Jean Jacques Rousseau, 1712-1778)에 의해 다시 강조됩니다. 다수에 의한 지배라는 이념에 충실할 수 있도록 실천적인 민중의 참여를 중시한 루소의 사상은 프랑스 혁명에 영향을 주죠. 마르크스 및 엥겔스도 시민의 직접참여 모델을 제시합니다. [336]

　'자유(대의)민주주의'에서는 '법의 지배'(rule of law)가 중심에 서게 됩니다. 종교개혁의 산물로 등장했고, 17-18세기 이래 발전한 자유주의와 밀접한 관련을 맺습니다. 미국 헌법의 아버지 제임스 매디슨(James Madison, 1751-1836)이 이러한 자유주의적 민주주의를 헌법을 통해 제도화했어요. [337] 매디슨은 '다수의 지배'를 실현하려고 한 것이 아니라, 반대로 다수의 횡포나 독재로부터 개인의 권리(주로 자유권적 기본권)를 헌

335　데이비드 헬드(David Held)/ 박찬표 역, 『민주주의의 모델들』, 후마니타스, 2010, 16-23면.

336　최장집, "민주주의와 헌정주의: 미국과 한국", 로버트 달(Robert A. Dahl)/박상훈·박수형 역, 『미국헌법과 민주주의』, 후마니타스, 2016(3판1쇄), 228-229면.

337　최장집, 앞의 책, 228-230면.

법으로 보장하기 위해 노력합니다. 그래서 헌법적 통제를 중시하고 다수의 전횡을 견제하기 위한 견제 시스템을 추구했습니다. 그 결과 현재 우리가 향유하고 있는 '제도로 보장된 민주주의' 즉, '헌정적 민주주의'가 만들어지게 됩니다.

민중의 지배는 가능한가

흔히 민주주의 하면 보통 사람들은 '국민 다수의 뜻'에 따라 정치가 이뤄지는 걸 떠올립니다. 민중의 직접 지배를 강조하는 '민중민주주의'는 현실에서 어떤 모습을 하고 있을까요? 피다 커비(Peadar Kirby)와 배리 캐넌(Barry Cannon)이 정리한 『21세기 사회주의: 라틴아메리카 신좌파 국가와 시민사회』는 21세기 중남미의 사회주의 혁명을 찬양하는 연구서예요.[338] 한국어판 책 표지 디자인도 탱고를 추고 있는 모습인데, 이들은 남미에 붉은 기운이 돈다고 박수를 치는 거죠. 이 책은 '베네수엘라'의 포퓰리즘 사회주의를 민주주의의 발전모델로 묘사하고 있습니다. 이 책의 서장에서 소개한 내용을 가져와볼게요.

"차베스의 권력 장악 과정에서 시작된 사회적 동원은 대부분의 사람들을 무관심에서 깨어나게 했다. 사람들은 스스로 국가의 주인이라고 느끼게 되었다. 이전에는 국가에 순종적이던 수백만 명이 자신의 견

---

338 배리 캐넌(Barry Cannon)·피다 커비(Peadar Kirby)/ 정진상 역, 『사회주의 라틴아메리카 신좌파 국가와 시민사회』, 삼천리, 2017 참조.

해를 피력하고자 한다. 그래서 그들은 공동체위원회와 물위원회, 의료와 교육정책을 논의하는 열린 공간에 참여하고 있다."[339]

이건 차베스주의[340]가 베네수엘라 시민사회에 어떤 영향을 끼쳤는지 베네수엘라의 사회학자인 에드가르도 란데르가 설명한 얘기예요. 차베스를 추앙하는 이 논리는 어디서 많이 듣던 얘기입니다. "대부분의 사람들을 무관심에서 깨어나게 했다. 사람들은 스스로 국가의 주인이라고 느끼게 되었다." 이건 촛불혁명 선동할 때 많이 듣던 얘기 아니에요? 이런 구호들에 여러분 모두 익숙하실 겁니다. "이전에는 국가에 순종적이던 수백만 명이 자신의 견해를 피력하고자 한다." 모든 이들이 자신의 견해를 피력하고 참여하는 이것이 진정한 민주주의라고 설명합니다. 그러니까 지구상에 존재했던 지식인 중에 사기꾼들은 항상 뭘 강조하냐면, '민주주의 하고 싶지? 그러면 대중이 지배하는 세상, 다중의 지배, 민중이 지배하는 세상을 만들어 봅시다' 이렇게 선동합니다. 민중이 어떻게 직접 지배할 수 있을까요? 아테네나 이탈리아 도시국가처럼 작은 규모는 직접지배가 가능했어요. 그런데 대규모 시민이 존재하는 국가에서 시민의 직접지배가 가능할까요? 그래서 이런 분들이 좋아하는 것이 '위원회' 정치예요. 기존의 헌법이 규정한 통치구조, 삼권분립에 의해서 의회가 작동되고 사법부

---

339 배리 캐넌·피다 커비, 앞의 책, 7면.
340 볼리바르 혁명(Bolivarian Revolution)은 라틴아메리카 독립 영웅 시몬 볼리바르의 사상을 바탕으로 전 베네수엘라 대통령 우고 차베스가 이끈 사회주의 운동이 추구한 혁명의 이념을 상징한다.

가 기능하고 행정부가 돌아가는 이런 구조를 무시하고 대신 위원회가 설치는 거예요. 그럼 뭔가 민중이 참여하는 것 같아요. 그런데 전문가나 훈련된 이들로 구성되지 않은 위원회가 제 기능을 할까요? 예를 들어, '물'이 공공재니까 '물 위원회'를 남미국가에서 만들어요. 민중의 이름으로 물을 관리하면, 집에 수돗물이 안 나와요. 의료위원회에서 의료정책을 펴면 아무도 병원에서 제대로 된 치료를 받을 수가 없게 됩니다. 슬픈 현실이죠. 그럼 위원회를 만들면 민중에게 권력을 주는 것 같죠? 그런데 여러분 생각해보세요. 옛날에 망한 소련, 소련이 소비에트거든요. 소비에트가 위원회예요. 평의회, 노동자 농민 평의회예요. 그러니까 이걸 실제정치에서 실현하겠다고 하면 결국 어떤 일이 벌어지냐면 레닌과 그 측근들에 의한 철저한 정실정치가 돼 버려요. 위원회는 결국 폼잡게 딱 세워놓는 거예요. 항상 공산주의자들은 평의회 타령하고 위원회 타령하다가 다 망해요.

우리나라에도 비슷한 일이 일어나고 있어요. 수년 전에 밀양 송전탑 설치를 한참 반대할 때 제 제자 하나도 거기에 참여하려고 했었어요. 수업 마치고 제게 와서 이렇게 말하는 겁니다.

"교수님, 저는 내일부터 밀양에 가야 할 것 같습니다."

"왜? 내일 수업 있잖아."

"교수님 지금 수업도 중요하지만, 밀양이 더 중요합니다."

"왜?"

"송전탑을 반대해야 합니다. 거기서 나오는 전자파가 너무 위험합니다."

그래서 제가 반문했습니다.

"그럼, 송전탑이 없으면 전기를 어떻게 옮겨? 네가 배달할 거야?"

"어…아닌데요."

"그럼 전기를 어떻게 옮길 건데? 울산에 공장이 많아서 전기가 없으면 다 문 닫아야 돼. 공장 문 닫아도 괜찮아?"

"어…?"

"그리고 지금 완전 더운데 학교에 하루만 에어컨 안 나오면 네가 제일 짜증 낼 거잖아?"

"어…그렇죠…"

"그럼 에어컨도 돌리고 공장도 돌리려면 송전탑이 어딘가는 있어야겠네?"

"그렇…죠."

"그럼, 자기 동네만 아니면 돼? 밀양 말고 다른 동네에 세우면 돼?"

"그렇…지는 않죠."

"그럼 어떻게 해야 해?"

"잘 모르겠는데요."

"수업이나 들어라."

그러니까 정신 차려야 해요. '원자력 발전소'를 지을지 말지와 같은 중요한 문제를 원자력과 관련 없는 쌀집 아저씨가 영화 보고서 원자력위원회에서 결정하면 어떻게 돼요? 전기가 부족해서 기업과 국민이 낭패를 봅니다. 전문가를 배제하고 대중이 직접 지배하면 이렇게 되는 거예요. 민중의 직접 지배를 강조하는 '민중민주주의'는 중남미에서 포퓰리즘으로 변신하여 국가와 정치를 파괴하고 있습니다. 여러분이 이미 아시는 것처럼, 산유국인 베네수엘라는 가난해지려고 노력해도 가난해지기 어려운 나라예요. 그런데 그런 경제적 조건에도 불구하고 국민이 쓰레기통에서 먹을 것을 찾는 최악의 빈국으로 추락했습니다. 공공성의 중요성을 주장하지만 포퓰리즘 사회주의는 지독한 인플레이션으로 공공서비스를 사라지게 만들었어요. 민중의 직접지배라는 이념은 허구이자 판타지라는 것이 중남미의 사례를 통해 증명되었다고 할 수 있습니다.

2007년에 어떤 정신 나간 분들이 한겨레 신문사에 모여서 〈베네수엘라에 길을 묻다〉라는 대담을 했어요.[341] 자칭 진보 지식인라는 분들이 무엇을 뜨겁게 주장하셨냐면, '한국이 가야 할 길은 베네수엘라다'라는 겁니다. 이것은 실화예요. 이런 정신 나간 포퓰리즘 사회주의는 우리가 지향해야 할 민주주의와 다릅니다. 우리가 PLI 스터디를 열심히 해야 이렇게 포퓰리즘 막장으로 가서 나라를 망하게 하는 흐름을 막을 수 있습니다.

---

341 "베네수엘라 국민에게 길을 묻자", 김정진 · 장석준 · 정희용, 젊은 진보 논객 3명이 진단하는 차베스 열풍, 한겨레21, 2007년03월22일. http://legacy.h21.hani.co.kr/section-021150000/2007/03/021150000200703220652008.html

민중이 지배하는 사회가 과연 좋을까

우리가 잘 모르는 것 중의 하나가 인류의 지성사에서 민주주의를 좋아했던 적이 없어요. 아리스토텔레스의 『정치학』에서 민주주의는 경멸적인 의미로 사용됩니다. 아테네의 민회를 묘사한 크세노폰(Xenophon)의 저작에는 웅변술에 의해 쉽게 좌우되고, 비공식적인 정보와 음모에 선동되는 대중들, 시민들의 순간적인 격정과 충동적 행동을 견제할 수 있는 제도의 부재 등이 생생하게 드러납니다. 다수의 대중은 너무 쉽게 선동되기 때문에 오히려 공공선을 해치고 결국은 사회를 위협하는 결정들을 하게 된다는 거죠.[342]

전에도 말씀드렸듯이 민심은 천심이 될 수 없습니다. 성경적으로 보자면 인간은 부패한 존재입니다. 인간이 여럿이 모인다고 더 현명해지거나 더 의로워지지 않습니다. 오히려 여럿이 모여서 만들어지는 민심은 하나님을 더 쉽게 대적할 수 있어요. 출애굽기에 잘 나와 있어요. 모세가 하나님께 율법을 받으려 시내산으로 올라갔을 때, 기다려도 모세가 안 돌아오니까 민심이 어때요? '야~ 금송아지 만들자' 이것이 민심이에요. 금송아지 만들고 좋아했는데 모세가 돌아왔어요. 그러면 짜증나니까 '모세 죽이자' 이것이 민심이에요. 우아~ 혁명이다. 다 엎어버려~! 그럼 어떻게 돼요? 다 죽어요. 오늘 여러분이 정확하게 머리에 새겨야 할 것은 뭐냐면 민중이 지배할 수 있고 그것이 민주주의라고 얘기하면 반드시 두 가지 길을 갑니다. 한쪽은 시체가 산으

---

342 데이비드 헬드, 앞의 책, 32-74면.

로 쌓이는 사회가 되든지 아니면 쓰레기통을 뒤지든지 둘 중에 하나예요. 둘 다 별로 하고 싶지 않죠. 성경적인 모델은 부패하기 쉬운 민심에 의지하는 것이 아니라 하나님께서 주신 법 앞에 엎드리고 그의 통치를 따르는 것입니다. 성경은 우상 숭배하는 어리석은 대중과 모세의 손에 들려주신 십계명으로 우리가 무엇을 따라야 할지 명백히 대비해서 보여줍니다.

그러니까 서구 정치가 탁월해지는 그 출발은 민심은 천심이 될 수 없다는 것을 기독교인으로서 정확하게 이해해서 그것을 누르는 정치를 만들었다는 데 있어요. 인간의 본성을 추구하는 정치가 아니라 그것을 억제하고 컨트롤 하면서 조화시켜 나가는 정치를 만들었기 때문에 영미의 세계질서가 탁월했던 거예요. 인간이 어떻게 그렇게 탁월해집니까? 기독교 신앙 덕분이라니까요. 신앙이 제대로 안서면 탁월한 인간이 나올 수가 없습니다.

다수의 지배를 민주주의로 생각할 때 사람들이 간과하는 부분이, 다수가 모든 것을 결정할 수 있으면 나의 자유를 뺏는 것에 대해서도 결정할 수 있어요. 예를 들어서 다수가 모여서 '쟤는 얄미우니까 쟤 권리를 뺏자' 이렇게 결정하면 나의 권리도 언제 박탈될지 모르는 거죠. 그러니까 이 자유라는 것은 하나님이 주신 권리이기 때문에 국가권력이나 왕, 심지어 다수라는 권력조차도 함부로 빼앗을 수 없도록 세팅하지 않으면 나의 자유와 권리가 안전하지 않습니다. 결국 민주주의의 발전사는 '개인의 자유를 지키기 위해서 어떻게 다양한 권력을 컨트롤 할 것인가'라는 문제에 답을 찾는 과정인 거예요. 그래서 자유를 지키기 위해 어떻게 하는 것이 제일 좋을까 고민했을 때, 권력이 합쳐져 있으면 위험하니까 이것을 쪼개서 서로 감시하게 만드는 게 좋겠다고 생각한 거예요. 그래서 공화제가 나오게 됩니다.

공화제란 무엇인가: 체크 앤 밸런스

제가 깜짝 놀란 게 'Republic of Korea'에 살고 있는데 리퍼블릭(Republic, 공화국)이 뭔지 잘 몰라요. 오늘 제 강의를 들으신 분들은 이것을 정확히 이해하기 때문에 레벨이 확 올라가십니다.(웃음) 가끔 제가 학생들에게 이런 질문을 해요. "북한에서 자기나라를 조선민주주의인민공화국이라고 부르잖아. 너희들 생각에 북한이 민주주의인 것 같니? 그리고 공화국이 맞을까?" 그러면 학생들이 뭔가 아닌 것 같은데 답을 잘 못하죠. 북한은 결코 공화국이 될 수 없습니다. 그리고 민주주의도 아니죠. 그럼 왜 아닌지 그걸 설명할 수 있어야죠. 오늘 강의를 들으면 아닌 이유를 설명할 수 있어요. 잘 오셨죠?

자, 간단하게 제가 공화제와 민주주의에 대해 비유를 들어드릴게요. 물이 있어야 물고기가 살죠? 민주주의가 물고기라면 공화제는 물이에요. 이렇게 이해하시면 돼요. 그러니까 공화제가 기초가 되어야 민주주의가 작동될 수 있어요. 왜 그럴까요? 시민이 주권자로 사는 민주주의가 되려면 시민의 자유와 권리가 지켜지도록 권력이 컨트롤되어야 합니다. 어떤 권력도 이 자유와 권리를 침해하지 못하도록 하기 위해선 권력을 나누어서 서로 체크하고 균형을 이루게 하는 공화제가 가장 효과적입니다. 그래서 공화제는 체크 앤 밸런스(Checks and Balances), 견제와 균형이 기본이 됩니다.

그럼 어떻게 권력을 나누는 게 가장 좋은 방식일까요? 저는 역사적으로 마키아벨리에서 매디슨으로 이어지는 공화제 모델을 중요하게 생각합니다. 이탈리아의 정치사상가인 마키아벨리(Niccolò Machiavelli, 1469-1527)는 역사적으로 존재했던 세 가지 주요 정부형태인 군주정과 귀족정 및 민주정이 지니는 단일 정체(政體)의 불안정성과 한계에 대해 통찰했습니다. 그는 이 세 정체를 결합한 혼합정체가 가장 탁월하다고 보았습니다. 혼합정체가 구성이 되어야만 덕의 제도적 기반이 갖추어진다고 생각했어요.[343] 매디슨은 미국의 공화제를 세팅할 때, 인류가 가졌던 제도들의 최대 장점을 뽑아내어 디자인했습니다. 대통령은 군주와 유사하게 효율적인 법과 정책을 집행하는데 중심이 됩니다. 의회는 귀족정을 염두에 둔 '상원'과 민주정의 실현인 '하원'으로 구성됩니다. 또한, 대통령과 의회로부터 독립적인 사법부가 구성됩니다. 이렇게 구성된 행정, 입법, 사법의 각 권력은 상호 견제하고 균형을 이룹니다. 이것이 권력분립의 핵심이고 민주주의의 제도적 기초가 됩니다.[344] 이 '혼합정'이 성취된 국가를 '공화국'이라고 부를 수 있어요.

그럼 이제 북한이 왜 공화국이 아닌지 답할 수 있겠죠? 견제와 균

---

343 데이비드 헬드, 앞의 책, 86-90면 참조. 여기서 마키아벨리가 얘기하는 덕은 사람들이 정치적 질서를 지지하고 공동체와 국가의 존속과 번영(시민적 영광)을 위해 헌신하게 하는 마음을 의미한다.

344 혼합정의 원리와 이것이 참주정과 구분되는 민주주의의 제도적 기초가 되는 것에 대한 이론적 설명은 채진원, 『공화주의와 경쟁하는 적들』(푸른길, 2019), 교보ebook edition을 참조하면 좋다.

형이 이뤄지지 않는 곳은 공화제가 제대로 세팅된 곳이 아닌 거죠. 그러니까 김정은의 권력을 어디서 체크하고 밸런스를 맞춥니까? 중국도 마찬가지죠. 시진핑의 권력을 누가 체크하고 누가 밸런스를 맞춥니까? 이렇게 되면 독재이지 민주(民主)가 될 수 없어요. 국민이 주권자로서 주인 노릇을 하려면, 권력끼리 체크 앤 밸런스가 돼야 합니다. 그 안에서 내가 주권자가 될 수 있어요. 민주주의라고 이름은 붙이지만 왜 민주주의가 아닙니까? 공화제가 세팅이 안 되어있어서 권력이 견제가 안 되니까 김정은이 말하면 법이고 시진핑이 황제처럼 군림하잖아요. 그러면서 교회나 폭파하고 공산당 비판하면 숙청하고 감옥에 가두죠. 그게 어떻게 민주주의라고 할 수 있겠어요? 그러니까 우리가 말하는 민주주의는 '공화제가 세팅된 민주주의'를 얘기하는 겁니다. 제도로서의 공화제가 세팅되지 않으면 반드시 어떤 세력의 독재로 이어지게 된다는 걸 잊어서는 안 됩니다.

공화주의의 비지배의 원리

공화주의는 워낙 스펙트럼이 넓기 때문에 다양한 설명이 있을 수 있습니다. 그 중에서 21세기 현대에 맞는 하나의 원리를 뽑아 보라고 하면 저는 '비지배의 원리'(Non-Domination)를 말합니다. 공화주의 정치철학의 핵심이 바로 '비지배 원리'입니다.[345] 공화제 안에서는 누구

---

345 '비지배원리'에 관해서는 필립 페팃(Philippe Petit)/곽준혁·윤채영 역, 『왜 다시 자유인가: 공화주의와 비지배 자유』, 한길사, 2019을 참조.

도 지배되지 않습니다. 각자가 주체죠. 요게 실현되려면 어떻게 되어야 된다고요? 바로 권력이 체크 앤 밸런스가 되어야 합니다. 이 비지배 원리가 매우 성경적인 거예요. 무슨 얘기냐면 한 인격을 누군가가 주종관계로 지배할 수 없습니다. 주종관계로 지배하겠다는 것 자체가 창조주에 대한 반역인 겁니다. 왜냐면 인간은 다 귀한(평등한) 하나님의 피조물이기 때문입니다. 그 인격 자체가 너무 소중한 하나님의 피조물이기 때문에 다른 것으로 대체 불가능해요. 그래서 누군가를 종속시켜서 지배할 수 없어요. 그래서 국가의 권력기관은 법이 허락한 권력만 합법적으로 행사할 수 있어요. 공화제를 통해서 그런 구조가 만들어집니다.

쉽게 예를 들어볼게요. 우리 군대 다녀온 남자분들 내무반 생활이 힘들었던 게 훈련이 빡세서 힘들었습니까? 아니면 고참이 나의 전인격을 지배하려고 해서 힘들었습니까?(웃음) 그거 생각하시면 돼요. 요즘 말로 이걸 '가스라이팅'이라고 하죠. 그러니까 누구도 이렇게 다른 인격을 지배해선 안 된다는 것이 비지배의 원리예요. 보통 권력관계에서 지배와 피지배가 발생하기 쉬워요. 그래서 각자가 주체적인 존재로 살아가려면 약한 존재가 지배당하지 않도록 그 관계를 법이 규율하게 하는 게 중요합니다. 예를 들어 보겠습니다. 만약 제가 어떤 학생을 지도하는데 논문을 써오라고 했더니 남의 걸 싹 베껴왔어요. 그럼 제가 그걸 보고 제대로 논문을 써오게끔 야단을 쳐야 되겠죠. 그때 제가 지도교수에게 주어진 권한(power)를 행사할 수 있어요. 법이 부여한 합법적인 권한을 행사하는 건 문제가 없습니다. 만약에 애가 반성을 안 하고 끝까지 버티면서 "이걸로 통과시켜 주세요!" 그러면 제가 가진 권력을 행사해서 이 학생을 징계해야 합니다. 그래야만 대학원이라는 교육시스템이 건전하게 유지됩니다. 이것은 학교의 규칙(법)이 허용하는 한에서의 합법적인 권력(power)행사여야 합니다.

그런데 갑자기 제가 그 학생한테 차키를 주면서. "요즘 내가 오프로드를 좀 다녔더니 차가 좀 그렇지?" 이런단 말이죠. 그럼 그게 뭘 의미하는 거죠? "닦어~~~"라는 얘기죠. 그런데 이건 이 학생이 하면 안 되죠. 부당하잖아요. 학교 규칙에 학위를 받으려면 지도교수 차를 닦아줘야 한다는 게 어디 있어요? 그러니까 이건 부당한 권력행사인 거죠. '비지배'라는 건 뭘 의미하냐면 저는 절대 그 학생의 인격을 지배할 수 없어요. 교수가 학위를 주는 권력을 가지고 있다고 해서 그 학생의 인격과 삶을 지배하려 하면 안 됩니다. 그러니까 뭐가 실현돼야 해요? 반드시 법이 부여한 범위에서만 권력(power)을 사용하는 거예요. 그러니까 법치가 전제가 될 때 공화제가 작동이 되고 그 제도 안에서 각자가 주체로 살아가는 비지배가 이루어집니다.

그래서 우리가 얘기하는 자유민주주의의 기초는 공화제입니다. 'Checks and Balances', 'Non-domination'이 이루어지는 공화제가 세팅이 되어야 그 안에서 민주주의를 누릴 수 있습니다.

권위를 해체하는 게 민주주의?

개인이 권력에 종속되지 않도록 권력을 잘 컨트롤하는 게 민주주의에 필수적이죠. 그런데 민주주의를 외치면서 흔히 잘 범하는 오류가 권력(power)을 체크하는 것과 권위(authority)를 해체하는 걸 잘 구분하지 못하는 거예요. 그래서 권위를 해체하는 것을 민주주의로 착각하는 경우가 많습니다. 앞의 예를 다시 상기해봅시다. 지도교수가 학위 과정의 학생을 지도할 때 학교가 허용하는 범위를 넘어서는 권력(권한)을 행사해선 안 되죠. 교수 차를 세차해야만 학위를 준다거나 하면 그런 권력남용은 하지 못하도록 해야 합니다. 그런데 학위를 받으러 온 학생이 교수의 권위를 인정하지 않는 것은 전혀 다른 문제입니다. 갑자기 석사과정 학생이 교수의 멱살을 잡습니다. "교수님과 저는 평등해요!" "그런데 꼭 이렇게까지 해야 되겠니?" "확실하게 못을 박아 드린 겁니다."(웃음) 이러면 둘 사이에 무슨 문제가 생겨요? 이 친구는 학위를 못 받겠죠. 학생이 지도교수의 권위를 인정할 때 원활하게 지도가 됩니다. 교수도 교육할 수 있고 학생도 지도를 받아서 학술적으로 훈련을 받을 수 있어요. 교수의 권위를 허물면 학위를 못 받으니까 결국 학생의 손해인 거예요.

한국에서 어리석게도 "야, 민주화하자!" 이러면서 무슨 짓을 하냐면, 권위를 해체하는 게 민주화인 줄 알아요. 이것은 중국 공산당이 하는 문화혁명 스타일입니다. 학생이 선생을 고발하고 자녀가 부모의 권위를 허물면서 이게 민주주의인 줄 아는데 그건 결코 민주주의가 될 수 없어요. 법을 존중하고 따르는 지식인들의 권위까지 해체하는 것은 절대로 민주주의가 아닙니다. 폭력이 정당화되지 않고 서로의 권위가 존중될 때 오히려 국민에게 이득입니다 제가 이걸 이해시키기 위해 재밌는 예시를 만들었어요. 수술방에서 교수님의 권위를 해체하면서 "와 민주화다!" 할 경우 어떻게 되는지 한 번 볼까요? 교수님이 지시를 내려요.

"지금 절개해."

"싫은데요."

"왜 싫어?"

"제가 배우는 교과서에 이렇게 안 나와요."

"그 교과서 내가 썼거든. 좀 자르면 안 되겠니?"

"제 의견도 들어주십시오!"

"넌 누구냐?"

"인턴입니다. 제가 봤을 땐 저걸 잘라야 할 것 같습니다."

"다수결로 정합시다."

"당신 누구야?"

"수간호사인데요."

이러면서 끝장토론을 벌이는데 합의가 안 돼요. 그럼 뭘 자를지를 다수결로 정할까요? 그러는 중에 환자가 죽었어요. 이걸 민주화라 그러면 그걸 뭐라 그런다고요? "영구와 땡칠이의 민주화." "띠리리띠 띠띠~ 영구 없다~" 이렇게 되는 거예요. 그건 민주화가 아니라 바보화입니다. 그래서 권위를 해체하는 게 민주화라고 외치는 사람들에게

제가 그래요. 당신이 수술방에 들어갔을 때 당신이 말하는 민주적인 방법으로 수술을 시켜주겠다고요.(웃음)

예전에 캄보디아의 크메르 정권이 200만 명을 학살했던 킬링필드 아시죠? 손을 보고서 손이 부드러운 사람들은 지식인이라고 다 죽였어요. 그때 제일 바보 같은 짓이 의사 선생님들을 다 죽인 거예요. 마지막 외과 의사를 딱 죽였는데 배가 아파요. 맹장염이에요. "아이쿠야~ 좀 이따 죽일걸." 그런데 이미 늦었죠. 그럼 어떻게 돼요? 사요나라. 안녕이란 두 글자로는 너무 짧죠. 그렇게 됩니다.(웃음)

다수의 지배 VS 법의 지배

제임스 매디슨

제임스 매디슨이 디자인한 미국식 공화제를 한 번 주목해 볼 필요가 있습니다. 매디슨은 법률가면서 미국의 4번째 대통령이에요. 가장 영향력 있는 미국 건국의 아버지 중 한 사람입니다. 그러니까 법이 재밌는 게 뭐냐면, 공학적인 특징이 있어요. 법을 만들어놓으면 이게 작동될 때 기계처럼 엔지니어링한 파트가 생겨요. 그런데 매디슨이 워낙 설계를 잘 하다 보니까 민주주의가 잘 돌아가는 거예요. 그래서 토크빌이 와서 보고 감탄할 정도로 민주주의의 기초를 제도적으로 잘 만든 겁니다. 매디슨이 한 업적 중에 제가 최고로 꼽는 것은 사법부를 독립시켜서 제도로 정착시키고, 그다음에 그 사법부가 의회에서 통과시킨 법률을 위헌이라고 날려 버릴 수 있는 위헌법률 심사제도를 만든 거예요.

그러니까 매디슨은 권력의 체크 앤 밸런스를 고민하면서 '다수의 지배'가 대중독재로 이어지는 위험성을 법으로 어떻게 견제할지 고민한 거예요. 그래서 그 견제장치로 뭘 고안했냐면, 두 개예요. 첫 번째로 연방제라는 미국의 특성상, 각 주의 인구대비로 국회의원을 뽑으면 인구가 많은 주가 의사 결정을 독식할 수가 있죠. 그래서 각 주마다 상원의원은 인구비례가 아니라 인구가 많든 적든 두 명씩으로 정했습니다. 그리고 대통령 선거에 있어서도 각 주마다 선거인단을 상원과 하원 의원 수만큼 구성하되 주의 시민들이 직접 투표한 결과를 선거인단이 반영하는 방식의 선거인단 제도를 만들었습니다. 이게 대중이 궐기할 때 컨트롤 할 수 있도록 체크 앤 밸런스하는 장치입니다. 두 번째가 대중의 궐기를 사법부가 견제할 수 있도록 한 위헌법률심사제입니다. 그러니까 대중이 선동되어서 이상한 방향으로 갈 때 사법 엘리트들이 미국 헌법 정신을 떠올려서 제동 걸 수 있게끔 위헌심사제도를 만든 거죠. 한국의 헌법소원이 이것과 같은 장치입니다. 예를 들어, 내일 갑자기 한국 사람들이 다 미쳐서 사유재산 폐지법 이런 걸 만들려고 해요. 그런데 만약에 의석을 80프로 장악한 세력이 밀어붙이면 막을 수가 없잖아요. 그럼 그 법이 통과돼서 시행된단 말이죠. 그럼 대한민국 헌법에 사유재산권이 명시되어 있기 때문에 누가 헌법소원을 내서 위헌으로 그 법을 날려버릴 수 있어요. 이렇게 매디슨의 '공화주의적 헌정주의'는 개인의 자유를 헌법적 권리로 보장하면서 '다수의 지배'의 위험성을 법으로 견제합니다. 그런 제도적 시스템이 민주주의를 누릴 수 있게 하는 거예요.

제가 항상 안타깝게 얘기하는 게 한국인들이 이런 제도적 시스템이 작동되는 것을 잘 몰라요. 그러니까 한 사람의 정치지도자도 중요하지만 이런 제도적 시스템이 작동이 안 되면 의미가 없어요. 그런데 그 관념이 없는 거죠. 그래서 제가 대한민국 건국 강의하면서 이승만이라는 탁월한 인물이 제도 전체랑 맞먹는 정치적 인격성 얘기했었죠. 그런데 이제 21세기 대한민국의 정치에서는 그런 강력한 리더가 아니라 정치적 시스템이 작동되어야 해요. 한국의 현대정치가 망하는 이유는 아직도 조선 마인드에서 못 벗어나니까 계속 왕을 기대해요. 성군의 출현을 기다리는 거죠. 그러면서 입으로는 민주주의를 얘기해요. 이 두 개가 양립이 안 되잖아요. 그러니까 결국 왕을 살해하고 법치는 사라지는 결론에 이르는 겁니다. 인물을 숭배하고 의지하는 게 아니라 제도적 시스템이 돌아가도록 정치풍토를 바꾸어야 합니다.

법치의 파괴는 민주주의의 파괴

미국에서도 법보다 민중의 지배를 더 중요하게 생각하는 사람들이 있습니다. 로버트 달(Robert Alan Dahl, 1915~2014) 교수 같은 좌파들은 위헌법률 심사제도를 지적하면서 미국은 민주주의국가가 아니라는 거예요. 사법부가 뭔데 민중의 의사를 태클 거냐 이렇게 나오는 겁니다.

그러니까 지금 정권에서 사법부를 해방구로 만들어서 좋다고 하는데 이건 정말 한국 사회의 수준을 몇십년 뒤로 퇴보시키는 거예요. 사법부는 독립되어 있어야 법의 권위가 무너지지 않습니다. 법의 권위가 무너지면 아무도 그 판결을 믿지 않습니다. 법대로 하자고 해도 권력의 조정을 받은 사법부의 결정이겠죠? 이렇게 받아들이는 거예요 그럼 이제 앞으로 법원이 결정하면 한국 사람들이 승복할까요? 그러니까 무슨 일이 일어났어요? '전 대법원장 구속하자' 하니까 바로 현 대법원장에게 화염병이 날아오죠. 판결에 승복 안 하겠다는 거예요. 기분 나쁘면 화염병 던지겠다는 거예요. 그 판사들 얼굴까지 해서 현수막 걸고 시위하는 거죠. 만약에 소송을 했는데 패소하면 승복 안 하고 저 판사가 나쁜 놈이다 이렇게 되는 거예요. 예를 들어서 탄핵정국에서 태극기 부대와 촛불 부대가 마주쳐도 유혈사태가 안 났죠. 그런데 이제는 그 누구도 승복 안 해요. 그럼 어떻게 돼요? 유혈사태 아니면 해결이 안 되죠. 사회질서가 망가지는 거예요.

그래서 제가 예전에 왼쪽 분들한테 이렇게 얘기했었어요. "너네들 하고 싶은 거 다 하더라도 두 개만 건드리지 마라. 한미동맹하고 사법부, 그거 두 개는 제발 건드리지 마라." 그러니까 한미동맹과 사법부, 이건 대한민국의 기반입니다. 나머지는 뭘 하든 기반이 살아있으면 그래도 회복할 수 있는데 절대 하면 안 되는 게 기반을 무너뜨리는 거예요. 한미동맹을 해체하면 생존의 기반이 없어져요. 그리고 사법부를 해체하면 민주주의의 기반이 무너집니다. 법치가 깨지면 자유민주주의가 깨지게 돼요.

민주주의의 핵심, 책임질 수 있는 개인

진리를 알지니 진리가 너희를 자유롭게 하리라 그들이 대답하되 우리가 아브라함의 자손이라 남의 종이 된 적이 없거늘 어찌하여 우리가 자유롭게 되리라 하느냐 예수께서 대답하시되 진실로 진실로 너희에게 이르노니 죄를 범하는 자마다 죄의 종이라 (요한복음 8:32~34)

근대적 민주주의가 등장하는 역사적 배경을 설명할 때, 르네상스와 종교개혁은 필수적입니다. 16세기 종교개혁과 17세기 30년 전쟁을 거치면서, 유럽에서 가톨릭의 권위가 해체되었어요. 이 과정에서 자유롭고 독립적인 '개인'이 등장합니다. 영국에서 청교도혁명과 명예혁명을 통한 '의회중심'의 '입헌군주제'의 등장은 유럽 전체의 정치가 혁명적으로 변화하도록 이끄는 기폭제가 되었습니다. 특히, 홉스와 로크의 사회계약론은 부르주아 중심의 민주주의 혁명에 불꽃을 점화하는 역할을 했습니다.[346] 이번 강의는 이 과정에서 탄생한 개인이라는 존재에 대해 한번 조명해 보려고 합니다.

서구 정치의 역사에서 자유주의, 공화주의, 입헌주의 이 세 가지는 각각 발전하고 서로 합체되면서 자유민주주의가 완성되는 구성으로 갔습니다. 자유주의는 개념적 스펙트럼이 넓은데 여기서는 자유주의가 종교개혁에서 탄생했다는 점에 포커스를 맞춰보겠습니다. 가톨릭의 권력과 왕의 간섭으로부터 종교의 자유를 확보하는 것에서 자유주

---

346 이승원, 『민주주의』, (책세상, 2017), 교보ebook edition, location 3%-4% 인용.

의는 출발합니다. 전제정(專制政), 종교적 불관용에 맞서서 선택의 자유와 이성, 관용의 가치를 지지하고 공유하려는 시도죠.[347] 이 자유를 지키기 위해 모든 권력이 법의 지배를 받도록 헌법으로 세팅하는 게 입헌주의입니다. 그리고 자유가 보장되는 체제를 권력분립의 체크 앤 밸런스를 통해 현실정치에 실현하고자 하는 게 공화주의죠. 이게 가능하려면 주권자인 시민 본인이 정치주체라는 참여적 정치의식이 있어야 합니다. 참여민주주의식의 참여가 아니라, 법의 지배와 제도를 중시하면서 공동체를 지키기 위해 개인을 희생할 수 있는 도덕성에 기반한 참여의식이죠. 개인의 자유가 중요하기에 그런 자유가 지켜지는 공화국을 수호하고 공동체가 추구하는 공동선을 지켜낸다는 강력한 의식이 있습니다. 이런 공화적 시민이 있어야만 자유민주주의가 작동을 해요. 그래서 이런 공화적 시민을 양성하는 게 바로 PLI입니다.

개인의 탄생

중요한 것은 여기서 개인이 탄생하지 않으면 자유주의, 공화주의, 입헌주의가 다 안 된다는 점입니다. 서구에서 탁월하게 이 세 가지를 개발해서 합체시킨 자유민주주의 모델이 나왔던 근본 원인이 어디 있냐면 종교개혁 때문이에요. 이건 저 혼자 주장하는 게 아닙니다. 개

---

347 데이비드 헬드, 앞의 책, 123면.

인의 등장, 시민이라고 하는 개인이 등장하지 않으면 자유민주주의는 불가능해요. 근대 세계는 이 개인의 등장으로 열리는 거예요. 근대 이전의 인간과는 완전히 다른 인간이 등장하는 겁니다.

그럼 개인은 어떻게 등장했을까요? 바로 한 사람이 성경책을 소지하는 데서부터 출발합니다. 이게 무슨 의미일까요? 입문에서 잠깐 언급했었는데 영국에서 존 위클리프(John Wycliffe, 1320-1384)란 분이 라틴어로 된 성경을 영어로 번역해서 영어 성경을 만들었어요. 루터보다 앞선 종교개혁의 리더들이 화형당할 위험을 무릅쓰고 목숨을 걸고 이일을 하신 거예요. 그러니까 모국어로 된 성경을 내가 소지하고 내가 원할 때 말씀 읽고 묵상하고 기도할 수 있다는 게 엄청난 은혜입니다. 그래서 이 역사를 알면 집에서 교회로 출발할 때 성경책을 집는 순간부터 은혜를 느낍니다. 내가 모국어로 된 성경을 소지하는 것에서 모든 정치혁명이 출발합니다. 그래서 말씀이 중요한 겁니다. 그러니까 그 당시의 가톨릭교회에서 어떻게 했어요? 그걸 다 압수해서 런던에 있는 세인트 폴 교회 앞에 쌓아놓고 화형식을 해요. 성경을 못 읽게 하려고 사제들이 그걸 불태운 거예요. 자신들의 지배를 벗어날까봐 두려워하는 거죠. 이들은 가톨릭교회만이 성경 해석권을 가진다고 하면서, 성경의 권위보다 교회와 교황의 권위를 더 앞세웠습니다. 그런 식으로 사람들과 세계를 지배해온 거죠. 종교개혁은 권위를 해체하는 게 아니라 권위의 재해석이라고 할 수 있어요. 가톨릭 교황의 절대 권위는 인정할 수 없고 성경의 권위가 가장 앞선다는 거죠.

여기서 중요한 것은 그럼 그렇게 해서 개인이 등장했다는 게 무슨 의미인지를 이해하는 겁니다. 이것은 처음으로 내가 하나님 앞에 책임을 지는 행위 주체가 되었다는 말이에요. 윤리적 책임의 주체로서의 개인이 처음 등장하는 겁니다. 그러니까 노예는 시키는 것만 하면 되니까 책임이 없어요. 그런데 종교개혁의 위대함은 각 개인이 남녀노소를 불문하고 성경을 품에 품고, 자기가 직접 말씀을 읽고 묵상하고 하나님께 직접 기도를 드리면서 하나님과 직접 관계를 맺는 자유로운 존재가 된다는 데 있습니다. 자유로운 존재는 책임을 집니다. 하나님 앞에서 자신의 선택과 행동의 결과에 책임을 지는 책임의 주체가 되는 거예요. 이것이 바로 개인의 탄생입니다. 그러니까 제가 강조하는 것이 기독교 윤리 얘기하면서 좌경화될 게 아니고 종교개혁의 윤리가 왜 도덕적으로 탁월한 인간을 만들어내는지 그리고 이런 인간이 안 나오면 앞에서 얘기한 자유민주주의가 작동되지 않는다는 걸 가르쳐야 한다는 겁니다.

미국에 해롤드 버만 교수와 존 위티 주니어 교수가 있는데 이 두 분이 기독교적인 탁월한 법학자세요. 이분들이 뭘 얘기하냐면 근대 입헌주의나 자유민주주의 체제는 칼빈에서부터 종교개혁의 전통을 계승한 사람들에 의해 발전한다는 겁니다.[348] 우리가 학교에서 배울 때는 계몽주의에 주로 포커스를 맞추는데 계몽주의가 영향을 주기는 했지만 그게 주류가 아니고 항상 법과 정치를 세팅할 때는 칼빈과 그의 후계자들이 크게 기여했다는 거예요. 그러니까 종교개혁 이후에 탁월한 신앙인들에 의해 영국의 민법 체계와 형법 체계가 어떻게 바

---

348 존 위티 주니어(John Witte Jr.)/ 정두메 역, 『권리와 자유의 역사』, 한국기독학생출판부, 2015, 27면 이하.

꿰는지 보면 깜짝 놀라요. 그걸 칼빈적인 관점에서 버만 교수님이 설명해 주시는데,[349] 종교개혁을 기점으로 그 전후가 어떻게 달라지는지 보면 엄청납니다.

그러니까 무슨 얘기냐면 하나님은 당신의 백성과 언약(covenant)을 맺으시잖아요. 계약(covenant)를 맺으면 관계가 달라지고 책임이 달라져요. 우리는 노예나 거지가 아니고 책임을 인식할 수 있는 존재로 격상돼요. 윤리적 책임을 지는 거예요. 하나님 앞에서의 의무와 책임. 이게 자연법(natural law)의 핵심이에요. 그러니까 로마서 2:14-15절에도 나오는 것처럼 기독교인이 아닌 인간도 양심이 있기 때문에 뭘 하면 되고 뭘 하면 안 된다는 규범을 구성할 수 있어요. 이 보편적인 도덕 질서(규범)를 자연법이라고 합니다. 대표적인 자연법이 모세에게 주신 십계명이죠. 성경적으로 봤을 때 법은 여기서 출발하는 거예요. 그럼 크리스천의 관점에서 뭘 해도 되고 뭘 하면 안 되는지 결정하는 '행위의 근거'(action for reason)는 뭐예요? 바로 인간에게 심어주신 보편적인 도덕 질서인 자연법이에요. 하나님과 언약을 맺은 크리스천은 하나님께서 주신 이 자연법을 따를 의무가 있는 거예요. 이렇게 하나님 앞에 의무와 책임을 지는 존재가 바로 개인입니다. 언약(covenant)을 신학적으로 이해한 상태에서 자연법의 역사를 보면 성경이 훨씬 깊이 있게 보입니다.

자연법을 인식하는 윤리적 책임을 진 개인의 등장으로 이제 실정법 체계도 바뀌는 거예요. 칼빈의 후계자들은 자연법을 중심으로 실

---

349 해롤드 버만(Harold Joseph Berman)/김철 역, 『법과 혁명II: 그리스도교가 서양법 전통에 미친 영향』, 한국학술정보, 2016참조.

정법 체계를 만들려고 노력합니다. 그리고 계약을 중시하고, 계약을 어기는 자에 대해서 굉장히 엄격한 그런 구조가 나와요. 그러니까 인간이 인간다워지고 탁월해지는 거예요. 그 전에는 상상도 못했던 세계가 열린 겁니다. 왜냐면 인간이 어떤 수준이었어요? 역사적으로 노예(농노)였는데 자유민이 되는 거예요. 막스 베버가 얘기하는 근대적 인간이 출현한 거죠. 그런데 이게 가능했던 본질은 참 신앙, 말씀 중심의 신앙을 회복하자는 종교개혁의 정신에 있습니다.

종교개혁을 통해 하나님 앞에 선 개인은 이제 하나님 나라와 지상 나라의 두 나라에 속하게 됩니다. 나는 하나님 나라의 백성이고 그리스도의 servant죠. 그리고 현실의 지상나라에서는 정치 주체로. 시민으로 등장해요. 하나님 나라와 지상 나라의 역할이 구분되면서 제대로 정착되어야 해요. 그러니까 나의 모든 삶은 뭐예요? 온전히 주님께 바치고 나는 도구로서 나를 통해 하나님의 절대 주권이 선포되는 그런 존재죠. 내가 선 영역에서 하나님 나라가 확장되게끔 하는 하나님의 백성이에요. 그런데 지상의 이 체제에 참여할 때는 뭐가 되는 거예요? 공화적 주체로, 정치 주체인 시민으로 등장해요. 그래서 탁월한 시민들이 나오는 거예요. 신앙으로서의 킹덤의 왕의 통치를 받는 하나님의 백성으로 새롭게 말씀 중심의 신앙으로 세팅되고 그 사람이 현실 정치의 공화적 시민으로 등장하는 역사가 종교개혁에서부터 펼쳐지는 겁니다.

자유민주주의: 하나님의 통치와 법치

"국민의, 국민에 의한, 국민을 위한 정부"(that government of the people, by the people, for the people)라는 문구는 민주주의를 표현하는 유명한 구절입니다. 명연설로 잘 알려져 있는 링컨의 게티스버그 연설에 나오는 내용이죠. 이 구절은 링컨이 창의적으로 한 말이 아니라 존 위클리프가 영어성경의 서문에 쓴 내용을 인용한 거예요. 입문 장에서 제가 소개했듯이 위클리프는 화형당할 위험을 무릅쓰고 성경을 영어로 번역한 뒤 그 영어 성경 서문에 "This Bible is for the Goverment of the people, by the people, for the people"이라고 씁니다. 성경은 하나님이 그의 백성을 통치하시기 위한 것이라는 거죠. 링컨이 게티스버그 연설에 바로 이 구절을 인용합니다.

링컨 대통령은 남북전쟁을 치르면서 미국이 어떤 나라여야 하는지 미국의 정체성에 대해 처절하게 고뇌했습니다. 수많은 이들이 피를 흘린 게티스버그에서 이들이 어떤 나라를 만들기 위해 피를 흘렸는지 제시해야 하는 거죠. 미국이라는 나라가 추구해야할 민주주의의 본질이 무엇인지를 깊이 묵상하며 기도했을 때 저 구절에서 그 답을 얻은 거예요 그럼 이게 무슨 의미일까요? 사람들(people)의, 사람들에 의한, 사람들을 위한 거니까 민주주의가 사람들 중심이란 걸까요? 그렇지 않습니다. 존 위클리프가 영어성경의 서문에 쓴 사람들은 하나님의 통치를 받는 이들입니다. 링컨 대통령이 이 구절을 인용했을 때 그걸 깊이 묵상한 겁니다. 바로 하나님의 통치를 받는 이들이 자유민주주의를 가능케 하는 그 개인인 겁니다. 민주주의는 사람들 중심으로 여럿이 모이면 되는 게 아니라 하나님의 통치를 받는 사람들, 하나님 앞에 선 자유로운 개인들이 있을 때 가능한 겁니다.

그러니까 사무엘상 8장에 어떤 내용이 나옵니까? 이스라엘 백성들이 왕을 달라고 하죠. 사무엘이 속상해서 기도할 때 하나님께서 저들은 내가 왕 되기를 원치 않는구나 하시며 인간왕은 너희들을 종으로 만들어서 너희들의 등골을 빼먹고 착취할 텐데 너희들은 인간 왕을 원하는구나 하시죠. 그러니까 이제 하나님을 왕으로 모시는 크리스천들에겐 인간 왕이 필요 없습니다. 우리는 자유로운 존재들입니다. 더 이상 인간 왕의 압제를 받을 필요가 없어요. 이제 하나님이 직접 통치하시겠다는 겁니다. 어떻게 하나님께서 통치하십니까? 바로 카이퍼의 영역주권입니다. 하나님의 통치를 받는 사람들이 부르신 영역에서 그의 도구로 쓰임 받을 때 그들을 통해 하나님의 통치가 이 땅에 이뤄지는 겁니다. 그의 절대 주권이 나를 통해 이 땅에 선포되는 거예요.

그런데 여기서 잊어서는 안 되는 게 뭐예요? 바로 법치입니다. 하나님께서는 그의 백성을 법으로 통치하십니다. 인간은 부패한 존재이기 때문에 인치(人治), 사람이 통치하는 제도를 만들면 반드시 사고를 쳐요. 그래서 하나님의 법으로 통치하게 해야 합니다. 법은 인간들이 합의한다고 만들어지는 게 아니라 하나님이 주시는 겁니다. 그럼 하나님이 주신 자연법(natural law)을 기준으로 의회에서 세속법을 만들어서 그 법이 통치하게끔 만들면 어떻게 돼요? 이게 바로 하나님의 통치가 이 땅에 실현되는 거예요. 이것이 자유민주주의의 디자인입니다.

인간의 역사에서 자유민주주의, 헌정주의, 법치와 같은 탁월한 제도의 시작은 바로 개인이 모국어로 된 성경을 직접 소지할 수 있는 것에서부터 시작했습니다. 내가 직접 하나님 말씀을 읽고 하나님께 직접 기도하고 묵상하면서 하나님의 통치를 받을 때, 피조물로서 책임을 지는 개인이 등장하는 겁니다. 이런 개인이 그분의 도구로 하나님의 통치가 이 땅에 임하도록 할 때 이것이 자유민주주의의 출발이자 위대한 종교개혁의 역사입니다.

청교도 혁명과 의회민주주의

영국정치사를 너무 탁월하게 정리하신 크리스토퍼 힐(Christopher Hill) 교수가 쓴 탁월한 책이 바로 『Puritanism and Revolution』이에요. 그러니까 영국의 종교개혁을 이루어낸 잉글랜드의 청교도들이 어떤 탁월한 정치제도를 형성해나가는가를 정치사를 전공하는 학자의 관점에서 통찰해서 쓰신 거예요, 아주 탁월합니다. 영국이 입헌군주제라는 정치제도를 형성했던 결정적인 출발은 청교도들의 혁명입니다. 이것을 잉글랜드 내전(English Civil War)이라고 얘기하는데 이게 청교도 혁명이에요. 찰스1세를 처형하고 크롬웰을 호국경으로 해서 공화정을 세웠어요. 그런데 크롬웰이 죽으면서 혼란을 겪다가 다시 왕정으로 복귀해요. 혁명한다고 하고서 공화제를 제대로 못하고 독재했다고 비판하는 사람들도 많죠. 그런데 제가 주목하는 건 뭐냐면 왕권이 제한되고 의회중심의 구성을 해보자고 했던 그 첫 시도예요.

제가 이제 그 영국 정치사를 공부할 때 괴로웠던 게 뭐냐면, 크롬웰이란 사람이 이해가 되기 시작한 거예요. 크롬웰을 독재자라고 엄청 많이 비판받죠. 그런데 제가 크리스천이 되고서 보니까 크롬웰이 이해가 되는 거예요. 보세요. 크롬웰이 철기군을 이끌고 런던에 입성했어요. 철기군을 당할 자가 없어요. 왜냐면 돈 받고 싸우는 사람들하고 다른 거예요. 지금 철기군에게는 지금 싸우지 않으면 그동안 자기들이 개혁한 것, 말씀대로 살자고 개혁한 것이 다 허사가 되는 거예요. 저분들은 가톨릭으로 돌아갈 수는 없으니까 죽든지 아니면 싸우는 길뿐이죠. 그래서 어떤 역사가는 "지금 신앙을 지키기 위해서 목숨을 거는 마지막 사건이다" 이렇게 표현해요.

그런데 제가 공부하다가 제일 재밌었던 게 뭐냐면, 부하들이 크롬웰한테 "왜 안 하세요, 왜 안 하세요. 왕 빨리 처형해야 되는데 혁명에 성공했는데 왜 안 죽여요 왜 안 죽여요" 이러면 크롬웰이 성경책 들고 사라지는 거예요. 크롬웰 특징이 뭐냐면 성경책 들고 짱 박히기예요. 그러면 이제 말씀을 묵상하면서 기도하겠죠. 그래서 저도 고민에 빠지면 꼭 성경책 들고 짱 박힙니다. 크롬웰 따라하는 거예요.(웃음) 지금 저분이 어떤 사면초가에 놓였냐면 일단 의회주의를 지지하는 혁명군을 이끌고 런던을 점령했는데 이제 뭐가 문제냐면 자기를 따랐던 세력은 빨리 왕을 죽이라고 난리예요. 그런데 저 때 크롬웰의 고통은 뭐냐면 본인이 크리스천이잖아요. 국왕을 살해하고 싶지 않은 거예요.

그런데 만약에 안 죽이면 어떻게 돼요? 자기를 따랐던 사람들이 배신자! 이러면서 난리를 치겠죠. 그러니까 제가 보면 한국 사람들 난리친다고 뭐라 그러는데 그러지 마세요. 왜냐하면 인간은 원래 난리를 쳐요.(웃음) 그리고 잠깐 한눈팔면 금송아지 만들어요. 원래 인간은 그런 거예요.

그런데 중요한 건 뭐냐면 잘못해서 왕을 죽였다가는 잘못하면 대륙에서도 가톨릭군이 들어와요. 그걸 빌미로 진압하러 오는 거죠. 지금까지 전쟁하느라 너무 지쳐있는데 2차 전쟁을 다시 벌일 수는 없습니다. 그런데 왕을 안 죽이면, 자기를 따르는 혁명파가 난리가 나요. "이럴 거면 혁명을 왜 한 거야?" "X맨 아니야?" "올리버 크롬웰이 왕당파가 심은 X맨이다." 뭐 이러면서 난리가 나죠. 그래서 크롬웰이 기도 끝에 결단을 내린 게 뭐냐면, 역사상 처음으로 사법절차를 통해서 왕을 기소해서 처형합니다(1649년). 이게 매우 중대한 사건이에요. 그러니까 왕도 법에 의해서 처형될 수 있다는 걸 보여주는 겁니다. 그러니까 그걸 처음 한 거예요. 이게 프랑스 혁명보다 거의 150여년 먼저 일어난 건데도 단두대에서 싹둑싹둑 하는 게 아니라 법절차를 따라서 집행하는 겁니다. 저는 이게 청교도 신앙의 힘이라고 생각해요. 그러면서 의회민주주의를 현실에서 시도해 본 거예요.

그 후에 영국은 왕정으로 복귀 후 1688년에 명예혁명을 하는데 이때 크리스천들이 어떤 개념을 끌고 오냐면 언약이에요. 커버넌트. 왕과 의회가 사인을 하는 거예요. 그걸 현실정치에 적용했고 혁명을 완성하니까 나중에 프랑스에서 했던 그런 혁명과는 차원이 달라서 명예혁명이라는 이름이 붙게 됩니다.

로크의 자유주의적 입헌주의

존 로크

이제 존 로크(John Locke, 1632-1704)라는 인물을 봐야 해요. 이분이 자유주의적 입헌주의의 시작을 열었어요. 로크가 제시하는 개인은 '자연 상태'에 있는데 이것은 "다른 이에게 종속되지 않고, 자율적으로 자신의 소유물을 처리하고 자신의 행동을 규제하는 완전한 자유의 상태"를 말해요. 이런 자연 상태의 개인은 "하나님에 대한 의무를 가지며 자연법에 의해 통치"됩니다. "자연법은 자살해서는 안 되며, 서로를 지키려고 노력해야 하고 서로의 자유를 침해해서는 안 된다는 등의 도덕의 기본 원칙을 제시해 주는 거예요."[350] 그래서 자연 상태의 개인은 하나님이 부여해주신 권리인 자연권을 누립니다. 로크가 이런 이론을 생각해낼 때의 배경이 바로 언약과 자유를 얻은 백성이에요.

그래서 로크가 얘기한 자연권의 핵심이 생명, 재산, 자유인데 이것은 하나님이 주신 권리(자연권)이기 때문에 어떤 정부나 권력도 침해할

350　데이빗 헬드, 앞의 책, 131-132면.

수가 없어요. 소유권 개념도 뭐냐면, 이 권리(생명, 재산, 자유)를 소유하는 겁니다. 그래서 이것을 침해하면 위헌이 되도록 그 구조를 디자인해요. 이게 '자유주의적 입헌주의'의 출발이에요. 타인의 권리와 상충할 때 자유는 제한될 수 있지만, 자유의 본질은 침해할 수 없습니다. 이것이 '기본권의 본질은 침해할 수 없다'는 근대법의 정신, 입헌주의 정신으로 정착하는 거예요. 하나님으로부터 받은 자연권을 지켜줄 수 있는 국가를 계약을 통해 구성할 수 있다는 로크의 사회계약론은 입헌 정부, 민주적 대의 정부 모델을 제도적으로 가능하게 했습니다.

이게 자유주의적 입헌주의의 출발이에요. 개인의 자유를 너무 중시해서 국가가 그것을 함부로 침해하지 못하도록 헌법으로 세팅합니다. 그러니까 서구의 전통에서는 로크 이래로 혐오 표현 금지 이런 게 법제화될 수 없었어요. 왜냐면 자유가 소중하기 때문이죠. 그리고 내자녀를 어떻게 키울 것인가 이 문제에 공권력이 함부로 개입한다는 것은 상상을 못 했어요. 그런데 지금의 서구사회에서는 자녀양육에 공권력이 개입하는 법이 나오고 표현의 자유를 규제하는 법이 입법되죠. 그것은 자유를 중시하는 전통을 서구인 스스로 파괴하는 거예요. 문화 영역에서 이걸 자세히 얘기해 드리겠습니다.

당신은 공화국의 시민? 후조선의 백성?

제가 2014년에 영국 에든버러대학에 연구교수로 갔을 때 이 칼럼을 보고 쓰러질 뻔했어요. '악어의 눈물'351이라는 제목의 칼럼인데 경향신문 전 사장을 했던 분이 한겨레에 기고한 거예요. 그러니까 내용이 뭐냐면 세월호 사건이 일어났을 때 대통령이 왜 안 우냐 그러다가 대통령이 회견하다 우셨더니 또 그게 악어의 눈물이라는 거예요. 그러면서 "대통령은 정녕 갈기갈기 찢긴 민심을 어루만지고 보듬으려는 어머니의 마음으로 눈물을 흘릴 것인가" 이렇게 쓰고는 바로 아래에 "제왕적 통치스타일이 바뀌지 않으면 민심의 저항에 부딪힐 것이다" 라고 쓴 거예요. 이 사람의 정치의식이 봉건적 정치의식으로 가득 차 있어요. 그러니까 박근혜라고 하는 공화국의 대통령을 왕으로 생각해요. 성군이 통치를 해야 하는데, 박근혜 대통령은 폭군이라는 거죠. 그런 걸로 사람들을 선동하는 거예요. 아니, 박근혜 대통령이 공화국의 대통령인데 왜 엄마가 되어야 해요? 갑자기 무슨 소리예요 이게? 또 이걸 읽고 거기다 댓글을 달면서 그래요. "어머니의 따뜻한 눈물이 없었어요~" 도대체 공화국의 대통령이 왜 어머니가 되었죠? 그럼 문재인이 아빠겠네? 저는 그런 아버지 둔 적이 없어요. 기가 차는 거죠. 그래도 신문사 사장까지 한 사람이 이 정도로 정치의식이 천박할까 했는데 그게 우리나라 수준이에요. 그러니까 선동이 되는 거예요.

다시 말하지만 노예적 마인드를 가지고 있는 사람은 절대로 자유민주주의 체제의 시민이 될 수 없습니다. 그러니까 제가 항상 강조하는 게 뭐예요? 공화국을 세워놨는데 한국 사람들의 정치의식은 조선시대 백성이에요. 그러니까 선거 때 인터뷰하면 "우리를 잘살게 해 주

---

351 고영재, "악어의 눈물", 한겨레신문, 2014.05.30. https://www.hani.co.kr/arti/opinion/column/639781.html

셔야쥬~" 아니, 왜요? 문재인 은혜로 살고 있어요? 그러니까 저 말은 조선 시대 같으면 "오늘 소고깃국 먹었슈~"와 같은 거예요. 그럼 그건 왕의 은혜인 거예요. 오늘 문재인 은혜로 밥 먹고 왔어요? 그런데 더 신기한 건 뭐냐면 교회 다니는 분들이 그런 소리를 하고 있어요. 시민이 등장한 것은 종교개혁의 산물이라니까요. 우리는 백성일 때는 하나님 나라일 때예요. 하나님이 왕이신 거죠. 이 지상 나라는 뭐예요? 시민으로 참여해야 한다니까요. 맞습니까? 그러니까 뭐부터 바꿔야 해요? 정치의식부터. 그게 안 바뀌면 희망이 없습니다.

정교분리와 종교의 자유

여호와께서 모세에게 이르시되 바로에게 들어가서 그에게 이르라 히브리 사람의 하나님 여호와께서 말씀하시기를 내 백성을 보내라 그들이 나를 섬길 것이니라 (출애굽기 9:1)

요즘 한국 사회에서 정교분리를 많이 얘기하는데, 교회에서 정치 얘기 안 하는 게 정교분리인 줄 알아요. 이건 정교분리의 개념을 전혀 모르니까 하게 되는 대표적인 오해입니다. 계속 강조하는 얘기지만 개념을 제대로 탑재해야 제대로 된 신앙생활을 할 수 있습니다. 그래서 이번 강의에서는 정교분리에 대해 제대로 공부해 봅시다.

정교분리의 출발: 국교부인[352]

정교분리는 국교부인(no establishment)의 원리에서 출발합니다. 그러니까 미국 헌법에 국교부인의 원리가 탑재된 것은 헌법의 역사에서도 위대한 실험이에요. 정교분리가 미국 헌법에서 시작되면서 이것이 왜 인류 역사를 바꾼 위대한 실험이라는 평가를 받게 되었을까요? 17세기에 신대륙 미국으로 이주해온 청교도들은 개신교(Protestant)

---

352 이정훈, 『이정훈교수의 기독교와 선거, 교회는 어떻게 정치에 참여해야 하는가』, PLI, 2020의 일부 내용을 인용하였음.

진영의 '청교도'(Puritans)라고 불리는 사람들이었습니다.[353]

영국 의회는 영국 국교회(영국 성공회)의 기도서(The Book of Common Prayer)만을 공인했고, 국교회 회원이 아닌 청교도들은 종교적 차별을 당했습니다.[354] 이런 상황에서 청교도들은 종교적 박해로부터 자유를 찾는 것과 동시에 평등한 시민적 권리를 찾는 것을 갈구했어요. 청교도들은 영국에서 잘못된 종교를 신봉하는 '이등 시민'(second class citizen)의 법적 지위를 갖고 있었기 때문이죠. 국가가 특정 교단이나 종교를 국교로 정하면 나머지 교단이나 종교를 믿는 신자들이 차별을 받게 됩니다. 그래서 자유를 찾아 신대륙으로 이주해 옵니다.

그런데 미국의 매사추세츠에 이주해온 청교도들이 어떤 걸 했냐면 청교도적 회중 교회만 참 교회라면서 나머지 교회를 차별한 겁니다. 이건 청교도적 회중교회가 사실상의 국교가 되는 셈이죠. 그래서 주로 침례교도들이 탄압을 많이 받았습니다. 그런데 헌법을 디자인한 제퍼슨이나 매디슨의 문제의식은 국교를 정하는 일을 할 것 같으면 우리가 신대륙에는 왜 왔냐는 거죠. 영국에서 국교가 정해져 있으니까 청교도가 종교의 자유도 없고 이등시민으로 전락했잖아요. 이런 차별을 벗어나서 자유를 얻기 위해서 왔는데 다시 그런 일이 일어나선 안 된다고 생각한 겁니다. 그래서 "미국은 완전한 자유의 나라여야

---

353 16세기 후반에 영국국교회 내부에서 일어난 신교도의 한 파를 "Puritans"라고 지칭한다. 번역할 때 "Pilgrims"도 청교도로, "Puritans"도 청교도로 번역하였는데 결국 영국 청교도들을 일컫는 용어이다.

354 John J. Meng · E. J. Gergery, *American History* (1959), pp.52–53, Lawrence F. Rossow · Jacqueline A. Stefkovich, *Education Law: Case and Materials* (Durham, North Carolina: Carolina Academic Press, 2005), p.771 재인용.

한다. 진짜 자유를 누리려면 종교의 자유가 완전하게 보장되어야 한다"라고 생각한 것입니다. 그래서 미국 헌법이 국교를 부인하여 완전한 종교의 자유를 보장하게 됩니다. 이 내용이 미국 수정헌법 제1조에 명시되어 있는 거예요.

종교의 자유가 미국 헌법에 탑재되기까지

종교개혁을 통해 자유로운 개인이 탄생합니다. 하나님 앞에 선 자유로운 인간, 윤리적 책임을 지는 존재, 여기서 개인의 기본권이라는 개념이 출발합니다. 개인은 기본권의 주체로 법적으로 거듭납니다. 이것이 근대적 인권의 출발입니다. 그러니까 "저는 노예인데요, 농노인데요"와 같은 고백이 아니라, 한 사람 한 사람이 자유민이고 권리주체가 되어야 인간의 존엄성에 대해 얘기할 수 있습니다. 예를 들어, 신체의 자유와 같은 기본권은 존엄한 사람이기 때문에 보장되는 거예요. 존엄한 인간이기 때문에 영장 없이 함부로 체포할 수 없고, 체포하더라도 사육장 같은 곳에 가두면 안 되는 거죠. 이렇게 법과 정치의 역사 속에서 자유권을 중심으로 한 기본권이 헌법으로 보장되게 됩니다.

우리 크리스천들이 기억해야 하는 것이 칼빈과 종교개혁이 정치사에 기여한 측면입니다. 종교개혁자 칼빈이 기본권과 법치, 헌정, 공화주의 등에 대해 기본적 아이디어를 제공했다면 칼빈의 후계자들인 베자, 알투시우스가 그것들을 더욱 법학적 차원에서 발전시킵니다. 로크의 자연권 사상이 영국의 명예혁명과 미국독립혁명에 영향을 주고, 미국 헌법을 기초한 제퍼슨과 메디슨이 자유권적 기본권을 보장하는 헌법을 제정하게 됩니다. 종교개혁에서 시작한 종교의 자유가 정치제도로 완전히 정착되는 순간이 바로 미국 헌법의 탄생입니다. 에모리 대학의 법학자인 존 위티 주니어(John Witte Jr.) 교수가 바로 이런 종교개혁이 법과 헌정에 끼친 영향에 대해 역사적으로 잘 설명해 주었습니다.[355]

존 위티 주니어 교수는 칼빈과 그의 후계자들이 공화주의적 헌정주의가 발전하는데 기여한 바를 체계적으로 연구했습니다. 제네바의 칼빈은 단순히 종교개혁만 한 게 아니에요. 칼빈의 사상은 우리가 현재 누리고 있는 헌법이 보장하는 각종 자유권적 기본권의 사상적 기원이 됩니다.[356] 그래서 제가 독일법학자 옐리네크 얘기를 인용하면서 헌정주의의 시작이 칼빈이라고 앞에서 설명드린 거예요.[357]

테오도르 베자(Theodore Beza, 1519-1605)라는 분은 칼빈의 후계자인데 '하나님을 예배하는 인간이 존엄하다'라는 표현을 합니다. 저는 이 표현이 너무 좋은 거예요. 그러니까 인간이 어떻게 존엄할 수 있느냐고

---

355 존 위티 주니어(John Witte Jr.)/ 정두메 역, 『권리와 자유의 역사』, 한국기독학생출판부, 2015.

356 존 위티 주니어, 앞의 책, 2015, 27면 이하.

357 Georg Jellinek, Die Erklärung der Menschen- und Bürgerrechte: Ein Beitrag zur modernen Verfassungsgeschichte (Staats- und völkerrechtliche Abhandlungen I.3)에 있다. 이 책은 1895년에 Leipzig에서 출판되었는데 Duncker & Humblot reprints 판이 1927년에 다시 출판되었다. ebook edition에 대한 출판정보는 다음과 같다. (Wissenschaftliche Abhandlungen und Reden zur Philosophie, Politik und Geistesgeschichte, Heft VI) Duncker & Humblot reprints, 1927. 4. Aufl. (in 3. Aufl. bearb. von Walter Jellinek). XIX, 85 S.

물을 때 자유롭게 기독교인의 양심으로 하나님을 경배하는 자가 존엄하다는 원리인 것이지요.

베자는 크리스천은 창조주 하나님의 자녀이고 무엇보다 하나님을 사랑하고 예배드려야 할 존재이기 때문에 위정자가 크리스천의 종교의 자유를 침해하면 인권이 보장될 수 없다고 생각한 것입니다. 그러니까 인간이 존엄한 이유는 하나님의 형상대로 창조된 피조물이기 때문입니다. 따라서, 인간은 하나님께 예배드려야 하고, 하나님이 그 예배를 받으실 때 인간의 존엄성이 완성됩니다. 그래서 종교의 자유는 선택이 아니라 크리스천이 법제도로 반드시 확보해야하는 법적 권리인 것입니다. 베자의 이런 사상은 알투시우스의 법사상으로 연결됩니다.

요하네스 알투시우스(Johannes Althusius, 1557-1638)는 자연법(natural law)을 더욱 체계적으로 설명합니다. 알투시우스의 자연법론은 칼빈이 강조했던 십계명을 중심으로 한 하나님의 도덕법과 사상적으로 그대로 연결됩니다. 그래서 법의 지배(rule of law)의 본질을 자연법을 통해 설명합니다. 십계명은 자연법의 근거인 동시에 요약입니다. 그래서 성경과 기독교 자연법(하나님의 도덕법)을 국가의 기본법의 근원으로 삼는 법이론을 주창합니다. 이 기본법이 바로 근대적 헌법을 의미합니다. 그러니까 법은 인간들끼리 합의한다고 만들어지는 게 아니라 하나님이 주시는 겁니다. 하나님이 주신 자연법을 기준으로 세속법을 입법하고, 그 법이 통치하게끔 만들면 어떻게 돼요? 하나님의 통치가 지상에 실현되는 거예요. 이것이 자연법적 법의 지배 즉, 법치의 원리입니다.

영국의 종교개혁과정에서 '웨스트민스터 총회'는 교황이나 사제들의 '인치'나 교인의 '다수결주의'보다는 하나님의 말씀에 근거하여 그리스도의 주권적 통치를 구현하는 방법으로 '법치'를 택했습니다.[358] 웨스트민스터 총회에 스코틀랜드 대표로 참여한 사무엘 러더포드 (Samuel Rutherford, 1600-1661)는 1644년 『Lex Rex』라는 책에서 '법이 왕이다'라고 하는 당시로서는 너무나 파격적이고 선진적인 주장을 하여 '근대적 법치주의'의 사상적 원조가 됩니다. 국왕도 법의 통제를 받아 권력을 행사해야 한다는 러더포드의 주장은 '헌정주의'의 발전과 실천에 큰 영향을 줍니다.[359]

저는 진짜 감동을 받는 게 저 때가 1644년이잖아요? 1644년에 우리는 여기서 한반도에서 뭘 하고 있었냐면 인조가 22년째 통치하고 있었어요. 저 해에 청나라에 볼모로 잡혀간 세자가 돌아옵니다. 왕자도 볼모로 잡혀갔으면 그 밑의 백성들이 얼마나 고통을 겪었는지는 말할 필요가 없죠. 그랬던 사람들이 지금 우리가 누리고 사는 거 보세요. 그런데 우리가 그렇게 살았다는 거 자체가 그게 또 은혜예요. 왜냐면 그런 땅에 교회가 세워지고 예수 그리스도가 누군지 알게 되면서 확 뒤바뀌는 거죠. 그래서 제가 항상 강조하는 게 예수 그리스도를 만나면 한 사람의 인생뿐만 아니라 한 나라의 운명도 바뀌는 겁니다.

---

358 김요섭, "Robert Letham, 『웨스트민스터 총회의 역사:웨스트민스터 총회』, 개혁주의신학사, 2014. 서평", 신학지남 83권 3호(2016), 296면.

359 Samuel Rutherford, *Lex, Rex or the Law and the Prince, A Dispute for the Just Prerogative of King and People*, (Published by Pantianos Classics eBook Edition First Published in 1644, Kindle edition), 참조.

조선이 대한민국이 된 것이, 이게 어떤 은혜인지 완전히 전율이 일어나는 거예요. 주님의 몸된 교회가 얼마나 소중한지 그걸 역사 속에서 절감하게 되는 겁니다.

교회와 국가의 관계: 칼빈과 웨스트민스터 총회

교황 인노첸시오 3세는 1198년 10월에 '우주의 창조주처럼'이라는 교서를 반포했습니다. 이 교서는 국가가 교회에 복종해야 한다는 원리를 담고 있어요. 하나님께서 교황의 힘이 어떤 군주의 힘보다도 우월하도록 정하셨다고 교황은 주장했어요.[360] 이렇게 로마 가톨릭의 정치의식은 교황이 세속의 군주나 권력자들을 통제하고 간섭한다는 차원에서 이루어졌어요. 그러다 보니 교황과 군주들이 성직 임면권(任免權) 등을 둘러싸고 상호 간 권력투쟁을 벌이는 양상으로 전개됩니다. 반면, 종교개혁 이후 개혁적 상황은 종교를 국가가 관장하거나, 교황이 국가권력보다 우위에 있다는 식의 중세적 입장에서 벗어나 종교를 개인의 문제로 인식하고 교회가 국가로부터 자유로워지는 구도로 향했습니다.

제네바에서의 칼빈의 개혁은 교회와 정부의 역할과 권한을 분리하는 것이었습니다. 칼빈은 권징을 통해 교회를 개혁하고자 했습니다. 개혁공동체를 유지하려면 크리스천의 동일한 신앙고백이 필요했습니

---

360 알리스터 맥그라스(Alister McGrath)/박규태 역, 『기독교의 역사』, 포이에마, 2017(2쇄), 209면.

다. 교회개혁을 위해서는 교회와 정부의 업무가 구별되어야 했죠. 칼빈은 츠빙글리와 다르게, 출교권이 교회의 고유 업무에 속하고 정부에 속하지 않는다고 보았습니다. 성문법(실정법)을 어긴 자를 벌할 권세를 정부가 갖는 것처럼, 교회법을 어긴 자들을 벌한 권세는 교회에 있다는 주장입니다. 그는 교회에서의 치리는 물리적인 힘이 아니라, 영적인 말씀선포라고 설명했습니다. 제네바에서는 1560년부터 행정 관료들이 직위를 상징하는 지팡이를 소지한 채 교회에 들어오는 것을 막았습니다. 교회의 권징권 주장에 대한 의회의 불만은 1538년 칼빈의 추방으로 이어졌습니다. [361]

종교개혁이 독일과 영국을 포함한 근대 서구법에 끼친 영향을 연구한 법학자 해롤드 버만은 야로슬라브 펠리칸(Jaroslav Pelican)의 말을 인용하면서 논지를 전개해 나갑니다. 그는 "전통주의란 살아있는 자들의 죽은 신앙이며, 전통이란 죽은 자들의 살아있는 믿음이다. 이러한 취지에서 역사주의(historicism)란 과거에 집착하는 것"이라고 주장했습니다. [362]

우리는 칼빈의 신학사상을 접할 때, 한국에서 벌어지는 칼빈주의의 교조적 역할을 자주 목도하게 됩니다. 교조화는 '칼빈적'인가 여부가 진리의 기준이 되는 현상이라고 말할 수 있습니다. 따라서, 무엇이 '칼빈적인 것인가'에 대한 논쟁도 첨예할 수밖에 없습니다. 그러나, 위에서 인용한 펠리칸의 말처럼 역사적 상황이나 시대의 현실에 따라,

---

361 오덕교, 『장로교회사』, 합신대학원출판부, 2019(3판5쇄), 92면.

362 해롤드 버만(Harold Joseph Berman)/김철 역, 『법과 혁명 II: 그리스도교가 서양법 전통에 미친 영향』, 2016, 한국학술정보, 25면.

칼빈의 동일한 주장에 대한 강조점이나 적용점이 달라질 수 있습니다. 그의 신학적 입장에 동의하면서 시대와 상황에 맞게 그것을 잘 적용할 때 칼빈의 사상은 더 역사적으로 발전하게 되는 것입니다. 우리는 기독교의 역사와 영미 정치의 역사에서 이러한 발전의 과정을 확인할 수 있습니다. 16세기에 칼빈이 말한 것을 문자적으로 준수하는 것은 어리석은 짓입니다.

웨스트민스터 표준문서들이 칼빈을 계승한 것이 맞는가에 대한 신학적 논쟁들도 이러한 맥락에서 이해할 수 있어요. 웨스트민스터 표준문서들이 칼빈을 계승한 것이 아니라는 주장들은 칼빈이 제네바에서 강조한 것과 웨스트민스터 총회에 참여한 주체들이 '정치-종교 개혁'을 겪고 있는 상황에서, 각 주체가 더 특별하게 강조하고자 했던 역사적-시대적 측면의 차이를 간과한 것이라고 볼 수 있습니다.[363]

앵무새처럼 칼빈의 주장들을 그대로 반복하는 것만을 계승이라고 주장할 근거는 없습니다. 저는 웨스트민스터 총회는 칼빈의 신학사상을 시대적 상황에 부합하도록 더 발전시켰다고 생각합니다. 칼빈의 주장을 녹음기처럼 '동어반복'하는 것만이 '계승'이라고 한다면, 이것이 바로 펠리칸이 지적한 전통주의이고, 버만이 언급한 역사주의라고 할 수 있겠지요. 저는 역사적 '계승'은 오히려 발전을 내포하는 의미라고 생각합니다.

웨스트민스터 총회의 신학적 주제와 논점은 주로 교리, 교회정치, 예배모범에 관한 것이었습니다. '교회정치'에 관해서는 당시에 대표적

---

363 같은 취지로 홍인택 · 김요섭, "신앙과 확신에 대한 칼빈과 웨스트민스터 표준문서들의 일관성 연구", 신학지남 86권 3호(2019), 219-221면.

인 모델로 인정받던 '장로교' 제도에 대한 에라스티안파[364]와 독립파의 도전이 대표적이라고 할 수 있습니다. 이 분야에서 목사의 수임(受任) 문제와 권징(勸懲) 문제도 총회의 주요 안건이었습니다.

장로파는 웨스트민스터 총회의 다수파였습니다. 그들은 독선적인 국왕의 횡포와 감독주의에 맞서서 의회 중심의 대의제를 주장했습니다. 장로정치는 어원상 헬라어 '프레스비테로스'에서 유래했습니다. 이것은 지교회가 회중에 의해 선출된 장로회(당회)에 의해 운영되는 교회 정치체제를 말합니다. 장로교회는 성경적 원리에 기초하여 구성되었습니다(딤전 5:17). 장로교회의 특징은 명칭대로 장로로 구성된 개교회 당회와 노회, 그리고 총회로 구성된 정치체제입니다.[365] 이를 적용하는 과정에서 장로교회는 목사의 동등성, 대의주의, 입헌주의, 관계주의를 표방합니다. 이것은 어떤 개인이나 집단의 임의적 결정보다 미리 규정된 규범인 '헌법'에 따라 권한을 행사하는 것을 강조하는 정치적 원리입니다. 스코틀랜드, 미국, 그리고 한국의 장로교 헌법은 '신앙고백서'와 '규례서'로 이루어지는데 이러한 문서들은 일종의 '정치편람'입니다. 장로교가 강조하는 관계주의는 유기적 통합원리로서 교회가 하나라는 성경적 원리를 반영한 것입니다.[366] 장로파의 제도적 장점은 청교도혁명과 명예혁명 이후, 영국의 대의민주주의를 발전시

---

364 에라스티안파는 청교도의 분파로 교회와 국가권력이 동등할 수 없으며 교회의 결정이 정치권력자의 결정보다 우위에 있을 수 없다고 주장했습니다.

365 장로교 역사에 대해서는 오덕교, 앞의 책, 참조.

366 서요한, "영국 청교도와 웨스트민스터 총회 소고:1643-1648년 웨스트민스터 신앙고백서의 역사와 신학적 전통을 중심으로", 신학지남 82권 2호(2015), 249-250면. 특히, 250면의 주)42 참조.

키는데 중요한 기여(아이디어를 제공)를 하게 되는데 있습니다. 영국 정치사의 의회주의적 전통은 웨스트민스터 총회가 그 '기폭제'가 되었다고 평가해도 과언이 아닙니다.

웨스트민스터 총회에 등장한 교회정치 논쟁에 있어서 '에라스티안파'의 주장은 교회와 국가가 권력의 차원에서 동등한 자격을 가질 수 없다는 것입니다. 그들은 왕의 권력은 신성한 것이며 청교도 성직자들이 이를 침해할 수 있다고 여기는 것은 불법이라고 주장했습니다.

'독립파'는 소수였지만 대중적인 지지를 받고 있었습니다. 이들은 장로교 정치 형태를 완강하게 반대하고 회중교회의 독립을 주장했습니다. 회중교회 제도가 최고의 교회의 재판관이 되어야 한다고 주장했습니다. 회중제도 안에서 어떤 주체도 차별받지 않으며 종교 재판에 있어서도 개교회 중심의 단수제를 주장했습니다. 회중 교회의 연합은 목사와 장로들의 모임으로 보고, 어떤 개인의 행동이나 의견에 대해서는 회원권 박탈 정도의 의결만 할 수 있다고 보았습니다.[367] 이런 '독립파'의 주장은 종교를 좀 더 개인의 문제로 인식하는 정치사상의 물꼬를 트고 가속화하는 방향을 견인하게 됩니다.

제네바에서 칼빈은 초창기 개혁주의적 정치사상의 원조로서, 그 사상적 토대를 제공했다고 할 수 있습니다. 칼빈 이후, 많은 계승자와 웨스트민스터 총회를 거쳐 개혁주의 신학에 기초한 정치사상은 더욱 발전하게 되었습니다. 미국 헌법의 제정을 통해 이런 사상은 완전히 '제도화'되는데 그것을 견인한 학자는 바로 로크입니다. 칼빈의 정

---

367 서요한, 앞의 논문, 247–248면.

치사상은 16세기라는 시대적 한계 때문에 현대적 '정교분리' 이론에는 도달하지 못했어요.

로크는 현대적 자유주의의 관점의 시작을 알리는 동시에 '정교분리' 이론을 통해 교회에 '자유'를 선사한 중요한 정치사상가입니다.

로크 관용령과 정교분리

미국 헌법이 세계 최초로 명시한 정교분리(국교부인)의 원칙은 사실상 이론적으로 로크가 체계화한 것입니다. 로크는 국가와 교회가 분리될 수 없었던 시절 '국교'에 대해 문제 의식을 갖게 되었습니다. 로크는 1689년 '관용령'(Toleration Act)을 통해 교회(종교)와 국가의 관계에 대한 근대적 이론을 소개했습니다. 영국국교회 외의 다른 교회에도 종교의 자유를 보장해야 한다는 내용입니다.[368]

국교가 사회를 지탱한다고 생각했던 당시 유럽에서는 로크의 이론은 굉장히 충격적인 주장이라고 할 수 있었습니다. 물론, 당시 관용령은 국교를 폐지하거나 모든 교회가 완전히 동등한 권리를 누리는 것까지 보장하는 것은 아니었습니다. 국교도는 공직 임명이나 옥스퍼드(캠브리지 포함)에 입학하는 등에 있어서 여러 가지 특혜를 누렸습니다. 중세 때나 로크의 시대나 왕들은 신앙 자체에 관심이 있었던 것이 아니라, 교회를 이용해 왕권을 강화하는데 더 큰 관심이 있었습니다.

---

368 박명수, 『근대 사회의 변화와 기독교』, 킹덤북스, 2013, 20-21면.

로크의 가족은 1647년 영국국교회에서 장로교로 개종했습니다.[369] 로크는 1652년 존 오웬의 지도를 받으면서 청교도 교리에도 익숙하게 되었습니다. 영국국교회만 배타성을 나타냈던 것은 아닙니다. 장로교회도 상당히 배타적이었습니다. 근대의 정교분리 이론은 배타적인 교리를 지닌 각 교회가 완전한 자유를 누리면서 서로 경쟁할 수 있는 토대를 만든 탁월한 헌법적 원리였습니다. 국교를 정하지 않고 국가가 교회에 간섭하지 않으면 역설적으로 각 교회가 자유롭게 공존할 수 있습니다. 국가가 교회의 일에 간섭하거나 특정 교단만이 진리라고 선포하면 박해받는 교회가 위축되는 것이 아니라, 더 강해져서 결국은 종교전쟁으로 비화되거나 더 잔인한 박해로 전환되는 위험에 직면하게 됩니다.

로크의 '종교의 자유'에 관한 입장은 시대적 한계를 지니고 있었습니다. 종교의 자유로 인해 '종교의 광신적 독재'가 가능할 수 있고, 대중들이 종교적 관용을 실천할 만큼 성숙하지 못하다고 판단해 일정 부분 국가의 교회에 대한 개입과 간섭을 '정당화'하였습니다.[370] 요즘 전광훈 목사와 그 추종자들의 현상을 보면서 저는 21세기의 한국교회가 '아직도 영국의 17세기 정치의식에도 도달하지 못했는가'라는 자괴감에 빠지게 됩니다. 오히려 대한민국의 독립과 건국을 주도한 신앙

---

369 로크의 신앙과 사상에 대해서는 존 마샬의 연구가 독보적이다. John Marshall, *John Locke, Toleration and Early Enlightenment Culture (Cambridge Studies in Early Modern British History)*, (Cambridge University Press, 2006)과 John Marshall, *John Locke: Resistance, Religion and Responsibility (Cambridge Studies in Early Modern British History)*, (Cambridge University Press, 1994) 참조.

370 박명수, 앞의 책, 29면.

의 선배님들의 정치 수준이 21세기 크리스천들보다 월등했습니다. 역사가 거꾸로 가고 있습니다.

로크에 대한 학자들 간의 논쟁이 많지만, 미국의 자유주의는 존 로크의 사상에 기초한다는 사실을 부정하는 이는 드물어요. 존 포칵은 로크의 자유주의가 미국의 독립혁명과 연방헌법의 제정에 크게 기여하지 못했고, 공화주의가 주류 사상이었다고 주장했습니다.[371] 그러나 저는 로크가 제퍼슨에게 큰 영향을 주었고, 이 과정에서 제퍼슨이 '정교분리'의 원칙을 미국 헌법에 탑재할 수 있었다는 역사해석에 이의를 제기할 수는 없을 것이라고 봅니다.

정치사상을 전공한 곽준혁 교수는 정치학자의 입장에서 실재하는 계시와 이성의 긴장 그리고 신학과 철학의 갈등 관계를 설명합니다. 그는 근대 세계를 열기 위해 '개인의 자유'와 '이성'에 대한 확신은 정치와 종교의 엄격한 분리를 요구했다는 설명을 했습니다. 그는 "계시에 기초한 신학과 이성을 대변하는 철학의 대치가 결코 해결될 수 없는 문제는 아니다. '인간의 흠결' 또는 '이성의 한계'에 대한 자각이 '올바른 삶'에 대한 고민으로 귀결된다면, 이성으로 알 수 없는 존재에 대한 믿음에 근거하는 신학과 철학은 화해할 여지를 많이 갖게 된다"라고 부연했습니다.[372] 저도 이러한 견해에 동의합니다.

저는 개인으로서의 크리스천이 내면에 타협할 수 없는 복음주의

---

371 권용립, 『미국의 정치문명』, 삼인, 2011(6쇄), 84면. 국내에 출판된 로크 연구서로는 어네스트 바커(Sir ernest Barker) 외/강정인 · 문지영 편역, 『로크의 이해』, 문학과지성사, 1995가 있고, 사회계약론의 흐름 속에서 로크를 이해하기 위해서는 조긍호 · 강정인, 『사회계약론연구: 홉스 · 로크 · 루소를 중심으로』, 서강대학교출판부, 2017(3쇄)가 있다.
372 곽준혁, 『정치철학1: 그리스 로마와 중세』, 민음사, 2017(2쇄), 54−55면.

신앙을 가질 수 있는 것도 정교분리가 헌정질서로 제도화된 덕분이라고 봅니다. 국가의 간섭 없이 교회를 선택하고 종교의 자유를 향유할 수 있는 것도 국교를 부인하고 정치가 교회에 개입해서는 안 된다는 헌법이 보장하는 헌정에 기인합니다.

제가 크리스천이 악법반대 운동에 적극적으로 참여하기를 설득하고, 교회가 정치적 목소리를 내야 한다고 주장했던 이유는 바로 '정교분리'로 상징되는 종교의 자유가 위축되는 것을 막기 위함이었습니다. 우리의 교리를 타인에게 강요하거나 정부가 기독교 교리에 따라 재구성되어야 한다는 신정주의를 주장한 것이 결코 아닙니다. 이런 차이를 분간하지 못할 정도로 시대에 뒤떨어진 교회와 성도들의 정치 참여는 오히려 정치적-사회적 문제로 대두되고 있습니다.

미국정치의 중심추 역할을 한 칼빈주의

정치철학 전문가인 권용립 교수는 건국 이후 미국 정치를 지탱해 온 3대 정치사상으로 자유주의, 공화주의, 칼빈주의를 꼽습니다.[373] 이 3가지 사상 중 어느 사상에 더 비중을 두는가의 차이는 있지만, 미국 정치학계에서도 이러한 주장을 통설로 봅니다.

미국에서 청교도들의 신학적·정치적 사상과 실천은 미국의 입헌주의와 자유민주주의에 엄청난 영향을 끼치게 됩니다. 칼빈주의는 미

---

[373] 권용립, 『미국의 정치문명』, 삼인, 2019, 3장 참조.

국의 초대 부통령이자 제2대 대통령 존 애덤스(John Adams, 1735-1826)에게 영향을 끼쳐 건국 이후 미국의 헌정주의의 기틀을 다지는데 기여했어요. 18-19세기 미국의 자유주의와 공화주의의 양대 학파에 청교도사상과 칼빈주의는 그 법-정치사상의 기초가 되었습니다. 청교도의 자연법 사상은 헌법적 기본권 이론의 토대가 되었고, 청교도의 사회계약론과 정부계약론은 자유주의의 '정교분리'원리의 근거가 되었습니다. 개인과 교회의 종교의 자유에 관한 이론들도 이러한 청교도의 영향 속에서 등장했습니다.[374]

미국의 공화주의 사상가들은 청교도의 언약사상을 공동선과 공공질서를 구성하는 '덕-규율-질서' 이론으로 구성했습니다. 청교도의 '영적 거듭남'과 개혁사상은 국가적 차원에서 '도덕적 개혁'과 '공화주의적 갱신'에 대한 주장을 정립하는데 기초가 되었습니다.[375] 미국의 정치지도자들을 평가하는 덕목으로서 이러한 미덕과 경건함은 현대에도 정치적 전통으로 이어지고 있어요.

역사적으로 공화주의와 자유주의는 항상 갈등관계에 놓입니다. 미국에서도 공립학교에서 성경을 다 치우자는 쪽이 리버럴(자유주의)이죠. 오바마나 힐러리의 정치적 분위기로 가는 거예요. 그럴 때 공립학교에서 성경 얘기를 하면 왜 안되는지 리버럴에 제동을 거는 사람들이 주로 공화주의자들이죠. 전통의 흐름이 그렇게 가는 거예요. 이렇게 자유주의, 공화주의가 갈등 관계에 있을 때, 거기서 항상 미국정치

---

374 존 위티 주니어(John Witte Jr.)/정두메 역, 『권리와 자유의 역사』, 한국기독학생출판부, 2015, 44면.
375 존 위티 주니어, 앞의 책, 44-45면.

가 가야 할 바를 알려주는 중심추 역할을 해준 것이 칼빈주의였어요. 현실에서 자유주의 흐름으로 치우쳐 혼란을 겪을 때, 칼빈주의가 중심을 잡아주니까 균형이 잡히는 거죠. 미국 헌법을 초안할 때 제퍼슨이 너무 자유를 얘기하면 강력한 청교도였던 존 애덤스가 균형을 잡아주는 역할을 합니다. 또 극단적 자유주의가 방종으로 발전하여 사회의 도덕규범이 해체될 때 복음주의 크리스천을 중심으로 이에 대항하는 정치 운동이 일어나는 거죠.

그래서 미국의 좌파를 포함해서 유럽의 유물론자들은 미국의 정치사상 중에 미국 정치에 영향을 준 '칼빈주의'를 가장 혐오하고 아브라함 카이퍼와 같은 사상이 정치를 주도할까 봐 겁을 내는 겁니다. 그래서 제가 PLI 사역을 하면서 뭘 선포했냐면, 아브라함 카이퍼와 같은 정치사상과 신앙이 한국에 굳건히 자리를 잡아야 한다는 것입니다.

국교부인의 원칙을 적용해보면?

제가 국교부인의 원칙을 강의에서 한동대 사태[376]와 연결해서 설명해주었었죠. 그때 '한동대 교목을 징계한 게 문제다'라면서 한동대가 공격을 당했잖아요. 제가 이것이 정교분리 위반이라는 방어 논리

---

376 "교육부가 한동대학교(장순흥 총장) 김대옥 교수 재임용 거부를 취소하라고 결정했다. 교육부 교원소청심사위원회(위원회)는 3월 14일, 국제법률대학원(HILS) 소속 김대옥 조교수가 올해 1월 16일 낸 재임용 거부 처분 취소 소청을 받아들였다. 한동대에 거부 처분을 취소하라고 결정한 것이다." 이은혜, "교육부, 한동대에 '김대옥 교수 재임용 거부 취소하라'", 뉴스앤조이, 2018.03.30. 기사.

를 얘기해준 거예요. 여기서 제일 중요한 것은 국교부인의 원리는 종교적 교리, 종교적 판단, 종교적 내용은 국가가 심사(간섭)할 수 없다는 것에서 출발한다는 거예요. 그걸 국가가 심사하면 국가가 종교적 내용에 개입하게 되잖아요. 그러면 정교분리 위반이 되는 겁니다.

그러니까 한동대의 건학이념은 기독교 교리로 구성되어 있어요. 한동대 교목은 교원인 동시에 목사죠. 그러니까 목사로서 잘못된 교리를 가르치는가를 판단하는 일에는 정부나 국가기관이 개입할 수 없다는 뜻이에요. 이단 결정에 따른 학교의 징계 결정은 종교적이고 신학적인 영역이기 때문에 국가기관이나 공무원이 할 수 없다는 겁니다. 교원의 지위에 대한 판단은 국가기관이나 사법부가 개입할 수 있는 여지가 있지만, 목사직에 대한 적절성 심사에 대해서는 국가가 판단할 수 없습니다.

제가 사랑의 교회 사태[377]를 위험하게 보는 것도 사법부가 목사 자격을 확인해주거나 결정하게 해서는 큰일 난다는 것입니다. 사법부가 누가 담임목사의 자격이 있는지 누가 목사가 되어야 하는지 결정하게끔 교회가 허용한다는 것은 미국 헌법을 만든 그 헌법정신 이전으로 돌아가자는 어리석은 짓입니다.

또한, 헌법이 보장하는 종교의 자유를 부정하는 정신 나간 짓입니다. 무슨 얘기냐면 교회 내에 함부로 공권력이 들어와서 '교회는 이래야 한다', 또는 '이런 내용을 가르쳐야 한다'를 국가가 개입하지 못하

---

377 서울고등법원(민사 37부)는 서울 서초구 사랑의교회 오정현 담임목사에 대해 위임목사 자격이 없는 것으로 보인다는 대법원의 파기환송판결을 그대로 받아들이는 판결을 선고했다. (조준경, "'사랑의교회' 재판 논란…文정권 사법부, '정교분리 원칙' 위반했나?", 펜앤드마이크, 2018.12.18. 기사)

게 만든 위대한 헌법의 역사를 뒤집는 것을 의미합니다.

그런데 이런 상황을 크리스천들이 어떻게 받아들이냐면 특정 교회가 싫고 특정 목사가 싫어서 이것을 '쌤통'이라고 환영합니다. 오히려 사법부가 결정해주는 것이 좋은 거 아니냐고 얘기합니다. 이런 무지가 교회를 어떤 위험에 빠뜨리게 될까요?

제 얘기는 교회 안에서 누가 형법상 범죄를 저질렀는데 그 사건을 법원에 가져가서는 안 된다는 뜻이 아닙니다. 예를 들어, 교회 안에서 누가 성범죄를 저질렀다면 수사기관이 수사하는 것이 당연합니다. 그런데 이 사태는 그런 문제와 완전히 다른 문제라는 말입니다. 왜 그 교회 담임목사가 자격이 있는지 없는지를 법원이 결정해 줘야 합니까? 정교분리 문제와 범죄처리에 관한 문제가 구분이 안 됩니까? 이 정도 상황이 구분이 안 되는 수준이 한국교회의 수준이라면, 정말 답이 없습니다.

정교분리 위반의 판단기준, 레몬테스트[378]

자, 그럼 정교분리(separation between church and state) 위반인지 아닌지는 법적으로 어떻게 판단할까요? 미국 연방대법원은 레몬 대 커츠맨 (Lemon v. Kurtzman) 사건을 판결하면서 정교분리를 위반했는지 테스트하는 3가지 기준을 만들었어요. 그걸 '레몬 테스트'라고 부릅니다. 그

---

378 이정훈, 『이정훈교수의 기독교와 선거, 교회는 어떻게 정치에 참여해야 하는가』, PLI, 2020의 일부 내용을 인용하였음. 레몬 대 커츠맨 사건은 펜실베이아주와 로드아일랜드주의 주정부가 종교단체에서 운영하는 비공립학교의 교사 월급 등을 지원하는 문제에 대해 정교분리 위반인지 다루었다.

내용을 살펴보겠습니다.

첫 번째는 '정부 정책의 목적이 세속적(비종교적)이어야 한다'는 것입니다. 목적이 세속적(secular)이어야 해요. 예전에 서울시 성북구에서 교동협의회가 복지 사각지대를 없애기 위한 프로젝트를 계획한 적이 있었어요. 교회와 동사무소가 협력해서 독거노인이나 아이들만 있는 집들을 도우려고 했는데 언론이랑 좌파들이 정교분리 위반이라고 난리를 치니까 교회들이 다 철수를 했죠. 아니, 그게 왜 정교분리 위반입니까? 성북구 정책의 목적이 뭐예요? 시의 독거노인과 아동들의 복지 잖아요. 정책의 목적이 종교적인 게 아니고 세속적이잖아요. 선교는 부수적으로 따라오는 거죠. 그런데 '교회가 지역의 복지 사각지대를 없애려고 행정력과 연합해서 열심히 섬겼더니 사람들이 교회에 오더라'라고 해서 그걸 막게 되면 그건 뭐라고요? 그게 기본권 침해예요. 다시 말해서 종교의 사회적 순기능까지도 법으로 통제하거나 정책으로 통제하겠다는 그것이 바로 종교의 자유 침해, 기본권 침해라고요. 그걸 모르니까 당하는 거예요.

두 번째는 '정부 정책이 초래하는 결과가 특정 종교를 우대하거나 억제해서는 안 된다'는 거예요. 이게 주로 뭐예요? 예산 문제랑 관계되는 거예요. 그러니까 정부가 주로 뭘 할 때는 정부의 예산을 쓰잖아요. 그게 특정 종교를 우대하거나 차별하는 용도로 집행돼서는 안 된다는 겁니다. 정부의 종교에 대한 재정지원이 모두 정교분리 위반이 되는 것도 아닙니다. 이와 관련한 판례가 코취란(Cochran) 사건과 에버슨(Everson) 사건입니다.

코취란 사건은 주(州)에서 입법한 법이 교회 관련 학교에 등록된 학생들을 포함한 취학 아동들에게 교과서를 주정부 예산을 사용하여 공급하는 내용을 명시했습니다. 당해 법령에 대한 소송에서 원고는 수정헌법 제14조를 위반하여 납세자의 돈이 종교계 사립학교를 원조하는데 사용될 수 있으므로 이 법령이 위헌이라고 주장합니다. 이에 대해 연방대법원은 종교계 사립학교는 수익자가 아니고, 주와 아동의 이익을 위한 공익적 목적이므로 위헌이 아니라고 판시했어요.[379]

에버슨 사건 역시 학교통학을 위해 교통수송 비용을 주법령에 의거하여 지원하는 것에 대해 가톨릭 학교를 포함시킨 것에서 발단이 되었습니다. 이 경우에도 법원은 이 법이 종교를 돕거나 종교적 활동과 종교기관을 돕는 것이 아니라 아동들의 공공복리를 증진하는 것이므로 수정헌법 제1조의 정교분리원칙에 반하는 것이 아니라고 판시했습니다.[380]

두 사건에서 알 수 있는 것처럼 중요한 쟁점은 정부의 재정이 종교관련 단체에 지원이 되는지, 학생들에게 지원이 되는지 여부예요. 정부가 종교관련 단체에 직접적으로 지원을 한다면 이것은 명백하게 정교분리 위반이죠. 재정지원의 목적이 종교적 목적인가 아니면 공공의 이익을 위한 것인가가 정교분리 위반 여부를 판단하는 중요한 기준이 됩니다.

세 번째는 뭐예요? '정부와 종교가 행정적으로 유착해서는 안 된

---

379 Cochran v. Louisiana State Board of education, 281 U.S. 370, 74 L.Ed. 913, 50 S.Ct.335 (1930)

380 Everson v. Board of Education of the Township of Ewing, 330 U.S. 1,91 L.Ed. 711, 67 S.Ct. 504 (1947)

다'는 거예요. 관련된 판례는 '린치 대 도넬리'(Lynch v. Donnelly) 사건입니다. 미국의 포터킷(Pawtucket)시에서 해마다 비영리단체가 소유하고 있는 공원에 크리스마스 장식을 설치했어요. 이 공원은 시의 상업지구 중심부에 있었는데 설치물은 산타클로스의 집, 크리스마스트리, "SEASONS GREETING"의 현수막 그리고 '구유 속 아기예수상'(creche) 또는 성탄화(nativity scene)였어요. 이러한 전시행위가 정교분리원칙을 위반해서 위헌이라는 소송이 제기되었습니다. 1심은 원고 승소 판결을 했고, 피고는 항소했습니다.

항소심 역시 1심과 같은 결론을 내립니다. 그러나 미연방대법원은 항소심의 결정을 파기 환송합니다. 이때 주목해야 할 것은 미연방대법원이 "행정적 유착에 관해, 교회와 시당국이 전시물의 내용 또는 전시물의 디자인에 대해 협의를 한 증거가 없고, 아기예수상의 보존·유지에도 비용이 발생하지 않았다"라고 판시했어요. 그러니까 시당국과 교회가 사전에 협의를 했다면 그게 행정적인 유착이 되는 거예요.[381]

이 세 가지만 어기지 않으면 정교분리 위반이 아닙니다. 교회에서 정교분리와 상관없는 엉뚱한 일에 "정교분리 위반이야!" 이런 소리를 하도 많이 해서 제가 자주 드는 예가 있어요. 예전에 태안에서 기름유출 사고 있었잖아요. 그러면 교회에서 봉사 갔는데 공무원이 그 교회에서 봉사 온 분들에게 "아, 이쪽에 기름이 더 많습니다. 여기서 봉사해 주세요"라고 안내해 주면, 지방정부와 교회가 함께 했으니 정교분

---

381 이정훈, "학생인권 중심의 종교교육법제 도입의 필요성", 교육부 교육과정 개정고시 종교교육 개선 세미나 발표문(종교자유정책연구원 자료집) 인용.

리 위반이에요? 말도 안 되는 얘기죠? 그러니까 무슨 얘기냐면 정책 집행이나 예산집행 같은 것에 있어서 정부와 교회가 연합했다고 무조건 정교분리 위반이 아니고, 그 목적이 종교적일 때(그 종교에 도움이 될 때) 위반이라는 말입니다.

다원주의 사회의 크리스천 #자유 #타인존중

미국에서 국교부인의 원칙을 헌법에 탑재하고 탁월하게 정교분리 법리가 세워지면서, 가장 강력해진 기본권은 종교의 자유입니다. 그런데 이 자유가 무제한의 자유는 아니죠. 그럼 헌법이 보장해야 하는 자유의 한계는 어디까지일까요? 자유권의 핵심은 바로 종교의 자유, 양심의 자유, 사상의 자유와 같은 정신적 기본권입니다. 우리가 인간이기 때문에, 이러한 자유권이 제대로 보장될수록 선진국이고, 법치(헌정)가 안정된 국가라는 것을 인식해야 합니다. 종교의 자유 안에는 종교 실행의 자유가 있어요. 또한, 선교의 자유가 있어요. 이 선교의 자유 속에는 뭐가 포함됩니까? 타 종교를 비판할 수 있는 자유가 있습니다. 그런데 지금 소위 정치적 올바름 즉, PC정치가 추구하는 것은 자유를 빼앗고 위축시키는 것입니다.

여러분, 잘 생각해보세요. 제가 어떤 걸 발견했냐면 2019년에 PLI 국제교류단이 일본에 갔을 때 일본의 창가학회[382]와 대담을 한 적이

---

382 창가학회(Soka Gakkai International, 創價學會). 일본의 승려 니치렌(日蓮)이 주장한 불법(佛法)을 신앙의 근간으로 하는 종교. 위키백과.

있었어요. 그런데 그때 팀원 중 한 명이 "아~ 저 사람들 귀신들려서 주문 외우는 애들이야. 저 사람들을 피해야 해"라는 얘기를 동료들에게 했다고 해요. 사실 창가학회가 법화경을 기초로 한 교리를 갖고 있습니다.

그런데 우리 일본방문단 친구들이 그때 창가학회 사람들을 만나면서 그분들에게 감동을 많이 받았어요. 인간의 존엄성을 강조하면서 선하게 살아가려고 노력하는 그들의 삶과 예의 바른 태도를 접하면서 두 시간 정도의 짧은 교류였지만 모두 신선한 충격을 받았던 거죠.

자, 그럼 우리 한 번 생각해봅시다. 우리 크리스천들이 이교도들과의 교류를 피해야 할까요? 그러면 단기선교 여행은 왜 가죠? 그 당시에도 일본에 단기선교 온 분들이 많았어요. 이교도들을 만나지 않으면서 어떻게 선교를 하죠? 창가학회 방문은 이교도와 만나는 것이라서 안 되는데 도쿄나 오사카 길거리에서 찬송가 부른 것은 단기선교 여행이라서 필수 코스인가요? 참 이상한 사고방식이죠. 세계선교를 위해 기도하는 사람들이 왜 실제로 만나는 이교도에게는 귀신 숭배한다고 함부로 말하고 기피하고 배척하는 행동을 할까요? 오히려 이교도라고 멸시당한 분들은 겸손하고 인격적인 모습을 보여줘서 수준 낮은 크리스천들을 부끄럽게 만들었죠.

크리스천이 종교의 자유라는 헌법상의 기본권을 강하게 주장하기 위해서는 정교분리에 대한 깊이 있는 이해와 더불어 타 종교를 존중하는 민주시민으로서의 교양부터 갖추어야 합니다.

영역주권의 대리자들은 세상을 어떻게 바꾸는가

여호와여 주의 원수들은 다 이와 같이 망하게 하시고 주를 사랑하는 자들은 해가 힘 있게 돋음 같게 하시옵소서 하니라 그 땅이 사십 년 동안 평온하였더라 (사사기 5:31)

아브라함 카이퍼를 통해서 진짜 참 신앙인은 영역주권의 대리자라는 걸 배웠습니다. 그렇다면 영역주권은 실제 정치 영역에 어떻게 적용할 수 있을까요? 그걸 알려드리기 위해 미국의 공화당과 영국의 보수당의 대표 선수 두 분을 추렸습니다. 바로 대처와 레이건입니다.

복지를 강조한 영국 보수당

여러분이 분명히 보셔야 할 것이 있습니다. 산업혁명 이후에 윤리가 무너지고 도덕이 파괴되고 신앙이 엉망진창이 될 때 희한하게 강력한 하나님의 사람이 일어나서 사회를 바꿉니다. 이런 현상들을 봐야 합니다. 영국이 사회가 양극화되어 사회 갈등이 극에 달했을 때, 희한하게 복지를 강조하는 보수당이 나타납니다. 빅토리아 시대 재무장관과 총리를 지냈던 벤저민 디즈레일리(Benjamin Disraeli, 1804-1881)가 복지를 강조합니다. 그가 복지를 강조했던 원인은 지배 엘리트들이 마땅한 책무를 거부한다는 거예요. 그러니까 우리가 오해하면 안 되는 것이 영국의 청교도들이 항상 위대하지는 않았다는 거예요. 어느 시대, 어느 곳에서든 양아치들은 항상 존재해요. 청교도 윤리가 쇠락하면서 잘 나가는 지배 엘리트와 하층민으로 분열된 나라가 된 거죠. 디즈레일리는 이것을 엘리트층이 사회적 책임을 방기했기 때문이라고 보고 노블레스 오블리주(noblesse oblige)를 강조하면서 복지에 집중하는 거예요. 두 개의 분열된 나라가 아니라 하나의 나라를 만들기 위해서 이 시대에는 이게 필요했어요. 이게 원 네이션(One Nation) 보수주의예요. 필요하면 보수당도 엘리트들이 사회적 책임을 강조면서 복지를 우선적인 정책으로 추진할 수 있습니다.[383] 보수라면 복지정책을 외면해야 하는 것처럼, 선동하는 것도 우파 포퓰리즘이기 때문에 경계의 대상입니다.

19세기 이전에도 이러한 영국정치의 전통은 크리스천들의 사회참여로 빛을 발했습니다. 존 스토트는 프랑스 혁명 당시 피비린내 나는 숙청이 자행된 것과 대조적으로 영국에서는 이러한 살육이 강력하게 발생하지 않으면서도 사회가 개혁된 배경으로 존 웨슬리의 복음주의 사역을 언급합니다.[384] 저도 존 스토트의 의견에 동의합니다. 영국 사회의 긍정적인 변화와 개혁 속에 복음주의 크리스천들의 역할이 컸습니다. 제가 강조하는 크리스천의 빛과 소금이 되는 정체성은 바로 이러한 측면에 있습니다.

---

383 박지향, 『정당의 생명력: 영국 보수당』, 서울대출판문화원, 2017, 41면 이하.
384 존 스토트/ 정옥배 역, 『현대사회 문제와 크리스천의 책임』, IVP, 2021 (개정판9쇄), 참조.

그런데 복지 우선 정책을 계속 추구하다 보니까 무슨 부작용이 생겼어요? 보수당의 정체성이 대중적 복지당으로 변해버린 거예요. 그러면서 영국병이라고 부르는 고질적인 문제에 시달립니다.

당시 영국 사회를 비판하는 영화들도 많이 있죠. 영국의 켄 로치 감독의 'Looks and Smiles'[385]에 이런 장면이 나옵니다. 아이큐가 두 자리 밖에 안 되는 영국 청년이 짓다 만 건물을 보고 친구와 이런 얘기를 나눕니다. "저 건물 짓다 말았대." "왜 안 지었대?" "돈이 없대." "아니 근데, 우리한테 나눠주는 실업수당은 어디서 나오지? 차라리 우리를 저기서 일하게 해주고 임금을 주면 좋을 텐데." 그러니까 실업수당 등을 내세우며 복지를 강조했지만 사실상 복지 위주의 사회적 흐름은 영국 경제 및 사회에 아이큐가 두 자리 밖에 안 되는 사람이 봐도 이해가 안 되는 이상한 현상들을 낳은 겁니다.

대처의 영국병 진단과 해법

이 시기에 아주 강력한 분이 나타납니다. 바로 마가렛 대처(Margaret Hilda Thatcher, 1925-2013)예요. 대처는 날카로운 통찰력으로 영국병을 진단합니다. 항상 사회주의를 주장하는 친구들이 평등을 강조해요. 양극화로 대중을 선동하지만 정작 자기들이 가장 양극화를 심하게 만들

---

385 Ken Loach, 〈Looks and Smiles〉, 1981, 영화, UK: ITC Entertainment.

마가렛 대처

어냅니다.[386] 이걸 적나라하게 비판한 분이 대처예요. 대처는 이렇게 말합니다. "부자들이 미워서 그들을 공격할 수만 있다면 모든 사람을 더 가난하게 만드는 놈들이 바로 너희들이다."

대처는 영국병의 원인을 날카롭게 지적합니다. 첫 번째는 무한정 특권을 가진 노조입니다. 두 번째는 뿌리 깊은 반기업 정서입니다. 즉, 기업이 악인 것처럼 만드는 정서죠. 세 번째는 국가 의존적인 문화입니다. 포퓰리즘을 외치며 시민들의 거지 근성을 키우는 문화죠.

우리나라를 예로 들면 청년수당, 생산성과 관계없이 임금만 올리는 소득주도 성장 정책과 같은 포퓰리즘을 통해 시민들이 자꾸 국가를 의존하게 만드는 겁니다. 그렇다면, 수많은 반대에도 불구하고 대처가 영국을 개혁할 수 있었던 이유는 무엇일까요?

제가 대처를 위대하게 보는 이유는 자기를 비판하는 사람조차도 설득해서 자기 옆에 두었다는 겁니다. 정치가들은 보통 '예스맨'을 옆에 두길 원하는데 대처는 정책 전문가그룹을 항상 가까이 두었습니다. 병을 고치기 위해서는 정확한 진단을 해야 하기 때문이죠. 이러한 태도 덕분에 대처 수상은 선거에서 자기편인 줄 알았던 사람들까지도 자기 등에 칼을 꽂는 위기를 맞이했어요. 이런 어려움도 대처는 다 극

---

386 영국의 보수당에 대해서는 강원택, 『보수는 어떻게 살아남았나: 영국 보수당 300년, 몰락과 재기의 역사』, 21세기북스, 2020, 참조.

복했어요. 그녀는 전문가 집단을 구성해서 아예 연구실을 차리고 최고 전문가들의 조언을 바탕으로 열심히 공부한 후 확신을 가지면 그대로 밀어붙였습니다. 그래서 리더십이 강력할 수밖에 없었던 겁니다. '철의 여인'이라는 별명은 그냥 나온 게 아니에요.

이전 수상들의 대증요법은 영국병을 치료할 수 없었습니다. '이런 증상에는 이런 요법'의 방식은 내성만 키우고 그 근본은 치료하지 못하기 때문이죠. 결국, 환부를 도려내는 대수술을 해야 하는데 아무도 겁이 나서 수술한 엄두를 못 낼 때 과감하게 이 대수술을 한 분이 마거릿 대처입니다. 대부분의 정치인들은 지지율이 떨어지는 것이 두려워 수술이 필요할 때 정책을 펼치지 못하는 경우가 많습니다.

병에 걸린 환자가 의사의 처방에 불만을 가지는 것처럼, 대중도 필요한 정책에 무조건 반대할 때가 많지요. 하지만 병에 걸린 환자가 의사의 처방에 반항한다고 해서 투약을 중단하게 되면 치료를 할 수 없습니다. 인기에 영합하는 정치인들도 마찬가지입니다. 자신의 주장과 대치되는 집단과 정면으로 맞서면 지지율이 폭락할까 두려워 결국 핵심적인 문제들을 치료하지 못하는 겁니다.

하지만 대처는 달랐습니다. 대처의 집안은 감리교였어요. 기독교 가정에서 자라며 다진 강력한 신앙으로 지지율에 연연할 바에는 정치를 안 하겠다는 신념을 지켰습니다. 하나님께서 나를 부르신 소명을 생각하지, 내가 여기서 인기를 끄는 것은 아무 의미가 없다고 여긴 것입니다. 인기가 떨어지고 욕먹는 것을 걱정하기보다 여기서 수술을 해야 한다면 반드시 한다는 소명의식으로 과감하게 개혁을 했기 때문에 성공한 겁니다.

물론 대처가 자기 스스로 확신이 없었다면 불안했을 겁니다. 하지만 그녀는 문제를 정확히 파악하고 처방을 내렸기 때문에 강력했습니다. 저는 대처를 평가할 때 '명의와 똑같다'라는 표현을 씁니다. 명의는 실력 있는 의사로서 이 병을 완전히 이해한 분입니다. 그리고 이걸 어떻게 하면 고칠 수 있다는 것을 압니다. 그러한 확신을 갖고 있었기 때문에 강력하게 처방을 할 수 있죠. 허준이 세자에게 뜸을 놓을 때, 세자가 아프다고 하지 말라고 해도 아랑곳하지 않고 치료를 했던 것처럼 말입니다. 이렇게 해야 고칠 수 있다는 것을 알기 때문에 세자가 "너 죽인다" 해도, "죽여라" 하면서 뜸을 놓을 수 있었던 겁니다.

병들어 죽어가는 영국이 살아나게 된 것도 마찬가지입니다. 번지르르 듣기 좋은 말로 거짓 약속만 내세워 모두가 거지가 되는 포퓰리즘 정치인들과는 달랐습니다. 대처는 반대를 무릅쓰고 과감하게 수술을 해서 사회가 회복되는 것을 보여주었습니다. 말이 아니라 성과로 보여주니 처음에는 사람들이 반대하다가도 설득이 되고 결과적으로는 영국이 살아나게 된 것입니다.

레이건의 회심과 신앙

제가 개인적으로 너무 좋아하는 로널드 레이건(Ronald Wilson Reagan,

1911–2004) 대통령 이야기를 해보려고 합니다.[387] 이분은 미국의 40대

로널드 레이건

대통령으로 1981년부터 1989년까지 재임하셨어요. 구두 판매원이었던 레이건 대통령의 아버지는 술에 빠져 살았습니다.[388] 그런 아버지를 보며 지긋지긋하다고 느꼈던 그는 '절대로 술은 안 먹어야지'하고 생각했죠.

집이 너무 가난한 탓에 형님은 대학을 포기했지만 그래도 레이건은 '반드시 대학에 가겠다'라는 생각으로 살았습니다. 그런데 막상 그가 대학생이 되어서는 자기가 술에 취해 쓰러지게 됩니다. 하루는 또 술에 취해 자다가 깨어 결단하게 됩니다. 아버지의 모습을 보고 지긋지긋해서 절대로 술을 안 먹겠다고 다짐해놓고 아버지와 똑같이 술에 취해 사는 자신의 한심한 모습에 직면하면서 강렬한 회심이 일어났어요.

저도 회심하기 전에 이런 적이 있어요. 보드카를 마시고 기절했는데 딱 깨어나 보니까 내가 만든 빈대떡 위에서 허우적거리고 있는 거예요.(웃음) '존엄한 인간이 이렇게 살아선 안 되겠다'라고 반성하면서 정신을 차렸어요.

---

387 레이건의 신앙에 대해서는 Paul Kengor, *God and Ronald Reagan: A Spiritual Life* (Harper Perennial; Reprint edition, 2005), 참조.

388 김형곤, 『로널드 레이건─가장 미국적인 대통령』, 살림, 2007, 참조. 레이건의 아버지는 알콜 중독자였다.

회심한 후의 레이건 대통령은 기도의 사람이었습니다.[389] 말씀 읽고 기도하고 말씀 읽고 기도하고. 이게 그냥 삶이었습니다. 어느 날 친구가 그에게 편지로 물어봅니다. "너는 왜 그렇게 맨날 기도하니?" 그랬더니 레이건 대통령이 이렇게 답신합니다. "내가 매일 기도하는 것은 하나님을 섬기기 위하여 대통령직을 사용할 수 있도록 하나님께 도움을 구하기 위함입니다." 그에게 대통령직은 그냥 하는 게 아니라 하나님이 본인에게 위임하신 것이기 때문에 하나님을 섬기기 위한 도구인 겁니다. 그런데 어떻게 하면 하나님을 잘 섬길 수 있을까요?

제가 이 시대에 사역을 시작하며 힘들었던 시기에 하나님께 했던 기도가 있습니다. "하나님을 섬기는 것조차 나 스스로 할 수 없는 더러운 죄인이기 때문에, 그리고 저는 멍청이이기 때문에, 매순간 강렬하게 간섭해 주시옵소서"라고요. 하나님을 섬긴다고 하면서도, 자기 욕망을 충족시키는 길로 갈 수 있기 때문에 저는 이런 기도를 할 수밖에 없었습니다.

레이건 대통령이 바로 이러한 신앙의 기본을 정확하게 실천하신 겁니다. 그는 백악관에서 항상 이런 기도를 하셨습니다. "이 대통령직이 하나님을 섬기기 위한 대통령직이 될 수 있도록 개입해주시고 간섭해 주십시오. 그것조차도 하나님이 도와주시지 않으면 저는 할 수 없습니다." 이러한 자세가 있었기 때문에 그가 위대한 대통령이 되지 않을 수 없었던 겁니다.

제가 오늘 여기서 여러분들에게 자신 있게 말씀드릴 수 있는 것이

---

389 "클라크 판사는 로빈슨에게 레이건은 '기도의 사람'이었다고 말했다." ("신앙으로 살다간 로널드 레이건", 연합뉴스, 2004.06.08.)

있습니다. 레이건 대통령과 같은 정신으로 기도하고 나가는 자를 상대할 적은 없습니다. 적들이 무너집니다. 정말 놀라운 일들이 일어납니다. 어떻게 총 한 방 쏘지 않고 소련을 무너뜨릴 수 있었을까요? 레이건 대통령이 바로 냉전을 끝장낸 분 아닙니까? 독일을 통일시키고요, 동구권의 수많은 공산 독재 치하에서 신음하던 사람들에게 자유를 선사한 분이십니다.

레이건 시대의 역사를 보면 소름이 끼치고 전기가 옵니다. 하나님의 사람이 하나님을 영화롭게 하는 삶의 목적 속에서 일을 하니까 이런 놀라운 역사가 펼쳐지는 겁니다. 통계를 내보세요. 레이건 때문에 소련이 무너지고, 동구의 독재자들이 무너지는 동시에 정치수용소들이 싹 쓰러집니다. 거기서 구출된 사람이 몇 명일까요? 상상을 초월합니다. 그리고 그 많은 인구가 동시에 자유를 얻는 거예요. 이게 어떻게 가능할까요? 이것이 하나님의 사람을 통해서 하나님이 우리에게 은총을 베푸시는 거예요. 지금 여러분은 어떤 자리에서 어떻게 쓰임 받아야 할까요? 우리는 다른 생명을 구하고 또 복음을 전해서 한 사람이라도 더 구해야 합니다. 그런 사람이 되어야 해요. 그래서 우리가 모였습니다.

레이건 대통령이 암살을 당할 뻔한 적이 있습니다. 조디 포스터(Jodie Foster, 1962-)라는 영화배우가 있는데 어떤 정신 나간 청년 하나가 그녀를 너무 사랑해서 그녀가 나온 영화를 모방해서 대통령 암살을 시도한 겁니다.[390] 레이건 대통령은 공격을 당하시고 엄청난 피를 흘리셨어요. 돌아가시진 않았지만, 치사량에 가깝게 출혈해서 위독한 상태였죠.

그런데 기가 막힌 것은 이 죽음의 국면에서도 용기, 유머, 대담성, 지도력을 잃은 적이 없다는 겁니다. 몸이 회복되어서 9주 만에 백악관에 복귀했을 때 그는 또 하나의 명언을 남깁니다. 업무에 복귀하신 첫 일성이 그겁니다. "내 생명은 하나님의 것이기 때문에 내가 살아있는 한 내가 할 수 있는 모든 것을 통해서 하나님을 섬기겠다"입니다. 이런 분이 대통령을 할 때 그 나라가 어떤 나라가 되겠습니까?

레이건이 받은 훈련

레이건 대통령이 정치가로 성장하는 과정을 보면, 정말 하나님의 손길이 느껴집니다. 하나님은 그를 훈련시키십니다. 처음에 스포츠 아나운서를 했는데, 그 당시 스포츠 중계는 요즘처럼 경기를 보면서 중계하는 것이 아니었습니다. 당시에는 전보를 쳐서 '지금 누가 안타를 쳤어요~'라고 출력되는 내용을 보고 중계를 해야 했습니다. 그래서 상상력을 가지고 구성지게 묘사해내는 것이 중계의 관건이었죠. 안 봐도 본 것 이상으로요. 거의 소설을 쓰고 한 편의 영화를 찍는 겁

---

390 "FBI관계자들은 힌클리가 당시 예일대에 다니던 배우 조디 포스터에 매료된 나머지, 포스터가 출연한 영화 〈택시 드라이버〉를 본터 레이건 대통령 살해를 기도함으로써 그에게 강한 인상을 주려 했다고 밝혔습니다." (탁지영, "3월31일 스토킹하다 대통령에 총까지 쏜 남자", 경향신문, 2021.03.31.)

니다. 그렇게 훈련을 받으시다가, 나중에는 또 전자회사 GE에 취직하셔서 전국을 돌면서 GE의 제품에 대해서 주부들에게 강연하러 다니셨습니다.[391] 이때 그는 또 엄청난 훈련을 받습니다.

저도 이런 경험이 있는데 저는 강의 훈련을 주로 군대에서 받았어요. 군대에서는 들으려는 청중이 없어요. 병사들은 모든 것을 귀찮아합니다. 그래서 제일 강의하기 어려운 대학이 '군대'입니다.(웃음) 제가거기서 군법사를 했잖아요. 병사들을 데리고 뭘 가르쳐줘야 하는데그들은 들을 생각이 없어요. 앉으면 일단 동공이 분해되면서 초점을잃어요.(웃음) 그 상태의 병사들을 집중시켜야 하는 거예요. 정말 너무힘들었어요. 레이건도 지금 비슷한 상황인 거예요. 주부들은 기계에관심이 없잖아요. 여기 오신 분들도 혹시 전자제품 기능 설명하는 것을 듣고 싶은 분 계세요?

그러니까 관심 없는 청중을 그것도 지루하기 쉬운 아이템으로 초집중시키는 능력을 엄청나게 훈련받으신 거예요. 그랬더니 놀랍게도어느 순간 가는 곳마다 그가 강의하면 주부들이 반응을 보이고 질문도 하기 시작했어요. "이 냉장고는 이런 기능이 있는 것이죠?"(웃음) 이런 일이 일어나는 거예요. 레이건 대통령의 청중을 사로잡는 능력은그렇게 훈련된 겁니다. 또 배우도 하셨는데 정치에 입문했을 때 배우출신이라고 공화당에서 무시를 당했죠. 그런데 무시할 수 없는 분이되신 거예요. 하나님께서는 그를 계속 키우셨던 겁니다.

오늘날 많은 크리스천들이 직업의 영역에서, 현재 자기 삶의 자리

---

391   레이건의 전기에 대해서는 김남균, 『로널드 레이건, 보수혁명의 전설』, 선인, 2011을 참조하면
      좋다.

에서 잘 훈련되고 숙련되는 것에 대해 중요하게 생각하지 않습니다. 영역 주권의 대리자로 서기 위해선 잘 훈련되어야 합니다. 지루하고 고된 과정을 이겨내야 합니다. 하나님께서 레이건을 훈련시킨 과정은 우리가 어떤 과정을 견디고 성장해야 하는지 잘 보여줘요.

가치를 실현하는 정치

레이건 대통령이 83년도 연설에서 이런 말을 합니다. "우리는 우리의 꿈을 이루기 위해 그리고 미국을 반석 위에 세워진 빛나는 도시로 만들기 위해 일할 것입니다." 마태복음 5장 13-16절에 나오는 빛과 소금이 그냥 레이건 대통령의 삶입니다. '미국 예외주의'392 아시죠? '미국이라는 나라는 특별합니다. 하나님의 은혜로 건국한 나라이고, 하나님이 사명을 주신 나라이고, 기독교의 나라입니다.

레이건은 이걸 항상 탑재하고 계셨습니다. '언덕 위의 도시', '빛과 소금이 되어야 한다'라는 것을 항상 강조했습니다. '미국인 개인은 자기가 서 있는 부르신 그곳에서 빛과 소금이 되어야 하고, 미국이라는 나라는 전 세계의 역사에서 빛과 소금과 같은 역할을 해야만 한다.' 그는 무엇을 위해서 사는지가 명확했습니다. 정치목표, 의식, 소명, 완전 시리즈로 명확하니까 물러서는 게 없었습니다. 다 돌파이고 그

---

392 미국 예외주의(American Exceptionalism). 미국이 세계를 이끄는 강력한 리더십을 발휘하는 세계 최고의 국가라는 뜻의 용어. 19세기 프랑스 사상가 알렉시 드 토크빌(Alexis de Tocqueville)이 '미국의 민주주의'라는 책에서 미국과 러시아는 세계의 운명을 떠안을 예외적 국가라고 주장한 데서 유래됨. (한경 경제용어사전, 한국경제신문/한경닷컴)

래서 강력한 리더십을 발휘할 수 있었던 겁니다.

미국의 저명한 종교역사가인 닐스 C. 닐슨(Niels C. Nielsen)[393]은 이렇게 얘기합니다. "레이건은 미국적 가치가 무엇인지 논쟁하지 않는다. 그는 그 가치들을 실현시킬 뿐이다." 이게 얼마나 멋있는 평가인지 느낌이 오시나요? 지켜야 할 헌법적 가치가 무엇인지도 모르면서 매일 토론을 하는 우매한 자들과는 달리 그는 너무 정확하게 가치를 아니까 그냥 그것을 실현해버립니다. 진짜 예수님을 왕으로 선포한 사람은 입으로 토론하는 것이 아니라 현실에서 실천합니다.

미국도 역사적으로 만만치 않게 무너져가던 때가 있었습니다. 베트남전에서 '우리 미국이 졌어'라는 패배의식에 빠지고, 그걸 또 신좌파들이 나와 부추깁니다. 히피 문화를 외치며 머리 기르고, 마약 먹고, 혀 꼬이고. 그렇게 미국이 정신을 잃고 있을 때 레이건이 직격탄을 날립니다. "자유는 허무주의가 아니다, 그리고 옳고 그름을 분별하지 못하는 회색지대에 머물러서는 안 된다"라고 아주 강력하게 선포합니다.[394]

"분명하게 옳은 게 있고 잘못된 게 있다." 그러면서 "소련은 악의 제국이다"라고 선포해요. "소련과 그 위성국들이 인간의 자유를 말살하고 있다. 저런 사회에서는 인간이 존엄할 수 없다. 저들이 무너져야

---

393 닐스 C. 닐슨(Niels C. Nielsen). 미국의 저명한 종교역사가 중 한 사람. 특별히 미국과 유럽, 더 나아가 아시아의 여러 정치가의 종교와 권력 사이의 관계와 그 상호 간 영향력을 심도 있고 예리하게 통찰한 학자. 『미국의 정치와 기독교』의 저자.

394 레이건 정부와 레이건의 정책에 대해서는 Winston Groom, *Ronald Reagan Our 40th President* (U.S.: Regnery Publishing Inc., 2012), 참조.

그들이 자유를 얻는다"라는 것을 아셨습니다. [395]

공산주의는 악이기 때문에 이것이 무너지지 않는 한 인간에게 자유는 없다고 믿었습니다. 그는 절대 악 앞에서 타협이 없었습니다. 결국, 그가 강력한 리더로 등장하면서 소련이 무너집니다. 그리고 서독의 슈미츠 총리가 전술핵을 도입해달라고 요청하며 레이건 대통령 때 중거리 핵미사일인 퍼싱투 미사일(Pershing II Missile)이 서독에 실전 배치됩니다.

레이건은 이렇게 말하죠. "평화는 적이 감히 우리를 침략할 수 없다는 것을 확인시켜 줄 때 가능합니다." 감히, 적이 미국과 그 동맹을 공격할 수 없다는 거예요. 건드리면 뼈도 못 추스르니까. 그때 평화가 가능합니다. 그 원리를 잊어서는 안 됩니다. 인류사가 그걸 증명합니다. 이처럼 레이건 대통령은 정치를 통해서 분명한 미국의 가치를 선포만 한 게 아니라 실현해버렸습니다. 그리고 자유는 결코 '허무주의'가 아니라, 자유 자체가 지켜야 할 가치입니다.

김정은 정권은 절대 악이죠. 그럼 우리는 뭐라고 선포해야 합니까? "저 집단은 절대 악이다." 이렇게 선포하는 거예요. 그래야 그 집단을 무너뜨릴 수 있습니다. 하지만 잘못된 길로 가는 사람들은 그 집단과 협상을 합니다. 절대 악과 협상을 해요. 인류 역사에서 절대 악과 협

---

395 독자들에게 송재윤 교수의 조선일보 기고문을 정독하기를 권합니다. 2022년 신년에 징용진 신세계 부회장의 '멸공' 표현으로 SNS검열과 표현의 자유 위축에 대한 논쟁이 뜨겁습니다. 중국의 자유를 위해 '멸공'을 외치는 중국인들의 투쟁을 생각할 때 한국 사회는 자유민주주의를 지키기 위해 자유에 대해 더 숙고해야 한다고 생각합니다. "멸공 외치는 세계의 중국인들", 조선일보 2022.01.15. 기사, https://www.chosun.com/opinion/column/2022/01/15/PRD7GLNW5JB3RPPVISOEGGVMAE/

상해서 올바른 길로 간 사례가 없습니다. 레이건처럼 해야 합니다.

복지정책에서도 정말 존경하지 않을 수가 없습니다. 가장 효과적이고 뛰어난 복지정책은 복지혜택을 받는 분들이 그 혜택에서 벗어나는 것이죠. 돈 몇 푼 쥐어 주고 포퓰리즘에 빠지는 것과는 차원이 다른 겁니다.

신앙과 정치

공부한 것들을 정리하자면, 아브라함 카이퍼가 얘기한 삶의 목적, 정치의 목적 등은 창조질서와 창조목적과 떼려야 뗄 수 없습니다. 그 하나님의 통치질서 속에서 철저하게 카이퍼 박사님이 얘기한 대로 하나님의 절대주권 즉, 왕이신 예수 그리스도의 통치가 내 삶에서 실현될 때 제대로 된 크리스천의 삶을 살 수 있습니다.

또 그렇게 살아갈 때 문화적 관점에서 하나님을 대적하는 문화를 대적하는 강력한 도구가 되고 빛과 소금이 되는 겁니다. 그것을 실현한 두 명의 정치가가 미국 공화당의 레이건과 영국 보수당의 대처입니다. 이 둘이 연합하여 소련을 무너뜨리고 독일이 통일되는 기초를 만든 것입니다.

그 시대에 이런 강력한 지도자들이 나올 수 있었던 배경에는 뭐가 있었을까요? 대처처럼 타협이 없고, 레이건처럼 타협이 없는 강력한 능력은 어디서 나왔을까요?

인간 레이건은 늘 불안하고 부족하고 힘들었습니다. 그때마다 그는 늘 역대하 7장 14절 말씀을 붙들고 기도합니다. 겸손하게 무릎 꿇고 하나님께 회개하며 이 땅을 고쳐 달라고 기도합니다. 레이건은 하나님의 얼굴을 구하면 고쳐주신다는 믿음을 강력하게 갖고 계셨어요. 그러니까 미국이 파괴되고 젊은이들이 미쳐가고 사회가 혼란해도 하나님 앞에 진실로 회개하고 이 땅을 고쳐달라고 간절히 기도하고 하나님의 얼굴을 구하면 하나님이 고쳐주신다는 강력한 신앙을 가졌던 겁니다.

그러니까 어떻게 됩니까? 뒤로 물러섬이 없어요. 대처도 마찬가지입니다. 쓸데없는 것에 집착하는 것이 아니라 항상 전문가그룹을 가까이 두고 거기서 내놓는 방안에 대해서 본인이 깊이 이해하고 확신을 가지니까 '이 병에는 이 약이다'라고 처방을 했지요. 국민들이 싫어해도 '먹어!' 이렇게 당당히 이야기하는 겁니다. 국민들이 나를 원하지 않으면 총선 때 보수당이 망하면 떠나겠다는 거예요. 간단한 것 아닙니까? 그런데 뭐예요? 내가 수상으로 있는 한 포퓰리즘은 용납하지 않겠다는 겁니다. 국가에 의존하면 안 된다, 반기업 문화가 주류가 되면 안 된다. 이렇게 밀어붙이니까 어떻게 돼요? 영국이 살아나요. 소련에 벌벌 떠는 바보 같은 정치인들에게 호통을 치시고 적국과 싸워서 포클랜드 전쟁을 승리로 이끄시죠. 그때 소련에서 붙여준 별명이 '철의 여인'이에요. 이해가 되십니까? 그러면서 동맹인 레이건을 설득해서 함께 공산주의를 물리쳤어요.

아무리 훌륭한 정치인도 숭배의 대상이 되어선 안 됩니다. 우리의 왕은 오직 한 분 예수 그리스도입니다. 하나님의 도덕적 통치(Government)는 우리를 통해서 이 땅에 임하는 거예요. 우리가 악을 컨트롤하는 강력한 도구로 세워지는 겁니다. 참신앙으로 온전히 무장되어서 '부르신 곳에서 내가 바로 그의 순전한 도구가 되겠다'라고 결심하고 하나님께 능력을 구할 때, 우리 각자 한 사람 한 사람이 강력한 능력의 사람들이 됩니다. 하나님의 사람들이 연합하고 함께 할 때 위대한 나라가 세워지는 것입니다!

대한민국 헌법의 4대 가치와 보수주의의 정신

너는 마땅히 공의만을 따르라 그리하면 네가 살겠고 네 하나님 여호와께서
네게 주시는 땅을 차지하리라 (신명기 16:20)

대한민국 헌법의 4대 가치

미국 지식인들은 미국 헌법의 정신을 강조하죠.[396] 여기에는 좌우가 없습니다. 그래서 어렸을 때부터 이것을 반복 학습을 시킵니다. 터키에서 미국으로 이주한 에이딘(Cemil Aydin)[397] 교수가 저한테 얘기해주었어요. 애들을 미국 학교에 보냈더니, 큰 애는 미국식 교육에 절대 안 넘어갈 줄 알았는데 언젠가 자신에게 미국의 헌법정신에 대해 강한 어조로 설명해줘서 놀랐다고 말입니다.

미국에서 태어난 막내는 당연하다고 생각했지만, 터키에서 자라서 미국에 온 큰 애는 다를 줄 알았다는 것이죠. 그는 "교육이 다르다"고

---

396 미국 헌법의 정신. '견제와 균형'의 원칙에 입각한 정부 조직은 미국 헌법의 위대한 발견이다. 미국 헌법은 권력을 철저히 불신하고, 권력을 가진 개인 또는 조직이 '선의'와 '절제력'으로 스스로를 제어할 수 있을 것이라는 환상을 단호히 거부했다. 권력은 오직 또 다른 권력에 의해서만 억제될 수 있을 뿐이라고 주장했다. 유종선, 『미국사 다이제스트 100』, 가람기획, 2012.

397 Cemil Aydin 교수는 미국 노스 캐롤라이나 대학의 역사학 교수다. 필자가 공동저자로서 참여한 책, Beyond Versailles, *The 1919 Moment and a new Order in East Asia*, Edited by Tosh Minohara and Evan Dawley (United Kingdom: Lexington Books, 2012)의 연구에 참여했지만, Cemil 교수는 이 책의 공동저자는 아니다.

했어요. 미국 헌법정신에 대해서 '헌법적 애국주의'의 관점에서 철저하게 학생들을 교육하는 겁니다.

그런데 우리는 어릴 때부터 전교조에 의해서 "대한민국은 헬조선이다", "이 나라는 애초에 생기지 말았어야 한다." 이런 자기 나라와 역사를 저주하는 교육을 받습니다. 저는 반문하죠. "그럼, 너희들은 어디서 살 건데?"라고요. 자기 나라를 저주하라고 다음세대를 가르치는 것만큼 어리석은 짓이 또 있을까요?

그래서 제가 21세기 대한민국이라는 민주공화국이 추구해야 할 헌법적 가치를 여기서 간단하게 정리해보고자 합니다. 1919년 필라델피아에서 이승만 박사와 동지들이 미국의 친구들과 함께 선포하여 지금까지 이어져 오는 중요한 대한민국의 헌법적 가치가 뭐가 있을까요?

먼저, 불변하는 가치로써 '인간의 존엄성'과 '도덕적 인권'이 있습니다. 인간은 존엄해야 합니다. 근대 인권의 역사는 종교개혁의 영향을 강력하게 받았습니다. 신학적 배경 없이 인간의 존엄성 이론이 등장할 수 없습니다. 미국의 독립선언에도 창조주에 대한 설명이 나옵니다. 또 인류가 했던 인권선언의 핵심에서 인간의 존엄성과 인권은 빠질 수가 없습니다.

그런데 왜 제가 도덕적 인권이라고 표현했느냐? 그것은 굉장히 신학적인 배경을 갖고 있습니다. 요즘은 도덕을 버리고 '성윤리'에서 벗어난 패륜을 인권으로 구성하는 게 일종의 '트렌드'입니다. 우리는 개인의 윤리적 일탈에 대해 법이 개입하는 것에 동의하지 않습니다. 자유주의 헌법의 원리상 법이 개인의 사적인 영역에 최소한의 개입을 해야 합니다. 그러나 개인적인 차원에서 성적으로 일탈하는 것을 권리라고 주장할 수는 없습니다. 국가를 상대로 그것을 권리로 요구할 수 있도록 헌법을 개정하거나 법적 권리로 구성할 수는 없습니다. 또한, 기독교적 성윤리를 도덕적 가치로 내세우는 사람들의 표현의 자유를 억압하는 법제의 입법에도 찬성할 수 없습니다. 우리가 추구하는 것은 인간의 존엄성과 그 존엄성에서 파생되는 도덕적 인권입니다.

두 번째는 '자유시장 경제'입니다. 저는 애덤 스미스의 『도덕감정론』을 제대로 읽은 사람이 한국에서 몇이나 될 것이냐 하는 염려를 합니다.[398] 다들 『국부론』의 보이지 않는 손에 대해서만 얘기합니다. 『국부론』조차도 오독하거나 선입견의 차원에서 '보이지 않는 손'에 대해 논하는 경우가 많습니다. '보이지 않는 손'은 변태의 손이 아닙니다.

『도덕감정론』을 읽어보면, 이 보이지 않는 손이 중요한데 이건 따뜻한 손입니다. 애덤 스미스도 종교개혁의 전통이 강력했던 스코틀랜드에서 성장하고 학문을 했기 때문에, 이러한 이론을 제시할 수 있었습니다. 이것은 애덤 스미스 개인이 독실한 개혁주의 크리스천이었는가 여부와 무관한 문제입니다. 간혹 어리석은 자들은 그가 독실했는가 여부에 집착하기도 합니다. 기독교 문화는 직업윤리와 인간의 사유방식에 큰 영향을 줍니다. 명·청 시대의 중국도 상공업이 발달했지만, 애덤 스미스의 이론이나 기독교 문화가 창출한 근대적 자본주

---

398 애덤 스미스에 관한 공부를 위해서 저는 이 책을 추천합니다. 김광수, 『애덤 스미스: 정의가 번영을 이끈다』, 한길사, 2015.

의 정신과는 많은 차이를 보입니다.

제가 봤을 때 이승만 박사는 '보이지 않는 손'의 중요성을 정확하게 이해한 것 같습니다. 역사적 고난 속에서 그가 기독교 신앙의 핵심을 깊이 꿰뚫어 보았던 인물이라서 경제, 정치, 사회, 문화 전반의 문제들을 제대로 인식할 수 있었다고 저는 추론합니다. 건국과 제헌의 과정에서 대한민국이 조선민주주의인민공화국과 다른 길을 걷게 된 것은 축복입니다. 그래서 자유로운 시장경제를 중시하지만 거기서 낙오한 분들을 따뜻하게 돌보는 애덤 스미스가 가르치는 자본주의 정신은 매우 중요합니다. 애덤 스미스는 자본주의라는 단어를 사용한 적이 없지만, 그는 자본주의의 원조 사상가로 존경을 받습니다.

세 번째는 '책임 윤리'인데 결과에 대해 정치적 책임을 지는 것을 말합니다.[399] 책임 윤리도 기독교의 소명의식에서 나옵니다. 기독교 문명이 구성한 정치문화는 '책임 윤리'를 중시하고, 정치인은 이 윤리적 요청에 복종합니다. 독일에서 신념윤리란 무엇일까요? 가령, 어떤 정치인이 자신의 신념에 부합하기 때문에 어떤 정책을 강력하게 합니다. 그런데 그 정책이 실패해서 국민이 피해를 입게 됩니다. 그 결과에 대한 정치적 책임을 지고 그 정치인은 반드시 정치무대에서 사라져야 합니다.

예를 들어, '소득주도 성장'이라는 정신 나간 정책 때문에 많은 젊은이들이 일자리를 잃었습니다. 이 정책을 주도한 세력은 자진해서 정치무대에서 사라지는 것이 '책임 윤리'입니다. 부동산 정책 실패로

---

[399] 루터의 종교개혁으로 유명한 독일의 정치문화를 대변하는 '소명으로서의 정치'에 대해서는 이 책으로 공부하면 좋다. 막스 베버/ 박상훈 역, 「소명으로서의 정치」, 후마니타스, 2021.

얼마나 많은 국민이 피해를 입었습니까? 그런데도 한국 정치를 보면 사고를 친 정치인이 오히려 더 활개를 칩니다. 거짓말로 국민을 선동했던 안모 국회의원은 불행하게 숨진 연예인 사건을 이용해 한 번 더 거짓으로 국민을 선동하다가 거짓임이 드러났어도 아무런 정치적-법적 책임을 지지 않고 뻔뻔하게 아직도 국회의원으로 활동하고 있습니다. 위안부 피해자 할머니들을 이용해서 시민단체를 통해 비리를 저지른 윤모 의원은 아직도 국회의원입니다. 대한민국은 결과 책임을 안 지는 이 저급한 정치 풍토를 고쳐야만 성숙한 자유민주주의 국가로 도약할 수 있습니다.

네 번째는 '가치동맹을 통한 자주'입니다. 이 가치동맹이라는 것은 '동맹 영구화'개념을 전제로 한 것입니다. 나토(NATO, 북대서양조약기구)를 보세요. 독일이 통일했는데 미군이 철수를 안 하고 나토가 영구화되고 있습니다. 한미동맹도 미래지향적으로 동맹 영구화의 방향으로 가야겠지요.[400]

가치동맹은 중요한 개념입니다. 동맹 영구화의 핵심은 단순히 외적을 방어하기 위해서, 일시적으로 힘의 균형을 이루기 위해서 동맹국을 끌어들이는 수준이 아닙니다. 동맹관계를 통해서 그 국가의 정체성을 표현합니다.

독일과 미국이 계속 동맹일 수 있는 이유는 추구하는 정치적 가치(자유민주주의)가 동일하다는 것이죠. 우리가 미국과 함께 해야 하는 이유는, 두 나라가 건국 때부터 함께 하는 가치(자유민주주의)를 공유하기

---

400 한미동맹 영구화에 관한 연구로는 서재정/ 이종삼 역, 『한미동맹은 영구화하는가: 군사동맹과 군사력, 이해관계 그리고 정체성』, 한울아카데미, 2009. 참조.

때문입니다. 그래서 우리의 가치동맹은 계속되어야 한다는 말이에요. 이게 바로 정체성 투쟁입니다. 일종의 좌파 사상가 그람시가 얘기하는 진지전(陣地戰, Position Warfare)입니다. 한미동맹이 영구화 될까봐 전교조나 민주노총 등이 자유민주주의 정체성을 폄훼하고 파괴하는 20년 이상의 장기 투쟁을 벌였습니다. 이러한 투쟁으로 한국사회의 정체성이 바뀌면 미국과의 동맹은 끝납니다. 이들은 그걸 노리는 거예요. 우리가 똑똑하게 이 상황을 이해해야 합니다. 그래서 제가 헌법적 가치를 지키기 위해서는 가치동맹을 통한 자주를 강조해야 한다고 얘기하는 것입니다.

보수의 정신(Conservative mind)이란 무엇인가

도대체 보수주의가 뭔지 궁금증이 생기실 거예요. 심지어는 보수주의라는 말을 쓰지 말자는 사람들도 있어요. 수구꼴통은 보수주의가 아닙니다. 보수는 '옛날 것을 고수한다'라는 뜻도 아닙니다.

미국의 정치 이론가 중 러셀 커크(Russell Kirk, 1918-1994)라는 분이 있는데 보수주의 사상을 정리해서 『Conservative mind(보수주의 정신)』이라는 책을 썼어요. 거기 앞부분에 나오는 여섯 가지 중요한 보수주의의 원칙을 정리해 봅시다.

보수주의 정신의 기초가 어디에서 나오냐면 첫 번째 원리가 '초월적 질서를 인정'하는 거예요. 인간들이 모여서 우리끼리 "나는 합리적이니까. 우리끼리 모여서 합의하면 법이 된다." 이런 식으로 인간 이성만 믿는 것이 아니라 법에 대한 도덕적 경외감이 있어야 합니다. 그래서 자연법(Natural law)[401] 체계가 사회와 인간의 양심을 지배합니다. 여기서 여러분은 자연법론을 '법과 도덕은 분리될 수 없다'에서 출발한다고 이해하면 됩니다.

우리가 만든다고 무조건 법이 되는 게 아니라. 입법이 도덕과 분리될 수 없다고 생각하는 거예요. 그게 보수주의의 출발인 거예요. 이 보수주의는 복음주의 신학에서 출발합니다. 로마 가톨릭도 기독교 자연법을 중시합니다. 그러나 종교개혁을 주도한 영미의 정치문화에서 현대적 보수주의의 사상적 기반이 되는 것은 개혁주의를 포함한 복음주의입니다. 존 스토트는 바로 이러한 복음주의 전통을 강조하지요.

두 번째 원칙은 평등주의의 거부입니다. 보수주의는 협소한 획일성의 평등주의를 싫어해요. 예를 하나 들어봅시다. 법으로 자연적 불평등을 시정하려 들면 재앙이 발생합니다. 가령, 대머리인 제가 학생들의 머리숱이 많은 것을 보고, 모발의 불평등을 시정하기 위해 '대머리인권법'을 제정해서 학생들 머리를 강제로 뽑아서 제 머리에 이식한다고 하면 어떨까요? 자연적 불평등을 인위적으로 해결하려고 하면 안 돼요. 머리를 뽑힌 학생이나 저나 우스꽝스럽게 됩니다. 저는 저대로 개성 있게 지금처럼 지내도 행복할 수 있습니다.

세 번째로 보수주의는 문명화된 사회는 계급 없는 사회가 아니라

---

401 자연법은 법과 도덕은 분리될 수 없다는 입장이다. 예를 들어서 낙태를 허용하는 법을 만들 수 없다고 주장하는 것은 법이 도덕과 무관할 수 없기 때문이며, 도덕은 하나님으로부터 부여되기 때문에 인간이 합의해서 정할 수 없다는 입장이다. 현대에도 존 피니스 같은 학자를 통해 이런 자연법 전통은 이어지고 있다.

질서와 계급을 요구한다는 확신을 갖는 것입니다. 보수주의는 질서 정연한 것을 매우 좋아해요. 지금 한국사회가 위험에 빠지는 게 폭도화해서 투쟁하는 것(질서와 권위를 해체하는 짓)을 민주화라고 생각한다는 겁니다.

권위를 인정하고 합법적인 권력의 행사가 이루어지는 것은 자유민주주의를 위해 매우 중요합니다. 이러한 질서를 존중하지 않으면 어떤 일들이 벌어질까요? 지도교수로서의 권위(Authority)를 인정할 때 저도 학생을 교육할 수 있고 학생도 지도를 받아서 학술적으로 훈련을 받을 수 있어요.

만약에 중국의 문화혁명을 하듯이 학생들이 봉기해서 제 멱살을 잡으면 학생들 손해입니다. 공부해서 발전할 수가 없잖아요. 그러니 홍위병들은 바보인 거예요. 법을 존중하고 준수하는 것은 그 자체로 의미가 있습니다.

정당한 권위까지 해체하는 것은 결코 민주주의가 아닙니다. 폭력이 정당화되지 않고 서로의 권위가 존중될 때 오히려 국민에게 이득이 됩니다. 그리고 법이 부여한 합법적인 권한을 행사하는 것은 문제가 없습니다. 예를 들어, 학생이 표절하거나 학칙을 어기면, 반드시 교수의 권위를 가지고 학생을 지도해야 합니다. 그래야만 대학원이라는 교육시스템이 건전하게 유지됩니다. 그런데 바보들이 몰려나와서 권위와 질서를 파괴하는 것이 민주라고 하면 어떻게 돼요? 아주 저급한 사회로 전락해버립니다.

합법성은 형식적으로 법이 요구하는 것을 충족했을 때 '합법적이다'라고 선언하는 것을 말합니다. 크리스천은 항상 이 합법적인 상태에서 만들어지는 질서를 존중해야 합니다. 그 행위가 정당화된다는 것은 도덕적 근거가 있다는 것을 의미합니다. 합법성과 정당성은 그 도덕적 근거 여부에 따라 구분됩니다. 우리 크리스천들은 항상 선택과 행위 속에서 도덕적 근거를 생각해야 합니다. 이게 보수주의예요. 도덕적 근거는 반드시 성경에서 찾을 수 있습니다. 그런데 어떻게 보수주의라는 말을 쓰지 말자는 무식한 말이 크리스천들 사이에서 횡행합니까? 그건 보수주의가 뭔지 몰라서 그렇습니다. 그래서 제가 다른 강의에서도 강조한 게 대한민국의 보수주의는 이제 시작이다. 지금까지 보수주의가 뭔지 몰랐으니까 보수주의 정신 즉, 'Conservative mind'의 한국적 버전은 이제 시작이라고 제가 주장하는 것입니다.

그래서 네 번째는 뭘 얘기합니까? 자유와 사유재산은 밀접하게 연결됩니다. 이 관계를 이해 못 하면 "아~ 나쁜 놈들, 돈 밝히는 것 봐. 역시 이정훈 교수는 돈을 좋아해" 제 설명을 끝까지 안 듣고 그렇게 매도하는 자들이 있습니다. 자유와 재산을 소유하는 것은 밀접하게 연결됩니다. 또 이것은 '인격권'하고도 관계가 돼요. 제가 제 나름대로 옷을 사고 멋을 부려요. 그럼 이것은 저를 표현하는 방식입니다.

이때 제가 자유롭게 선택해서 시장에서 쇼핑한 결과로 소유하게 됩니다. 국가가 인민복을 지급하는 방식과는 매우 다르죠. 그러니까 재산처분에 대한 자유를 누린다는 것은 내가 결정해서 투자를 하고, 그 결과를 내가 책임지는 과정과 매우 관계가 깊습니다. 그리고 이 과정이 자기를 실현하는 과정 즉, 자아실현의 과정이 되는 것이죠.

재산을 소유할 자유는 개인에게 매우 중요한 문제입니다. 그러니까 예를 들어, A가 B보다 더 많이 가졌다는 이유만으로 재산을 빼앗아 B에게 나눠주는 의적 행세를 하는 것은 상대방의 인격권을 침해하는 행위입니다. 그래서 정상적인 사회에서는 그 행위자를 범죄자로 규정합니다. 의적이라고 미화하는 이런 행위를 국가가 주도하는 것을 사회주의라고 할 수 있습니다. 사회주의 체제에서 인간은 자아실현을 포기하고 노예로 살게 되는 이유가 여기에 있습니다.

저는 여기서 우리 사회가 얼마나 무지한가를 생각합니다. 산업화 과정에서 경제는 폭발적으로 급성장했는데 민주주의나 시민의식에 대해 여전히 무지합니다. 예를 들어, 우리나라 국회의원들이 백종원 대표를 국회에 불러서 뭐라고 추궁했습니까? 그의 사업이 상권을 침해한다고 질책해요. 소상공인들이 힘든 이유를 이분한테 돌리려는 것이지요.

그래서 제가 이 멍청한 국회의원들에게 묻고 싶습니다. "상권이 뭔데? 왜 다른 분들은 괜찮은데 백대표가 그 골목에서 장사하면 상권이 침해되는데?"라고요. 저는 법철학자이기 때문에 근본도 없이 정의감만 가진 개념은 없는 자가 텅 빈말로 국민을 선동하는 것을 가장 싫어합니다. 예를 들면, 논쟁에서 상권이라는 말을 쓰려면 '상권'이 무엇인지부터 정의해야 합니다. 제가 자장면집을 차렸다고 가정해 봅시다. 제가 만든 자장면이 맛있어서 사람들이 몰려와요. 그럼 유동인구가 많아진 걸 보고 옆에 또 자장면집이 생겨요. 이렇게 해서 자장면 거리가 만들어지면 사람들이 이 골목에 더 집중되니까 가게들이 매출이 올라요. 자기 혼자 산간벽지에 자장면집을 차리면 누가 와요?

상권이 뭔지 조금 이해가 되시죠? 그러니까 오히려 백대표가 그 바보 같은 국회의원을 가르치잖아요? 백대표가 "자유시장 아니에요?" 이렇게 반문했죠. 보수정당의 국회의원이라는 자가 보수가 뭔지 모릅니다.

자, 다섯 번째 원리를 봅시다. "추상적 설계에 따라 사회를 구성하려는 '궤변론자'를 믿지 않고 법률과 규범을 믿는다"라는 원칙입니다. 한국에서는 말이 마차를 끌어야 하는데 마차가 말을 끌죠? 소득이 늘면 경제성장이 된다는 소득 주도 성장이 그런 거잖아요. 경제성장이 되어야 소득이 느는 건데 그 반대가 어떻게 가능해요? 그런 궤변을 늘어놓고 법을 만들어서 규제를 늘리면 소득이 늡니까? 거꾸로 서민들이 더 가난해집니까? 시장이 자기들 마음대로 되는 줄 아는 자들은 바보입니다.

마지막으로 보수주의는 변화가 유익한 개혁이 아닐 수 있다는 것을 인정하는 겁니다. 변화가 무조건 좋다고 생각하지 않아요. 이게 매우 중요해요. 보수주의 이론의 선구자인 에드먼드 버크(Edmund Burke, 1729~1797)는 영국 보수당의 정신과 발전사, 미국 보수의 변천, 그런 것들을 설명하면서 전통 속의 변혁을 강조합니다.

전통을 무시하는 방식은 역사를 쉽게 부정하는 '폭도화'로 이어집니다. 무조건 뒤집어 엎으면 답이 나온다고 생각하는 방식이 폭도의 마인드입니다. 우리는 뭐든지 깡그리 없애고 급진적으로 새로 세우는 것을 좋아해요. 여러분, 바퀴벌레가 나온다고 집에 불을 지르면 안 됩니다. 그런데 좌파에게 개혁은 "바퀴벌레를 화끈하게 잡아보자!"며 집에 불을 질러버리는 거예요. 집이 실제로 다 타버리면 그때 가서 울어요. 이제 자신이 쉴 집조차 없거든요. 그런 바보짓을 하는 건 개혁이 아닙니다.

보수주의의 자유

보수주의의 정신이 뭔지 6가지 원칙을 통해 살펴보았습니다. 하지만 보수주의는 스펙트럼이 매우 넓기 때문에 단순하게 정의하기가 쉽지 않아요. 20세기 후반에 보수주의로 알려진 영국의 대처 수상과 미국의 레이건 대통령은 개인들이 이윤을 위해 자유롭게 경쟁할 수 있도록 정부의 규모와 범위를 축소하는 것을 주장한 '개인주의적 보수주의자'입니다.

보수주의는 사회적으로는 성윤리, 결혼관, 낙태 등의 문제에 '보수적인 도덕관'을 강조합니다. 또한, 전통적으로 보수주의는 인간이 신뢰하기 어려운 존재이고, 인간의 이성도 한계가 많아서 인간의 계획에 전적으로 의지할 수 없다는 겸손한 입장을 가지고 있습니다. 그래서 보수주의를 '불완전의 정치철학'이라고 부르기도 합니다.[402] 이렇게 인간에 대한 불신을 전제하기 때문에 보수주의자들은 '법의 지배'와 '자유시장'을 매우 중시합니다. 이것이 인간의 '전적 부패'를 인정하

---

402 테렌스 볼(Terence Ball) 외/ 정승현 외 역, 『현대정치사상의 파노라마』, 2019, 179-184면.

는 성경적 인간관을 전제로 한 기독교인들이 주로 보수주의자가 되는 이유이기도 합니다. '혁명'으로 '유토피아'를 만든다든지 사회주의 계획경제처럼 시민들의 필요를 정부가 정확하게 '계획해서 생산할 수 있다'라고 하는 등의 환상에서 벗어나 겸손하게 인간의 한계를 인식하는 태도가 보수주의 전통에 내재해 있어요.

소위 자칭 보수 우파라고 주장하는 분들이 자유지상주의(Libertarianism)와 보수주의를 동일시하는 경향이 있습니다. 그러니까 한국에서는 최소 정부, 자유시장만 얘기하면 보수라고 착각하는 거죠.

크리스천이 동의하는 보수주의는 자유지상주의가 아닙니다. 둘은 생명윤리와 성윤리 분야에서 나뉘어집니다. 자유지상주의자들은 신체까지도 자기의 소유라고 생각해요. 예를 들어 "난자를 매매하는 것에 대해서 어떻게 생각하십니까?"라고 물어보면 이들의 답은 "사기나 강박 없이 합의하에 매매하는 것은 괜찮다"라는 거예요. 신체도 자기 소유니까 신체의 일부를 매매하는 것은 자유입니다. 신체의 일부를 매매하는 것도 자유이니, 인간이 '성'을 사고파는 '성매매'도 자유라고 하겠지요. 이런 논리로 가다보면 도덕적인 지형에서 문제가 생깁니다. 그래서 하나님께서 주신 도덕법을 지키려는 보수주의는 자유지상주의를 경계합니다. 기독교 보수주의가 추구하는 자유는 하나님께서 주신 인간의 존엄성을 존중하는 범위에서의 자유입니다. 자유를 추구할 때 도덕적 한계를 명확하게 합니다.

보수주의가 싸워야 할 대상은 뭐예요? 유명한 풍자만화가 있습니다. 탈레반 같은 무시무시한 무슬림 전사가 칼로 사람의 목을 쳐서 죽이려고 하는데, 안경 쓴 온건한 무슬림 학자가 뭐라고 말합니까? "네가 도살당하기 전에 한 번 생각해봐. 네가 죽는 건 참 안타까운데 한 가지 알아둬야 할 것은 너를 죽이는 저분이 이슬람을 대표하지는 않아"라고 친절하게 설명해주는 거예요. 그래서 어쩌라는 겁니까? 저 사람은 지금 죽게 되었잖아요. 그러니까 제가 "이슬람은 평화의 종교다. 이슬람을 비판하는 것은 소수자 차별이다"라고 수작을 부리는 한국 좌파를 비판합니다. 그러면 또 저보고 이슬람 혐오라고 하겠죠?

유럽에서는 오히려 기독교 혐오가 더 심할 겁니다. 2018년에도 무슬림 범죄자들이 덴마크 여성 두 명을 살해했죠?[403] 저건 가짜 뉴스가 아니죠. 여성을 대상으로 한 무슬림 범죄에 대해 연구해야 합니다. 진실하게 사회문제에 대처해야 합니다. 이것은 혐오가 아닙니다. 보수주의는 사회의 안전과 도덕적 가치를 위협하는 세력의 자유까지 존중하지 않습니다.

2020년에는 프랑스의 휴양도시에서 무슬림 테러리스트가 3명을 참수하는 끔찍한 사건이 벌어졌습니다.[404] 68혁명의 원조 국가 프랑스의 대통령 마크롱도 명확하게 '이슬람 테러'라는 표현을 사용했습니다. 좌파들은 이슬람 테러라는 말을 사용하면 안 된다고 사건을 왜곡하기 바쁩니다. 성당을 타겟으로 한 누구도 부인할 수 없는 이슬람 테러입니다. 제가 다시 이들에게 반문합니다. 무슬림이 테러를 하게 만

---

403 최상현, "모로코서 여성 관광객 2명 피살 사건, 이슬람 테러조직 소행 추정", 조선일보, 2018.12.20. https://www.chosun.com/site/data/html_dir/2018/12/20/2018122002497.html

404 "프랑스 성당서 또 '참수' 사건…마크롱 '이슬람 테러 공격'", 2020. 10. 30. BBC 코리아 기사, https://www.bbc.com/korean/international-54744186

든 프랑스 사회가 문제입니까? 그럼, 프랑스에 이민 온 힌두교도들은 왜 테러를 안 할까요? 불교도들은요? 정치적 올바름이라며 정치적 발언의 자유를 제한하고 사실을 적시할 수 없게 만드는 악한 정치적 흐름에 우리가 속으면 안 됩니다.

자유민주주의의 적: 사회주의

내 아들아 악한 자가 너를 꾈지라도 따르지 말라 (잠언 1:10)

상황이 악화될수록 혁명의 전망은 밝아진다

　제가 자유민주주의의 적을 사회주의(socialism)와 신좌파[405]라고 규정
했어요. 도대체 사회주의자와 신좌파는 누구냐 이제 이것을 공부합시
다. 이 친구들이 정치 선동에 성공하면 사실상 나라가 망합니다.

　이들의 선동이 한국에서 먹히는 이유가 뭐냐면, 자유민주주의가
무엇인지 모르는 사람들이 배가 부른 상태에서 사회적 불만은 많으니
까 선동이 제대로 먹힙니다. 사실은 제대로 알지 못하는데 알고 있다
고 착각하고 있는 사람들을 속이기가 제일 쉽습니다. 한국의 크리스
천들이 음모론에 열광하고 쉽게 생계형 유튜버들의 수입원이 되는 이
유도 신학적 배경이 부족하기 때문입니다.

　영국 옥스퍼드 대학의 로버트 서비스(Robert Service, 1947-) 교수가 쓴

405　신좌파(新左派, New Left). 1950년대 미국과 영국에서 진보적인 사회주의에 관심이 있는 지식
　　인 운동의 집단. 신좌파는 핵무기 폐지 운동, 여성운동 등과 같은 급진적인 사회·정치적 운동을
　　포괄함. 미국에서의 시민권 운동과 베트남 전쟁에 반대하는 운동은 신좌파운동의 일환으로 파악
　　될 수 있음. 고영복, 『사회학사전』, 사회문화연구소, 2000.

역작이 『코뮤니스트』[406]인데 참 좋은 책입니다. 지구상에 존재하는 모든 붉은 세력을 다 정리해 놨어요. 이 책은 전세계의 좌파들이 얼마나 위선적이고 표리부동할 뿐만 아니라 논리가 뒤죽박죽인지 잘 보여줍니다. 이들은 언제나 노동자─농민을 걱정하는 것처럼 말하고 행동하지만, 사실은 노동계급이 진짜로 잘살게 될까 봐 걱정합니다. 신좌파 철학자의 대표주자 마르쿠제는 고소득 노동자가 혁명의 장애물이라고 말했죠. 인권이라는 말을 늘 입에 달고 살지만, 진짜로 인권이 발전하면 노동계급이 혁명의 의지를 잃게 될까 봐 걱정합니다. 마르크스는 인권신장을 혁명의 걸림돌로 여겼습니다.

좌파들의 실체를 경험하면서 저는 이들이 사회적 갈등을 좋아하고 노동계급의 삶이 나락에 떨어지길 원한다는 것을 알게 되었어요. 갈등과 경제파탄은 이들에게 권력을 장악하거나 혁명을 성공시킬 기회가 됩니다. 1929년에 대공황이 세계적으로 밀어 닥치니까 기업이 쓰러지고 사람들이 일자리를 잃었어요. 국제 공산당 코민테른[407]은 바로 이 대공황의 시기가 혁명을 완수할 수 있는 최적기라고 주장했어요. 그러니까 당시에 공산세력이 위축됐었는데 대공황이 닥치니까 공산혁명의 희망을 품게 되는 거예요. 이웃들이 파산하고 거리에 나앉는 것이 이들에게는 정치적 기회가 됩니다.

---

406 로버트 서비스/ 김남섭 역, 『코뮤니스트: 코뮤니스트: 마르크스에서 카스트로까지, 공산주의의 승리와 실패의 세계사』, 교양인, 2012.

407 코민테른(Comintern = Communist International). 1919년 모스크바에서 창설된 공산주의 국제 연합. 제3인터내셔널이라고도 함. 마르크스 · 레닌주의에 기초하여 각국의 공산당에 그 지부를 두고 각국 혁명운동을 지도 · 지원함. 43년 해산되었으며, 한국공산주의 운동도 이와 밀접한 관계를 맺으며 전개됨. (한국사사전편찬회, 『한국근현대사사전』 가람기획, 2005)

그래서 제가 인권운동을 한다면서 자신을 마르크시스트[408]라고 밝히는 자들에게 "닥쳐라"라고 하는 이유가 있어요. 마르크스가 인권을 싫어했어요. 로크가 주장한 대로 인권을 보장하기 시작하면 민중의 혁명 의지가 꺾이기 때문에 혁명이 안 된다 그 말이에요.

서비스 교수의 책에는 "상황이 악화될수록 혁명의 전망은 밝아진다"라는 좌파들의 본심을 드러내는 내용이 많이 나옵니다. 그래서 저는 문재인 정권이 일부러(고의로) 한국경제를 파괴하고 잘못된 부동산 정책으로 국민을 거리로 내몰고 있는 것일까 라는 의문을 제기합니다. 한심한 586 운동권 출신 정치가들은 사회주의로 한국을 이행시키기 위해서는 경제가 도산했을 때 그때가 혁명을 위한 적기일 수 있다고 오판할 수 있습니다. 그래서 PLI 스터디를 통해 성경적 세계관과 자유민주주의 이념을 제대로 탑재해서 선동되는 국민이 아니라, 문화를 선도할 수 있는 민주시민이 되어야 합니다.

제가 지난주에 엄청 바빴는데요. 어떤 교단의 목사님들이 모이신 데서 특강을 했어요. 중간 쉬는 시간에 어떤 목사님이 저를 따라와서 "교수님, 좌파라고 표현하시는 거는…"이래요. 이분은 좌파 우파 이런 얘기가 싫다 이런 입장이었어요. 그런데 제가 한국에서 답답한 점이 바로 이거죠. 좌파에 대해 거론하지 않으면 고상한 사람이 되는 것이 아니라 정치적으로 현실감각이 없는 사람이 됩니다. 좌파가 존재하는

---

408 마르크시스트(Marxist). 마르크스주의자, 마르크스주의를 믿는 사람. 마르크스주의는 마르크스와 엥겔스의 사상에서 출발 되고 기초가 다져진 사상·학설 등을 통틀어 이름. 과학적 사회주의라고도 함. 주요한 이론들로는 철학 영역에서의 변증법적 유물론, 『자본론』을 중심으로 한 자본주의 사회의 내부구조에 대한 분석, 노동자 계급을 주체로 한 사회주의 혁명과 사회 건설 등이 있음. 임석진 외 다수, 『철학사전』, 중원문화, 2009.

데 어떻게 좌파에 대해 얘기를 안 할 수가 있어요? 좌파가 스스로 자신들을 자랑스럽게 좌파라고 부르는데 그럼 좌파를 좌파라고 부르지 뭐라고 부를까요? 쪽파라고 부를까요? 대파라고 부를까요? 그럼, 좌파가 무슨 뜻이에요? 좌파에 대한 연구가 필요 없다면 세계적인 석학인 로버트 서비스 교수는 이런 두꺼운 책을 왜 썼을까요? 심심해서? 좌파는 명확하게 정치적 목적을 성취하기 위해 활동하기 때문에 시민들이 이들에 대해 정확하게 아는 것이 자유민주주의를 방어하기 위해 매우 중요합니다.

로버트 서비스 교수의 책이 좌파에 대해 제대로 설명했어요. 마르크스나 엥겔스도 자기를 사회주의자라고 했다가 공산주의자라고 했다가 용어를 막 혼용해서 씁니다. 그런데 중요한 건 뭐냐면 자기들이 다른 정치 세력과 다르다는 걸 강조할 때는 공산주의라는 말을 꼭 쓰거든요. 그러니까 넓게 봐서 서비스 교수님이 정리한 것처럼 코뮤니스트(communist)들은 다 좌파라고 불러도 돼요. 그 계열이에요.

소수가 권력을 잡는 정실주의

정실주의(patronage system)[409]에 대해 이해하는 것은 좌파정치를 이해할 때 매우 유용해요. 그러니까 얘네들은 촛불혁명을 얘기하지만, 국

---

409 정실주의(patronage system). 인사권자와의 개인적 신임이나 친소관계를 임용기준으로 하는 인사제도. 정실주의는 정치적 신조나 정당관계를 임용기준으로 하는 엽관주의와 구분되나, 일반적으로는 같은 의미를 지닌 개념으로 혼용됨. 이철수, 『사회복지학사전』, Blue Fish, 2009.

가시스템을 붕괴시킨 다음에 누가 정국을 주도하냐면 운동권 출신 청와대 비서진과 영부인 친구같은 측근들이 권력을 장악합니다. 원래 사회주의자들의 특징을 정실주의라고 할 수 있어요.

그러니까 누가 문재인 정부의 첫 경제부총리가 되든가는 전혀 중요하지 않아요. 김동연 경제부총리는 유능한 인사이지만 경제분야의 실권을 가질 수 없어요. 어차피 정실주의가 판칠 것이기 때문이죠.

그러니까 개헌안을 브리핑할 때도 원래 법무부 장관이 해야 정상인데 민정수석인 조국이 하잖아요. 민정수석이 그걸 왜 합니까? 민정수석은 정부의 주요 인사들에 대한 인사 검증을 책임지고 사정기관을 사정하는 역할을 하는 거잖습니까? 헌법에 통치구조가 명시되어 있지요. 개헌의 대통령안을 내라는 것은 대통령 개인안을 의미하는 것이 아니라 행정부안을 내라는 뜻이죠. 그래서 국무위원이 이 개헌안을 심의하게 되는 겁니다. 40분 만에 심의를 끝냈는데요? 저는 이것이 헌법 제89조 위반이라고 주장했어요. 제가 페북에 자세하게 왜 헌법 위반인지 정리해서 올렸어요. 헌법을 위반해서 헌법을 개정하려고 하는 게 말이 되냐고요? 헌법학자인 허영(許營, 1936–) 교수님도 비슷한 주장을 신문에 기고했지요.

문정권의 핵심인사들은 어차피 진짜로 개헌하려고 한 것이 아니죠. 그래서 제가 서울대에서 강의할 때 뭐라고 했어요? 정권을 잡은 자들이 자기 권력을 축소시키는 개헌을 할 리가 없다고 그랬죠. 다른 데 꿍꿍이가 있다고요. 그걸 또 못 알아듣고 비판하는 분들이 있어요. 제가 다른 데서 강의할 때 어떤 분이 눈에서 불꽃이 빡 튀어요. "교수님~"하고 불러서, "네"했더니, "교수님~ 국민투표하면, 다 끝장이 나는데요~~"라고 하는 거예요. 제가 개헌 정국에서 전략적으로 야당이 승리하려면, 개헌안을 내놓고 문정권과 붙어야 된다고 했거든요. 제가 부연설명을 해드렸어요. 국회 표결을 거쳐야 국민투표를 할 수 있어요. 어차피 야당이 반대하면 국민투표로 가지 못하고 개헌은 무산됩니다. 개헌에 무조건 반대하면 적폐로 몰리니까 문재인의 개헌안이 왜 문제인지 조목조목 지적하고 진짜 제왕적 대통령제를 개혁할 수 있는 개헌안을 내놓고 맞붙어야 한다는 저의 전략적 어드바이스였죠.

그때 그 질문을 받고 알았어요. 뜨겁게 개헌 반대 운동을 하시는 분들이 개헌 절차를 모른다는 것이죠. 저는 아시는 줄 알았어요. 한 번 더 전략을 설명해 드릴게요. 이왕 개헌하려면 제대로 합시다. 이렇게 주장하면서 스마트하게 제왕적 대통령제를 손보는 개헌안을 야당이 딱 내놔요. 어차피 애네는 개헌할 생각이 없거든. 그러면 어떻게 돼요? 야당을 장외로 끌어낼 수 있는 명분도 생기고, 아예 개헌안 표결에 안 들어가면 어차피 이 문정부의 개헌안은 폐기됩니다. 이렇게 하면 반대만 하는 적폐로 안 몰려요. 그런데 "우리는 반댈세~" 반대타령만 하면, "저거 봐. 또 반대하잖아. 쟤네는 적폐야." 이렇게 되는 거예요. 개헌 정국의 전략을 가르쳐주니까 이정훈 교수가 혹시 내각제 개헌 주장하는 거 아니야? 이렇게 모함을 해요. 그래서 제가 반문합니다. 내각제로 개헌하면 뭐가 나쁘죠? 그랬더니, 당연히 그건 잘 모르죠. 대통령제도 이해가 잘 안 되는 상황입니다. 대통령제와 내각제의 장단점도 비교할 수 없는 사람들이 내각제 개헌 주장하면 빨

갱이라고 쉽게 단언할 수 있는 근거 뭡니까? 이런 상황에서는 제대로 자유민주주의를 방어할 수 없습니다. 좌나 우나 걱정입니다.

슘페터: 고도의 자본주의는 사회주의로 이행된다

우리 PLI 청년 중에 똑똑한 친구들은 슘페터 이론을 공부하면 좋아요. 무지하게 재밌어요. 오스트리아 출신 미국의 이론경제학자인 조지프 슘페터(Joseph Alois Schumpeter, 1883-1950)는 케인즈와 더불어 20세기를 대표하는 학자입니다. 이분은 '자본주의는 결국은 사회주의로 이행한다'고 주장하는데 마르크스와는 결이 달라요.

마르크스는 역사의 흐름 자체가 단계별로 민중이 뭘 하든 하지 않든 이행되어 간다고 설명하죠. 그래서 이런 마르크스의 이론적 한계를 극복하기 위해서 네오 마르크시즘으로 알려진 학자들이 나옵니다. 아마도 제가 『교회 해체와 젠더 이데올로기』를 발표한 이후, '네오 마르크시즘'이라는 용어가 한국교회에서 유행했는데 표절-짝퉁 강사들은 네오 마르크시즘의 개념이나 사상사적 맥락을 설명하지 못할 것이라고 저는 확신합니다.

슘페터 이론은 아주 탁월해요. 그는 기업가 정신을 강조해요. 그러니까 자본주의가 굴러가다가 여러 가지 어려움에 직면하고, 자체 모순에 부딪히는데 생명력이 강해요. 왜냐면, 기업가 정신이 확 혁신을 해 버립니다. 쉽게 얘기하면 게임 체인저가 나타나서 판을 바꿔버려요.

애플이 딱 나타나죠. 그리고 구글이 딱 나타나요. 창의적으로 판을 바꿉니다. 굽다가 "불판 갈아주세요~" 이렇게 되는 거예요. 기업가 정신은 판을 바꿉니다. 이런 기업가 정신이 경제에 생명을 불러 넣어요.

그런데 자본주의가 이렇게 굴러가다 보면 관료조직이 늘어가요. 그러니까 삼성이 커지다 보면 기획력 있는 애들이 일종의 관료적 인사가 됩니다. 이러면서 결국은 중앙통제 쪽으로 가요. 슘페터가 사회주의적이라고 표현하는 것은 계획적인 중앙통제를 얘기하는 거예요. 그러니까 엘리트들이 계획을 세우고 그 계획에 맞추어 돌리는 겁니다. 자유롭게 풀어놓고 알아서 돌아가는 방식이 아니죠. 이런 현상을 슘페터가 사회주의화 된다고 말하는 겁니다. 결국은 발전된 사회는 관료층이 늘어나고 지식인층이 증가하기 때문에 관리 통제적 관료제 구조가 강화되면서 중앙 컨트롤 방식으로 가게 됩니다.

이렇게 사회주의화 되는 과정 중에 뭐가 있냐면, 양극화 문제가 생겨요. 양극화가 되면 전통적인 부르주아들이 힘이 빠져요. 자유민주주의 체제가 잘 유지되고 자본주의가 건강하게 굴러갈 때 중산층이 매우 중요해요. 중산층이 두터워져야 합니다.

중국이 제대로 된 입헌주의를 못하는 이유는 바로 부르주아적 상상력을 문화혁명으로 싹 제거했기 때문이에요. 그러니까 어느 사회든 부르주아적인 상상력이 꽃필 때 가장 발전합니다. 법문화도 그렇고요. 종교개혁의 핵심 세력이 튼튼한 중산층이었어요. 지식층이고요. 그래서 개혁이 가능했어요. 그걸 염두에 둬야 합니다.

전통적 부르주아들이 힘이 빠지고 중산층에서 탈락하기 시작하면 사회는 큰 위험에 직면하게 됩니다. 가난할 때는 오히려 불만이 적어요. 고기도 먹어본 사람이 잘 먹는다고 하지요. 고기 맛을 본 애들이 불만이 더 많아요. "마블링이 없잖아요." "소고긴데 그냥 먹으면 안 되겠니?" 그랬더니 "마블링이 없으면 못 먹어요." 이게 현재 우리 사회의 현상이에요. 이해가 되세요? 이럴 때 급속도로 사회주의화 과정으로 갈 수 있어요.

문재인 정부는 왜 내놓는 정책마다 실패할까요? 특히 부동산 정책은 국민의 삶을 위험에 빠트렸어요. 진짜 이들이 순수한 바보일까요? 제가 아침에 일어나서 슘페터를 읽다가 고민을 해봤어요. 얘네들이 정말로 순진한 바보일까? 근데 데이터가 있잖아요. 많은 사람이 잘못됐다고 하는데 우기는 이유가 뭘까 하다가 섬찟한 생각이 딱 들었어요.

오늘 강의에서 특별히 공개합니다. 저의 합리적 의심은 얘네들이 결과를 알고 일부러 밀어붙인다는 겁니다. 왜냐면 양극화로 인해 중소 상공인이 다 무너졌을 때 사회주의를 급행으로 진행시킬 수 있어요. 이론적으로요.

그러니까 대통령제 특징이 대통령의 임기보장이잖아요. 못 쫓아내요. 그리고 국회의 의석이 있기 때문에 탄핵을 못 해요. 그럼, 임기 내에 빨리 양극화를 진행시켜 놓으면, 사회주의화를 확실히 앞당길 수가 있어요. 그래서 고의적으로 소득주도 성장이나 전세값 폭등유발 부동산 정책으로 사회의 양극화를 조장하는 거죠. 중산층을 저소득층으로 저소득층은 차상위 계층으로 차상위 계층은 극빈층으로 이동시키는 것이죠. 부자들은 집값 폭등으로 더 부자가 되었죠.

미국에도 공산당이 있었다

제가 이번 강의를 정리하면서 재밌는 얘기를 특별히 서비스로 해 드릴게요. 미국 공산당에 관한 것입니다. '미국 공산당'이라는 단어가 왠지 어색해요. '어? 미국에도 공산당이 있었어?'라는 의구심이 듭니다. 근데 공산당이 없는 동네는 없어요. 그래서 제가 공산당을 쥐떼에 비유합니다. 인간이 살면 쥐도 삽니다. 미국에서는 공산당이 성공을 못 했어요. 여러분이 착각하는 것 중의 하나가 미국 투표용지에 공화당과 민주당만 있을 것 같지요? 그렇지 않아요. 투표용지에 보면 희한한 애들이 많이 나와요. 근데 애들은 나와도 표를 못 얻지요.

거스 홀

거스 홀(Gus Hall, 1910–2000), 이분은 미국 공산당의 서기장을 41년간 하셨어요. 이름이 "헐~"이 아니라 "홀"입니다.(웃음) 그런데 이분 표정 좀 보세요. 이분 표정이 공산당답게 무섭지요. 이분이 2000년에 돌아가셨는데 죽을 때까지도 마르크시즘을 포기하지 않았지요. 1919년은 우리나라만 중요한 게 아니고 미국 공산당이 창당된 해가 1919년입니다. 역사에서 1919년은 매우 중요합니다. 공산주의 정당이 미국에서 미국 공산당과 공산주의 노동당 이렇게 두 개가 나왔어요. 국제 공산당 코민테른은 정당을 하나만 만들어서 가입해라 이렇게 방침을 정했어요. 그래서 조선공산당[410] 동지들도 상해파와 이르쿠츠크파로 분열해서 싸웠는데 소련에서 너희 하나로 안 합치면 안 받아준다고 했지요. 미국도 1921년에 코민테른의 지도를 받아서 미국 노동자당으로 통합합니다.

미국 공산당은 미국의 자본주의가 발전해서 이제 드디어 사회주의로 이행할 시기가 무르익었다는 생각으로 희망을 품습니다. 제가 이민정책에 민감한 이유가 여기에 있어요. 러시아 이민자들이 왕창 미국으로 들어왔는데 유진 데브스 (Eugene Victor Debs, 1855-1926)가 사회당을 이끌면서 5차례나 대통령으로 입후보했어요. 러시아 이민자들의 지지에 힘입어 1912년도에 6% 득표했어요. 이민정책을 함부로 하면 국가의 체제가 위협당할 수도 있습니다.

공산당은 갈등을 좋아해요. 미국 공산당도 인종갈등을 파고듭니다. 조봉암(曺奉岩, 1898-1959)이 졸업한 학교가 '동방노력자공산대학'(東方勢力者共産大學)입니다. 이 대학은 소련 공산당이 아시아의 공산화를 위해 만든 학교죠. 소련 공산당이 미국 공산당에 지령을 내려서 흑인들을 이 학교로 보내라고 지시합니다. 흑인들이 분노합니다. 왜 흑인은 동양인들 다니는 학교로 진학하냐는 불만이 터졌어요. 백인들이

---

410 조선공산당(朝鮮共産黨). 1925년 4월 서울에서 조직된 공산주의운동 단체. 1918년 4월 이동휘(李東輝) 등이 중심이 되어 한인사회당을 결성하였음. 1919년 3·1운동 이후 한인사회당의 이동휘가 상해임시정부 국무총리로 부임하여 1921년 5월 고려공산당(상해파)을 창립함. 1920년 1월 러시아공산당 이르쿠츠크현 위원회 산하에 한인공산당이 창립되었고, 이들도 1921년 5월 고려공산당(이르쿠츠크파)을 창립하였음. 한국민족문화대백과 참조.

볼 때 흑인과 동양인은 유색인종입니다. 공산당은 흑인들을 달래면서 공약을 합니다. 평등 타령하면서 소련 공산당은 유색인종에 대한 차별의식이 굉장히 강했어요. 미국에서 공산 혁명이 성공하면, 남부에 흑인을 위한 독립공화국을 세워 주겠다는 약속을 합니다.

미국 공산당을 공부해보면 한국의 주사파와 공통점이 많아요. 미국 공산당은 소련을 정통으로 모시기 때문에 "모스크바 쪽에서 뭘 해줬다"라고 하면, 영광으로 알고 몸을 부르르 떱니다. 한국 주사파는 평양에서 지령이나 뭐가 내려오면 몸을 부르르 떨지요. 주사파 중에서 평양과 연결된 애가 서열도 높아요. 공산당들은 공통점이 많지요.

미국 공산당이 실패한 이유?

미국 공산당은 철저히 망했습니다. 요즘 미국에서 공산주의가 젊은이들 사이에서 인기가 높아지고 있다고 하는데 격세지감입니다. 과거에 저는 미국에서는 왜 공산당이 안 통하는지 그게 궁금했어요. 미국도 연도별로 중요한 모멘텀이 있었어요. 그때마다 미국 공산당이 성공할 것 같았는데 흥행이 안 되었어요. 인종갈등을 조장해서 흑인들에게 독립공화국 세우자고 선동도 해봤는데 효과가 없었어요.

제가 뉴욕에서 지낼 때 주일예배 참석을 위해서 아비시니아 침례교회(Abyssinian Baptist Church)에 갔어요. 찬양으로 유명한 교회지요. 가본 사람 있어요? 찬양을 너무 잘해요. 아침부터 줄을 서서 예배에 참석했지요. 설교시간은 짧은데 찬양은 정말 대단했습니다. 흑인 밀집 지역의 교회인데 찬양하고 은혜 받고 나오는 사람에게 혁명하자고 선동해봤자 헛수고겠지요. 제가 뜨거운 흑인 침례교회 예배를 경험하고 깨달았습니다. 미국 공산당의 인종갈등 선동이 왜 효과가 없었는지를 이해했어요.

기독교와 공산당은 역시 역사적으로 상극이었습니다. 한국에서 공산주의와 기독교가 상통한다는 둥 거짓선동이 먹히는 이유는 한국교회의 영성이 바닥을 치기 때문이 아닐까요? 공산주의에 반대한다는 성도들이 이단적 선동에 취하는 것도 큰 문제입니다. 이단사상이나 공산주의나 교회에 독이 되기는 마찬가지입니다.

미국교회의 승리를 상징하는 사건은 '캠퍼스 부흥'입니다. 미국사회가 죄와 음란으로 파괴되거나 공산주의 선동이 활개를 칠 때마다 부흥이 일어납니다. 히피와 같은 신좌파나 사회주의자 입장에서 보면, 부흥은 정말 열받는 현상입니다. 은혜를 받으면 혁명 의지가 없어집니다.

캠퍼스 부흥은 에즈베리 대학에서만 일어난 것이 아닙니다. 50년에 한 번 부흥이 크게 일어났다가, 70년에 또 일어납니다. 1969년에 미국의 젊은이들이 미쳐서 우드스톡 페스티벌(Woodstock Festival)[411]을 열어요. 벌판에서 3박 4일 동안 잠도 안자고 마약에 취해서 음란한 짓을 하고 해방을 외쳤어요. 반전, 반핵, 동성애, 온갖 주장을 하면서 거

---

411 우드스톡 페스티벌(Woodstock Festival). 1969년 8월 미국 뉴욕 우드스톡(Woodstock) 인근에서 개최된 축제. 반전과 민권에 대한 관심이 고조된 시기, 평화와 반전을 외치는 젊은 히피족들이 중심이 돼 기성세대에 대한 반항정신을 음악으로 표출했으며, 이후 축제는 저항문화의 상징이 됨. (pmg 지식엔진연구소, 시사상식사전)

기서 "으아~ 해방이다~" 이렇게 난리를 친거죠. 70년에 캠퍼스 부흥이 일어납니다. 그래서 공개적인 죄의 고백, 회심이 폭발적으로 일어납니다. 교회사에서 부흥이 일어날 때는 항상 죄를 각성하고 회개합니다. 많은 사람들이 이렇게 회심하고 말씀으로 돌아갑니다. 이것을 부흥이라고 부릅니다. 그래서 캠퍼스에서 은혜를 체험한 8일 동안 185시간 회개와 회심의 현상이 지속되었습니다. 좌파적 관점에서 '8일 동안 185시간 시위해봐'하면 정말 힘들겠죠? 진정한 부흥은 공산주의 선동이나 신좌파의 음란과 죄를 대적합니다. 지금 우리가 좌절하지 말고 부흥을 갈망해야 하는 이유입니다.

21세기 한국과 크리스천의 정치 참여

가이사의 것은 가이사에게 하나님의 것은 하나님께 바치라 하시니 (마태복음 22:21)

크리스천 야당 대표가 한 사찰의 부처님 오신날 행사인 봉축 법요식에 참석했습니다. 그러나 그는 합장도 반배도 하지 않았습니다. 언론은 '논란'이라는 거창한 제목으로 이 사실을 보도했습니다. 저는 논란이 될 수도 없고 되어서도 안 되는 개인의 "종교의 자유"라는 지극히 보편적인 인권의 관점에서 이것을 '논란'이라고 지칭하고 설왕설래하는 한국 사회를 우려하지 않을 수 없었습니다.

조계종의 '봉축법요식'이었다면, 분명히 삼귀의례를 했을 겁니다. '삼귀의'란 불(부처)−법(진리, 가르침)−승(승가)에 귀의한다고 예를 표하는 종교의식입니다. 일종의 불자의 신앙고백 의식입니다. 기독교인이라면 부처에 귀의할 수 없기에, 공손하게 손을 모은 자세로 합장과 반배를 하지 않은 기독교인 황교안 전대표의 모습은 자연스러운 것이라 할 수 있습니다.

역지사지해보면 답은 의외로 간단합니다. 교회에 초대받아 예배에

412 필자의 크리스천투데이 칼럼을 수정보완하였다. 크리스천투데이 2019년 5월 16일 https://www.christiantoday.co.kr/news/322470.

참석한 불교도 정치인에게 사도신경으로 '신앙고백'을 하라고 강요할 수 있습니까? 신앙고백을 하지 않았다는 이유로 불교도 정치인을 기독교 예법을 따르지 않아서 무례하다고 비난할 수 있습니까?

만약 인권을 소중히 한다는 여당 인사들이나 황 대표를 무례하다고 비난하는 분들에게 상황을 '무슬림'으로 바꾸어 질문하면 어떤 반응을 보일까요? 오히려 역정을 내며 어떻게 이슬람에 대한 기본적인 이해도 없이 불교의식의 종교 예법을 무슬림에게 정치인이라는 이유만으로 강요할 수 있냐고 반문할 것입니다.

이슬람권 유학생을 위해 대학이 할랄 음식을 제공해야 하고, 특별히 기도처를 제공하는 것은 '인권적 의무'라고 거칠게 항의하는 인권 옹호자들에게 왜 기독교인의 신앙은 인권이 아니라 무례가 되고 논란이 되는 것일까요?

저는 기독교 대학에서 채플 학점을 졸업요건으로 하는 것은 인권 침해라고 주장하는 분들이 이 논란에 대해 어떤 입장인지 갑자기 궁금해졌습니다. 대학은 선택가능하고, 기독교 대학임을 알고 입학했기 때문에 채플을 졸업 필수 학점으로 학칙을 정하는 것은 인권침해가 될 수 없습니다.

한 불교종립대학에서 '자아와 명상' 시간에 불상을 향해 3번 절하는 것을 강요받은 기독교인 학생이 국가인권위원회에 진정한 사건에서 피해 학생에게 전문가로서 조언한 바 있는 필자로서는 소위 인권 타령이 넘쳐나는 한국 사회에서 '종교 인권'에 대한 감수성은 왜 기독교인에게만 가혹한 것인지 이해할 수가 없습니다.

채플은 수업의 형식으로 이루어지기 때문에 수업내용에 동의하도록 강요받거나 적극적으로 신앙고백을 강요받지 않습니다. 특정 종교의식인 '삼배'라는 행위를 하도록 강요하는 것은 설령 불교 대학임을 알고 입학한 기독교도 학생일지라도 인권침해가 될 수 있습니다.

지금 한국 사회가 언론을 중심으로 '논란'이라고 말하고 있는 이 사건(?)의 본질은 야당 대표라는 이유로 개인에 대한 종교 강요행위가 정당화될 수 있다고 주장하거나, 황 대표는 정치인이기 때문에 '종교의 자유'라는 기본권이 박탈되는 것이 당연하다는 주장을 반인권적으로 공론화하는 것에 지나지 않습니다. 참으로 한심하고 우려스러운 상황입니다.

혹자는 기독교인이 불교 행사에는 왜 참석했느냐고 비난합니다. 그는 야당의 대표입니다. 다종교 사회의 정치인이 타 종교 행사에 초대받고 이에 응하는 것을 비난한다면 크리스천은 크리스천끼리만 분리되어 살아가자거나 타 종교가 공존하고 있다는 사실 자체를 부정하라는 비합리적인 주장이 될 수 있습니다.

그는 야당의 대표이기 때문에 불교나 불교 신자들을 무시할 수 없는 정치적−사회적 위치에 있습니다. 그의 불교 행사 참석이 문제가 아니라, 진짜 문제는 그에게 타 종교의식의 예법을 강요하고, 이를 적극적으로 행하지 않은 당연한 행동을 비난하는 한국 사회의 참담한 '자유권적 기본권'에 대한 인식 수준입니다. 예의상 불교 행사에 참석한 기독교도 정치인에게 종교의식을 강요하지 않는 것이 바로 예의고 상식입니다.

이것이 뉴스가 되고 논란이 된다는 사실이 전문가인 필자를 당혹스럽게 합니다. 공공장소에서 음란한 퀴어축제를 벌여야만 인권 선진국이 되는 것이 아니라 보편적 인권의 기초인 '자유권', 특히 정신적 기본권으로써 법의 역사에서 중시되어 온 '종교의 자유'에 대한 존중과 이를 보장하기 위한 인권 감수성이 성숙해진 사회야말로 기본을 갖춘 인권 친화적 사회라고 할 수 있음을 명심합시다. 논란이 될 수 없는 논란을 보면서 아직도 우리 사회가 갈 길이 멀다는 우려와 유감을 표하지 않을 수 없습니다.

최근 최재형 전 감사원장이 월주스님 빈소에서 합장한 것을 두고 일부 기독교인들이 '우상숭배'라며 문제를 삼았습니다. 합장은 태국에 가서 현지인에게 "'사와디 캅~" 할 때 하는 것 같은 인사법인 동시에 불교 의례에 필수적인 자세입니다. 종교와 문화가 다른 크리스천이 불자들을 만나 존중하는 의미로 합장을 하는 것은 그냥 인사일 뿐입니다. 태국 선교사들도 태국인을 존중하는 차원에서 합장하고 인사할 수 있습니다.

황교안 대표 사례에서 설명한 것처럼, 절에 가서 불교의례나 법회에 참석해 합장-반배-삼배하는 것은 일종의 신앙고백과 불교종교의식에 불자로서 참여한 것이 되기 때문에 문제가 될 수 있습니다. 과도하게 대선출마를 선언한 기독교인 예비후보에게 다른 종교를 무시하도록 강요하는 것도 미성숙한 신앙에 기인한다고 할 수 있습니다. 한국은 다종교 국가이기 때문에 기독교인 정치인이 타종종교를 존중하는 것은 당연한 일입니다. 이것이 자유민주주의의 헌법적 가치입니다.

저는 '이신칭의'로 상징되는 종교개혁을 제대로 이해하지 못하는 크리스천 내면에 남아있는 율법주의(왜곡된 경건주의)와 교황주의의 문제들을 지적하지 않을 수 없어요. 이런 잘못된 신앙이 기초가 되어 기독교인의 잘못된 정치참여 현상이 등장합니다. 천천히 이에 관한 논의를 진행하도록 하겠습니다.

제가 인노첸시오를 교황주의 정치의 예로 자주 인용하는 이유는 그가 나름 중세 교황권의 전성기를 만들었기 때문입니다. 교황의 정치적 권위를 강력하게 주장한 인노첸시오가 1197년 신성로마제국 황제 하인리히 6세가 죽고 난 4년 뒤, 본격적으로 정치에 개입했습니다. 왕위 계승을 두고 여러 후보자들이 각축을 버리자 교황은 '오토'라는 인물을 추대했어요. 그러나, 1206년 교황은 자신이 찍은 인물이 문제가 많다는 것을 깨닫고 '필리프'라는 인물을 다시 제국 왕관의 주인공이라고 주장했습니다. 교황은 오류가 없다는 주장을 교황 스스로 파괴한 것이죠. 교황이 인간인데 어떻게 오류가 있을 수 없겠어요. 결국, 교황은 세속의 왕이 독일 주교 선거에 개입하지 않는다는 약속을 받아내고 정치적 '거래'를 성사시켰습니다.[413]

앞에서 소개한 '웨스트민스터' 총회의 법치주의가 왜 빛을 발하는지 알겠지요? 오류와 욕망 덩어리인 사람이 지배하는 '인치'는 하나님의 계시를 전제로 하는 하나님의 법에 의한 '법치'를 이길 수 없습니다. 전광훈 목사가 광장에서 하나님으로부터의 직통 계시를 주장하는 것도 웨스트민스터 신앙고백에 기초해 보면 신학적으로 용납할 수 없는 것입니다. 그가 장로교 목사인 것은 사실 '넌센스'라고 할 수 있습니다.

한국에서 정치운동에 투신한 전광훈 목사와 그 추종자들은 가톨릭에 대한 적대감을 노골적으로 표현합니다. 이들은 WCC와 WEA를 가톨릭과 교류한다는 것 등을 이유로 들어, '배교집단'이라고 성토합니다. 그러나, 저는 역설적으로 전광훈 목사와 그 추종자들의 신앙과 정치의 행동들은 현대판 교황주의를 목도하는 것 같아서 불쾌할 때가 많았습니다. 전광훈 목사가 특정 정치인을 지목하면, 그 추종자들은 합리적 근거나 정치적 이유를 불문하고 그 인사를 무조건 지지하기도 합니다. 21세기에 이런 일들이 벌어지고 있다는 것이 가끔 받아들이기 힘드시지요? 지난 2020년 총선에서 그들은 봉은사 신도인 불자 정치인을 자신들이 만든 정당의 비례대표 1번으로 추천하기도 했지요. 광장에서 전목사가 했던 하나님에 대한 불경한 언사들은 지탄의 대상이 되기도 했습니다. 다른 사람을 종교혼합주의자—배교자로 정죄하고

---

413 알리스터 맥그라스(Alister McGrath)/ 박규태 역, 「기독교의 역사」, 포이에마, 2017(2쇄), 209-210면.

자신들은 이런 행위를 일삼는 것은 일종의 종교적 '내로남불'입니다.

　한국교회에서 전광훈 현상을 목도하면서, 저는 이것이 현대판 가톨릭주의 '정치운동'이라고 판단했습니다. 전광훈 목사를 교황처럼 숭앙하고, 서울에 '기독청'을 짓는다고 선전합니다. 이들은 교회가 세상의 각 영역에 주관자로 등장하거나 전광훈 목사가 세속의 정치인들을 과거 교황이 했던 것처럼, '좌지우지'하는 것을 교회의 정치참여인 것처럼 주장하고 행동하고 있습니다. 이런 것들이 제가 교황주의와 유사한 정치운동으로 전광훈 목사 집단을 평가하는 이유입니다. 교황과 교회의 '정교유착'현상과 '정교분리'의 원칙은 매우 다릅니다. 일부 크리스천들은 '탈레반'과 같은 '신정주의' 이념을 교회의 정치참여로 오해하는 경향을 보이기도 합니다. 현대 자유민주주의를 발전시킨 개신교의 역사는 이슬람 율법의 지배와 같은 신정주의와는 아무런 관계가 없습니다. 이러한 부작용들은 교회와 기독교인이 '정교분리'를 이해하지 못하는 것이 큰 원인이라고 진단할 수 있습니다.

　전광훈 목사를 비판하는 일부 크리스천들은 교회의 개혁의 방향을 '무소유'를 강조하는 중세의 '탁발수도회'와 같은 '경건'에서 찾기도 합니다. 사실, 수도회는 중세 여명기에 기독교의 존재를 유지하는데 크게 기여했습니다. '탁발(일종의 구걸)' 수도회로 명성을 쌓은 도미니크회와 프란체스코회가 대표적입니다. 프란치스코회는 '작은 형제회'로 불렸는데 아시시의 프란체스코의 사역에서 시작되었습니다. 이 수도회는 재산권을 포기하는 것이 복음전도에 필수적인 것이라고 천명했지요. 문제는 금방 발생했습니다. 수도회가 재산을 소유할 수 없으면,

교회는 어떻게 지을 수 있을까요? 수도원 내부에서도 '절대 가난'이라는 이상과 현실적인 수도원 사역이라는 가치의 대립으로 갈등이 불거졌습니다.[414] 마치, 요즘 한국교회 내에서의 갈등을 보는 것 같지요.

교회건축이 '절대악'인 것처럼, 떠들던 분들도 여건이 되면 교회를 건축합니다. 그들이 오래된 건물을 사용하고 있다고 해도 과거에 누군가가 그 건물을 건축하지 않았다면, 그들이 목회를 하면서 사용하고 있는 현재의 건물은 존재하지 않았을 것입니다. '건축' 자체가 악이라면, 그들도 악에 동참하고 있는 것입니다. 역사 속에서 완전히 새로운 것은 없습니다.

아우구스티누스의 적용: 트럼프는 구원자인가?

아우구스티누스의 정치사상은 현대의 자유주의와 공화주의 양 진영의 사상가들로부터 주목을 받았습니다. 아우구스티누스는 단순히 전쟁을 '애국심'이나 '국가의 존속'이라는 상투적인 목적으로 미화하던 기존의 사상가들과 다르게 '정의로운 전쟁'에 대해 설파했습니다.

또한, 그는 예수님의 사랑을 중심에 두고 하나님 나라의 백성은 세속국가에서 형제와 자매를 돌봐야 할 의무가 있다고 주장했습니다. 이러한 의무는 하나님의 은혜를 경험한 사람들에게 강제되는 것입니다. 자유주의자는 하나님과 성도의 개인적 관계 속에서 개인의 자율성과 함께 공동체와 이웃에 대한 개인의 시민적 의무 사이의 균형 있

---

414   알리스터 맥그라스, 앞의 책, 213면

는 조화를 모색할 수 있었습니다. 공화주의자는 아우구스티누스의 가르침에서 공동체에 대한 의무를 인식하는 '시민의 덕성'을 발견했습니다.[415]

한국교회의 일부 목회자들과 성도들이 코로나 방역 시국에 보여준 이웃을 고려하지 않는 태도나 민주시민의 덕성을 결여한 '후안무치'한 행동들로 인해 사회로부터 교회가 고립되는 아픔을 겪는 원인도 이러한 탁월한 성경적 가르침에 대한 무지에 기인한다고 할 수 있습니다.

스스로를 '애국 목사'라고 호칭하는 어떤 분이 필자에게 강력하게 항의한 사례가 있습니다. 저는 폭력적인 방법이나 극단적인 태도로 정치에 참여하는 것은 기독교를 왜곡하고 교회를 정치에 이용하는 것이라고 비판했습니다. 그분은 저의 주장에 '대노' 했습니다.

그는 나치와 교회의 관계를 통해 '애국심'이나 '민족주의(어떤 이데올로기도 마찬가지)'가 신앙보다 앞서면 본질에서 벗어나게 된다는 저의 주장에 특히 분개했습니다. 그러면서 그는 나치에 저항한 '본 회퍼'도 히틀러 암살모의에 가담했다는 사실이 마치 기독교인의 폭력을 정당화할 수 있는 근거라도 되는 것처럼 자신의 주장을 피력했습니다.

아우구스티누스는 개인의 폭력과 살인을 금지한 십계명을 강조했습니다. 그의 기독교 정치사상은 인간의 이기적 욕망이나 민족의 번영을 위한 모든 전쟁을 정당화하는 것이 아니라, 평화를 지키기 위한 전쟁이나 도덕적 요청에 의한 전쟁을 예외적으로 용인하고 참전한 개인에게 하나님의 계명에 대한 책임을 면책해 준다는 성경적 해석을

---

415 곽준혁, 『정치철학1 : 그리스 로마와 중세』, 민음사, 2017(2쇄), 321−322면.

제시했습니다.

본 회퍼의 경우, 바로 히틀러라는 '절대악'에 대항한 전쟁의 도덕적 요청에 의한 계명의 면책으로 볼 수 있습니다. 미국의 바이든 정부와 한국의 문재인 정부를 비판하고 견제하는 정치 참여는 히틀러와 싸우던 '전쟁'과 동일한 관점에서 평가될 수 없습니다. 특히, 그들의 주장처럼, 이것이 영적 전쟁이라면 거꾸로 육과 혈의 투쟁이 되어서는 안 되겠지요?

16세기 종교개혁가들은 바울과 아우구스티누스의 회복이라는 차원에서 성경의 권위가 회복되는 개혁을 추구했습니다. 우리는 항상 복음과 그 복음을 현실에 적용한 원칙들을 준수해야 합니다.

큐어넌(QAnon)이라는 집단이 지난 미국 대선에서 논란의 대상이 되었습니다. 먼저 한국언론이 밝힌 큐어넌에 대한 설명을 확인해 보도록 합시다. 물론 한국언론이 바이든 세력의 하수인이기 때문에 인용하지 말라는 분들도 계시겠지만 일단 언론 보도를 살펴보죠.[416]

2021년 1월 6일(현지시각) 미국 워싱턴 연방의회 의사당에 '조 바이든 대통령 취임 반대'를 주장하는 시위대가 난입했습니다. 이들은 총기로 무장한 채 의사당을 5시간여 동안 점거했죠. 상·하 양원이 조 바이든 당선인을 신임 대통령으로 인준하는 것을 막기 위해서였습니다. 1월 14일까지 6명(시위대 4명, 경찰관 2명)이 숨지고 시위 관계자 100여 명이 체포됐습니다.

시위대의 주축은 음모론 집단 '큐어넌(QAnon)' 회원입니다. 소뿔이

---

416 "트럼프를 구세주로 모시는 음모론 집단 '큐어넌'", 동아일보, 2021. 1. 17 기사, https://www.donga.com/news/Inter/article/all/20210117/104954519/1

달린 모자를 쓴 채 '큐어넌 샤먼(사제)'을 자처하며 의사당에 난입한 제이크 앤절리(1월 11일 FBI에 체포)가 대표 인물입니다. 또 다른 지지자는 낸시 펠로시 하원의장을 살해하겠다고 협박한 혐의로 기소되었습니다. 큐어넌은 '포챈'(4chan·미국의 극우성향 인터넷 커뮤니티) 유저 '큐(Q)'를 신봉하는 세력이라고 합니다. '큐'는 정부 고위 관계자를 자처해 음모론을 퍼뜨렸습니다.

'피자게이트(pizza gate)'와 '딥스테이트(deep state)'가 핵심 소재입니다. 피자게이트는 민주당 정치인 등 사회 유력 인사들이 워싱턴 한 피자가게 지하실에서 아동 성착취·살인·악마 숭배를 즐긴다는 음모론입니다. 딥스테이트는 '깊은 곳에 숨겨진 국가'를 뜻합니다. 큐어넌 회원들은 진짜 권력자 딥스테이트가 각국 정부를 하수인으로 부려 인류를 지배한다고 믿고 있습니다. 버락 오바마 전 대통령, 힐러리 클린턴 전 국무장관, 빌 게이츠 마이크로소프트 설립자 등이 음모론의 주된 공격 대상이 되고 있습니다. 한국에도 상당수의 큐어넌 신봉자가 있는 것 같습니다. 주로, 이들이 기독교인들이라 더 충격적입니다.

설사 이들의 주장이 모두 사실이고 트럼프가 재집권에 성공한 미국이라고 해도, 미국이라는 나라가 성경이 가르치는 하나님의 나라가 될 수는 없습니다. 그리고 기독교인은 트럼프를 구원자라고 믿는 사이비 종교의 샤먼과 협력해서 폭력적인 의사당 점거 등의 행동에 참여(또는 지지)해서는 안 됩니다.

아우구스티누스의 가장 위대한 저서로 손꼽히는 『하나님의 도성』(413-426 집필)은 서로마의 멸망 앞에서 "기독교를 받아들인 로마가 왜

망하느냐?"라며 망연자실해 있는 기독교인들과 기독교가 로마의 신들을 배척해서 저주를 받아서 멸망하게 되었다는 이교도들의 음모론에 대항해 의미 있는 해답을 제시했습니다.[417]

로마가 기독교를 국교로 채택했다고 해서, 로마라는 세속국가가 하나님의 나라가 되거나 교황의 권력과 권위가 극대화되었다고 해서, 하나님의 통치가 지상에 실현되었다고 주장할 수 없습니다. 성경이 가르치는 하나님의 통치나 하나님의 나라를 전광훈 목사와 그 추종자들의 주장처럼, '기독청'의 설립을 통해 이룩한다든지, 기독당을 만들어 원내에 진입하는 것으로 실현한다는 등의 발상은 성경적이지 못한 것입니다.

아우구스티누스에 따르면, 세상의 도성은 하나님을 경멸하는 자에 대한 사랑에 의해, 하늘의 도성은 자아를 경멸하는 하나님에 대한 사랑에 의해 각각 형성됩니다. 전자는 세상 안에 거하면서 스스로 영광을 누리고, 후자는 주님 안에 거합니다. 전자는 사람들로부터 영광을 구하고, 후자는 양심의 증인이신 하나님을 가장 큰 영광으로 삼는 것입니다.

흔히, 두 도성을 교회와 세속국가로 오해해서 잘못 해석하는 사람들이 있습니다. 이 견해를 루터의 '두 왕국' 교리의 선구적 이론으로 설명하는 경우도 있으나 이것은 사실이 아닙니다. 아우구스티누스의 설명은 아브라함 카이퍼의 이론과 더 유사합니다. 현실에서 구현되는 모든 형태의 제도와 문화적 상황 속에서 분명하게 하나님을 사랑하는

---

417 아우구스티누스/ 조호연 역, 『하나님의 도성(신국론)』, CH북스, 2016 참조.

사람들과 그분을 미워하는 자들의 대립과 갈등이 펼쳐지게 됩니다.[418] 제가 강의를 통해 아브라함 카이퍼의 정치의식과 신학을 강조하는 이유도 바로 여기에 있습니다. 종교개혁의 신앙과 이념을 직접적으로 계승하기 때문입니다.

하나님을 사랑하는 사람들은 예수님의 재림으로 완성될 하나님의 나라를 기대하며 핍박 속에서도 신앙을 지키며 '배교'하지 아니하고, 세상 속에서 빛과 소금으로 사는 것입니다. 예수님께서 성육신하셔서 이 땅에 오심으로써, 이미 시작된 하나님 나라의 시민권자라는 믿음 속에서 자신이 몸담은 세상의 영역에서 하나님을 사랑하는 문화를 확장시키고, 크리스천답게 죄의 유혹을 이기고 승리하는 것이 바로 하나님의 사람들입니다.

로마의 멸망이라는 거대한 역사적 충격 속에서도 당황하지 않고, 크리스천들은 담대하게 역사의 주관자 되시는 하나님을 바라보고 그분의 절대주권을 믿었습니다. 트럼프가 재집권을 못하는 정도가 아니라, 신뢰하던 강대국 미국이 내일 망한다고 해도 크리스천은 아우구스티누스의 가르침처럼 하나님의 도성을 바라보며 침착할 수 있습니다.

저는 미국의 보수주의운동과 복음주의의 관계를 PLI를 통해 한국 교회에 가르치면서, 한국의 성도들이 적극적으로 정치적 목소리를 내고 입법운동과 정치활동에 참여해야 한다고 주장했습니다. 그러나, 이러한 크리스천의 정치참여는 반드시 기독교적이어야만 하고, 신학

---

418 존 프레임(John M. Frame)/ 김재권 역, 『서양철학과 신학의 역사』, 생명의말씀사, 2018, 200면.

적으로나 목회적으로 성경의 가르침에서 벗어나면 안 됩니다.

아우구스티누스는 선한 목적을 위해 신자들이 불신자들과 협력할 수 있다고 가르쳤고, 아브라함 카이퍼도 비슷한 주장을 했습니다. 그러나, 여기서의 신자와 불신자의 협력이 샤먼을 자청하는 '큐어넌'의 사이비 종교 신봉자들과 협력해서 폭력적 시위에 가담하고 불법을 함께 행해도 좋다는 뜻이 아닙니다. 명분이 무엇이든지 크리스천이 이런 집단과 함께 불법을 자행한다는 것 자체가 반기독교적이며 아우구스티누스가 설명하는 하나님을 대적하는 행위라는 것을 각성해야만 합니다.

'큐어넌' 추종자들은 트럼프가 반격을 가해서 승리한다는 자신들의 예측이 틀릴 때마다, 주요 인사들을 배신자라고 하거나, 그들이 '딥 스테이트'에 매수되었기 때문이라고 주장했습니다. 법원에서도 원하지 않는 판결이 나오면 법관들이 매수되었다거나 배신했다고 주장했습니다. 이들의 주장이 사실이라면, 미국은 앞으로 아무런 희망이 없는 나라입니다. 공화당의 재집권이나 상-하원 선거도 부정선거로 향후 승리가 영원히 불가능하겠지요. 모든 재판이 '딥 스테이트'에 의해 조정 당한다면, 미국을 탈출하는 것 말고 무슨 대안이 있겠습니까? 아니면, 북한처럼 핵무기를 만들어서 '딥스테이트'가 장악한 미국과 대결하는 것이 좋을까요? 스스로 불합리한 순환 논리에 빠진 것을 당사자들만 모르고 있는 것일까요? 한국의 음모론자들도 비슷한 패턴으로 행동하고 있습니다. 이 음모론자들이 주로 교회에 있다는 사실도 충격적입니다.

그렇다면, 크리스천은 트럼프를 지지해서는 안 되는 것일까요? 아닙니다. 오해하시는 분들이 있는데 특정 정치인을 지지하는 것이 크리스천에게 금지될 수 없습니다. 제가 지적하는 것은 지지를 넘어선 맹목적 추종은 일종의 '숭배'가 될 수 있다는 점입니다. 인물이나 사상 또는 이데올로기를 숭배하는 것은 크리스천에게 금지된 '우상숭배'입니다.

트럼프가 제기한 선거불복 소송은 이미 펜실베니아주 연방지방법원에서 패소한 것을 비롯하여, 최종적으로 텍사스 주가 다른 주들을 상대로 제기한 소송이 2020년 12월 연방대법원에서 패소함에 따라 완전히 실패했습니다.[419] 미국 연방대법원의 대법관들은 총 9명으로, 이중 트럼프가 직접 지명한 대법관이 3명이고 보수성향 대법관이 총 6명으로 압도적인 상황에서 패소한 것이기 때문에 재판의 정당성을 합리적으로 의심하기 어렵습니다. 또한, 펜실베니아주 연방지방법원의 매튜 W. 브랜(Mattew W. Brann) 판사는 정치적으로 공화당으로 분류되는 인물입니다.[420] 이런 상황에서도 대법관들에 대한 매수를 주장하거나 다른 음모론을 근거로 트럼프가 대통령으로 복귀할 것이라고 주장한다면, 맹목적 추종이라고 판단할 수 있겠지요.

한국 정치에도 전향여부를 알 수 없는 주사파들이 아직 건재한 것

---

419 Texas, Plaintiff v. Pennsylvania, et al. (Docketed:December 8, 2020), 트럼프 대선불복 소송 연방대법원 결정에 관한 정보는 독자들이 미국 연방대법원 홈페이지에서 확인할 수 있다. https://www.supremecourt.gov/search.aspx?filename=/docket/docketfiles/html/public/22o155.html,

420 펜실베니아 연방지방법원 판례도 독자들이 직접 확인할 수 있다. Donald J. Trump for President v. Boockvar "4:20-CV-02078", https://searchworks.stanford.edu/view/13750864 참조.

이 사실입니다. 지난 2020년 총선에서 야당이 이미 주사파들에게 완전히 장악되었다는 음모론을 펼치는 사람들이 교회 내에서 인기를 끌기도 했습니다. 여당과 제1야당이 주사파에게 완전히 장악당한 상태라면 이미 대한민국의 희망이 모두 사라진 상태 아니겠습니까? 이들의 주장이 사실이라면, 무슨 노력을 해도 적화통일이 곧 실현될 것 아니겠습니까?

하지만, 이런 선동을 주도하는 세력들은 소수당을 만든 자신들에게 투표해야 한다고 주장했습니다. 자신들의 주장이 사실이라면, 국회의 의석을 한 석이나 두 석 확보한 정당이 원내에서 여당과 제1야당을 어떻게 견제해서 적화통일을 막을 수 있겠습니까? 속이는 자나 속는 자나 참 답답한 일입니다.

2021년 1월 14일 저는 페이스북에 크리스천이 아니라, 트럼프교 신도가 된 사람들을 걱정하며 다음의 내용을 포스팅했습니다.

침묵이 길어졌습니다.

왜 이정훈 교수가 요즘 같은 시국에 발언하지 않는지 궁금해하시는 분들도 많습니다. 요즘 연구에 몰두하느라 바쁜 이유도 있었지만, SNS에 의견을 표명하는 것의 무의(無義)함이 긴 침묵을 만들었는지도 모르겠습니다.

1) 정교유착과 교회의 타락

신좌파와 주사파의 연합, 그리고 '정치적 올바름'(Political Correctness)의 정치가 한국교회와 종교의 자유를 본격적으로 위협하기 시작했을 때, 저는 앞장서서 문제의 본질을 드러내고 싸웠습니다. 수많은 음해와 협박, 가시적인 공격들이 있었지만, 전혀 두렵지 않았습니다. 진리는 승리한다는 확신 때문이었습니다.

교회 내에서 '복음주의'를 가장하여 세력을 확장하던 좌파 정치 목사들과 사역자들의 실체를 드러냈습니다. 이들과 힘겨운 일전을 벌였습니다. 이 기간 동안, 이들로부터 교회를 수호하겠다는 분들도 세력화되었습니다.

문제는 대중을 많이 동원한 교회 내 세력의 정치참여 방식과 내용이 교회사의 비극과 많이 닮아서, 보수 정치도 위협할 뿐만 아니라 교회도 함께 몰락시키고 있다는 것입니다. 로마에서 기독교가 국교가 된 이후, '정치와 교회'가 유착하고, '성직임면권'을 놓고 교회권력과 세속권력이 더러운 '합종연횡'을 반복하면서 소위 로마 가톨릭은 교회라고 부르기 민망한 개혁의 대상으로 전락했습니다.

교회는 정치와 유착하는 반면, 신앙은 오히려 '성과 속'의 철저한 분리로 '기독교'라는 정체성 자체가 증발해 버리는 비극에 직면했습니다. 16세기 종교개혁은 바로 이 황당한 비정상의 상황을 정상화하는 것이었습니다.

'성과 속'의 분리가 아니라, 삶과 신앙이 일치하면서 성도다운 성도, 참 크리스천이 되는 것이 필요했습니다. 결국, 미국헌법은 완전한 신앙의 자유인 '국교부인(정교분리)'의 원칙을 선언합니다. 이것이 유럽과 다르게, 미국 교회가 생명력을 가질 수 있었던 이유입니다.

2) 정치에 대한 몰이해는 잘못된 신앙 때문이다.

요즘 미국의 정치 상황을 보면 참담합니다. 크리스천이 아니라, 트럼프교 신자들이 미국과 한국에서 창궐하고 있습니다. 지지하는 정치인이나 정파가 패배할 때, 또 억울함을 느낄 때 화가 날 수도 있습니다. 하지만, 현재 상황은 '도'를 넘은 정도가 아니라 신앙의 문제로 '비화'되고 있습니다.

'참 크리스천이냐 아니냐'를 분별하는 기준이 트럼프 지지 여부가 될 수 있습니까?

이러한 황당함은 납득불가능의 경지를 넘어서 슬프기까지 합니다. 우리의 신앙은 영원하지만, 정치인은 선택의 영역일 뿐입니다. 정권은 다른 세력 간에 서로 경쟁하고 교체하는 것일 뿐입니다.

존 파이퍼 목사가 트럼프를 비판하자, 파이퍼가 '좌빨'이 되었다는 둥─별의별 악담들이 SNS를 휘저었습니다. 파이퍼 목사의 지적은 크리스천이라면 반드시 경청해야 할 중요한 내용을 담고 있었습니다.

크리스천이라면, 정치인이나 정파의 정책적─정치적 중요성보다 '죄'의 문제에 무감해서는 안 된다는 그의 메세지는 나름 의미가 있는─ 꼭 새겨들어야만 하는 한 편의 '설교'였습니다. 정치지도자의 언설과 행동은 그 사회에 큰 영향력을 갖습니다. 트럼프를 정치적으로 지지하는가 여부와 무관하게 중요한 메세지라는 뜻입니다.

파이퍼 목사의 주장이 논란이 되자 웨인 그루뎀 박사가 파이퍼 목사에게 보내는 편지를 공개합니다. 그는 여러가지 트럼프 정부의 정책적 성공을 근거로 크리스천이 트럼프 지지를 철회할 필요가 없다고 밝힙니다. 그의 주장도 매우 중요합니다. 그러나 더 중요한 문제가 있습니다.

크리스천에게 트럼프를 계속 지지할 것인가 아니면 지지를 철회할 것인가(바이든을 지지하는 것이 아닙니다)의 문제는 선택적인 것입니다. 하지만, '죄'의 문제는 크리스천에게 더 본질적인 문제입니다. 웨인 그루뎀의 주장의 배경에는 세속 정치의 '아젠다'나 정책적 선호에 따라 크리스천이 정치인을 선거에서 선택하는 것과 우리의 신앙의 본질을 보수적으로 지키는 것은 별개의 문제라는 성찰이 담겨 있습니다.

크리스천은 도덕적으로 완전한 지도자를 지지하는 것이 아니라, 우리의 신앙의 자유가 보장되는 체제와 정책을 지속하는 관점에서 정치인을 선택할 수 있다는 것입니다. 정치인과 정파에 대한 선택적 입장이 아니라, 트럼프가 아니면 죽음을 달라는 식의 맹목적 추종이 종교적 차원에서 등장합니다. 원인은 음모론입니다. 정권은 주고받는 것일 뿐이지만 음모론자에게는 정권교체는 '종말'과 같은 것입니다.

기독교인이 기독교(예수님 재림)의 종말론을 믿지 않고, 세속의 음모론으로 인한 종말을 걱정해서 특정 정치인을 신앙의 대상으로 삼고 있는 현실을 납득할 수 있습니까? 이것이 바로 우상입니다.

바울의 안전을 위협했던 헬라의 '아데미'와 뭐가 다릅니까? 크도다~ '트럼프여~', 이것이 우상입니다. 4년 뒤, 정권 탈환을 준비하거나, 바이든 시대의 교회를 어떻게 보호할 것인가를 궁구하는 사람은 없습니까?

3) 한국도 동일하다.

'대깨문'을 비판하지만, 정작 트럼프를 신앙의 대상이자 목적으로 삼은 "대깨트"의 행동이 대깨문과 무엇이 다른지 알 수 없습니다. 미국의 Capitol(의사당)은 미국 정치사와 헌정사에서 그냥 건물이 아닙니다. 법철학과 헌법을 전공으로 하는 외국인 교수인 제가 미국 민주주의의 상징물이 유린당하는 장면을 보고 충격을 받았는데, 미국의 지식인들은 어떤 심정이었겠습니까?

경찰관이 사망하고, 시위대가 사망한 사건이 바로 Capitol에서 벌어졌습니다. 역설적으로, 4년간 트럼프 정부가 매우 잘한 정책들에 대한 평가는 한순간에 사라져 버렸고, (트럼프가 의미하는 정치사적 의의도 증발해 버렸습니다). 트럼프는 미국헌정사에서 민주주의를 유린한 대통령으로 남게 되었습니다. 이것도 음모입니까?

문재인 정권과 그 맹목적 추종세력인 '대깨문'은 한국 민주주의를 파괴한 세력입니다. 이제 그들의 악한 권력은 한계에 도달했습니다. 중차대한 시기에 그와 그의 세력을 구하기 위해, 다시 2022년 3월 1일, 광화문에 모이시겠습니까?

도대체 정치가 뭐라고 생각하십니까? 참신앙에 기초하여 기독교인의 올바른 정치참여가 무엇인지부터 숙고해야 합니다. 공산화 되니까 시간이 없다구요? 그 시간은 도대체 누구의 시간입니까? 음모론으로 세력을 확장하고 돈을 버는 자들의 시간입니까?

악이 판쳐서 정말로 지구의 종말이 근접해 온다면, 역설적으로 기뻐해야 할 일이 아닙니까? 잘못된 '열심'이 악을 더 강하게 만든다는 사실을 정녕 모르시겠습니까? 정치는 복잡하고 진리는 단순합니다. 심플한 '복음'으로 돌아갑시다. 한 쪽은 복잡한 정치를 '트럼프냐 아니냐'로 단순화시키고, '대깨전'이 되어서 화염병이 교회에서 날아다닙니다(누가 던졌냐는 중요하지 않습니다).

또 다른 한쪽은 '천사종류'에 대해 빡세게 논쟁하던 시절의 쓸데없는 '그들만의 리그'를 만들어 역설적으로 '신학의 실종'을 초래하는 그 어리석음을 반복합니다. 제가 학부생들에게 헌법에 대해 강의할 때 아주 '디테일'한 거장들의 학설 대립을 중심으로 설명하겠습니까? 성도들이 잘 모르고, 알 필요도 없는 '디테일'한 신학논쟁을 소개하는 것으로 존재감이나 자존감이 높아집니까? 이것은 오히려 핵심을 모른다는 '반증' 아닙니까?

한국교회가 한쪽은 '대깨전', 다른 한쪽은 불필요한 신학 디테일 타령(정작 교회는 신학실종 상황), 또 다른 한쪽은 '대깨문'이면, 남은 것은 교회에 대한 사람들의 멸시뿐입니다. 표절당하는 것이 무서워서 SNS에 집필 중인 원고도 공개하지 못하는 도덕 수준을 개혁해야 한국교회에 미래가 있습니다.

위의 페이스북 포스팅의 내용은 우리의 정치-사회-경제적 모든 행위가 반드시 '기독교 스타일'이어야만 한다는 진실을 담고 있습니다. 크리스천들의 잘못된 정치참여 방식이나 정치의식을 비롯해서 세상 속에서 우리가 벌이는 (세상의 손가락질을 받게 되는) 실책의 원인은 대부분 우리가 기독교 스타일에서 벗어난 어떤 방식을 행하도록 선동하는 '프로파간다'의 노예가 되었기 때문입니다.

로마의 5현제 중에서도 뛰어났던 철학자 황제 마르쿠스 아우렐리우스 치세 때의 기독교 박해로, 순교한 '순교자 유스티누스'에 대해 생각해 봅시다.[421] 트럼프교 신자처럼 변한 기독교인들이 이 시대에 망각하고 있는 것은 무엇일까요? 예수님의 오심으로 이 땅에 시작된 '하나님의 나라'는 박해자 마르쿠스 아우렐리우스를 제거하고 로마의 권력을 접수한 뒤, 기독교인들이 원하는 통치를 약속하는 세속 권력과 아무런 관계가 없다는 것이 진리입니다.

유스티누스는 기독교 변증가로서 명성을 날렸고, 자신도 순교자이면서 거룩한 순교자들의 이야기를 기록으로 남겼습니다. 그는 진리를 깨우치기 위해 스토아 철학을 비롯하여 플라톤과 헬라의 철학들을 깊이 있게 공부했습니다. 그는 사색 중, 한 백발노인을 만나 구약의 선지자들에 대한 이야기를 듣게 됩니다. 구약의 선지자들이 깨달은 진리는 바로 '예수 그리스도'라는 노인의 설명에 그는 넋이 나간 사람처럼 행동했다고 전해집니다. 이후, 그는 진리이신 예수 그리스도를 굳게 믿게 되었습니다.

유스티누스의 신앙생활은 기독교 공동체를 찾아가면서 본격적으로 시작됩니다. 그는 그 공동체의 구성원인 크리스천들이 미련할 정도로 착하게 살아가고 있는 모습에서 예수 그리스도와 함께 한다는 것이 무엇인지 체험하게 되었습니다. 그는 자신이 갈망했던 철학 속의 진리라는 것이 헛된 것이었음을 깨달았습니다. 진리는 철학자의 탁월한 언변이나 책 속에 있는 것이 아니라, 예수 그리스도 그 자체였

---

421 라은성, 『이것이 교회사다: 진리의 보고』, PTL, 2018(3쇄), 72~77면. 이 책은 교회사를 공부하기에 아주 좋은 책이다. 하지만 필자가 이 책에 나타난 저자의 주장들에 모두 동의하는 것은 아니다. 초기교회사에 대해서는 후스토 L. 곤잘레스(Justo L. Gonzalez)/ 엄성옥 역, 『초대교회사』, 은성출판사, 2012 참조.

습니다. 그는 훌륭한 기독교 변증가로 거듭나게 됩니다.

저도 극적인 '회심'을 체험한 자이기 때문에 교회사를 통해, 유스티누스의 이야기나 존 웨슬리의 회심 장면을 읽고 그것을 상고하면, 순식간에 예수 그리스도를 향한 사랑이 불타오르는 정서에 휩쓸려 버리고 마는 경험을 하게 됩니다.

철학자로서도 훌륭했고 로마의 역사에서 위대한 황제로 손꼽히는 마르쿠스 아우렐리우스는 과연 행복했을까요? 그가 행복했는지는 알 수 없지만, 제가 예수님의 은혜 속에서 생명과 사랑의 기쁨을 만끽하고 있는 것은 사실입니다. 지독하게 기독교를 싫어했던 철인 황제를 떠올려 보면, 현대인들의 기독교에 대한 증오가 이해가 됩니다. 유스티누스의 회심은 로마라는 강대국에서의 정치적 성공이 아니라, 삶과 신앙이 일치하는 예수를 닮아가는 아름다운 크리스천들의 미련한 행실에서 비롯되었습니다.

크리스천이 정치에 참여하거나 사회적으로 목소리를 낼 때 '프로파간다'에 절어서 특정 정치 세력에 의해 조종당하고(이용당하고), 선동당하는 지금의 교회와 초기교회의 공동체는 많이 달랐습니다. 법으로 하나님을 대적하는 현실정치를 외면하고, 반성경적인 가치관이 문화를 장악할 때 침묵하는 것이 크리스천다운 것은 분명히 아닙니다. 꼭 오해하는 분들이 있습니다.

그러나, 정파의 이익을 위해 교회와 성도들이 앞장서서 '아귀다툼'을 벌이거나, 이미 지적한 것처럼, 가톨릭 스타일의 '정교유착'을 교회의 정치참여 모델이라고 착각하는 것은 매우 몰역사적이고 교회사가 지양하는 것임을 자각해야 합니다. 크리스천은 반드시 유스티누스와 존 웨슬리처럼 기독교 스타일로 사회적 책임을 다해야만 합니다.

예수님 오시기 전, 75년에 로마의 재무관이 되고, 66년에는 법무관, 63년에는 집정관이 된 최연소 타이틀의 천재 '키케로'를 저는 종종 떠올립니다. 제가 회심하기 전, 공화주의에 대한 이론적·실천적 영감을 로마라는 정치사의 한 장면에 던진 키케로는 동경의 대상이었습니다. 학자로서도 현실정치에 참여함에 있어서도 (죽음에 관한 것은 빼고), 저는 '키케로'와 같은 수준의 성공을 꿈꾸었습니다. 그는 로마 공화정의 구원자가 되기를 희망했습니다. 그러나 '구원'은 전혀 다른 차원에 있었습니다. 바로 예수 그리스도입니다.

우리 크리스천들은 미련할 정도로 예수 그리스도의 복음에 충실해야 합니다. 다른 길은 없기 때문입니다. 우리는 키케로의 영악함을 따르거나 마르쿠스 아우렐리우스의 성공을 좇는 자들이 아니라, '하나님 나라'를 추구하는 예수의 제자들입니다.

우리는 고도의 학문과 기술을 연마하여 세상 속에서 다양한 역할을 감당하는 동시에, 삶의 방식과 스타일에 있어서는 유스티누스를 회심하도록 만들었던 기독교 공동체의 그 미련함을 고수해야만 합니다. 기독교 스타일이 아닌 그 어떤 방식도 우리의 길이 될 수 없음은 명확합니다. 다른 길이 있다고 가르치고 선동하는 그 자가 바로 적그리스도이자 거짓 교사입니다. 우리에게 다른 복음은 필요 없습니다. 그리스도의 왕권은 믿지 않는 사람들에게 강요하는 것이 아니라 크리스천들의 삶으로 세상 속에서 증명되는 것입니다.

적이 악하기 때문에 수단과 방법을 가리지 말고 투쟁하라고 누군가 당신에게 속삭인다면, 그자를 멀리하시길 권면합니다. 기독교는 아무리 열심히 믿어도, 결코 당신이 원하는 (마르쿠스 아우렐리우스가 성취한) 정치적 승리나 경제적 욕망을 충족시켜주지 않을 것입니다. 오히려, 그 반대일 가능성이 큽니다. 두려우십니까? 지상에서의 승리를 보장하는 황제숭배로 갈아타고 싶으신가요? 우리가 크리스천이라면 지금의 은혜를 기뻐할 것이라고 확신합니다.

크리스천이 신약이 밝게 가르치고 있는 하나님 나라에는 관심이 없고, 트럼프가 집권하는 미국이 하나님 나라라고 착각한다면 미국과 한국의 교회들이 실패하고 있다는 반증입니다. 2021년 1월 16일 페이스북에 포스팅한 저의 글을 하나 더 나누겠습니다.

미련한 사랑(혹은 신앙)에서 돌이킵시다.

새벽 4시에 잠에서 깨어 정신이 맑아졌습니다. 아내의 잠을 깨울까 조심조심 준비하여, 연구실로 나왔습니다. 편의점에서 산 매콤한 김밥과 커피가 맛있습니다.

기도하고 묵상하는 중, 교회사의 거룩한 순교에 대해서 생각하게 되었습니다. 초기교회에는 순교자 유스티누스를 비롯하여 거룩한 삶과 신앙으로 순교하신 분들이 많습니다. 부활하신 주님과 함께 영원한 생명을 누리는 은혜의 역사입니다.

그러나 충격적입니다만, 박해의 시대에 충동적 순교도 유행했습니다. 생계나 처지를 비관해서 또는 범죄자가 된 상황에서 이런 식으로 신앙 생활하다가는 천국에 못 갈 것 같다고 생각한 사람들의 선택입니다. 일부러 로마 군인들에게 '기독교인이라고 알리고' 죽여 달라고 하는 방식입니다. 어차피 한 번 죽는 인생, 거룩하고 멋지게 죽어보자는 것입니다. 로마 군인들이 "죽고 싶으면 그냥 낭떠러지에 가서 죽어라"라고 했답니다.[422]

참 슬픈 이야기입니다. 거룩한 순교자들은 주로 황제숭배나 로마의 신들에 대한 제사를 거부하고 신앙을 지키려다 순교를 당했습니다. 이교도였던 저는 지금도 우상과 우상숭배를 강박적으로 경계합니다.

21세기, 한국과 미국 모두 혼란한 시대에 우리는 교회사에 존재했던 싸구려 순교 열풍의 흥행몰이를 목도하고 있습니다. 특정 정파나 정치인을 타도하기 위해 혹은 특정 정파나 정치인(또는 목회자)을 지키기 위해 죽기로 작정하고 투쟁하는 것은 결코 기독교인의 '순교'가 될 수 없습니다. 오히려, 이것이 기독교인이 가장 경계해야 할 우상입니다.

저도 많은 강연에서 순교의 신앙을 강조했습니다. 그러나, 그 순교적 정서가 아무리 강렬하고 실존적이어도, 정치적 투쟁을 위해 할 수 있는 기독교인의 순교는 없습니다.

순교는 오직 한 분이신 주님, 그분만을 위한 가장 강렬한 우리의 사랑(신앙) 고백입니다. 그분의 거룩한 사랑과 그 사랑에 반응하는 우

---

422 라은성, 앞의 책, 141-142면.

리의 고백을 싸구려로 만들면 안 됩니다. 정치에 참여하지 말라는 뜻이 아닙니다. 최선을 다해서 크리스천은 정치, 경제, 사회, 문화 활동을 합니다. 그리고 반성경적 문화 속에서 우리의 신앙을 지키기 위해 헌신하고 노력해야 합니다.

우리는 최선을 다하여 경주에 참여할 뿐, 결과는 우리의 몫이 아닙니다. 마이크 펜스가 가룟 유다와 같은 자이고, 가톨릭인데 개신교라고 속였고, 소아성애자이자 동성애자라는 악한 유언비어가 SNS에 쏟아져 나올 때, 저는 계속 침묵할 수 없었습니다.

기독교인이기 이전에, 이런 악행은 인간의 양심의 문제에 해당됩니다. 싸구려 순교는 싸구려 신앙에 기인합니다. 이것은 잘못되고 미련한 사랑입니다. 우리가 죽기까지 사랑을 바칠 정치인(또는 목회자)은 존재하지 않습니다.

이런 잘못된 신앙은 (악과 싸운다는 미명하에 등장하는) 또 다른 악의 발현일 뿐입니다. 비판과 비난을 하는 것이 아닙니다. 사랑의 권면입니다. 지금 돌이키십시오.

오늘 아침 시대를 생각하면, 무척 소연(蕭然, 호젓하고 쓸쓸함)합니다. 그러나, 주께서 하신 말씀을 묵상할 때 (시 18:32 이 하나님이 힘으로 내게 띠 띠우시며 내 길을 완전하게 하시며) 모든 것이 소연(昭然, 이치가 밝고 선명해짐)해집니다.

제가 사는 해운대는 날씨가 봄날 같습니다. 언제 한파가 찾아왔었는지 모를 일입니다. 새벽 거리에 살짝 비가 왔습니다. 시대는 혼란해도 우리는 늘 주님의 은혜와 사랑으로 따뜻합니다.

한국교회가 소란스럽습니다. 문재인 정부의 코로나 방역과 관련한 예배 제한을 둘러싼 논쟁과 대정부 투쟁의 노선과 관련하여 교회가 2개의 진영으로 '정치공학'에 비례해 나뉘었습니다.

한쪽은 예배당 출석 예배만이 진정한 예배라고 목청을 높입니다. 다니엘과 주기철 목사님까지 소환되었습니다. 온라인 예배드리는 자들은 '배교자'라는 뜻입니다. 다른 한쪽은 '온라인 예배'에 집중하며 정부의 정책에 순응하자고 합니다.

저는 이 상황에서 생뚱맞게 이 시대의 기독교인들이 성경에 얼마나 무지하며, '예배의 본질'에 대한 신학적 성찰에 인색한가에 대해 말하지 않을 수 없습니다. 일단 흥분을 가라앉히고, 예루살렘 예배만을 인정한 유다의 역사를 살펴봅시다. 역사학의 거장 폴 존슨의 '유대인의 역사'에서 그대로 인용했습니다.

"BC 622년에 예루살렘 성전을 보수하던 중 대제사장 힐기야가 고대의 기록을 담은 책을 발견한 뒤 이런 주장은 더욱 힘을 얻었다. 어쩌면 그 책은 모세오경의 원본일 수도 있고, 어쩌면 하나님과 이스라엘의 언약을 제시하고 하나님의 명령을 지키지 않았을 때 임하는 무서운 저주를 서술한 28장에서 정점에 이르는 신명기서일 수도 있다. 어쨌거나 호세아가 경고한 예언을 확증하고 북왕국이 멸망한 것처럼 남왕국도 멸망할 것을 암시하는 듯한 이 책이 발견되자 공황상태가 야기되었다. 요시야 왕은 자신의 옷을 찢고 전면적인 제의 개혁을 명령했다. 모든 우상은 파괴되고 산당은 폐쇄되고 이교나 이설, 또는 이단 성직자들은 죽임을 당했다. 근본주의식 개혁은 이전까지 예루살렘에서는 한 번도 지키지 않았던 유월절을 국가 절기로 엄숙히 지키는 데서 정점을 찍었다."[423]

폴 존슨의 해설에 해당하는 본문말씀이 '왕하 23:21-23'입니다. '예루살렘 성전'에서 드린 예배만이 진정한 예배라는 교리가 이때 확립됩니다. 시간이 흘러 예수님이 성육신하셔서 이 땅에 오십니다. 사마리아 여인이 어디서 예배드려야 진정한 예배인지 예수님께 질문합니다. 그러니까, 그리심산에서 드려야 하는지 아니면 예루살렘인지 묻는 것입니다. 예수님은 생뚱맞게 그리심산도 예루살렘도 아니고, 아버지께 예배를 드릴 때가 이른다고 답하십니다(요 4:20-21). 그리고 "아버지께 참되게 예배하는 자들은 영과 진리로 예배할 때가 오나니"

---

423 폴 존슨(Paul Bede Johnson)/ 김한성 역, 『유대인의 역사』(포이에마, 2014), 교보ebook edition, location 13% 인용.

라고 하십니다(요 4:23).

제가 이재철 목사님의 온라인 예배 강조 유튜브 영상을 비판했던 취지는 온라인도 장소의 문제이기 때문에 '온라인'을 강조하면서 이것을 교회의 개혁과 연결하면, 예수님의 말씀을 곡해하게 된다고 주장한 것입니다.

'그리심산이냐? 예루살렘이냐?'의 질문이 예배의 본질이 아니라 장소에 집착하는 것처럼, '온라인이냐? 예배당이냐?'의 질문 또한 마찬가지입니다. '온라인'을 강조하는 것도, 오프라인 '예배당'에 집착하는 것도 장소에 집착하는 잘못된 신앙을 보여주기 때문입니다. 이 비판의 취지를 이해하지 못하시는 분들이 악플과 환호로 반응하셨습니다. 악플과 환호도 정치적 진영논리로 갈라진 것이지 성경에서 가르치는 진정한 예배가 무엇인가에 대한 성찰의 결과는 아니라고 평가할 수 있습니다.

다니엘이 바벨론에서 우상숭배를 거부해서 하나님을 기쁘게 해드린 일과 현재 코로나 시국 한국교회의 예배논란은 아무런 관련성이 없습니다. 교회의 일부 강경파의 주장을 다니엘에게 적용하면 예상치 못한 결과가 나옵니다.

'예루살렘 성전'에서만 진정한 예배가 가능하다면, 다니엘은 예배를 드리지 않은 '배교자'가 되겠지요. 다니엘은 집에서 창문열고 기도했습니다. 율법을 적용했을 때 일부 역사가의 주장처럼, 다니엘이 환관이 되었다면, 성전이 파괴되지 않았다고 해도 성전에 갈 수 없습니다.

그렇다면, '집에서 창문열고 기도한 다니엘은 배교자입니까?'라고 반문할 수 있습니다. 물론, 바벨론에는 출석할 유대교 성전이 없습니다. 현재 북한에도 예배당이 없습니다. 바벨론이 예루살렘 성전도 파괴했으니, 이런 강경파의 논리라면 성전을 복구할 때까지 유대인 누구도 예배가 불가능합니다. 우리는 유대교도가 아닙니다. 유대교조차도 지금은 이 교리를 고수하는 랍비나 교파가 없습니다. 예수님이 오셔서 건물로 우상이 된 성전은 더 이상 의미가 없다고 선포하셨습니다. 그러나 아직도 많은 성도들이 '성전'이라는 용어를 사용하고 있습니다.

이들의 논리를 교회사에 적용해 보겠습니다. 기독교가 로마에서 공인되기 전까지, 초기교회 성도들은 어디에서 예배를 드렸을까요? 성도의 가정에 모였습니다. 예배당 예배가 아니니까, 초기 교회는 313년까지 예배드린 적이 없었다고 단정해도 될까요? 주기철 목사님 사례도 적용해 봅시다. 온라인 예배를 드린 성도들은 신사참배한 '배교자'와 같다고 정죄해야 할까요?

강경투쟁 교회의 성도들 중에서 담임목사님이 주관하는 예배에 불출석한 분들은 모두 '배교자'입니까? 그 교회 안에서도 참 성도와 배교자로 성도들이 갈라치기될까 봐 저는 두렵습니다. 이런 것이 일종의 종교적 폭력입니다.

스타벅스 불매를 율법주의에 근거해서 시도하면, 스타벅스에서 근무하는 집사님이 성도들의 수군거림에 상처를 받습니다. 개인의 사정도 고려하지 않고, 이분을 '배교자'로 정죄하시겠습니까? 교회 안에서 자주 벌어지는 일들입니다.

목회자라면 신학적으로 자신이 담임하는 성도들에게 진정한 '예배'에 대해 교육하고 양들과 함께 하시는 것이 예수님의 가르침을 따르는 제자도가 아닐까요? 이것이 좌파나 우파의 정치적 진영논리로 해결될 수 있는 문제일까요? 우리 이웃들이 우리를 오해합니다. 초기교회는 근거 없이 '인육을 먹는다' 또는 '집단 난교를 한다' 등의 가짜 뉴스에 시달렸습니다.

그러나, 현재 우리는 우리가 오해를 자초하고 있습니다. 초기교회는 불신자들의 오해를 불식시키고, 로마의 지식인들을 설득하기 위해 노력하다가 정통교회의 신학을 체계화하였고, 덕분에 로마라는 제국을 기독교가 활용하게 되었습니다. 이단의 창궐이라는 위협에서도 정통교회가 승리합니다.

우리는 이런 노력은 제대로 하려고 하지 않고, 이웃과 싸우고, 공무집행 하는 공무원에게 삿대질하는 것을 영웅시하고 있습니다. 심지어 교인들이 경찰관에게 욕설하는 장면을 유튜브로 생중계하는 상황이 등장했습니다. 그 공무원은 그냥 위에서 시키는 일을 할 뿐입니다. 성도들의 억울한 마음을 제가 공감하지 못하는 것이 아닙니다. 소송전도 벌였지만, 돌고 돌아 '수용인원의 10%- 최대 20명 미만이라는 제자리'입니다. 방역정책의 키를 잡고 있는 주체는 '감염병의 예방 및 관리에 관한 법률'(감염병예방법) 상, 시장이나 도지사 같은 '지방자치단체장'입니다. 정치적 협상의 가능성은 강경파들이 만드는 정치적 '리스크' 때문에 오히려 더 어려워집니다.

소송은 판결문을 통해 최소한의 숫자를 명시하기 때문에 승소해도 교회가 얻는 실익이 거의 없습니다. 오히려 시·도지사와 정치적 협상에서 이 숫자들이 교회에 올무가 될 수도 있습니다. 그래서 전략적으로 소송을 결정할 때는 고도의 전략적 판단이 필요합니다. 그러나 저는 현재 한국교회의 정치적 위기가 정무판단의 실수나 전략 부재에 기인한다고 보지 않습니다.

가장 큰 문제는 목회현장에서 벌어지고 있는 '신학실종' 현상입니다. 신학이라고 하면, 신학교 강단의 전유물로 성도들은 알아들을 수 없는 '고담준론'이라고 치부하거나, 조계종의 '선문답' 비슷한 말장난으로 여기는 경향이 있습니다. 방역관련 단속공무원이 교회에 와서 "진정한 예배가 무엇입니까?"라고 물었을 때, 답변이 '욕설'뿐이라면, 이것이 기독교인으로서 가장 비참한 상황이라고 할 수 있습니다. 이것이 바로 제가 강조하는 '신학실종'의 비참함입니다.

신학적 목회의 실종은 정치참여의 영역뿐만 아니라, 크리스천이 참여해야 하는 모든 영역에서 문제가 될 수 있습니다. 크리스천들이 규범판단의 기준을 상실한 상태에서 방황하거나 기독교적이지 못한 정치투쟁에 몰입하게 되는 것도 '신학실종' 상태를 불러오고 있습니다. 데이비드 웰스가 지적한 '신학실종' 상태가 한국교회에서 일반화되면서 이것이 기독교인 '윤리실종'으로 이어지고 있습니다. [424]

정치참여에 대해 고민할 때 크리스천은 성경의 가르침을 우선적으로 고려해야 합니다. 현재 한국교회가 겪고 있는 정치적 고난도 그리스도 안에서 말씀에 순종하여 '개혁'의 기회로 삼아 승리해야 한다고 확신합니다. 본질에서 벗어난 어떤 정치적 전략이나 투쟁방식도 기독교적이지 못하다면 우리에게는 아무런 의미가 없습니다.

---

[424] 데이비드 F. 웰스/ 김재영 역,『신학 실종: 교리가 실종된 현대 복음주의 교회의 충격적인 모습』, 부흥과개혁사, 2010년, 그리고 데이비드 F. 웰스/윤석인 역,『윤리실종』, 부흥과개혁사, 2010. 참조.

제가 비가 내리는 오후에 우산 없이 비를 맞으며 세인트앤드류스 거리를 걸었던 때가 2014년 여름이었습니다. 가톨릭의 종주국을 자임하던 프랑스 군대가 이곳에서 위대한 종교개혁가 존 녹스를 성도들과 함께 포로로 잡아갔습니다. 그는 갤리선 노예로 2년을 버티는 고난을 감내하면서도 배교는커녕 스코틀랜드를 개혁의 상징으로 바꾸는데 쓰임 받는 하나님의 강력한 도구로 우뚝섰습니다. 마틴 로이드 존스는 녹스가 칼빈보다도 더 비방을 많이 받았다고 썼습니다.[425] 이유는 그 지역의 악의와 무지 때문이었습니다.

세인트앤드류스의 은혜와 감동이 다시 밀려오는 지금은 2021년의 여름입니다. 7년의 세월이 흘렀습니다. 사역의 길 위에서 악의와 무지로 인한 비방은 오히려 저에게 하나님을 향한 사랑을 더 불타오르게 합니다.

---

425 D. Martyn Lloyd-jones · Iain H. Murray, *John Knox and the Reformation* (Banner of Truth, 2011) 참조. 이 책의 번역서로는 마틴 로이드 존스 · 이안 머리 /조계광 역, 『존 녹스와 종교개혁』, 지평서원, 2011이 있다.

요즘 세태를 보면서 저는 교회가 크게 착각하고 있는 것을 지적하지 않을 수 없었습니다. 교회의 진정한 적이 악하고 부정의한 세속권력(문재인 정권)이라는 착각입니다. 교회사는 분명히 우리에게 '아니다'라고 분명하게 말해줍니다. 기독교를 박해했던 로마가 초기교회의 진정한 적이었을까요? 역시 '아니다'라는 분명한 답을 교회사가 제시합니다. 정치권력의 박해는 교회와 크리스천을 더 강하게 만듭니다. 문재인 정권의 핍박을 받는다고 아우성치는 지금의 한국교회와 성도들은 과연 더 강해지고 있습니까?

초기교회의 진정한 적은 로마황제가 아니라 두 가지 '이단'이었습니다. 영지주의 교사 케르도의 영향을 받은 마르키온 이단이 140년경에 등장합니다. 마르키온은 구약폐기론을 들고 나와 예수님의 사랑을 왜곡했습니다.[426] 저는 이 시대의 거짓교사들 중에서 기독론을 흔드는 일부 자유주의 신학과 율법폐기론에 준하는 좌편향 기독교 인사들을 모두 마르키온 이단의 후예로 파악하고 있습니다.

두 번째 이단은 몬타누스였습니다.[427] 그는 기존 교회를 열정도 없는 메마른 곳이라고 비난했습니다. 그는 프리스킬라와 막시밀라라는 두 여자를 교회에 끌어들였습니다. 이들은 함께 이적을 행하고 미래를 예언하는 것으로 인기를 누렸습니다. 이들은 엄청난 속도로 부흥했습니다. 계시된 성경보다 따끈따끈하게 직접 받는 '직통계시'의 중

---

426 마르키온 이단에 관해서는 브루스 셸리(Bruce Shelley)/ 박희석 역, 『현대인을 위한 교회사』, CH북스, 2019(2판1쇄), 88면 이하.

427 몬타누스 이단에 관해서는 임경근, 『세계 교회사 걷기』(두란노서원, 2019), 교보ebook edition, location 11% 인용.

요성을 강조했습니다. 직통계시를 주장하는 이단들의 원조격입니다.

현대의 대한민국에서 광장에 나와 직통계시 받은 내용으로 성도들을 현혹하는 자를 '선지자'로 떠받드는 모습을 보면서, 저는 '몬타누스'를 떠올렸습니다. 정통교회에 속한 교단들은 정치적 이유와 목적 때문에 이를 '이단'으로 '치리'조차 하지 못하고 있습니다. 역설적으로 몬타누스와 같은 이단과 연합하여 '예배를 생명처럼 지킨다'고 주장하는 촌극이 벌어지고 있습니다. 온라인 예배를 제2의 신사참배이자 '배교'라고 선동하기도 합니다.

광장에 모여 WCC 참여가 배도라고 주장하면서도, 정치집회인지 교회의 집회인지 구분이 되지 않는 상황 속에서 '박정희의 신이 수호신이 되어 임한다'라는 외침에는 '아멘'으로 화답합니다. 저는 이 상황을 보면서 비참함을 느낍니다. 모든 판단의 기준이 성경이 아니라, 자신들을 나누는 정파와 좌─우 진영의 논리입니다. 우리 편이 하는 것은 '애국'이고, 우리 편이 아닌 것 같은 성도들의 행위는 '배교'가 됩니다.

앞에서도 언급했지만, '인육을 먹는다 또는 집단 난교를 벌인다' 등의 가짜뉴스에 시달리던 초기교회는 탁월한 변증으로 로마의 지식인들을 설득하기 시작했고, 영지주의─구약폐기─기독론 이단과 직통계시 이단으로부터 정통교회를 지키기 위해 노력하면서 신학은 체계화되었습니다. 방역정책으로 예외적으로 드리는 온라인 예배를 신사참배와 같은 '배교'라고 선동하는 목사가 정작 왜 온라인 예배가 '배교'인지를 신학적으로 설명하지 못하는 비참함이 진정한 교회의 위기를 말해준다고 생각합니다.

성경보다 선지자로 추앙받는 목사의 직통계시가 더 권위를 갖고, 예수님이 가르치신 진정한 예배의 의미를 상고하고 실천하는 것보다 정치투쟁에 몰두하면서 정치적 목적과 이해타산으로 이단을 이단이라고 '치리'도 못하는 교회가 제 눈에는 더 위험해 보입니다.

다시 한번, 강조하지만 지금은 개혁의 때입니다. 존 녹스의 기도를 여왕 메리가 두려워한 것은 그의 목소리가 커서도 아니고, 직통계시를 받기 때문도 아니었습니다. 그는 성경의 권위가 회복되는 본질을 외쳤으며 그의 신학과 믿음이 금강석보다 더 견고했기 때문입니다. 무지와 악의의 비방은 그를 더 강하게 할 뿐이었습니다.

"가이사의 것은 가이사에게 하나님의 것은 하나님에게 (마 22:21)"

크리스천의 국민(시민)으로서의 의무를 설명하면서, '시민불복종'과 '저항권'을 설명했더니 질문들이 더 많아졌습니다. 좋은 현상입니다.

크리스토퍼 라이트의『다니엘서강해』를 인용하면서 일종의 창씨개명을 했던 다니엘과 친구들, 특히 이방신 '느고의 종'이라는 뜻의 '아벳느고'에 대해 설명했더니 열정적인 분들이 흥분해서 일제시대 창씨개명과 신사참배거부를 연결지어 항의성 질문을 하기도 했습니다. 창씨개명은 민족적 관점이나 건국이후 대한민국이라는 국가적 차원에서 도덕적 비난을 할 수 있으나, 창씨개명을 '배교'로 볼 수는 없습니다. 그러나 신사참배는 신학적으로 명백한 '배교'에 해당합니다. 이런 사안들을 구분해서 판단할 수 없는 규범적 혼란이 한국교회와 기독교인들 사이에 만연해 있습니다.

이민족의 침략전쟁에 국가를 지키기 위해 참전하는 것은 성경적 관점에서 십계명의 '살인을 금지하는 계명'에서 '면책'될 수 있습니다. '허용'된다는 뜻입니다. 정의로운 전쟁에 참전하는 것은 개인에게 성경적으로 '허용'되지만, 참전을 안 하면 '배교'가 되거나 하나님이 주신 의무에 대적하는 것이 아닙니다. 그러나 국가는 징병을 거부한 자를 처벌할 수 있습니다. 국가적 차원의 규범판단과 교회의 관점은 분리되는 것이죠.

주기철 목사님이 일제시대에 독립군에 가담해서 무장 독립투쟁에 참여하지 않았다고 비난할 수 있을까요? 크리스천에게는 그 시대에 주어진 각자의 역할이 있는 것입니다. '의로운 척(또는 거룩한 척)' 하는 자들이 갑자기 모든 것을 일반화시켜서 특정 인물들을 비난하기 좋아합니다. 우리가 조금만 더 현명해지면, 이런 선동으로 생계를 꾸려가는 거짓교사들을 쉽게 분별할 수 있습니다.

로마시대의 순교에 대한 질문도 있습니다. 정의로운 전쟁이 허용되는데 '왜 초기교회는 로마제국이 박해할 때 무장투쟁을 하지 않았는가?'라는 질문입니다. 교회의 이름으로 무장하고, 무장투쟁을 벌이는 것은 허용되지 않습니다. 십자군 원정 같은 것이 전형적으로 반성해야 할 역사죠.

크리스천에게 '허용'되는 것은 국가가 참전을 명했을 때 그것이 정의로운 전쟁일 경우입니다. 크리스천에게 국가가 명한 전쟁은 가이사의 것에 해당됩니다. 따라서 로마시대에 관한 질문은 다음과 같은 것이 더 좋은 질문이 될 수 있습니다. "로마군 백부장이 회심하고 크리스천이 되었는데 침략전쟁을 명받았다면 참전해야 할까요?" 백부장이 양심에 찔림으로 항명해서 죽는다면 순교자가 될 것이고 지혜롭게 전역할 수 있는 길을 합법적으로 택한다면 현명한 이가 될 것입니다.

그리고 로마에서의 박해는 성도들이 상상하는 것처럼, 나치가 유대인 색출하듯이 기독교인을 찾아내어 죽인 것이 아닙니다. 주로 랜덤으로(어떤 상황에서) 황제숭배 행위를 지시받았을 때 이를 거부하고 순교한 케이스가 압도적이죠.

크리스천은 오징어게임을 봐도 문제가 없다(허용)고 했더니 어떻게 그렇게 가르칠 수 있냐며 따지는 분들이 있습니다. "특별히 거룩한 분들은 새겨들을 지어다." 당신들에게는 드라마나 영화를 금지할 계명을 입법할 아무런 권위나 권한이 없소이다. 아멘. "저는 심장이 약해서 못 볼 것 같은데 어떡하죠?" 이렇게 묻는 분들도 있습니다. 봐도 문제가 없다는 말은 '크리스천이라면 반드시 보아야 한다'(의무)는 말이 아닙니다. 보기 싫으면 거부할 자유가 우리에게 있습니다. 영적 경건을 위해 영상물을 거부하고 싶다면 그것도 좋습니다.

'무언가를 할 수 있다'(가능-허용)와 '해야만 한다'(의무)를 구분하지 못하는 크리스천이 많다는 것은 교회에도 또한 사회에도 비극을 초래할 수 있습니다. 유튜브에서 음모론이나 구원취소론 같은 이단적 컨텐츠로 인기를 끄는 악행들이 늘어나는 것도 이런 문제들과 무관하지 않습니다. '특정 인물이 배교했다'거나 '유명한 목사님이 지옥갔다' 등의 '괴설'도 마찬가지입니다. 이런 자들을 두둔하거나 정치적으로 이용할 목적으로 서포트하는 일부 목회자들도 문제라고 할 수 있습니다.

독버섯 같은 이단적 컨텐츠들은 일부 교회의 잘못된 가르침 속에서도 힘을 갖습니다. 자신들의 정치집회에 참석하지 않으면 '생명책에서 지워진다' 또는 '백신 맞으면 지옥간다' 등의 선동은 사람들의 생각과 행동을 지배하고자 하는 일종의 '가스라이팅'입니다. 자신들의 사역과 교회에 맹목적으로 충성하도록 성도들을 길들이는 '가스라이팅'을 교육이나 훈련으로 착각하면 안 됩니다.

정신을 차립시다!

성경적 세계관
/
문화

교회 해체와 젠더 이데올로기

입문   경제   역사   법·정치   문화   철학

····

세계를 바꾼 68혁명

누가 철학과 헛된 속임수로 너희를 사로잡을까 주의하라 이것은 사람의 전통과 세상의 초등학문을 따름이요 그리스도를 따름이 아니니라 (골로새서 2:8)

새로운 혁명의 등장, 68혁명

제가 68혁명을 한국교회에서 처음 설명했을 때 정말 암담했어요. 처음 68을 이야기하니까 우리 크리스천들이 68을 모르는 거예요. 그래서 깜짝 놀랐어요. 아니 이걸 어떻게 모를 수가 있죠?

사실 좌파들도 68을 비판해요. "이거 별 영양가도 없고, 뭐 별거 없었어. 세계를 못 바꿨어"라고요. 그러면서 비판을 하는데, 저는 어떻게 보냐면, 68 이전과 이후의 세계는 명백하게 달라집니다. 뭐가 달라지냐면 법을 입법하는 관점이나 구성하는 스타일이 바뀌어요. 세계관이 바뀌었다고 하는 것이 더 정확하겠지요. 그리고 이 68에서 등장했던 정신들이 실제로 법과 제도로 등장하기 시작합니다. 정책으로도 등장하고요. 이게 굉장히 위험합니다. 그러니까 무슨 이야기냐면 68을 주도했던 그 세대가 권력을 갖게 되었을 때 어떤 일이 벌어지는가? 했더니 법에 손을 대서 그 68의 정신으로 인권 개념을 재구성하고 정책에 이 68의 정신을 녹여내고 이런 방향으로 가더라는 거죠. 그래서 이게 이분들이 문화혁명이라고 표현하는 이유가 있습니다. 왜냐하면, 문화는 삶의 방식이죠. 그래서 이걸 바꾸니까 엄청난 효과가 벌어지는 거예요.

오늘 제가 말씀드리는 게 뭐냐면 혁명을 할 때 두 가지 길이 있어요. 원래 레닌이나 이런 사람들이 했던 혁명은 체제를 엎어버리는 거예요. 새로운 체제를 구성하는 것을 혁명이라고 생각해요. 볼셰비키(Bolsheviki) 스타일로 말이죠. 그런데 68 이후에는 뭐가 혁명이 되었냐면 체제를 엎는 게 아니에요. 그래서 이거 보세요.

마오쩌뚱

마오쩌뚱(毛澤東(모택동), Mao Zedong, 1893–1976)이 중요합니다. 왜냐하면, 저분이 마르크스랑 달라요. 마오랑 마르크스가 어떻게 다를까요? 이 둘의 차이가 유럽에서 터진 이 혁명의 스타일을 결정한 거예요.

그러니까 이게 또 우리랑 비슷해요. 예수를 믿는데 왜 사람이 안 바뀌어요? 이게 궁금하죠? 얘네도 그거예요. 혁명을 완수해야 하는데 왜 사람이 안 바뀌어요. 여기에 꽂힌 거예요. 그러니까 마오의 고민이 뭐냐 하면 사람이 바뀌어야 혁명이 완수되는 거예요. 그리고 마오는 소련에 불만이 많았어요. 소련은 혁명으로 체제는 바꿨는데 구체제에 익숙한 사람들의 의식은 그대로였죠. 그러니까 마오는 이 점에 착안해서 새로운 혁명의 방향을 잡았어요.

그게 뭐냐면 "자의식이 존재를 규정한다"라고 하는 명제예요. 소련의 혁명이 불완전한 이유는 인간개조에 실패한 것이라고 보는 것입니다. 사람이 바뀌어야 해요. 혁명이 성공하려면 체제를 바꾸는 것만으로는 안 되고 사람이 바뀌어야 해요. 그런데 해보니까 어때요? 여기에도 지금 사역하시는 분들 계시죠? 전도사님들. 사람이 바뀝니까? 성도님이 쉽게 바뀌어요? 신기하게 안 바뀌죠? 그러니까 얘네도 혁명하다 보니까 사람이 안 바뀌어요. 그러니까 어떻게 해야 해요? 안 바뀌는 사람들을 집단학살하게 됩니다. 인간개조의 용광로라는 말은 학살을 의미합니다. 아무리 세뇌하고 교육해도 인간을 쉽게 개조하는 것은 어렵죠. 그러니까 어떻게 돼요? 부르주아 문화에 물든 인사들, 저 같은 지식인들을 죽이면 돼요. 그러니까 나중에 어떻게 되냐면 왜 귀찮게 반대자들을 설득합니까? 반동들을 죽이면 혁명을 효율적으로 완수할 수 있다고 생각하기에 이릅니다. 이해가 되세요? 그런데 공산혁명주의자들은 어떻게 인간을 이렇게 파리처럼 죽일 수 있는지 아세요? 그것도 이데올로기의 문제예요. 무섭지요?

제가 예수님 만나기 전부터 제일 짜증났던 게 뭐냐면 한국에서는 인권을 내세워야 정치적으로 뭐가 돼. 그런데 아주 역설적으로 인권의 근거가 되는 인간의 존엄성은 이론적으로 성경이 가장 강력한 근거가 됩니다.

성경을 적대시하는 사람들에게는 이 자명한 사실이 분노가 됩니다. 그리고 근대적 인권 시스템의 출발이 성경이에요. 그러니까 너무 화가 나요. 인간에 대해서 엄청나게 관심이 많은 책이 성경이에요.

근대 인권의 출발은 종교개혁과 성경입니다. 하나님 앞에 피조물로서의 인간은 모두 평등합니다. 그래서 자신이 마르크시스트라고 주장하면서 동시에 인권운동하는 사람들은 사기꾼이라고 해도 과언이 아닙니다. 비유를 들자면, "공기청정기가 잘 팔려서 좋은데 중국이 싫다. 미세먼지가 싫다", 이렇게 말하는 것과 유사합니다. 마르크스는 인권이 보장되면 노동자들이 혁명에 대한 열정을 잃어버리게 된다고 하면서 인권의 발전을 거부하고 혐오했습니다. 공기가 깨끗해지면 공기청정기 판매 매출이 떨어집니다. 마르크스는 노동자와 농민이 인권이 보장된 사회에서 만족스러운 삶을 살면 혁명이 불가능해진다고 생각했습니다. 마르크시스트들은 노동자와 농민이 인간답게 사는 세상을 위해 싸운다고 외치지만 정작 선동의 대상이 된 노동계급의 사람들이 진짜로 잘살게 될까 걱정하는 자들입니다.[428]

좌파들은 공교육을 통해서 맹목적으로 자신들의 혁명도구가 되어줄 청소년들을 기르고 싶어 합니다. 제가 전교조를 비판하는 맥락이 바로 여기에 있습니다. 마오는 정적들을 숙청하기 위해서 교육을 통해 청소년들을 홍위병으로 만듭니다. 마오가 문화혁명의 도구로 육성한 어린 홍위병들이 망설임 없이 스승을 살해합니다. 이러한 중국 공산당의 문화혁명의 이데올로기가 유럽을 강타했습니다. 종교개혁과 근대 인권제도의 혜택 속에서 자란 유럽의 젊은이들이 대량학살의 광기에 열광하며 인권을 외치는 미친 혁명의 열정이 폭발한 겁니다.

---

428 조효제, 『인권의 문법』, 후마니타스, (교보 ebook edition, 2016), 제4장 비판이론I: 사회주의 2.
마르크스의 인권비판, 참조.

마오쩌둥의 문화혁명[429]

마오의 문화혁명에 대해서 조금 더 설명해 드리겠습니다. 미국의 중국사 전문가 모리스 마이스너 교수의 연구가 중요합니다. 그는 마오쩌둥의 '문화대혁명'은 인민공화국의 사회생활과 정치생활을 10여 년(공식적으로 1966년 5월-1976년 10월)에 걸쳐 왜곡하고 지배한 중국사의 대재앙이라고 단언합니다.

2천년 간 중국은 소농이 곡물 생산의 대부분을 담당했죠. 이런 전통 속에 중국의 농촌을 지배하는 '봉건성'이 아주 강했어요. 젊은이들은 봉건적인 것을 혐오했어요. 지주와 소작농의 관계라든지 남녀관계나 결혼관습 같은 것들이 봉건적이라 아주 싫었던 거지요. 마오의 대약진운동은 유토피아를 말하면서 인민들을 선동했고 중국의 전통적인 봉건성을 뿌리 뽑자고 하면 젊은이들은 호응했어요. 모리스 교수는 이런 분위기에서 잔인한 '극좌주의'가 나왔다고 설명합니다.

수 세기 동안 전통이라는 이름으로 인민들을 괴롭히고 착취한 봉건 독재가 혁명의 형태를 갖추면서 피해를 크게 만들었다는 해석입니다. 무지한 농민들이 선동되어 자신들을 중국적인 전통에서 구해줄 서구적인 사상에 적개심을 품었고, 봉건성에 익숙한 농촌 출신들이 봉건제도를 뿌리 뽑자는 혁명의 도구로 전락했다는 말입니다. 한마디로 반지성주의의 광기에 의해 지식인들이 가장 큰 피해를 입었습니

---

429 모리스 마이스너(Maurice Meisner)/김수영 역, 『마오의 중국과 그 이후 2』, 이산, 2014 참조. 세계적인 마오쩌둥 연구서로는 프랑크 디쾨터의 명저 3권이 있다. 『마오의 대기근: 중국 참극의 역사 1958-1962』, 열린 책들, 2017. 『문화 대혁명: 중국인민의 역사 1962-1976』, 『해방의 비극: 중국 혁명의 역사 1945-1957』 참조.

다. 프랑스 철학자들을 중심으로 유럽의 대학생들이 반지성주의의 광기에 심취했다는 것도 역사의 '아이러니'라고 하겠습니다.

마르크스-레닌주의의 마오주의적 전환에서 가장 중요한 부분은 '인민이 올바른 사상과 의지로 무장한다면 어떤 물리적 장애물도 극복할 수 있으며 그들의 사상에 따라 사회현실을 만들어 갈 수 있다'는 일종의 신앙이었습니다. 정통 마르크시즘의 역사적 발전과 '객관적 법칙'에 대해 부정하는 것은 아니었지만 역사의 길은 궁극적으로 사람들이 무엇을 생각하는가에, 그리고 혁명 활동에 참가하려는 이들의 의지에 의해 결정된다고 마오는 굳게 믿고 있었습니다.

인민에게 올바른 의식을 불러일으키는 것 즉, 이데올로기의 전환과 사상개조에 대한 강조는 바로 이러한 신념에서 비롯된 것이었습니다. '사람이 기계보다 중요하다'는 금언이 혁명을 실현하고 전쟁을 수행하기 위한 '마오주의'의 원칙이었습니다. 그런데 그렇게 중요하다는 사람을 7천만 명 가까이 학살했다는 사실이 참 충격적입니다.

기존의 레닌주의와도 다른 점은 레닌이 '자본주의가 남긴 모든 문화를 손에 넣어 그것으로부터 사회주의를 건설하는 것'이 필수적이라고 한 것을 마오는 부정했습니다. 마오는 물질적 생산력의 발전이 선행되어야 공산혁명이 가능하다는 이론에 동의하지 않았습니다.

혁명의 전제조건은 사람들의 의식을 '프롤레타리아화'하는 '의식개조'이고, 이 의식개조는 '문화혁명'이라는 수단으로 달성된다고 보았습니다. 의식의 개조를 강조한 그의 혁명노선은 구조주의 철학과 이론적 맥락에서 상통하는 면이 많았고, 알튀세르를 비롯한 프랑스 좌파 철학자들에게 큰 영감을 주었습니다. 68혁명의 영향으로 유럽의 젊은이들이 남미 좌파 혁명에 동참한 것도 '마오주의'와 무관하지 않다고 할 수 있습니다.

68혁명은 어떻게 세상을 바꾸었는가?

문화혁명이라고 좌파들이 자부하는 이 혁명은 어느 날 갑자기 발생한 것이 아닙니다. 북미와 유럽에서 베트남 반전운동으로 국제적 좌파단체들이 국제적 연대를 형성하며 결집하기 시작했습니다. 이런 분위기와 함께 '체 게바라'의 영향으로 '제3세계' 해방운동이 남미에서 전개됩니다. 쿠바와 중남미 무장봉기와 혁명이 발생하고 새롭게 유럽에서 전파되는 신좌파 사상이 이들에게 강한 영향을 주게 됩니다. 반제국주의, 식민주의, 여성해방, 성해방 등 좌파이론이 급속도로 전 세계에 확산되는 계기가 되었습니다.

여기에 미국의 버클리를 중심으로 발전한 히피문화가 강력한 문화운동으로 북미와 유럽의 젊은이들에게 영향을 끼치기 시작합니다. 히피들은 반전과 평화주의, 기존 질서와 가치에 대한 반감, 쾌락주의와 신비주의에 빠졌습니다. 환각물질 체험을 통한 인간 의식의 해방, 집단 거주와 프리섹스, 동성애 및 페미니즘 옹호를 통한 성 해방, 록 음악과 축제적 삶의 지향 등을 꿈꾼 히피들의 생활혁명의 영역은 넓었

습니다.[430]

현대사회에서 논란이 되고 있는 LGBTQ[431] 정치투쟁으로써의 성소수자 옹호, 반전반핵, 페미니즘과 동성애 운동 등의 수많은 정치투쟁의 아이디어들이 히피들에 의해 모습을 갖추었다고 해도 과언이 아닙니다. 60년대 히피운동은 68혁명의 강력한 동력이 됩니다. 북미와 유럽에서 걸프전 이후 반미정치운동과 이슬람 옹호활동을 벌이는 인사들이 주로 60년대 히피였던 점을 상기해 보면 '히피문화'는 사라졌어도 정치적 영향력은 신좌파의 투쟁으로 이어지고 있다고 할 수 있습니다. 문재인 정부가 추진하는 원전반대와 젠더 이데올로기에 기초한 성평등(Gender equality) 정책의 아이디어들은 사실상 68의 정신을 계승하는 것입니다.

히피문화와 베트남 반전운동을 통해 국제화되고 조직화된 좌파단체들은 젊은이들을 통해 68혁명을 전 세계에 확산시켰습니다. 그래서 이게 법과 정치에 이데올로기가 되어 침투하고, 이 세대의 젊은이들이 성장해서 지도급 인사가 되면서 68혁명의 정신이 시대정신이 되어 버리는 겁니다. 정치 · 경제 · 사회 · 문화 전 영역이 변화되는 것이지요. 유럽이 확 바뀌어 버렸습니다. 586운동권 출신들이 정권을 잡으

---

430 크리스티앙 생−장−폴랭, 『히피와 반문화: 60년대 잃어버린 유토피아의 추억』, 문학과지성사, 2015.

431 LGBT는 여자 동성애자인 레즈비언(lesbian), 남자 동성애자인 게이(gay), 양성애자인 바이섹슈얼(bisexual), 성전환자이 트랜스젠더(transgender)의 머리글자를 딴 말이다. 최근에는 LGBT에 Q를 더해 LGBTQ로 쓴다. Q는 queer 또는 questioning의 머리글자다. 성적정체성을 명확히 할 수 없는 사람을 말한다. 여기에 I나 A를 더해 LGBTQIA라고 쓰기도 한다. I는 intersex의 머리글자다. 남성과 여성의 생식기를 모두 갖고 태어난 간성(間性)을 가리킨다. A는 성에 관심이 없는 무성애자를 말한다. asexual 또는 aromantic 또는 agender의 머리글자다. "번역기도 모르는 진짜 영어 LGBTQ" 2019. 6. 15. 중앙Sunday 기사.

면서 무책임하게 한국 사회를 파괴하는 것과 비교해서 생각해 보시면 이해가 쉽습니다.

그러니까 옛날에는 그냥 지하 서클이었는데 그 서클의 형들이 모여서 스터디 하고 데모하다가 정권을 잡으니까 한 번도 경험해보지 못한 황당한 정치와 나라를 여러분이 맛보게 되는 것입니다. 그렇게 되는 거예요. 그 원리예요. 학창시절에 제가 좋아했던 형들이 있었어요. 스터디하고 데모 선동하던 형님들. 그런데 지금은 그 형님들이 권력자가 되었습니다. 저하고는 이제 비교가 안 돼요. 이런 형님들이 옛날에는 그냥 모여서 학술지도 자기들끼리 만들고 그랬는데 그 학술지가 이제 KCI 등재지입니다. 이들은 정치권력뿐만 아니라 학계와 교수사회까지 장악했습니다. 세상이 뒤집히고 미쳐 갑니다. 바로 그 원리예요. 68혁명에 참여했던 젊은이들이 유럽과 북미의 헤게모니를 장악했어요.

한나 아렌트는 칼 야스퍼스에게 보낸 편지에서 "우리가 1848년(마르크스의 공산당 선언의 해)에서 배우듯 21세기의 아이들은 1968년에서 배울 것입니다"라고 썼습니다. 그녀의 예언대로 21세기 급진좌파들의 사상적 근간은 68혁명과 그 혁명을 뒷받침하는 철학들이 됩니다. 68혁명은 일본의 급진적 학생운동과 중남미의 혁명 등을 포함하여 전 세계에 영향을 끼쳤습니다. 이 변화의 핵심은 서구가 자랑하던 프로테스탄티즘의 영향으로 형성된 서구적 근대성의 해체라고 답할 수 있습니다.

한국의 좌파들은 분단과 냉전체제의 특수성으로 인해 68의 문화혁명적 특성보다는 유럽보다 더 정치 투쟁적 성향이 강한 마르크스-레닌주의를 기반으로 한 반제국주의와 민중민주혁명 이론에 빠지게 됩니다.

신좌파로 갈아탄 한국의 좌파

한국사회의 정치·경제·사회·문화·학술 전 분야에 포진한 소위 좌파(진보)성향 인사들은 기본적으로 80-90년대 대학가에서 유행하던 '사회구성체론'과 '종속이론'을 대학 내 지하 동아리와 운동권 조직을 통해 학습한 경력을 가지고 있습니다. 이 세력 중에서 주체사상으로 무장한 파벌을 NL(민족해방세력)이라고 하고, 사회주의 계급투쟁을 내면화한 파벌을 PD(계급혁명세력)라고 지칭합니다.

NL출신들은 현재 소위 '친노 정치 파벌(지금은 문재인 숭배파벌)'의 핵심으로 정부와 여당, 그리고 해산된 통합진보당의 핵심 인사들입니다. NL이 사실상 좌파의 주류 세력인데 PD와의 연합으로 노조를 중심으로 한 정치투쟁, 교수집단인 민교협, 등에서 지도부로 활동하고 있습니다. 한국 사회에 큰 영향력을 행사하고 있는 NL과 PD 두 좌파세력이 민족이 우선인가 또는 계급혁명(평등)이 우선인가 하는 노선 차이를 가지고 서로 갈등했지만, 이들이 운동권 시절 공통으로 '사회구성체론'을 학습했기 때문에, 기본적으로 북한을 추종하는 성향을 공유하고 있습니다.

북한의 핵개발과 외교안보 위기 속에서 도저히 합리적인 상식으로는 이해할 수 없는 사드배치 반대 투쟁, 주한미군 철수 투쟁 등의 동기와 이유를 이해하기 위해서라도 이들의 사상과 이데올로기를 이해하는 것은 매우 중요합니다. 구소련이 붕괴하고 동구가 무너지면서 방황하던 21세기 한국의 좌파들은 유럽의 68혁명을 대안으로 여기게 되었고, LGBTQ 동성애 정치투쟁을 '인권운동'으로 전환해 세력결집에 성공한 유럽과 북미 좌파의 노선을 추종하게 됩니다. 한국에서도 68정신이 정치와 문화의 영역에서 대세가 됩니다.

한국좌파를 이해하는 키워드, 사회구성체론[432]

사회구성체론이란 '사회=사회구성체'라는 지극히 자의적이고 평면적인 도식에 기초하여, '한국사회의 성격논쟁'을 벌이는 것을 이론화한 것입니다. 한마디로 표현하면 '한국사회의 성격에 대한 논쟁을 이론화'한 것을 '사회구성체론'이라고 할 수 있습니다.

기본적으로 마르크스와 레닌의 이론에 대한 해석과 실천에 있어 발생한 입장차이로 이들의 노선이 갈리게 됩니다. 우선 주류(다수파)에 해당하는 NL계열은 민족주의를 배경으로 관료독점자본과 이에 따른 해외 자본에 의한 한국사회의 종속을 강조합니다. 한국사회의 성격을 제국주의 지배하의 식민지 또는 (신)식민지로 규정합니다. 따라서 이들은 식민지 해방(종속으로부터 주체성을 회복)을 위해 '김일성 주체사상'을

---

432 이정훈, 『교회해체와 젠더 이데올로기』, 킹덤북스, 2018의 내용을 일부 수정하여 인용하였다.

이념적 대안으로 설정하고 반제국주의 민족자주 투쟁에 참여하게 되는 것입니다.

해외에서 들어온 '원조'나 '차관'이 산업구조의 파행성을 심화시키고, 이것이 '한국 관료독점자본'의 물적 기반이 되는 동시에 대외종속성의 강화로 귀결된다고 주장합니다. 이들에게 군부독재 세력은 미제국주의(미–일 동맹으로 일본이 포함된 제국주의 세력) 통치자들의 대리통치 세력이 됩니다. 여기서 미국의 원조는 특히 중요한 위치를 차지하는데 이를 분배하는 과정에서 분단 전 형성된 서북지역의 기독교 세력이 미국을 등에 업고 남한의 강력한 정치세력이 되었다고 해석합니다.

남한의 기독교 세력은 '서북청년단'으로 대표되는 극우반공집단인 동시에 기독교를 통해 제국주의 압제자인 미국과 연결되어 '미국 원조'의 분배에 참여하게 됨으로써 한국 사회에서 강력한 세력으로 성장할 수 있었다고 주장합니다. 결국, 기독교와 미제국주의를 타도하여 주체적인 국가를 건설하는 혁명이 이들의 지상 과제가 됩니다. 민족주의 좌파 기독교세력이 발행하는 '한신학보'라는 학술지가 중심이 되어 '사회구성체론'을 둘러싼 이론 논쟁을 이끌어 가게 되었습니다. 주로 주사파 활동가들이 한신대 출신인 것은 우연이 아닙니다. 이들은 목사로 활동하며 동성애를 정치 전략으로 활용하는 동시에 주한미군 철수 운동 등 반미 투쟁을 전개해 나갑니다.

이러한 좌파 내부의 논쟁 과정에서 이론에 치중한 '아카데미즘'을 비판하고 실천 위주의 투쟁을 강조하는 세력이 등장하여 기존의 NL 세력을 강화시켰습니다. 사회구성체론에서 제국주의와 반제국주의 투쟁보다 국제적 관점에서 계급성과 계급투쟁의 중요성을 강조하는 세력이 나타나게 되는데 이들이 PD계열을 형성하게 됩니다.

계급투쟁을 강조하는 세력의 이론적 근거는 바로 마르크스와 레닌의 '계급의식론'입니다. 이들이 말하는 체계화된 철학이란 특정 계급의 세계관을 의미합니다. 이들의 사상이나 이론은 그 자체가 계급적 존재의 반영이라는 마르크스의 입장을 따릅니다.

마르크스와 구조주의의 교차로, 루이 알튀세르와 한국 좌파[433]

'사회=사회구성체'라는 도식의 또 다른 이론적 배경은 사실 '루이 알튀세르'입니다. 마르크스의 이론을 프랑스 구조주의와 유사한 관점에서 재해석하면서 알튀세르의 이론이 등장하게 됩니다.

한국의 좌파적 사고가 구조주의와 후기 구조주의에 익숙하게 된 배경에는 사상의 기초에 알튀세르의 영향이 크기 때문입니다. 물론 알튀세르는 자신을 구조주의자로 부르는 것을 싫어했습니다. 알튀세르가 자신의 이데올로기 이론을 형성시키는 과정에서 등장시킨 철학이 '사회구성체' 이론으로 발전했어요.

실천이 먼저냐 아니면 이론적 정합성이 우선이냐 또는 반제국주의 투쟁을 통한 민족해방이 먼저냐 아니면 계급투쟁과 계급혁명이 우선이냐 등의 문제를 가지고 한국 좌파진영은 노선투쟁을 벌였어요. 그

---

433 이정훈, 앞의 책을 일부 수정인용하였다.

런데 구조주의적 관점에서 마르크스와 레닌을 해석한 '사회구성체론'이 한국 좌파의 모든 노선에 공통적으로 존재합니다. 구조주의와 후기구조주의에 대한 것은 '철학' 편에서 자세히 공부하니까 여기서는 넘어갑시다.

이러한 공통의 인식을 바탕으로 좌파진영은 (미-일 동맹을 기초로 한) 미제국주의와 제국주의의 첨병이자 반공의 상징과도 같은 남한의 기독교를 투쟁의 대상으로 삼습니다. '사회구성체' 이론과 종속이론을 20대에 체계적으로 학습한 한국 좌파의 핵심세력이 구조주의와 후기구조주의 철학을 통해 성장한 유럽과 북미의 새로운 신좌파이론을 신봉하는 것은 어려운 일이 아니었겠지요.

기독교계의 몇몇 인사들이 프랑크푸르트 학파를 네오 마르크시즘이라는 이름으로 동성애 정치투쟁의 주요 사상으로 언급하는 것은 오류라고 할 수는 없지만 조금 주의를 필요로 한다고 할 수 있습니다.

제가 동성애 정치투쟁에서 이데올로기의 중요성을 지적한 이래 유행처럼 네오 마르크시즘이라는 것이 교계에서 회자되고 있으나 이러한 설명은 약간의 주의를 필요로 합니다. 허버트 마르쿠제가 프로이트 이론의 문제를 지적하며 성적 금기와 금욕적 기독교 문화를 공격하고 이러한 사상 조류가 동성애 투쟁에 영향을 준 것은 사실입니다.

또한, 마르쿠제 외에도 아도르노와 호르크하이머 등의 프랑크푸르트 학파가 68의 사상계에 영향을 준 것도 맞습니다. 그러나 프랑크푸르트 학파의 이론을 마르크스를 계승한 철학으로 설명하는 것은 오해의 여지가 있습니다. 오히려 프랑크푸르트 학파의 이론은 정통 마르크시즘을 교조적으로 해석해 온 입장들을 정면으로 비판했습니다. 그들의 '계몽의 변증법'이나 '부정변증법'은 기존의 교조화 된 마르크시즘을 철저하게 분쇄하는 작업이었습니다. 마르크스 이후 등장한 철학자들을 '네오 마르크시즘'이라는 이름으로 나열하는 것은 별로 의미가 없고, 독자들을 오류에 빠지게 만들 수도 있어요. 이들의 철학이 어떤 형태로 해석되어 이데올로기를 구성하고 좌파 정치투쟁에 어떤 영향을 주고 있느냐는 그 사상사의 흐름을 읽어내는 것이 더 중요합니다.

'계몽의 변증법'으로 상징되는 아도르노와 호르크하이머의 프랑크푸르트학파는 서구가 자랑으로 삼고 서구의 승리라고 찬탄해 오던 '근대성'(modernity)이 사실상 허구라는 것을 밝힌 것입니다. 막스 베버가 설명한 것과 같은 '프로테스탄티즘과 자본주의 정신'으로 상징되는 서구의 근대성이라는 것은 한 마디로 '픽션'이라는 주장입니다.

2차 세계대전에서 인간이 보여준 대량살상무기를 통한 학살과 인종청소 등의 전쟁 범죄는 잘못된 근대의 부작용이 아니라 인권과 입헌주의로 표현되는 승리한 서구의 근대성이 허구(사실상 인간은 더 야만적 존재가 됨)였다는 분석입니다.

'계몽의 변증법'은 마르크스가 제시한 과학적 사회주의라는 진보하는 인류의 유물론적 변증법에서 완전히 벗어난 철학이죠. 오히려 탈−마르크스 이론입니다. 마르크스 이론이 비판적 사회이론에 끼친 영향은 크지만, '진보'라고 생각했던 서구의 근대가 '진보'가 아니라는 설명입니다. 마르크시즘이든 구조주의든 이러한 철학들이 68이후, 어떤 이데올로기를 형성하고, 세계질서에 어떻게 영향력을 행사하고 있는가를 명확하게 인식하는 것이 필요합니다.

빌헬름 라이히의 성정치 성혁명

빌헬름 라이히

빌헬름 라이히(Wilhelm Reich, 1897-1957)를 이해하는 것은 아주 중요합니다.[434] 크리스천들이 저에게 질문을 합니다. 도대체 '음란'이 어떻게 인권으로 둔갑을 해서 학교와 청소년 심지어는 어린이들에게 주입될 수 있느냐는 아주 원초적인 의문이 생기는 겁니다. 교육방송에서 왜 인권이라는 주제를 내세워서 성인물에서나 다룰 주제로 프로그램을 제작해서 방송합니까?

이런 의문들은 빌헬름 라이히를 이해하면 금방 해결됩니다. 빌헬름 라이히는 프로이트(Sigmund Freud, 1856-1939)와 마르크스를 이론적으로 결합해서 성정치와 성혁명 이론을 체계적으로 발표하신 분입니다. 한마디로 성정치, 성혁명의 원조 사상가입니다. 이분은 당대에는 별로 조명을 못 받았어요. 왜냐하면, 소련의 볼셰비키가 이분의 책들을 금서로 지정했거든요. 왜냐하면, 소련 공산당은 젊은이들이 혁명 투사가 되어야 하는데 성적 쾌락에 빠지면 안 된다고 생각했어요. 그래서 빌헬름 라이히의 성혁명에 대한 독서와 학습을 금지한 겁니다. 세월이 흘러 68혁명 때 빌헬름 라이히는 대박이 납니다. 왜냐하면, 이 시대에 젊은이들과 좌파 사상가들이 '진짜 혁명은 성혁명이다'라고 외

---

434 빌헬름 라이히/윤수종 역, 『성혁명』, 중원문화, 2011. 빌헬름 라이히/윤수종 역, 『성정치』, 중원문화, 2012. 다니엘 게링/윤수정 역, 『성자유』, 중원문화, 2013 참조.

치게 됩니다. 그러니까 전통적인 성적 금기가 인간을 얼마나 억압하느냐에 좌파들이 집착하게 됩니다.

라이히는 마르크스가 사회구조와 계급적 불평등은 잘 분석했지만, 인간의 정신을 분석하지 못했다고 주장합니다. 그런데 프로이트는 인간의 내면을 잘 분석했지요. 라이히는 프로이트의 제자였습니다. 그는 이 두 이론을 합치면 완벽한 비판이론이 나올 것이라고 생각했습니다. 사회도 분석하고 동시에 인간 정신도 분석하는 것이지요. 그가 도달한 결론은 인간해방의 길은 결국 성해방이라는 것입니다. 그러니까 성해방을 위해서 성정치를 하고 성해방이 되면 인간이 해방되는 거예요.

한국에서는 사회학자 윤수종 전남대 교수가 라이히의 저서들을 번역해서 출판했습니다. 한국에서도 일부 극단적 페미니즘 운동가들이나 좌파 정치운동가들이 라이히의 성혁명을 지지합니다. 좌파 교육감들이 라이히의 이론을 바탕으로 청소년 인권정책이나 학생인권조례를 만듭니다. 경남에서 저한테 PLI 교육을 받은 우리 활동가들이 교육청에서 논쟁할 때, "빌헬름 라이히 있잖아요" 이렇게 했더니 교육청 공무원이 "아니, 어떻게 아셨어요?"라며 깜짝 놀라는 거예요. 그러니까 제가 우리 크리스천들의 궁금증을 해소해 준 것입니다. "교수님 왜 EBS에서 음란 방송을 하죠?"라는 질문에 답하면서 빌헬름 라이히에 대해 교육한 보람이 있습니다.

그러니까 왜 음란한 게 인권이 되죠? 교육 방송이 왜 그런 걸 방송하면서 인권 방송이라 주장하죠? 그게 다 사상적 배후가 있었다는 거예요. 라이히는 청소년들이 성적 쾌락을 향유하는 것을 권리로 구성합니다. 라이히의 이론에 따르면, 청소년들의 성을 억압하는 것은 인권침해가 됩니다. 청소년들이 마음껏 성적 쾌락을 추구하도록 도와야 하고 학교와 부모는 그런 환경을 조성해 줘야 한다는 것입니다. 이런 정책에 반대하는 부모는 매우 반 인권적인 사람이 되겠지요? 68 이후 유럽에서 미성년 자녀가 부모가 있는 집에서 이성 또는 동성 친구와 성관계를 갖는 것이 자연스러운 권리처럼 간주되는 성문화의 배후에는 이런 사상과 이론이 있습니다.

빌헬름 라이히는 왜 청소년의 성에 주목하는가?

마르크스는 생산관계와 사용가치 · 교환가치의 개념을 통해 노동의 억압과 착취를 설명했습니다. 이러한 마르크스의 비판적 분석은 자본주의와 세계를 보는 관점을 변화시켰어요. 사실상 세계관의 대전환을 이루어 낸 것입니다. 그러나 마르크시즘은 한계를 드러냅니다. 바로 프로이트가 탁월하게 성취한 인간에 대한 분석을 빠뜨린 것이었죠.

마르크스-엥겔스가 분석한 노동을 통한 착취구조를 이해하고 각성한 인간은 혁명으로 나아갑니다. 이성적이고 합리적인 인간은 반드시 해방의 길로 나아가서 프롤레타리아 독재의 정치과정을 과도기(이행기)로 거치게 됩니다. 이 과정을 통해 국가와 법이 사멸된 (법고사론) 이상적 공산사회로 나아가게 되는 것입니다.

하지만 프로이트가 보기에는 인간은 각종 열등감이나 왜곡된 감정에 의해 상황을 판단하고 감추어진 억압으로 얼룩진 무의식이 지배하는 비합리적 존재였습니다. 엥겔스는 '가족'을 단지 출산을 통한 사회 구성원의 생산 단위로만 인식했습니다. 가족제도의 이면에는 성에 대한 억압과 통제의 매커니즘이 존재합니다. 바로 이 점을 간과한 마르크스와 엥겔스는 한계에 직면할 수밖에 없었습니다.

프로이트는 신경증(노이로제)과 그 치료법을 연구하는 과정에서 인간의 '성억압'을 포착했습니다. 사실 마르쿠제가 이 문제를 지적하면서 프로이트를 강하게 비판했습니다. 기독교를 중심으로 한 서구 문명의 성적 금기와 성윤리의 규범들의 해악을 알면서도 프로이트는 치료를 위해 성충동을 진술할 뿐 실행하라고 가르치지 않았다는 것입니다. 빌헬름 라이히의 비판도 마르쿠제와 큰 틀에서는 맥락이 유사하지만, 더 상세하게 프로이트를 비판하고 대안을 제시했습니다.

프로이트는 오이디푸스 콤플렉스와 같은 병적 심리와 각종 반사회적 성충동(강간이나 근친상간의 충동)이 신경증과 불안 증세와 깊은 관련이 있음을 파악했습니다. 그는 연구과정에서 성도덕을 기초로 한 문화의 형성을 깊이 있게 인식하게 됩니다. 문화의 생성과 발전은 성충동의 억압과정과 관련된다는 것입니다.

그러나 프로이트는 '상상하고 말하지만, 행위로 나아가지 않는' 치료에 집중합니다. 라이히가 발견한 문제점은 바로 프로이트는 심리적 분석에 천착한 나머지 마르크스가 성취한 인간을 둘러싼 사회적 문제를 직시하지 못하는 한계였습니다. 라이히는 프로이트를 뛰어넘어 성도덕과 성억압의 기제를 정치·문화적 차원에서 정확하게 파악하는 것을 추구했습니다. 그는 특히 어린이와 청소년의 성충동과 성욕구를 부정하는 교육이 행해지는 사회의 구조와 도덕, 특히 성을 억압하는 기독교 윤리의 지배적 위치를 분석해 냅니다.

그는 일부일처제와 성도덕의 억압은 사회적 구조와 문화를 형성해 성적 억압과 착취를 만들어내고 있다고 주장합니다. 이러한 사회·문화적 억압구조가 정치화되어 있는 상황에서 개인적인 심리치료는 한계를 가질 수밖에 없다고 판단한 것입니다.

빌헬름 라이히는 이러한 차원에서 프로이트의 기존 이론을 비판하고, 신경증의 원인이 되는 '성도덕' 자체를 분쇄해야 한다고 판단했습니다. 그는 국가가 사멸할 것이라고 주장한 마르크시즘은 오히려 국가기능과 국가기관을 강화시켰다고 말합니다. 또한, 그는 인간의 성충동을 연구한 프로이트는 오히려 성충동을 더 억압하게 했다는 비판을 했습니다.

어린이에게 성교육을 시키고 어린이와 청소년의 성적 욕구를 실현시켜 주어야 한다는 좌파이론의 원조가 바로 '빌헬름 라이히'입니다. 이러한 사상을 받아들인 한국의 좌파세력들이 교육청과 지방자치단체를 장악하면서, 인권이라는 미명 하에, 학생인권조례 등을 통해 라이히의 성정치와 성혁명사상을 실현하려 시도하고 있습니다.

사회주의자들의 성정치 · 성혁명: 동성애를 혁명의 도구로

제가 사실은 이 책을 번역하려고 했어요. 『동성애 혐오의 원인과 해방의 전망: 마르크스주의의 관점』이라는 책입니다. 영국의 사회주의자들이 쓴 책이에요.[435] 우리 크리스천들에게 그들의 전략과 사상을 알리고 경각심을 갖게 제가 번역하려고 한 것이지요. 그런데 한국에 와서 보니까 벌써 번역이 돼 있었어요. 그래서 제가 더 놀랐습니다. 이분들은 정말 공부를 열심히 하고 자신들의 이데올로기를 위해 투쟁합니다.

제가 여러 강연에서 주장한 내용을 교회 내 좌파 세력은 '음모론' 프레임을 씌우는 식으로 비판하면서 물타기를 시도했지만, 진실은 결국 승리하게 됩니다. 당장 이 책에서 사회주의자들이 뭐라고 주장합니까? "우리의 주적은 기독교다." 딱 나오잖아요. 교회해체를 위한 좌파투쟁에 대해 설명하면 음모론이라고 비판하는 악한 세력에게 저는 당당하게 말합니다. 손바닥으로 달을 가린다고 가려지지 않습니다.

이 책의 저자가 두 명이죠. 이 중 한 분이 누굽니까? '런던 프라이드'의 기획자예요. 런던 프라이드는 런던에서 열리는 일종의 퀴어축제라고 보시면 됩니다. 한국에서도 이러한 이데올로기를 추종하는 세력이 서울이나 몇몇 도시에서 퀴어축제를 기획하고 실행하는 것입니다. 그런데 그들이 선생으로 사모하는 영국의 사회주의자들이 명확하게 말씀하는 것 아닙니까? "기독교가 우리의 적이다"라고요. 그러니

---

435 노라 칼린 · 콜린 윌슨/승민 · 이진화 역, 『동성애 혐오의 원인과 전망: 마르크스주의적 관점』, 책갈피, 2016.

까 이 책에서 노라 칼린(Norah Carlin)이 뭐라고 주장합니까? 자본주의를 어떻게 끝장낼 것인가? 지긋지긋한 자본주의를 지탱하는 국가, 교회, 가정 이걸 어떻게 끝장낼 수 있는가? 우리는 다 해봤다. 그러나 안되지 않냐? 정신 차려라. 그러면서 뭐라고 강조합니까? 자본주의를 지탱하는 강력한 이데올로기가 있지 않냐? 그게 뭐예요? 기독교라는 겁니다. 기독교를 끝장내지 않고서 어떻게 자본주의와 싸우려고 하냐? 라고 강력하게 주장합니다.

제가 이런 진실을 알리는 것이 음모입니까? 아니면, 이런 진실을 감추고 교회에서 거짓말하면서 이런 이데올로기의 실현을 위해 교회 안에서 정치 운동하는 것이 음모입니까?

영국뿐만 아니라 유럽의 사회주의자들이 교회해체의 승리를 어떻게 획득했다고 강조합니까? 그들은 창조질서에 정면으로 도전하는 동성애를 인권 담론의 핵심테제로 내세워서 법을 개정하고 정치 문화를 바꾸었더니 승리할 수 있었다고 말합니다.

이런 설명을 해 주면 악한 세력은 가짜뉴스라고 주장하며 연막을 칩니다. 그럼 이 책은 뭡니까? 노라 칼린이 가짜 뉴스 제작자인가요? 교회해체를 주장하는 세력의 사상을 지지하면서 교회에서 활동하고 목사직을 유지하거나 신학교 교수를 하는 사람들의 정체는 무엇일까요? 저는 이분들의 정체가 궁금합니다. 음모는 바로 이런 분들의 삶과 존재 자체가 아닐까요?

동성애 문제를 가장 중요한 인권 문제인양 활동하는 좌파들의 주장은 무엇일까요? 역사적으로 사회주의자의 주적은 누구입니까? 그들은 자본가도 적이지만 자본가보다 더 큰 적이 있다고 말합니다. 그것이 바로 교회입니다. 역사가 증명합니다. 왜냐하면, 사회주의자들은 항상 인간을 억압하는 기제가 교회를 통해 강화된다고 생각합니다.

성경학교에서 어린이들을 말씀으로 양육해서 기독교 세계관으로 무장시키면, 이들을 홍위병으로 만들어 사회주의 혁명의 도구로 삼을 수가 없습니다. 그래서 제가 PLI를 통해서 복음주의 성경적 세계관을 확산시키려고 사역하는 것입니다.

자본주의를 무너뜨리기 위해서는 그 자본주의 체제를 지탱해주는 가정과 국가가 무너져야 하고 그 가정과 국가를 지탱하는 교회가 무너지지 않으면 안 된다는 것이 사회주의 혁명가들의 주장입니다. 가정과 국가, 그리고 그 사회에 가지는 교회의 헤게모니(영향력)를 무력화시키는 성경적 세계관과 정면으로 대치되는 동성애를 인권문제로 투쟁의 전면에 내세우는 것이 가장 효과적이었다고 그들은 판단했습니다. 교회가 전통적으로 고수해 왔던 성경에 기초한 규범의 권위를 해체하는 것이 혁명을 완수하기 위해 기독교 전통이 강한 유럽과 북미에서 수행해야 할 혁명과업이 된 것이지요. 이것을 한국의 좌파들이 수입합니다.

그람시의 진지전

안토니오 그람시

이분이 이탈리아의 마르크시스트이자 정치사상가인 안토니오 그람시[436](Antonio Gramsci, 1891-1937)입니다. 동네 형처럼 착해 보이죠? 여기에 속으면 안 됩니다.(웃음) 그람시의 철학적 고민은 혁명에 관한 것이었습니다. 오히려 후진적인 러시아에서는 혁명이 일어났는데 왜 자본주의가 가장 발전했던 영국에서는 공산혁명이 일어나지 않은 것일까요? 미국은 왜 세계 자본주의의 상징처럼 되었는데 공산혁명이 일어나지 않을까요? 마르크스에 따르면, 자본주의가 정점에 다다르면 자연스럽게 공산사회로 이행해야 합니다. 자본주의의 모순이 극에 달하면, 혁명의 기운이 무르익게 되겠죠.

그람시는 혁명을 위한 전략전술로써 기동전[437]과 진지전[438]을 설파

---

436 안토니오 그람시(Antonio Gramsci, 1891-1937). 이탈리아의 마르크스주의자로 뛰어난 이론가. 이탈리아 공산당의 창설자로 파시스트 정권에 의하여 20년 형을 선고받고 복역 중 1937년 옥중에서 사망함. 미학, 사회학, 철학사 등에 광범위한 관심이 있었으며 특히 사적 유물론에 관한 연구와 사회발전에 있어서 이데올로기의 역할 등에 대하여 깊이 있는 견해를 개진함. 임석진 외 다수, 『철학사전』, 중원문화, 2009.

437 기동전(機動戰, Maneuver Warfare). 기동력, 화력 및 지형의 이점을 이용하여 선제를 획득하고 이를 계속 유지하기 위해 피아간에 신속한 기동으로 전개하는 전투 형태. (이태규, 『군사용어사전』, 일월사각, 2012)

438 진지전(陣地戰, Position Warfare). 기동전과 상반되는 용어로서 방어전이 주로 고정된 진지에만 국한되는 전투. 진지전은 방어를 위주로 한 것이며 적으로 하여금 전략지역 내에 침입하지 못하게 하며 완강히 구축된 진지에 대하여 공격케 함으로써 적 전투력을 와해 또는 소모케 하는 전투. 이태규, 『군사용어사전』, 일월사각, 2012.

합니다. 쉽게 설명하자면, 기동전이라는 것은 말 그대로 특공대가 침투해서 적진을 확 흔들어서 접수하는 거예요. 그런데 종교개혁의 빛나는 신앙전통을 가진 동네는 기동전으로 접수가 안 돼요. 진지화 되어 있기 때문이죠. 이 진지가 역사와 전통을 가지고 있기 때문에 서유럽과 북미에서 견고합니다.

이 진지에 쉽게 침투할 수 없고, 침투한다고 해도 해체하기가 어렵지요. 그러니까 이들은 장기전인 진지전을 준비합니다. 기동전과 진지전을 병행하면서 이 진지가 깨질 때까지 전쟁을 벌이는 것이지요. 그래서 좌파들은 반기독교문화와 성경적 세계관과 일종의 문화전쟁을 벌이는 것입니다.

그들의 전략적 목표를 표현하는 슬로건은 '교회, 학교, 정부를 장악하라'입니다. 그러니까 일단 각 영역에 자신들의 사상이 스며들고 확산될 수 있도록 침투하고 확산시키기 위해 투쟁합니다. 반복해서 침투시키고, 그 영역을 장악하라고 명합니다. 언론을 장악한 좌파 노조와 교육을 장악한 전교조를 떠올려 보시면 이해가 쉽습니다. 이들이 한국에서 벌인 90년대 이후의 투쟁이 바로 진지전이었고, 교회는 이런 진지전에 무방비 상태였습니다. 그래서 저의 PLI 사역이 시작된 것입니다. 우리도 더이상 무력하게 당하고만 있는 것이 아니라, 성경적 세계관을 각 영역에서 확산시키고 진리의 진지를 구축하기 위해 노력해야 합니다.

68혁명의 세대, 유럽을 점령하다

종교개혁 이후에 형성된 영국과 독일의 정치 문화의 특징이 뭘까요? 우리는 법치주의의 정착을 중요한 특징으로 꼽을 수가 있습니다. 그러니까 법치는 사실 굉장히 기독교적(성경적)이라고 할 수 있습니다. 법치는 하나님의 통치 방식입니다. 그런데 제가 인간이 법치를 제도적으로 어떻게 실현할 수 있을까를 연구하면서 놀란 것이 있어요. 종교개혁의 기독교 역사가 강력했던 지역에서 법치가 발전하고 견고하게 정착한 것은 역사적 진실입니다.

여러분, 프랑스 혁명과 영국의 명예혁명을 비교해 보세요. 차원이 달라요. 토크빌이 왜 미국 민주주의를 칭찬합니까? 19세기 미국에는 종교개혁의 문화적 영향 즉, 청교도들의 정치 문화가 있었습니다. 그러니까 청교도의 삶의 방식 속에 언약을 중시하는 성경적 규범과 기독교 윤리가 강하게 영향을 줍니다. 이런 것들이 굉장히 중요합니다. 이런 문화가 형성되어야 수준 높은 법치와 지방자치가 가능해져요. 그러니까 기독교 윤리가 기초된 사회에서 진정한 민주주의의 실현과 법의 지배(rule of law)가 가능해진다는 말입니다.

한국의 민주주의가 헤매는 이유는 뭘까요? 독일인 또는 영국인하고 한국인이 법을 인식하는 문화와 방식이 매우 다르다고 할 수 있습니다. 우리는 주로 법을 강압적인 통치의 수단으로 인식하거나 귀찮게 하는 규칙으로 인식합니다. 심지어 법망을 피해 불법을 행할 수 있을 때 융통성 있는 것으로 간주하기도 합니다. 그리고 주로 법치에 대해서도 법의 지배(rule of law)가 아니라, 법을 통치의 수단으로 삼는 '법에 의한 통치'(rule by law)에 익숙합니다. 그러니까 법을 열심히 공부하는 전공자들도 법망을 피하기 위함이 그 동기가 되기도 합니다. 농담입니다.(웃음)

그러니까 문화적으로 법을 인식하는 방법이 사회에 따라 다릅니다. 종교개혁 전통이 강해서 그 삶의 방식에 기독교 세계관과 윤리가 내면화된 사람들은 법을 중시해요. 그러니까 어떻게 돼요? 이런 문화권에서 법을 파고들어서 법을 장악하면 쉽게 혁명이 완성될 수 있습니다. 그렇게 해서 법치와 법에 대한 존경이 강한 기독교 사회에서 체제를 바꿀 필요 없이 법에 침투해서 법의 속성을 바꿔버리니까 기독교 윤리와 세계관의 영향력이 강력하게 축소된 것입니다.

그럼 법의 속성을 어떻게 바꿀까요? 법이 하나님을 대적하게끔 만들면 간단합니다. 무슨 이야기냐면 이게 종교개혁의 전통이 빛나는 소위 복음주의 기독교가 강세인 지역에서 진지전을 펼치는 방법입니다. 이런 선진국에서는 체제 자체를 혁명으로 붕괴시킬 수가 없어요. 혁명하자고 해도 안 먹힌다 그 말이에요. 68이 무서운 것이 바로 혁명의 방식을 바꾸는데 있습니다. 체제를 전복시키는 게 아니고 존재하는 체제 안으로 파고 들어가서 국가의 법이 하나님을 대적하도록 만드는 것입니다. 무신론과 유물론을 기초로 창조질서를 부정하는 동성애 정치투쟁을 가장 중요한 인권담론으로 만드는 전략을 구사하니까 어떻게 되었어요? 헌법까지 손보고 법의 내용을 하나님을 대적하는 것들로 채우니까 어떻게 됐어요? 기독교 세계관이 약화되고 설 자리가 없어집니다. 국가의 성격도 바뀝니다.

공화국을 어떻게 표현할 수 있냐면 그 나라의 헌법이 그 공화국의 정체와 속성을 말해 줍니다. 헌법을 바꿨다는 말은 그 나라의 기본 속성과 정체를 바꾸었다는 뜻이 됩니다. 영미법계에서는 판례변경을 통해 헌법 개정의 효과를 실현할 수 있습니다. 미국에서 연방대법원의 판례변경으로 동성혼이 합법화될 수 있었죠. 독일에서도 메르켈 총리와 보수당인 기독민주연합이 동성혼 합법화를 반대했지만, 당내 인사들의 반란으로 무너졌습니다. 다시 말해, 세속 국가의 기본적 성격을 하나님을 대적하는 국가로 만들 수 있습니다. 그 진지전에서 좌파들이 승리했습니다.

영국은 어떻게 되었어요? 국가의 성격이 바뀌었잖아요. 자유를 중시하는 나라였는데 자유를 억압하고도 괜찮은 나라로 변신했습니다. 역사적으로 강력하게 자유를 갈망했고, 자유를 제도로 쟁취한 나라의 사람들이 어떻게 악법으로 표현의 자유나 종교의 자유를 억압하는 법제를 지지할 수 있을까요? 성경적 세계관의 퇴조에 비례해서 악법이 입법되고 이런 자유의 억압이 가능해졌습니다.

크리스천은 자유를 중시합니다. 본질적 자유를 예수님의 공로로 (전적인 은혜로) 얻은 사람들이기 때문에 특히 자유에 민감합니다. 미국도 '정치적 올바름'이라는 정치 이데올로기가 승리해서 법과 정치의 영역에서 자유가 많이 억압되고 있습니다.

동성애 정치투쟁은 단순히 동성애를 개인적인 차원에서 인정하느냐 인정하지 않느냐의 문제가 아니라 그것을 인권의 가장 우선적인 과제로 앞세울 때, 법과 정치를 바꿀 수 있는 강력한 수단이 되는 문제라는 겁니다. 어떤 사람이 개인적으로 동성끼리 "우리 그냥 사랑하게 해주세요"라고 말한다고 가정해 봅시다. 이 사랑을 크리스천의 사랑으로 포용하자고 주장할 수 있습니다. 사실 한국에서 동성커플은 아무런 법적 제재나 불이익 없이 생활할 수 있습니다.

'한국법'은 이들의 개인적 삶에 아무런 문제 제기를 하지 않습니다. 그러나 좌파 정치투쟁은 문화를 문제삼습니다. 문화가 전반적으로 이들에게 '혐오표현'을 통해서 적대적이니 법으로 이들에 대한 옳지 못한 발언이나 행동을 벌주겠다고 하는 것입니다. 가령, 의학적으로 또는 신학(인문사회과학의 영역에서)의 관점에서 동성애 자체에 대한 비판은 검열을 받게 하고, 옳은 방향으로 지도하겠다는 식으로 법이 강화됩니다. 교단의 신학적 판단에 따라 교단을 운영하는 것도 또는 신학대학원에서 교수를 채용할 때도 정부와 법원의 간섭을 받게 될 수도 있습니다.

이렇게 시민의 자유를 억압하는 것을 자유를 중시하던 전통에 빛나던 영국과 미국이 수용하고 있습니다. 법체계를 바꾸려고 노력하고 이미 상당 부분 이들이 원하는 방향으로 세상은 바뀌었습니다. 한국에서는 심지어 동성혼을 인정하기 위해 헌법을 개정하려고 시도하기도 했죠. 이게 얼마나 무시무시한 겁니까? 이제 이것이 단순한 개인적 사랑과 연애에 관한 문제가 아니라는 것을 이해하셨지요?

저는 크리스천 법철학자로서 '하나님의 정의와 공의'를 강조합니다. 신학적으로 동성애가 문제되지 않는다는 구약학자 김○주 목사를 제가 비판한 것을 여러분은 아실 것입니다. 이분의 주장이 참 어이가 없죠. 이분은 성경(레위기)에 생리하는 여성과 성관계를 하지 말라는 율법도 있는데 왜 동성애만 가지고 야단이냐고 궤변을 설파했습니다. 그래서 제가 어떤 강연에서 그랬어요. 생리 중인 여성과 성관계하는 문제를 가지고 좌파가 대한민국 헌법을 개정하려고 합니까? 아니, 지금 이 사람들은 국가의 최고규범인 헌법을 고치자는 것 아닙니까? 이해가 되세요? 그런데 그걸 생리 문제와 비교합니까? 국가의 성격 자체를 바꾸는 문제에 동성애 정치투쟁이 활용되고 있습니다.

●●●

성혁명과 프로테스탄티즘의 해체

내가 율법이나 선지자를 폐하러 온 줄로 생각하지 말라 폐하러 온 것이 아니요 완전하게 하려 함이라 (마태복음 5:17)

철부지 혁명가, 신좌파의 출현

앞 강의에서 설명했듯이 정통 마르크스-레닌주의 공산당만 위험한 게 아닙니다. 68년도에 자유민주주의를 위협하는 이 새로운 흐름인 소위 신좌파가 등장했습니다. 프랑스 68혁명의 현장에서 임종석처럼 열심히 뛰던 분이 다니엘 콩방디(Daniel Cohn-Bendit, 1945-)죠. 콩방디의 친구들은 지금 정신 차리고 직장생활을 열심히 하고 있습니다. 자유의 적들로 등장한 유럽의 신좌파들의 특징이 뭐냐면 '철부지'라는 것입니다.

콩방디가 존경했던 분이 마흐노(네스토르 이바노비치 마흐노, Нестор Иванович Махно, 1888-1934)입니다. 마흐노가 러시아 농민운동을 주도했는데 정통 레닌주의자가 아니에요. 지주와 싸우고 나치와도 싸우는데 사실알고 봤더니 이 마흐노가 무슨 짓을 했냐면 유대인학살과 사회적 폭력의 화신이었어요.[439] 그런데 이 프랑스의 철부지들은 이분을 존경한

---

439 로버트 서비스/남섭 역, 『코뮤니스트: 마르크스에서 카스트로까지, 공산주의 승리와 실패의 세계사』, 교양인, 2014(초판3쇄), 581면.

다고 합니다. 인권 타령을 하면서 인간을 학살하는데 앞장선 인물을 존경한다는 것이 이상하죠. 이들은 호치민(胡志明, Ho Chi Minh)이 영웅이라고 찬양합니다. 미제국주의와 싸운 영웅이라는 말입니다.

한국에도 이런 철부지들이 많지요. 베트남전에서 미국이 지는 것을 보고 짜릿했다는 사람이 대통령이 되었습니다. 그러니 나라 꼴이 아주 우습게 되었습니다. 북한이 미사일을 쏘아대고 미사일 기술을 발전시켜서 전국이 핵공격의 위험에 처하게 되었다고 전문가들이 경고하는데도 '종전선언'하자고 난리 치는 사람이 한국의 대통령입니다.

콩방다나 그 친구들은 정신을 차렸는데 문재인과 그 수하들은 아직도 정신을 못 차렸습니다. 이 자들은 그만큼 철이 덜 든 거죠. '마오의 거만함, 평범함에 반했다'라고 말하는 자들을 볼 때 저는 소름이 돋습니다. 그는 거만하게 자기 민족을 공식집계로만 칠천만 명을 학살했습니다.

68을 상징하는 것들로는 미니스커트, 장발, 환각제, 반핵운동, 동성애 정치투쟁입니다. 이들은 인명을 살상하는 테러와 인민을 학살하는 공산 독재를 찬양하면서 인권을 부르짖고 자신들이 보고 싶은 것만 봅니다. 그런데 이들이 만약 마오시대의 중국으로 타임머신을 타고 간다면 어떻게 될까요? 모두 학살당하겠지요?

좌파 투쟁의 중심에 선 젠더 이데올로기와 성정치

소아병적인 신좌파 투쟁가들은 왜 젠더 이데올로기와 성정치에 집착할까요? 이제 앞에서 학습한 내용을 기초로 성정치가 68혁명을 통해 신좌파 정치투쟁의 중심이 된 상황에 적용해 보도록 하겠습니다. 앞에서 마오의 영향을 설명하면서 강조했던 것이 68혁명의 진정한 의미는 이것이 '문화혁명'이었다는 점입니다. 68을 통해 기존의 권위와 근대적 위계에 대한 저항과 이데올로기 투쟁이 본격적으로 전개됩니다. 혁명은 남/녀, 제국주의/식민지, 지배/종속, 자본가/노동자 등의 근대적 '대립항'을 해체하는 것을 목표로 삼는 것입니다. 정치는 거시적인 제도의 차원을 넘어서 미시적인 생활세계의 문제, 즉 성관계(이성애와 동성애, 성역할 등)의 문제로 확장됩니다. 이것이 미시정치입니다.

남성 중심의 가부장질서로 형성된 가정, 그리고 침실에서 이루어지는 '성관계'도 모두 정치적 관점에서 이데올로기 투쟁의 대상이 된 것입니다. 가부장제와 이성애 중심의 일부일처제, 가족 등의 이데올로기들을 파괴하고 해체해야 진정한 해방이 이루어진다고 그들은 믿었습니다. 성별의 개념, 가족의 개념을 해체하고 재구성해야 한다고 정치투쟁의 목표를 정했습니다. 정치투쟁과 혁명의 목적은 바로 성별의 해체와 전통적 가정의 해체를 통해 진정한 해방을 쟁취하는 것입니다.

이들은 투쟁의 방식을 부르주아 자본주의 세계 자체를 타도하는 방식이 아니라, 체제 내에서의 이데올로기 투쟁으로 전환했습니다.

예를 들어, '시민권'이라는 부르주아 자유주의 정치체제의 제도를 부정하는 것이 아니라 소외된 동성애자가 시민권의 재편을 통해 이 시민권의 범주로 포함되는 '시민권 재구성'의 투쟁으로 나간다는 의미입니다.

68혁명은 소수자 투쟁과 이 소수자들의 이데올로기 투쟁의 사상적 대전환이 되었습니다. 이런 구조에서 소외되고 억압된 자들의 해방을 위한 투쟁을 강화한다는 분위기 속에서 페미니즘과 젠더이데올로기가 등장하여 급성장하게 됩니다. '소외'와 '타자화'에 대한 민감한 인식이 '관용'으로 이질적인 것을 포용한다는 인권사상으로 강화되었습니다. 불법 이민에 대한 관용과 다문화주의는 유럽의 이슬람화를 초래하고 페미니즘과 젠더이데올로기 투쟁은 유럽을 타락시켰습니다. 결국, 프로테스탄티즘으로 구성된 서구의 근대성을 해체시키는 혁명이 볼셰비키 혁명보다 더 강도 높게 효과적으로 진행된 것입니다. 제자가 스승을 욕보이는 마오의 문화혁명에 영감을 받은 68혁명은 그 자체로 패륜의 길이었고 '인륜'을 파괴한 타락의 길이었습니다.

신좌파들의 새로운 혁명− 개인과 윤리의 해체

제가 오늘 소개할 분이 철학자 허버트 마르쿠제(Marcuse Herbert, 1898-1979)입니다. 독일의 철학자인데 미국에서 주로 활동했습니다. 이분을 뭐라고 소개할까 하다가 이걸 뽑아왔어요. 플레이보이에 등장한 마르크스주의자입니다.[440] 그러니까 원래 마르크스주의랑 플레이보이는 안 어울리지요. 왜냐면 소련에서 스탈린 시대에 플레이보이 잡지 보다가 걸리면 어떻게 되겠습니까? 플레이보이는 미제국주의를 상징하는 더러운 자본주의 문화인데 이걸 보는 자들은 모두 황천길로 가겠죠. 물론 공산당 간부들은 자기들끼리 애독했을지도 모르겠습니다.

자신을 마르크스주의자라고 자랑하는 마르쿠제는 플레이보이에 출연하셨죠. 멋지게 담배를 피우시면서 등장하셨습니다. 그래서 교수 중에 플레이보이에 출연한 유일한 인물이기도 합니다.

이분의 또 하나의 특징이 뭐냐면 기독교가 원수라고 평생을 주장하신 겁니다. 그는 기독교를 중심으로 한 서구 문명의 성적 금기가 문제라고 지적합니다. 자유의 사상가 로크가 정치적 영향력을 확대하고, 근대적 자유민주주의가 미국에 자리 잡을 때 개인의 자유는 제도로써 보장됩니다. 하지만 이 개인은 하나님 앞에서 자연법을 인식하는 윤리적 책임을 지는 개인입니다. 아무리 개인에게 자유가 주어져도 도덕적으로 성적인 행위에는 많은 규범적 금지가 따릅니다.

기독교의 성윤리를 경멸하는 사람들은 프로이트 이론에도 짜증을 내기 시작하죠. 왜냐면 프로이트는 동성애니 근친상간이니 서구 기독교 문명에서 금기시하는 걸 병원에 와서 진술하는 것은 괜찮지만, 이것을 실행하라고 가르치지 않았어요. 프로이트를 넘어서 마르쿠제는 "해라. 해도 된다" 이렇게 말해 줍니다. 그가 플레이보이에 출연한 것

---

440 Paul Rutherford, *World Made Sexy: Freud to Madonna* (Toronto: University of Toronto Press, 2007). 이 책은 'eroticism'에 대해 빌헬름 라이히와 마르쿠제 등의 이론을 통해 현대사회에서 '플레이보이' 잡지가 갖는 의미에 대해 설명하고 있다. 마르쿠제는 플레이보이 잡지 1970년 9월호에 등장합니다.

도 바로 이런 성해방을 외치기 위해서입니다. 마르쿠제는 금기가 없는 성해방을 주장합니다.

이분이 했던 주장 중에 제일 쇼킹한 게 뭐냐면 고임금을 받는 노동자들이 인류가 억압에서 해방되는 길을 막는다고 한 것입니다.[441] 그러니까 제가 이걸 끄집어냅니다. 마르쿠제에 따르면, 민주노총이 한국에서 혁명의 장애물이 되겠죠. 마르쿠제의 논리에 따르면, 고임금을 받는 ○○자동차, ○○중공업 노조는 혁명의 장애물이죠.

제가 언제 소름이 딱 돋았냐면 이탈리아 좌파 중에 펠릭스 가타리(Félix Guattari, 1930-1992)가 분자혁명을 얘기해요. 분자혁명이란 삶의 전 영역에서 벌이는 투쟁과 저항을 말합니다. 자본주의 체제를 엎어버리고 새로운 공산체제를 세우는 것이 혁명이었는데, 이제는 그런 것으로는 진정한 혁명을 말할 수 없다는 주장입니다.

가타리는 인간이 가진 자본주의적 욕망이 울컥 올라올 때 생활 세계에서 다양하게 아주 세분화돼서 나타나는 것을 포착합니다. 그럴 때마다 혁명적으로 저항해야 합니다. 이것이 분자혁명입니다. 예를 들면, 이런 거죠. 법은 일부일처제를 유지하라고 강요합니다. 그러면서 불륜을 저지르고 있는 A가 도덕적으로도 죄책감을 느낍니다. 그러면 이제 A는 어떻게 해야 하죠? 이런 상황에서 A는 혁명적으로 사고할 수 있습니다. '왜 꼭 일부일처제여야 하는데?' '이 규칙은 누가 정한 거야?' '교회가 인간을 억압하기 위해 이런 성윤리를 만들었어. 교회는 권력이 된 거야. 이 권력에 저항해야 해'라고 A가 결단합니다.

---

441 로버트 서비스, 앞의 책, 578면.

불륜에서 한 걸음 더 나가서 아예 한 집에 집단적으로 남녀가 거주하면서 사랑을 나누면 더 자유롭고 행복할 것이라는 생각에 도달합니다. 선택적이고 지루하지도 않고 안정된 생활이 왜 문제가 될까요? 그러면서, A는 깨달음을 얻습니다. '이게 인권이었네'라고 말입니다. 이것이 다자성애(폴리 아모리)입니다. 한 남자와 한 여자의 결합으로 가정을 이루어야 한다는 교회가 만든 억압과 통제를 거부하고 성해방을 선언하는 혁명적 행동으로 나갈 수 있습니다.

그러니까 분자혁명을 통해서 그동안 생활 속 억압의 기제로 기능하는 규범들을 모두 분쇄할 수 있습니다. 자본주의와 제대로 싸우려면, 일부일처제라는 억압 속에서 자녀를 양육하고, 스스로 절제해서 성실하게 노동하는 패턴을 거부해야죠. 생활영역 전 분야에서 자본주의에 오염된 욕망의 경제와 이에 따르는 규범들로부터 과감하게 저항해야 합니다.

제가 로크의 사상에 대해 설명하면서, 서구정치의 탁월함이 기독교 문화에서 발전한 하나님 앞에서 개인의 의무와 책임을 인식하는 자연권과 자연법의 사상에 있었음을 언급했습니다. 책임의 주체로서 '신 앞에 선 단독자'를 염두에 두는 사상은 도덕적 주체로서의 개인을 탄생시킵니다.

크리스천 개인이 존중하고 따르는 윤리를 해체하지 않고서는 신좌파가 주장하는 진정한 혁명은 성공할 수 없습니다. 그래서 막스 베버가 설파한 '프로테스탄트 윤리와 자본주의 정신'으로 상징되는 '모더니티'(현대성)를 해체해야 하는 목표가 설정되는 것입니다. 기독교 윤리로 살아가는 '부부'와 '가족'을 해체하고 새로운 대안이 혁명적으로 가능해질 때 자본주의는 멸절될 수 있습니다.

그리고, 신좌파는 자본주의의 기반이 되는 근대적 규율 권력을 강화하는 학교와 공교육을 자신들의 사상을 전파하는 도구로 혁신해야 한다는 목표를 설정합니다. 이러한 혁명에 맞서는 기독교 학교는 이들에게 가장 위험한 진지전의 적이 되겠지요. 모든 생활세계에서 인간은 떠도는 유목민이 되어 분자혁명을 실천해야 한다고 가타리는 가르칩니다. [442]

펠릭스 가타리의 분자혁명

'펠릭스 가타리'의 혁명사상에 관한 연구서에는 다음과 같이 그의 핵심사상이 소개되어 있습니다[443]. 성정치-성혁명의 동성애 정치투쟁 진영의 사상을 압축적으로 요약할 수 있는 내용이기 때문에 그대로 인용하고자 합니다.

---

442 펠릭스 가따리/ 윤수종 역, 『분자혁명』, 푸른숲, 1998. 가타리의 분자혁명을 윤수종이 번역했다.

443 윤수종, "분자혁명에서 생태철학으로:펠릭스 가타리의 사상 추이", 진보평론 31권(2007), 182면 이하. 윤수종의 가타리 소개를 그대로 인용했다. "1930년생인 가타리는 고등학교 시절부터 정치운동에 가담했으며, 대학생이 된 이후 1950년대에는 트로츠키적인 성향의 집단들 속에서 활동하였다. 1953년부터는 보르드 정신병원 의사로 일하면서 제도요법을 제창하였고, 다른 한편으로는 68운동에 '3월 22일 운동' 일원으로 적극적으로 개입하였다. 1970년대 말에는 이탈리아의 자유라디오 운동에 감명 받아 프랑스에서 민중자유라디오 운동을 벌이기도 하였다. 스스로 '인동의 시대(Les Années D'hiver)'라고 한 1980년대 전반을 넘어 가타리는 1980년대 중반 이후에는 생태운동에 적극적으로 참여하였다. 프랑스 녹색당의 당원으로서 생태운동에 새로운 지평을 열기 위해 노력했다."윤수종, "펠릭스 가타리의 삶과 사상", 『자유의 새로운 공간을 찾아서』, 문화과학사, 2002.

제가 가타리의 '일차 문헌'보다 국내 연구자의 논의를 집중해서 소개하는 이유는 그들이 가타리 이론을 한국에서 어떻게 '문화운동'과 '정치투쟁'에서 활용하는가를 설명하기 위함입니다. 다시 말해, 제 강의를 수강하시는 분들에게는 가타리가 일차 문헌에서 무엇을 말했는가를 이해하는 것보다 가타리가 한국의 문화판과 정치판에서 어떻게 응용되어 투쟁에 활용되는지를 파악하는 것이 더 도움이 되리라 판단한 것입니다.

국내 학자들이 일차 문헌을 나열하고 지식을 자랑하는 경향이 있는데, 저는 이런 흐름이 지식을 소비하는 집단지성을 위해 지양되어야 한다고 생각합니다. 자신이 알고 있는 지식을 대중에게 쉽게 전달하려고 노력하는 것도 학자의 소명이 아닐까요? 그런데 제가 하는 설명도 어렵지요?(웃음) 일단, 윤수종 교수의 가타리 분자혁명에 관한 엑기스 부분을 읽어 보고 제가 좀 더 자세히 설명을 해 드리겠습니다.

"아직도 혁명을 얘기할 수 있는가? 이념에 입각하여 대중을 지도하고 대중의 힘을 집중하여 (그 형태는 봉기이다) (국가)권력을 장악하는 것을 혁명이라고 할 때, 여전히 그러한 혁명이 필요한가? 자본주의의 폐절을 주장하는 사람들은 과연 어떤 혁명의 상을 가지고 있을까? 소련이나 동구의 붕괴를 경험하고도 여전히 그러한 혁명을 주장할 수 있을까? 지금까지는 혁명을 권력 장악이라는 관점에서 주로 파악해 왔다. (중략) 서구에서는 68혁명을 계기로 많은 사람들이 이와는 다른 다양한 실천과 사유를 수행해 왔다. 특히 '마키아벨리-스피노자-마르크스-니체-들뢰즈'라는 소수적 또는 유물론적 사유 흐름 위에서, 전위당 모델을 비판하고 분자적 운동(노동 거부에 기초한 자기 가치증식 운동, 여성 운동, 소수자운동 등 아우토노미아[자율]운동)을 통해 사회를 변화시키려는 방향에 주목해 왔다. 다수적인 사유를 대표하는 주체철학(데카르트)에 근거한 입장에서는 이성적인 인간을, 구체적으로는 백인-남성-어른-이성애자-토박이-건강인-이라는 표상을 준거로 하여 사회를 위계화해 나갔다. 소수적이고 유물론적인 흐름에 서 있던 푸코, 들뢰즈, 가타리, 네그리 등은 근대적인 표준적 인간상을 파괴하고, 그 인간상으로부터 주변적이고 소수자적인 위치로 밀려난 개인들 및 집단들(유색인-여성-어린이-동성애자-환자-이민자-)을 복권시키려고 하였다. (중략) 자본주의는 노동자계급의 노동력을 착취하고 생산관계를 자신에게 유리하게 조종하는 동시에 피착취자들의 욕망경제 속으로 스며들어간다는 것이다. 여기서 가타리는 혁명투쟁을 계급대립이라는 세력관계 수준에 한정하지 말고, 자본주의에 오염된 욕망경제의 모든 수준(개인, 부부, 가족, 학교, 활동가집단, 광기, 감옥, 동성애)으로 확장해야 한다고 강조한다. (중략) 욕망분석의 방법으로서 가타리는 분열분석을 제기한다. 분열분석은 욕망하는 생산의 '모든 전선'에서의 정치투쟁을 모색하는 방법이다. 단일한 영역에서 초점을 맞추지 않고, '한 전선'에서 다른 전선으로 지속적으로 움직여 가는 것(횡단성, 유목주의)을 지향한다."[444]

---

444 윤수종, 『욕망과 혁명: 펠릭스 가타리의 혁명사상과 실천 활동』, 서강대출판부, 2009, 107-115면.

혁명은 유목민처럼 전선을 이동하며 이루어집니다. 모든 생활영역이 혁명전선으로 바뀝니다. 부부의 침실까지도 혁명의 전선이 됩니다. 동성애의 확산과 동성혼의 합법화는 해방과 혁명의 신호탄입니다. 결국, 이들의 지향점은 자본주의의 폐절입니다.

이러한 유물론을 중심으로 한 사상사적 흐름이 자연법과 자연권이라는 신학적 근거에서 파생된 근대적 인권 패러다임을 해체시키고, 역설적으로 생명을 경시함으로써 인간의 존엄성을 위협하는 무신론적·유물론적 인권이론으로 구성되었습니다. 치료를 받기 위해 음지에서 사회로 나온 LGBTQ들을 '젠더이데올로기'의 증거로 포착해 이들을 정치혁명의 수단으로 활용하면서 LGBTQ 문제가 의료나 복지의 차원이 아니라 인권으로 포장되는 상황으로 전개되었습니다. 혁명 세력은 법을 통해 LGBT 등의 병리적 문제나 위험성 등을 설명하거나 연구하는 것을 원천적으로 봉쇄하고, 시민들로부터 표현의 자유를 박탈하기에 이릅니다. 선진적 인권사상으로 위장한 저항과 혁명의 이데올로기가 한국의 정치적 혼란을 틈타 한국 사회와 법체계에 안착하려고 투쟁을 벌이고 있습니다.

이제 문화투쟁과 정치투쟁의 흐름이 이해되시죠? 이들은 유색인, 여성, 어린이, 동성애자, 환자, 이민자, 사회 속에서 (생활 세계 속에서) 이런 분들이 설 곳이 없다고 주장합니다. 그러니까 소수자적인 위치와 주변부로 밀려난 분들이 어떤 체제를 급진적으로 변혁시키거나 이런 것보다 뭐가 중요하냐면 이 마이크로 한 세계(생활세계)에서 모든 것들이 정치의 차원에서 저항의 대상이 되어야 한다는 주장입니다. 그것이 분자혁명입니다. 그러니까 유목민이나 노마드라고 하는 것이 뭐냐 하면, 생활의 영역에서 이루어지는 흐름 속에서 정치 투쟁을 하라는 뜻입니다. 이것이(투쟁이) 계속 흘러나가는 거예요. 예를 들면, 지도교수와 제자의 관계, 담임목사와 부목사의 관계, 또 부부관계 등 생활 속 모든 관계에서(관점에서) 권력의 문제에 민감해져서 저항 포인트를 잡고 저항해야 한다는 것입니다. 이것이 분자혁명의 핵심입니다.

죄를 해결하는 두 가지 방법: 죄죽이기 VS 분자혁명

청교도의 위대한 신학자 존 오웬[445] 전집을 여러분이 가까이하시기를 권합니다. 저는 회심 후 존 오웬의 『죄 죽이기』 등의 저작들을 통해 큰 은혜를 받았습니다. 그의 저서 중 하나인 『신자 안에 내주하는 죄』도 죄에 대해 이해하고 대처하기 위해서 크리스천들의 필독서가 되어야 합니다. '신자인 내가 왜 죄에 있어서 무력한 것일까?'라는 의문에 존 오웬의 저서들은 해답이 됩니다.

『죄 죽이기』라는 책은 저에게 정말 대박이었습니다. 존 오웬 신학은 아주 미세한 부분까지 죄가 준동할 때 이 죄를 어떻게 대적해서 박살내는가에 대해 탁월하게 설명해 줍니다. 그러니까 우리의 일상생활 속에서 죄가 아주 미세한 영역에서 쑥쑥 솟아나는데 그걸 어떻게 밟

---

445 칼 트루먼/ 김재모 역, 『존 오웬: 17세기 최고의 르네상스형 신학자』, 부흥과개혁사, 2018. 존 오웬에 대해서는 이 책을 참조하는 것이 좋다. 존 오웬은 청교도혁명의 크롬웰의 군목으로 유명하다. 『죄 죽이기』와 『신자 안에 내주하는 죄』 등 청교도 신학을 이해하는데 중요한 저작들을 남겼다.

아버릴까를 굉장히 신학적으로 탁월하게 존 오웬이 정리했어요.[446]

제가 놀란 점은 가타리의 분자혁명과 존 오웬의 죄에 대한 설명이 그 구조와 작동방식에 있어서 거의 똑같습니다. 신좌파들이 주장하는 삶의 미세한 영역까지 이루어야 할 분자혁명이 추구하는 것과 존 오웬 신학은 구조가 일치합니다. 그러나, 죄에 대한 대응방식은 완전히 다른 두 가지 길을 가르칩니다.

죄성으로 인해 자꾸 죄를 짓고자 하는 욕망이 인간의 삶 속에서 추동합니다. 가타리와 같은 신좌파 철학자는 이것을 죄라고 생각하고 이것을 억압하려고 하지 말고 혁명적으로 생각을 바꾸어 적극적으로 실행하는 것이 혁명적이라고 가르칩니다. 집단난교 파티에 가고 싶은 A에게 신좌파는 죄책감을 갖지 말라고 조언해 줍니다. 오히려 그것을 금기로 가르치는 성윤리가 권력에 의한 억압이라고 가르쳐 줍니다. 오히려 그 억압과 싸우는 것이 이 부부에게는 혁명입니다. 배우자에게 신좌파 사상을 전해주고, 그녀가 A의 주장에 동의하게 되면, 그들은 함께 난교파티에 참여해서 성해방의 쾌락을 죄책감 없이 공유할 수 있습니다. A부부에게 더 이상 교회나 성경은 권위가 없습니다. 분자혁명 속에서 이 부부는 자유와 해방을 획득합니다.

거꾸로 청교도 신앙은 A가 어떤 상황에서 음란함을 추구하게 되는지 관찰하게 합니다. 성경이 가르치는 성적 금기와 윤리에 입각해서 그것이 죄임을 인식합니다. 기도와 말씀 묵상을 통해 은혜를 누리는 가운데 죄가 추동하는 환경을 정리하고 경건한 생활을 유지합니다.

---

446 John Owen, *The Mortification of Sin*, (Kindle ebook edition, 2010). 한국어판 '죄 죽이기'는 SFC 출판사가 2009년 출판한 단행본이 있다.

부부가 함께 경건한 생활을 위해 서로 권면하고 돕습니다. 죄가 슬슬 올라오면 그 죄에 맞서서 그 죄를 경멸하고 밟아버립니다. 이 과정을 '죄 죽이기'라고 존 오웬을 설명합니다. 죄를 이기는 가장 강력한 힘은 은혜로 생명의 삶을 누리는데 있습니다.

가타리와 같은 신좌파 철학자들은 기독교 성윤리와 규범을 해체해서 죄책감을 없애줍니다. 일상생활 속에서 담대하게 죄책감 없이 죄를 짓도록 도와주고, 이러한 일상에서의 저항을 분자혁명이라는 이름으로 교리를 만들어 줍니다. 존 오웬은 죄의 본질과 준동하는 원리를 크리스천에게 알려주고 죄와 싸우라고 가르칩니다. 청교도의 경건한 삶이 은혜로 충만해지는 길을 신학적으로 안내해 줍니다. 두 가지 길입니다.

자, 이제 여러분은 어떤 길을 선택하시겠습니까? 이것은 생명의 길과 멸망의 길입니다. 길은 두 갈래입니다. 여기에 예수 그리스도를 따르는 제자도의 인생과 신좌파의 분자혁명의 삶이 있습니다. 분자혁명의 길을 권하고 지지하면서 자신이 크리스천이라고 하는 목사와 신학자들은 모두 거짓 교사입니다.

창조질서를 깨면 규범이 해체된다

그람시의 고민은 68혁명을 통해 어느 정도 해결됩니다. 결국은 신좌파들이 창조질서를 법과 정치의 영역에서 문화투쟁으로 정면대응했더니 성경적 세계관을 기초로 세워진 견고한 진지가 붕괴되었습니다.

68 이후에 대세가 된 성정치·성혁명이라는 투쟁은 '정치적 올바름'이라는 이데올로기의 실현을 통해 기독교인의 종교의 자유와 표현의 자유를 위축시킬 수 있게 되었습니다. 프로테스탄티즘의 해체가 가능해진 것입니다. 가장 강력한 무기를 신좌파가 발견한 거예요. 그들의 분자혁명은 인간에게 죄로 인한 죄책감을 제거해 주었고, 기독교 윤리의 해체는 혁명의 가장 큰 원동력이 되었습니다. 인간이 죄책감 없이 죄를 지을 수 있게 된 것이 이들에게는 복음입니다. 제3의 성을 법적으로 인정하게 만드는 투쟁방식은 무신론과 유물론을 강화하는 동시에 성경의 규범적 권위를 해체하는데 크게 기여합니다.

창조질서는 피조물인 모든 인간이 따라야 하는 규범의 기초입니다. 안 믿는 사람들과 그들이 만드는 사회에서도 양심이 작동하기 때문에 금지규범이 존재할 수 있습니다. 그래서 법이 모든 사회에 존재합니다. 이것은 로마서가 가르쳐주는 규범의 원리입니다.[447] 신좌파들은 하나님을 경외하는 인간의 양심에 화인을 놓아줌으로써 모든 규범의 권위를 해체할 수 있었습니다.

유대인들은 하나님께서 모세에게 주신 법을 역사적으로 받았습니다. 모세가 가져와서 유대인들에게 알려줬어요. 그러니까 이스라엘은 율법을 압니다. 그러면 유대인이 아닌 사람들은 어떻게 합니까? 이미

---

447   율법 없는 이방인이 본성으로 율법의 일을 행할 때는 이 사람은 율법이 없어도 자기가 자기에게 율법이 되나니. 이런 이들은 그 양심이 증거가 되어 그 생각들이 서로 혹은 고발하며 혹은 변명하여 그 마음에 새긴 율법의 행위를 나타내느니라 (「로마서」 2장 14-15절)

설명한 것처럼, 기독교인이 아닌 인간도 양심이 있으므로 인간이 무슨 짓은 하면 안 되고(금지), 무슨 짓은 할 수 있고(허용), 어떤 행위는 반드시 해야 하는지(명령-의무)를 알 수 있습니다. 이것을 규범이라고 합니다. 로마서는 법의 존재 근거를 가르쳐 줍니다. 인간의 삶 속에서 창조질서가 깨지고 하나님에 대한 경외감을 제거하면 규범이 해체될 수 있습니다. 창조주 하나님을 경외하고 그의 법에 복종하고자 하는 양심을 파괴하는 것이 양심에 화인을 놓는 것입니다. 이렇게 규범이 해체되면 인간은 동물과 차이가 없어지게 됩니다. 창조질서와 하나님의 언약은 기독교 자연법의 기초입니다.

입법부가 주도해서 만든 실정법보다 크리스천에게는 하나님의 자연법이 더 중요해요. 하나님을 경외하는 개인은 하나님 앞에서(코람데오) 충성스럽게 도덕적 책임을 지는 개인이 될 수 있습니다. 종교개혁의 산물로 등장하는 소명의식과 직업윤리는 기독교 문화를 아름답게 만들었습니다.

본질로 돌아가 성경이 가르치는 제자도의 삶을 살겠다고 결단하는 종교개혁의 신앙은 책임지는 개인을 세웁니다. 그래서 제가 우리 PLI 청년 교육할 때 재미있는 예를 꼭 들어줍니다. 머리에 꽃 하나 꽂으면 무슨 범죄를 해도 처벌받지 않습니다. 왜냐면 심신상실자는 형사법에서 책임을 면제시켜 줍니다. '꽃 꽂은 거 안 보여?'라고 항변할 수 있게 되는 것이죠.

로마서 16장 17-18절에는 놈·놈·놈이 나옵니다. 나쁜 놈 셋이 나옵니다. 악을 행하는 놈(파당을 짓는 놈), 악을 옹호하는 놈, 그러니까 궤변을 일삼아서 악을 악이 아닌 것처럼 만드는 놈이죠 (배운 교훈을 거슬러 분쟁을 일으킴). 이놈이 악의 옹호자죠. 그다음에 위선 떠는 놈이 나와요. 그런데 위선 떠는 놈은 어떤 놈입니까? 자기가 비판하는 행위를 스스로 하는 놈입니다. '내로남불'이죠. 그리스도를 섬기는 척하면서 자기 배만 불리고 교활한 말과 아첨하는 말로 순진한 자들을 미혹합니다.

지구상에서 창조질서를 대적하고 성경적 규범을 해체하려는 세력들은 항상 이 세 가지 패턴의 악행으로 등장합니다. 이들은 성경이 가르치는 성윤리를 해체하고 궤변으로 하나님이 원하시는 정의(미쉬파트)가 실현되는 것을 방해합니다.

○○법무법인이 설립한 공익법인이 개최한 토론회에서 저에게 공격적으로 질문한 사람이 전도사였죠. 그 사람은 '왜 동성애는 인권인가?'라는 강의를 주로 크리스천들에게 하고 다니는 분이었습니다. 그분이 저에게 무슨 질문을 했냐면, 구약에서는 동성애자를 죽이라고 하는데, "그럼 우리는 동성애자를 죽여야 합니까?"라고 묻는 겁니다. 이 질문은 한 미국의 유명 드라마에서 대사로 나오기도 했지요. 그래서 제가 뭐라고 답변했을까요? 저는 '당신은 유대교 전도사냐?'라고 반문했습니다.

저는 웨스트민스터 신앙고백 19장을 인용하고자 합니다.[448] 하나님의 도덕법(자연법)은 폐기되지 않았습니다. 하나님이 주신 도덕법은 예수님 다시 오실 때까지 유효합니다. 그런데 무엇이 폐기될까요? 재판

---

448 로버트 쇼/ 조계광 역, 『웨스트민스터 신앙고백 해설』, 생명의말씀사, (교보 ebook edition, 2017), 19장 하나님의 율법, 참조.

법과 의식법은 바뀝니다. 다시 말해, 동성애를 한 자에 대한 재판에서 구약시대의 율법으로 더이상 재판하지 않습니다. 현대의 법제를 적용합니다. 한국은 군대에 적용되는 군형법 외에 동성애를 처벌하는 법이 없습니다. 미국은 과거에 일부 주에서 동성애를 형사 처벌했지만 현재는 어떤 주도 처벌하지 않습니다. 그리고 예수님이 오신 후 구약의 제사를 드리지 않고 우리는 교회에서 예배를 드립니다. 제사를 드리는 것을 규정한 법규 등이 의식법입니다. 영원한 효력을 갖는 하나님의 도덕법은 우리에게 규범의 원천이자 도덕적 판단의 근거가 됩니다. 크리스천에게는 실정법보다 우선하고 우월한 권위를 갖습니다.

제가 구약학자이면서 동성애를 옹호하는 김○주 목사를 비판했던 포인트가 뭐냐면, 바로 하나님의 정의(미쉬파트)와 공의(체타가)는 하나님의 창조질서와 무관하지 않습니다. 동성애나 제3의 성을 인정한다는 것은 하나님의 창조질서를 부정하는 것입니다. 창조질서를 부정하는 자는 하나님의 정의와 공의를 입에 담을 수도 없습니다. 하나님의 영원한 도덕법의 내용과 효력을 부정하는 자가 하나님의 공의와 정의를 외치고 있으니, 이자가 로마서에서 가르치는 궤변으로 순진한 사람들을 미혹하는 악인이 아니고 무엇이겠습니까?

소외와 혁명

철학자 포이어바흐(Ludwig Andreas Feuerbach, 1804-1872)를 이해하는 것

도 아주 중요합니다. 포이어바흐가 '기독교의 본질'에서 주장하는 핵심은 소외예요. 소외. 인간이 소외됐다는 겁니다. 그러니까 하나님이 인간을 창조한 것이 아니라 인간이 필요해서 하나님을 창조했다고 말합니다. 특히 기독교는 인간을 소외시키는 핵심 기제가 됩니다.

마르크스가 등장하면서 포이어바흐를 비판한 게 뭐냐면 '너는 소외를 주장한 건 잘했는데 왜 종교에 국한해서만 소외를 논하냐?'라고 비판합니다. 그러니까 마르크스는 생산 관계와 노동의 문제를 통해 소외를 설명합니다.

실존주의가 '소외'를 중요한 철학의 주제로 삼지요. 사르트르(Jean-Paul Sartre, 1905~1980)는 마르크스 더하기 실존주의입니다. 루이 알튀세르 (Louis Althusser, 1918~1990)는 구조주의 더하기 마르크스입니다. 성정치 얘기하는 빌헬름 라이히는 마르크스 더하기 프로이트입니다. 실제로 사람이 소외되어서 실존적인 고통 속에 있습니다. 실존적 인간은 소외되어 있어요. 창조주의 품을 떠난 인간존재는 소외감으로 고통받을 수밖에 없기 때문이죠.

인간의 소외감에 대해 얘기하면서 이 문제를 여성에게 적용하면, 그 구조가 페미니즘과 성정치가 연결되는 구조를 만들게 됩니다. 그러니까 역사적으로 여성들이 실제로 억압받고 소외되었습니다. 단계적으로 이것이 점차 법의 영역에서 개선되었어요. 그래서 제가 지난 시간에 뭘 얘기했습니까? 정의론 얘기하면서 가치중립이 인간 사회에서 가능하냐고 물었었죠. 국가와 법이 가치중립적 관점에서 힌두교든 이슬람이든 여성의 권리를 침해하는 문화를 비판하면 안 된다고 가르치는 것이 '정치적 자유주의'라고 설명했죠.

이런 입장을 고수하면서 즉, 이슬람의 여성차별과 권리침해를 비판하지 않으면서 여성인권을 논하는 것은 그야말로 넌센스입니다. 국가와 법이 이슬람을 차별하면 안 되니까 이슬람에 대해서는 비판해서는 안 된다는 명제가 힘을 갖게 됩니다. 이런 이유로 이슬람권이나 무슬림 가정에서 자행되는 여성 인권 침해를 묵인한다면 어떻게 되겠습니까?

공적 영역이나 직업의 세계에서 무슬림은 차별받아서는 안 됩니다. 그러나, 공화주의적 관점에서 우리는 분명하게 이슬람 문화 속에서 차별당하고 권리를 박탈당하는 여성들의 고통에 침묵하면 안 됩니다. 소외를 비판하면서 정작 여성을 소외시키는 종교에 대해서 침묵하는 것이 인권을 위한 것이라는 황당한 상황이 만들어집니다. 오히려, 인도 사회에서 여성들이 자주 성폭행에 희생되거나 여성을 학대하는 문화와 관습을 근본적으로 해결하려면 기독교 선교를 통한 문화의 개혁이 더 중요하다고 할 수 있습니다. 인도에서 선교하는 것도 인권침해라고 주장하는 극단적인 신좌파 이데올로기는 인간소외와 인권 퇴행의 원인이 됩니다.

인간의 소외를 해결하겠다는 포이어바흐와 마르크스는 기독교를 적이자 인민의 아편으로 설정했습니다. 그러나 정작 이런 철학과 이데올로기가 가져오는 것은 인간을 소외시키는 제도의 정당화입니다. 복음이야말로 본질적으로 소외의 문제를 해결할 수 있습니다.

섹스 & 젠더 & 섹슈얼리티

여기서 개념을 정확하게 정리하고 갑시다. 젠더(gender)와 섹스(sex)는 어떻게 구별할까요? Sex는 생물학적인 성을, gender는 사회문화적 성을 의미합니다. 그런데 gender라는 용어를 사용하면 무조건 남자와 여자 외에 수십 가지 젠더를 인정하는 것이라는 잘못된 지식이 교계에 확산되어 있습니다.

예를 들어 봅시다. 조선 시대 갑순이가 있어요. 우리 엘정책연구원 PLI의 핵심 브레인 여학생 A가 있어요. 갑순이와 A는 생물학적으로 섹스가 동일하게 '여성'이죠. female이죠. 그러면 gender는 어떨까요? 조선 시대 갑순이와 A의 사회문화적 성역할은 완전 하늘과 땅 차이입니다. 조선 사회가 역사문화적으로 규정한 여성성이 있죠. 그러면 그 여성성이 규정한 전형적인 성역할(gender role)이 갑순이에게 주어집니다. 그러니까 '칠거지악'같은 악습이 갑순이에게 적용되겠지요. A에게 칠거지악을 적용할 수 있어요? 지금 현대사회의 여성에게 칠거지악 있어요? 없잖아요. 그러니까 A가 자신의 젠더가 여성이라고 할 때 현대의 여성 젠더와 조선시대와는 엄청난 차이가 존재합니다. Gender 개념은 이런 차원에서 유용합니다.

제가 깜짝 놀랐던 경험이 있어요. 영국에서 노벨상 받은 과학자 문하에서 박사과정을 하는 여학생이 있었어요. 그런데 이 여학생이 결혼 적령기가 됐어요. 연세 드신 목사님이 이 여학생에게 "빨리 공부 그만두고 결혼해라! 그리고 집에 들어앉아라"라고 하시는 거예요. 이

목사님이 다른 여성들에게도 동일한 조언을 하시는 겁니다. "여자는 집에 있어라. 그래야 균형이 맞고 조화롭다. 그리고 네가 돈을 안 벌어야 남편 기가 살고 열심히 돈을 번다. 네가 돈 벌어오면 저놈이 게을러진다. 이래야 조화가 맞는다"라고 하셨어요.

그래서 제가 이 말씀을 듣고 있다가 이 조언은 유교적 성역할에 기초한 '젠더'관념이지, 복음주의 성경적 세계관이 가르치는 젠더 관념이 아니라고 생각했어요. 저는 우리 부부가 동역하면서 젠더에 대한 성경적 이해를 할 수 있었어요. 돕는 배필이라는 아내의 역할은 뭘까요? 제 아내는 절대 자기 의지를 쉽게 굽히지 않습니다. 결혼 전에는 페미니스트였어요. 결혼 후에도 자주 의견대립이 있어서 정말 힘들었어요. 제가 '광산 이가'입니다. 문중에서 선산을 보여주면서 집안 어르신이 아내에게 이것저것 설명을 해 주었습니다. 선산에 무덤들을 보면 한자로 이름을 써 놓았지요. 무슨 대부 이○○ 이런 식이죠. 그런데 그 옆에 숙부인 밀양박씨 이렇게 나오잖아요. 그런데 제 아내가 "여자는 왜 이름이 없어요?"라고 돌발질문을 했어요. 그랬더니 어르신이 "여자는 원래 이름을 여기에 안 쓴다"라고 대답하셨죠. 그러면서 그 할아버지가 "너도 죽으면 여기에 묻혀야 되는데 네 이름도 여기에 안 쓴다. 그냥 성주이씨 부인이야"라고 추가 설명을 하셨어요. 아내가 갑자기 "말도 안 돼요. 저는 안 할래요. 내 이름 안 써주면 여기에 안 들어가요"라고 말했어요.

그래서 할아버지들이 다 난리가 났지요. 어디서 저런 애를 데리고 왔냐고요. 저도 거기서 좀 두려웠는데 아내가 워낙 당당하니까 문중의 할아버지들이 기가 죽으셨지요. 아내가 회심한 후에도 의견충돌이 있을 때 자신의 주장을 잘 굽히지 않았어요. 그런데 사역을 하면서 정말 잘 도와주었습니다. 아내가 도와주지 않으면 사역은 모두 정지됩니다. 제가 아내와 동역하면서 깨달은 것이 뭐냐면 아내가 탁월하다는 것입니다. 그러니까 저는 재료가 흙인데 아내는 세라믹이네요. 저와 아내의 관계는 우열의 차원이나 한쪽이 무조건 순종해야 하는 유교적 젠더 관습과 아무런 관계가 없습니다. 너무 다른 두 사람이 하나의 인격을 이룰 수 있는 것은 하나님의 은혜이자 창조의 의미입니다. 남과 여는 서로 다르기 때문에 사랑할 수 있습니다. 불완전한 둘이 완전한 하나가 되는 원리입니다.

저와 아내의 관계처럼 전제된 남자와 여자 외에 제3의 젠더가 존재할까요? 우리 크리스천들이 양보할 수 없는 부분이 바로 이것입니다. 젠더라는 말을 절대로 쓰면 안 되는 것이 아니라, 양성(gender binary) 외에 제3의 젠더를 인정하는가가 문제가 됩니다.[449] 우리는 하나님이 창조하신 남자와 여자 외에 인간에게 non-binary (제3의) gender가 있다고 인정할 수 없습니다. 미국의 뉴욕에서도 논란이 된 것은 제3의 젠더를 인정했기 때문이지 젠더라는 말을 사용했기 때문이 아닙니다.

Sex든 gender든 법률용어는 반드시 확정적 개념이어야 됩니다. 그러니까 어떻게 우리의 주장을 개진하면 좋을까요? 성별에 관한 용어를 젠더로 사용하더라도 '양성평등'이라는 법적 용어를 사용하면 됩니다. '양성평등기본법'에 기초해서 우리는 양성평등과 양성이라는 확정

---

[449] Sex와 Gender, 그리고 Sexuality 개념에 대해서는 Jennifer K. Bosson 외, *The Psychology of Sex and Gender* (California: SAGE Publication, 2019), Kindle edition. 참조.

적 용어를 공식적으로 사용할 수 있습니다. 젠더는 양성(gender binary)만 존재합니다.

국가인권위원장 후보로 거론되던 한○○ 교수와 제가 토론할 때 제가 이길 수 있었던 것도 한교수님이 젠더 개념이 확정적이지 않다고 주장했기 때문입니다. 법적으로 성별개념이 불확정적이라면 그것은 법적 안정성이라는 법이념을 파괴하는 것이 될 수 있습니다. 그의 주장이 용인된다면 가족법을 해석할 수 없게 되겠지요. 우리가 '젠더'라는 용어를 절대로 사용하면 안 된다는 등의 불필요한 투쟁을 벌이는 것은 소모적인 것입니다.

다음은 sexuality개념입니다. '섹슈얼리티'는 성충동이나 성욕을 포함하는 개념입니다. 예를 들어, 지금 반동성애 기독교 진영 활동가들이 sexuality라는 단어만 보면 흥분해서 "이거 나쁜 거야. 무조건 반대다"라고 주장하는 경향이 있어요.

Sexuality라는 단어를 써서 (신학적으로나) 윤리적으로 문제가 되는 게 아닙니다. 역사적으로 영지주의 이단을 제외하고 정통 교회가 sexuality를 부정한 적이 없어요. 성경적으로 중요한 것은 도덕적 sexuality만 인정한다는 기독교 윤리입니다. 혼인 관계에서의 도덕적 sexuality는 정당한 것입니다. 불륜이나 동성 간의 섹슈얼리티는 죄입니다. 인간이기 때문에 부적절한 상대에게 sexuality를 느낄 수는 있지만 실행해서는 안 됩니다. 그러니까 sexuality 자체가 악인 것이 아니라, 사랑하는 배우자와의 일대일 관계에서 fidelity(충실함)를 지키는 그 sexuality만 성경이 용인하는 것입니다. 배우자가 함께 한다고 해도,

다자성애(폴리아모리)나 파트너를 교환하는 것(스와핑)과 같은 부도덕한 성관계는 성경적으로 모두 죄입니다. 이제 sex, gender, sexuality 개념들이 이해되셨지요? 이 개념들에 대해 혼란을 의도적으로 야기하고, 이 개념들에 관련한 윤리적 기초를 해체하는 것이 신좌파 이데올로기라고 할 수 있습니다.

주디스 버틀러 이해하기

주디스 버틀러(Judith Butler)는 동성애 정치투쟁 진영에 엄청난 영향을 끼쳤습니다.[450] 버틀러는 푸코 · 들뢰즈 등 프랑스 후기구조주의 철학자들 영향을 받은 이른바 '포스트모던 페미니즘'의 대표 주자이기도 합니다. 주디스 버틀러가 EBS 석학강좌에 등장한다고 하자 이를 반대하면서 일부 반동성애 진영의 인사들이 버틀러를 소아성애 지지자라고 주장하기도 하고 푸코를 계승한 학자인 것처럼 주장하기도 했지요. 그런데 이런 주장들은 그 근거가 빈약합니다.

버틀러가 푸코와 들뢰즈 등의 철학으로부터 영감을 얻거나 영향을 받을 수 있지만, 푸코를 계승했다고 보기 어렵습니다. 그리고 푸코가

---

450 주디스 버틀러, 『젠더 트러블: 페미니즘과 정체성의 전복』, 문학동네, 2008, 『윤리적 폭력 비판』, 인간사랑, 2013, 『불확실한 삶: 애도와 폭력의 권력들』, 경성대출판부, 2008, 『주디스 버틀러의 철학과 우울』 (사라 살리, 김정경 옮김, 앨피).
『안티고네의 주장』 (주디스 버틀러, 조현순 옮김, 동문선), 『여성주의철학 입문』 (우줄라 마이어, 송안정 옮김, 철학과현실), 『여성주의 철학』 (앨리슨 재거, 아이리스 마리온 영 편집, 한국여성철학회 옮김, 서광사)

과거에 소년을 성폭행했다고 기소르망이 폭로했다고 해서 자동으로 버틀러가 소아성애를 이론적으로 지지했다고 주장하는 것은 비합리적입니다. 설령 버틀러가 이론적으로 푸코를 계승했다고 해도, 푸코의 성폭행 사실이 버틀러의 소아성애 지지 여부에 대한 이론적 근거가 될 수는 없겠지요?

빌헬름 라이히를 설명하면서 이미 언급했지만 프로이트는 치료를 위해 환자에게 근친상간 등의 갈망에 대해 진술하게 했습니다. 하지만 프로이트는 이를 실행하라고 주장한 적이 없지요. 버틀러가 근친상간을 정당화시켰다는 주장도 버틀러가 프로이트를 인용하면서 설명한 내용을 비판자가 오독했을 가능성이 큽니다.

주디스 버틀러는 뒤에 자세히 설명할 페미니즘의 계보에서도 특별한 지위를 갖습니다. 제2기 페미니즘 이후 페미니즘의 논의를 한 차원 상승시킨 사상가로 평가되고 있습니다. 특히, '여성 없는 페미니즘'이라는 별칭을 얻게 된 그의 이론은 젠더의 정체성 자체를 부정하는 것이 매우 독특합니다.

우리는 쉽게 이런 질문을 할 수 있습니다. '레즈비언 커플 중에 남자 역할을 하는 〈부치〉와 여자 역할을 하는 〈팸〉이 있는데 이것은 페미니즘의 오류를 지적하는 좋은 예가 아닌가?'라구요. 그러나, 버틀러는 이미 여성이 여성적 여성과 남성적 여성으로 분리 가능하다는 것 자체가 남녀의 이분법적 구도를 허무는 것이며, 젠더 교차적 동일시의 가능성을 보여주는 것이라고 설명합니다. 저도 대학원생 때 법여성학을 전공하는 후배와 논쟁하다가 이렇게 한 방 먹었지요.

문제는 '부치'와 '팸'이라는 이분적 구도는 역설적으로 생물학적으로 주어진 성으로서의 여성과 강박적인 문화의 압력에 의해 형성되어 가는 여성이라는 이분법을 내적으로 이미 함축하고 있다는 것입니다. 버틀러는 생물학적 성인 'sex'도, 문화적인 성인 'gender'가 규정한다고 주장했습니다. 버틀러 이론의 특징이 여기 있습니다. 흔히 젠더이론에서 말하는 것처럼 젠더가 수십가지가 존재한다는 방향이 아니라, 확고부동하게 전제된 것으로 믿었던 sex가 사회문화적인 gender에 의해 규정된다는 충격적인 이론입니다.

　버틀러는 원본과 패러디라는 관점에서 이러한 남자 역할의 여성과 여성 역할의 여성의 문제를 설명함으로써 젠더 그 자체가 근원이 없는 모방임을 드러냅니다. 버틀러는 엄청 똑똑해요. 다시 말해, 패러디는 원전이 이미 존재하고 이 원본에 대한 모방이라는 의미로 인식하는데 진실은 모방이라는 행위 자체가 원전의 진본성이나 권위를 손상시키기 때문에, 더 이상 원전/모방본이라는 이분법적 구분이 불가능하게 된다는 뜻입니다. 따라서, '젠더 패러디'는 젠더 자체를 양식화한 후에 원래의 정체성은 그 자체가 기원이 없는 모방의 일종이라고 설명합니다.

　기존의 페미니즘은 남자와 여자의 성별(sex) 구분을 전제한 후 여성의 사회적 지위 향상을 도모했습니다. 이와 달리, 포스트모던 페미니즘은 태어나면서부터 본질적으로 결정된 성적 정체성은 없다는 주장을 펼칩니다. 버틀러는 생물학적으로 타고난 성별(sex) 조차도 사실은 후천적으로 형성된 젠더(gender)처럼, 반복적인 모방적 실행을 통해 문화적으로 구성되었다고 주장합니다. 성별과 젠더의 구분을 거부하고 이들을 모두 제도적 지배 담론의 산물로 간주하는 것입니다.

성 정체성의 해체는 이성애-동성애의 구분조차 권력 담론의 일부로 비판하면서, 동성애를 이성애의 권력적 입장에서 천시할 근거가 없다는 주장으로 이어집니다. 여성주의 이론이 여성의 권리 향상 차원을 넘어 남성까지 포함한 소수자의 성애 문제로 관심이 확대되는 지점입니다. 동성애에 대한 버틀러의 새로운 인식론을 '퀴어(Queer) 이론'이라고 부르기도 합니다. 버틀러의 철학에 대해 '여성 없는 페미니즘'이라는 비판이 제기되는 배경이기도 합니다.

확장된 친척 관계와 공동체 네트워크 이론은 전통적인 가족보다 넓은 개념입니다. 버틀러는 출산·성장의례·결혼·노화·죽음(장례)처럼 인간의 삶을 끊임없이 재생산해내는 소중한 것들이 좁게 정의된 가족 형태 안에서만 가능하다고 보지 않습니다. 그녀는 확장된 친척 공동체, 사회제도, 의료제도 등을 유기적으로 연결할 것을 주장합니다.

한국의 좌파들이 헌법에 삽입하고자 하는 평등한 개인이 구성하는 가족이라는 이념은 버틀러의 철학과 관계가 있습니다. 가족을 재정의하고 가족보다 넓은 개념의 친족공동체와 이에 따르는 각종 사회·의료제도를 통해 가정과 사회 국가를 재정의하고자 시도하는 것입니다.

한부모 가정, 조부모가 양육하는 가정, 입양가정 등에 대한 사회의 따뜻한 배려가 필요합니다. 간혹, 비뚤어진 기독교인들이 폭력적으로 다양한 형태의 가정에 대한 배려와 존중을 좌파정치라고 비난하는 것은 잘못된 것입니다. 잘못된 혐오나 배제의 논리에 빠지는 것은 크리스천의 방식이 아닙니다. 이 부분에서 특별한 분별이 필요합니다.

페미니즘의 계보[451]

버틀러 이론도 공부했으니 요즘 정치적으로도 핫 이슈인 페미니즘의 계보를 살펴보도록 하겠습니다. 먼저 사상에 따라서 페미니즘을 분류할 수 있습니다.

1. 자유주의 여권론

자유주의 여권론은 초기의 페미니즘입니다. 자유주의 사상은 서구사회가 봉건제에서 자본제 사회로 이행하는 과정에서 18세기에 생겨난 새로운 이념입니다. 자유주의는 인간의 본성이 이성에 있으며 만인은 이성적 존재로서 동등하다고 여깁니다.

이러한 믿음은 봉건적 신분질서를 무너뜨리는 해방적 역할을 했습니다. 여성들이 자유주의 이론에 힘입어 남성들의 특권에 저항하였습니다. 루소나 로크의 이론에 여성을 포함시키는 것을 주요 내용으로 합니다.

저는 고전적 자유주의 여권론은 여권신장에 기여했다고 긍정적인

---

451 (사)한국여성연구소, 『새 여성학 강의: 한국사회, 여성, 젠더』, 동녘, 2013.

평가를 합니다. 양성평등이 법의 영역에서 실현되는 것은 남과 여 모두에게 좋은 것입니다. 양성평등이 실현될 때 결혼도 가정도 행복해지지 않겠습니까?

2. 마르크스주의 페미니즘

잘 나가다가 삼천포로 빠지는 것처럼, 페미니즘도 막장으로 가는 '터닝 포인트'에 마르크스가 있습니다. 계급모순이 기본적인 문제라는 마르크시즘의 전제를 인정하면서 여성 억압을 낳는 궁극적 요인을 사적 소유제 혹은 근대적 자본주의 체제로 보는 이론입니다.

엥겔스는 출산에서의 역할 차이와 같이 남녀의 생물학적 차이에서 비롯된 성별 분업이 인류 사회 최초의 분업이라고 봅니다. 이는 다시 집안일과 바깥일을 나누어 맡게 되고 사회경제적 변화로 바깥일이 중요해지면서, 남성이 지배권을 갖고 여성을 종속시켰다는 설명입니다. 이들은 성역할과 성 위계질서는 자본주의의 체제 유지를 위해 필요하다고 주장합니다.

이분들이 조선시대를 몰라서 이런 얘기를 한 것 같습니다. 유교적 차별질서가 숨 막히게 성역할을 고정시키고, 성 위계질서를 강화했습니다. 조선은 근대적 자본주의와 관계가 없습니다. 이슬람 극단주의 탈레반은 여성들 착취해서 자본주의를 엄청나게 발전시켰나요? 이들의 주장은 제가 볼 때 서구사회에도 적용하기 힘든 것 같습니다. 오히려 자본주의가 고도로 발달하면서, 여성들의 사회진출이 늘고 경제적으로 자립할 수 있지요. 여성의 권리가 신장되는 것 아닌가요?

3. 급진적 페미니즘

a. 생물학주의

페미니즘 중에 급진주의는 미국에서 생겨났습니다. 선두주자로 파이어스톤(Shulamith Firestone)이 있습니다. 이분은 '불붙은 돌'이라는 이름이 참 어울리는 투쟁가입니다. 파이어스톤은 남성이 여성의 성과 출산을 통제함으로써 여성을 지배해 왔다고 주장합니다. 부와 모, 그리고 자녀로 구성되는 생물학적 가족체제가 여성의 억압을 낳는다고 역설합니다. 따라서, 여성이 해방되려면 생물학적 가족이 해체되어야 합니다. 점진적으로 여성이 과학기술을 통해 출산에서 벗어나야 한다는 급진적 주장을 했습니다. 여성의 생물학적 특성을 억압의 토대로 보기 때문에 생물학주의라고 불립니다. 생물학적 여성의 해체가 정치적 목표가 됩니다.

b. 문화주의

케이트 밀렛은 심리·문화적 차원을 강조합니다. 여성 종속의 근원보다는 종속을 재생산하는 (문화적) 기제 자체에 집중합니다. 문화적 차원에서 여성성과 남성성의 발상이 완전히 문화적으로 소멸되어야 한다고 주장합니다.

남녀 간의 사랑을 강조하는 이성애주의는 남성중심주의 가부장제도와 깊이 관련되어 있다고 비판합니다. 남성 위주의 성애와 사랑을 강조함으로써, 여성을 종속시키고 지배한다고 주장합니다. 이성애 관계를 평등하게 하는 것에서부터 이성애 자체를 거부하는 것에 이르기까지 다양한 이론과 주장이 전개되고 있습니다.

동성애를 지지하고 제도적으로 보장·강화하고자 하는 전략은 결국 이성애가 정상이 아니라 문화 권력인 가부장제를 실현하기 위한 허위의 권력 놀음일 뿐이라는 것을 입증하고 자신들의 주장을 강화해 나가기 위한 것입니다. 페미니즘을 신봉하는 자들이 기본적으로 동성애를 지지하고 이를 정치투쟁에 활용하게 되는 이유가 '성별'을 문화적 산물로 보기 때문입니다.

4. 사회주의 페미니즘

마르크스주의와 급진적 페미니즘이 결합한 것입니다. 자본주의와 가부장주의가 어떻게 결합하여 '성억압'을 발생시키는가에 집중하는 사조입니다. 자본주의와 가부장적 가족의 해체가 이들의 최종 목표입니다.

5. 포스트모더니즘적 페미니즘

푸코와 들뢰즈 등의 영향으로 등장한 주디스 버틀러의 이론을 변형해서 등장한 페미니즘입니다. 이들은 여성과 남성이라는 구분 틀 자체를 해체해야 한다고 주장합니다. 소위 '젠더 이데올로기'가 포스트모더니즘적인 차원에서 구성되는 것이라고 설명할 수 있습니다.

1960년대 이후 2기 페미니즘

페미니즘의 계보는 이론적으로 매우 복잡한 분화와 논쟁을 거치기 때문에 단순하게 정리하기 어렵습니다. 앞에서는 배경 사상에 따라 분류를 해보았는데요. 1960년대 이후에는 제2기 페미니즘이라고 불리는 본격적인 논쟁 시기에 돌입하게 되면서 사회주의, 포스트모더니즘 등 당대의 철학들과 교류하면서 이론과 실천의 양면에서 급속도로 페미니즘 진영이 팽창하게 됩니다.

제2기 페미니즘의 출현과 함께 등장한 '급진적 페미니즘'은 계급문제를 해결하더라도, 여성문제에 대한 전반적인 해결은 어렵다고 판단했습니다. 계급과 성문제를 다른 차원에서 조망하는 '성계급'이라는 용어를 사용하기 시작했지요. 밀렛, 화이어스톤, 델피 등이 주요 인물입니다. 저는 개인적으로 '화이어스톤'이 제일 무섭습니다. 막스 베버와 인류학자들에 의해 활용되어 온 '가부장제'라는 개념을 끌어와 이를 중심으로 여성억압의 현상들을 분석합니다. 베버는 프로테스탄트 윤리와 자본주의에만 기여한 것이 아니죠. 사회과학 전반에 그의 흔적이 있습니다.

제2기 페미니즘은 가부장제를 남성의 통치뿐만 아니라 이성애 제국주의와 성차별주의를 포함하는 것으로 봅니다. 이성애를 사회가 문화적으로 강제하는 정치적 제도로 인식하고 남성다운 행동과 여성다운 행동에 대한 정의를 형성하기 위한 언어와 지식을 통해 강화되는 문화로 보는 문화주의 이론을 강화했습니다.

특히, 이들은 가부장제를 남성권력과 여성예속을 유지하고 재창조하기 위해 남성이 만들어낸 구조와 제도들의 체계로 보면서 이에는 법, 종교, 가족과 같은 제도적 구조와 여성의 열등한 지위를 영속시키려는 이데올로기가 모두 포함된다고 보았습니다. 결국, 이들은 가부장제 이데올로기를 해체하기 위해 스스로 이데올로기화 되는 과정을 거치게 됩니다. 이들은 가부장제와 자본주의의 관계에 대한 논쟁을 벌이면서 다양한 분파로 발전해 나갔습니다.

가부장제와 자본주의에 대한 이중체계론은 가내 생산양식에서의 생산과 재생산 활동의 여성억압에 초점을 맞추어 설명하는 이론으로써, 가부장제와 자본주의는 상호자율적인 각각의 착취체계와 계급체계를 가지고 있다고 주장합니다. '임신중절'의 낙태를 여성의 재생산권으로 보자는 정치적 주장들의 근거가 되는 페미니즘 이론입니다.

이들은 가부장제를 가사노동, 임금노동, 국가, 남성폭력, 성 등을 포함하는 생산양식이라고 정의하거나 계급관계와 동등하게 사회 성격을 결정하는 억압체계로서 독립적인 기원과 물적 토대를 가지고 있다고 주장하기도 했습니다.

제2기 페미니즘은 '정신분석과 여성해방론'을 제시하기도 했습니다. 레비스트로스와 알튀세르의 이론을 통해 가부장적 문화의 특징을 설명하면서 가부장제를 토대로부터 자율성을 가지고 있는 이데올로기라고 정의합니다. 그러나, 이들은 점차 가부장제는 단순한 이데올로기로만 볼 수 없고, 자본주의와 똑같은 정도의 중요성과 비중을 지닌 물적 체계라고 할 수는 없지만, 경제, 정치, 사회, 문화 등의 물적 토대와 연관된 개념이라는 것을 인정하게 됩니다. 가부장제는 물적인 힘을 가지고 있지만, 경제적 토대는 아니며 이데올로기를 포함한 상부구조의 일종으로 볼 수 있다고 설명합니다.

자! 여러분, 이정도 공부를 하고 나니, 페미니즘을 통한 문화투쟁과 정치투쟁의 흐름이 보이지요? 어렵다고 생각하지 마시고 여러 번 강독하면서 저의 영상강의를 청취하시면 좋습니다.

●●●

서구세계의 자유는 어떻게 침식되었나?

내가 주의 법도들을 구하였사오니 자유롭게 걸어갈 것이오며 (시편 119:45)

앞에서 자세히 살펴보았던 68혁명은 유럽이 무법천지가 된 68년의 그 소요사태 자체가 중요한 것이 아닙니다. 중요한 것은 인류사의 흐름을 바꾼 68의 정신을 구성했던 철학과 이데올로기입니다. 여기서 제가 주목하는 건 자유에 타협이 없던 서유럽과 북미에서 자유를 억압하는 법을 용인하기 시작했다는 것입니다. 우리는 신좌파가 추구하는 프로테스탄티즘의 해체라는 정치-문화 투쟁에 대해 숙고해 보아야 합니다. 그러니까 이제 21세기에 프로테스탄티즘의 종말이냐는 문제에 직면한 것입니다.

이 문제에 대해서는 이미 20세기에 신학자 폴 틸리히(Paul Tillich, 1886-1965)가 잘 분석해서 정리했습니다.[452] 종교개혁의 산물인 프로테스탄티즘은 서구의 기독교 문명을 구축했어요. 정치적으로는 자유민주주의를 정착시켰고, 법치주의의 전통을 만들었습니다. 종교의 자유를 중심으로 한 자유권적 기본권에 대한 강력한 시민적 의지가 종교개혁 이후 서구정치에서 매우 중요했습니다. 개인의 자유를 상징하는

---

[452] 폴 틸리히/ 이정순 역,『프로테스탄트 시대』, 대한기독교서회, 2011 참조.

종교의 자유와 표현의 자유를 침해하는 공권력을 용납하지 않는 전통이 영미권의 정치 문화였습니다.

그런데 이 68의 정신이 시대정신이 되고, 서구의 정치전통이 무너지면서 자유를 침해하는 것을 시민들이 지지하는 이상한 정치 현상이 강화되기 시작했습니다. 서유럽과 북미가 '정치적 올바름'(PC)이라는 열병을 앓고 있습니다.

정치적 중립에서 정치적 올바름으로

PC, 즉 정치적 올바름(Political Correctness)에 대해 이해하려면 정치적 자유주의(political liberalism)에 대해 우선 이해해야 합니다. 그러니까 자유주의라고 보통 얘기를 할 때 존 로크가 얘기했던 전통적 자유주의와 PC로 변형된 소위 '리버럴'이라고 불리는 미국 좌파들의 사상을 구분해야 합니다.

존 롤스가 20세기에 등장해서 자유주의 정의론을 정리할 때 정치적 자유주의(Political Liberalism)는 이론적으로 매우 탁월했어요. 왜냐면 존 롤스 이후와 이전의 정의론을 구분할 정도로 그의 영향력은 컸습니다. 미국 사회를 생각해 보면, 왜 롤스의 정의론이 중요한지 이해할 수 있습니다. 미국 사회가 아직도 기독교 중심이지만, 인종과 종교의 측면에서 다원주의를 지향하고 있습니다. 다원화의 속도도 빨라지고 이에 따른 법적-정치적 요구도 강화됩니다. 힌두교나 이슬람 인구도 증가하고 있습니다.

다원화된 사회가 전제되었을 때 정의의 대원칙은 국가와 법의 중립성이 될 수 있습니다. '옳음이 좋음에 우선한다'는 명제는 '법과 국가가 가치 중립적인 태도를 취하는 것이 정의의 원칙이다'라는 뜻입니다. 예를 들면, 힌두교 여성관은 나쁘다 또는 이슬람의 여성관은 '나쁘다'와 같은 '좋다-나쁘다'의 가치평가를 국가나 법이 해서는 안 된다는 것이 자유주의적 입장에서 정의의 대원칙이 됩니다. 그래야만 개인의 정치적 자유가 가능한 범위 내에서 균등하게 보장될 수 있겠지요.

존 스튜어트 밀의 자유론에서 '표현의 자유'는 정말 중요합니다. 존 스튜어트 밀이 주장한 '사상과 표현의 자유시장'의 보장이라는 원칙이 서구사회를 지배했다고 해도 과언이 아닙니다. 어떤 사상도 표현의 자유가 보장된 시장에서 경쟁할 수 있습니다. 국가가 간섭해서 어떤 사상이나 종교를 장려하는 것이 아니라 완전한 자유가 보장된 상태에서 서로 경쟁합니다. 따라서 강자가 시장에서 살아남게 됩니다.

기독교 교파를 시장에 진출한 경쟁 주체로 표현하는 것은 기분 나쁘지만, 미국에서 종교사회학자들이 남침례교의 승리를 설명하는 것도 교단이 정부의 지원을 받는 것이 아니라 철저하게 자유가 보장된 상황에서 감리교나 장로교보다 부흥했다는 사실을 분석한 결과입니다.[453] 서구사회에서 정치적으로 자유를 보장한다는 의미의 핵심은 어떤 종교나 사상이 좋다 혹은 나쁘다고 가치평가를 통해 시장에 개입

---

453 로저 핑크, 로드니 스타크/ 김태식 역, 『미국 종교 시장에서의 승자와 패자(1776-2005)』, 서로사랑, 2014. 참조.

하지 않는다는 것입니다. 그래서 정교분리의 헌법적 원칙이 중요해집니다.

미국에서 이러한 정치적 자유주의에 마르크스-레닌주의 사상이 끼어들고 영향력을 점차 확대하면서 가치중립의 원칙이 변질되기 시작합니다. 소수자의 동등한 정치적 자유를 보장하기 위한 정의의 원칙들이 '중립'에서 '올바름'으로 바뀌었습니다. 소수자의 권리를 보호하기 위해서는 '중립성'에 머무를 것이 아니라, 소수자에 대한 혐오표현 등을 적극적으로 제재해야 한다는 식의 정치 운동이 세력을 얻게 됩니다. 소수자는 특별한 보호를 받아야 하니까 소수자들에 대해 비판하는 것은 약자를 공격하고 혐오하는 것이라는 주장이 힘을 얻게 됩니다. 소수자에 대한 부정적인 표현들은 혐오표현으로 낙인찍어 쉽게 정죄하는 상황에 이르게 되었죠. 여기에 더해 올바른 말만 하라는 강요와 함께 혐오표현을 법적으로 제재하기에 이릅니다. 당연히 표현의 자유는 위축되었습니다.

크리스천들은 제대로 현실을 인식하지 못했어요. 정치적 의도를 숨기고 "표현의 자유를 규제하는 게 아니고 혐오 표현만 외과수술처럼 정교하게 규제하는 거야"라는 좌파들의 감언이설에 속았습니다. 크리스천들은 쉽게 혐오표현 규제에 동의했습니다. "우리는 평소에 누구를 혐오하거나 혐오표현을 안 하잖아. 그렇지?"라고 순진하게 생각했습니다. 정치적 올바름과 좌파정치는 크리스천을 혐오세력으로 규정합니다. 예를 들어, 성경을 읽을 때 동성애를 죄로 규정하는 레위기는 건너뛰고 봉독하거나 강해 설교하면 안 됩니까? 레위기 자체가 성소수자에 대한 혐오의 관점을 가지고 있다고 그들은 주장합니다. 성경은 옳지 않은 책이 되어 버립니다. 자기들 방식대로 성경을 읽지 않으면 소수자를 혐오하게 되는 프레임을 만들어서 강요하게 됩니다.

복음주의 크리스천은 제3의 성을 인정하지 않습니다. 이것도 성정체성에 혼란을 느끼는 소수자에 대한 혐오가 될 수 있죠. '이슬람 테러리즘'이라는 용어를 사용하는 것만으로도 혐오표현으로 몰릴 수 있습니다. 이것은 종교뿐만 아니라 인종혐오로 여겨질 수도 있습니다. 그럼, 무슬림의 테러를 표현할 때 뭐라고 해야 할까요? 이렇게 정치적 올바름이라는 새로운 좌파 정치 이데올로기는 크리스천의 종교의 자유와 표현의 자유를 위축시키고 있습니다.

비판을 금지하면 직면하게 되는 위험

이슬람이 어떻게 런던에서 소수자(minority)가 될 수 있나요? 인구로 보면, 세력이 엄청납니다. 무슬림이 런던 시장도 했습니다. 제가 런던에서 충격을 받았던 기억이 있습니다. 언론인 멜라니 필립스가 쓴 'Londonistan'이라는 책은 제 상식을 붕괴시켰습니다.[454] 제목만 봐도 런던이 무슬림의 땅이 되었다는 것을 암시하지요. 이책을 읽기 시작하자마자 막 전기가 오는 거였어요. 멜라니 필립스는 좌파에서 전향했어요.

---

[454] Melanie Phillips, *Londonistan*, (London: Encounter Books, 2007)

런던에서 이층 버스 테러가 일어나요. 테러범들이 출근 시간에 폭탄을 터트렸어요. 범인을 잡고 보니까 무슬림이었는데 런던에서 살면서 열심히 일하는 런던시민이 낸 세금으로 기초생활 수급비 혜택을 받고 있었습니다. 자기들이 정부로부터 받는 돈을 내는 런던시민들을 대상으로 테러를 자행한 것입니다. 런던에는 맞벌이가 많아요. 아침에 아이들을 어린이집에 맡기고 버스를 탔다가 테러를 당한 것입니다. 젊은 부모가 테러로 사망하게 되면 남겨진 아이들은 어떻게 되나요? 저는 상상만 해도 가슴이 아픈 겁니다. 아이들은 엄마와 아빠를 기다리지만 이제 만날 수 없습니다. 마음 깊숙한 곳에서부터 분노가 올라옵니다.

좌파들은 앵무새처럼 똑같은 말을 반복합니다. '영국 사회가 무슬림 이민자들을 소외시켰기 때문에 테러범죄가 발생했다'는 황당하고 가증스러운 주장이 넘쳐납니다. 멜라니 필립스는 이에 반박합니다. 인도인들은 영국으로부터 직접 식민지배도 받았지요. 사회적 소외로 말하자면, 인도인들이 느끼는 것도 만만치 않을 것입니다. 그렇다면, 인도인은 왜 폭탄테러를 안 할까요? 영국 사회와 런던이 이들에게 무슬림과는 너무나 다른 따뜻하고 다정한 환경을 제공해 줍니까? 그럼 중국에서 온 이민자들은 모두 만족한 생활을 하고 있을까요? 동양인에 대한 인종차별은 런던에 존재하지 않습니까? 런던에서 저도 우연히 버거를 먹으려고 들어간 펍에서 저를 보는 시선이 무서워 그냥 나온 적도 있어요. 어떤 이민자 집단이 영국 사회에서 따뜻하고 포근한 만족감을 느끼며 살고 있을까요?

멜라니 필립스는 이슬람이라는 종교 자체가 테러리즘과 연관되어 있다고 주장합니다. 인도인과 중국인은 시도조차 하지 않는 폭탄테러를 감행하는 무슬림 범죄자들에 대한 과학적 분석이 언론인 출신 저자에 의해 시도된 것입니다. 테러리즘을 미화시키거나 테러범들을 영국 사회에 의해 희생된 피해자로 구성하는 좌파정치는 올바름과는 거리가 멉니다. 지금까지 런던의 이민정책과 복지정책은 테러리스트를 먹이고 폭탄을 제작할 비용을 지급해 왔던 것입니다. 이 미친 정책들에 대해 반성하지 않으면 런던시민들이 위험에 처하게 되는 겁니다.

엄청난 유권자 인구를 통해 무슬림 시장을 배출하고 친이슬람 정책으로 런던이 이미 런더니스탄이 되었다는 언론인의 폭로성 저서가 베스트셀러가 되는 상황 속에서도 이슬람이 마이너리티라고 주장하는 좌파 정치의 진실은 무엇입니까? '이슬람 테러리즘'이라는 말을 공식적으로 사용한 공직자는 소송을 당할 수도 있는 나라에서 세금을 성실하게 납부하는 시민들의 자유는 어디에 있는 것일까요? 지금 런던에서 정작 차별을 당하고 있는 사람들은 누구입니까? 우리에게도 닥친 기막힌 현실 앞에서 진지하게 생각해 봐야 하는 문제입니다.

혐오 표현 처벌하는 영국의 법들

제가 영상으로도 제작한 종교의 자유, 표현의 자유 침해 현실을 대변하는 사건은 영국에서 발생한 오버드와 스톡웰 사건입니다. 이분들은 노방 전도하다가 "예수님만이 진리다, 이슬람 믿으면 지옥 간다"라고 말했다가 경찰에 체포되어 기소되었습니다. 공공질서법 위반으로 기소되었지요. 오버드와 스톡웰은 공공질서법으로 기소가 됐는데 1심에서는 유죄판결을 받았어요. 결국 이분들은 항소심에서 이겼어요. "종교의 자유가 중요하다. 그리고 이분들이 한 행위는 공공질서에 침해적인 것이 아니다"라고 항소심 재판부는 결정했습니다.

항소심에서 무죄가 되었지만, 항소심까지 가는 동안의 마음고생과 수고는 전도자에게 고통이 됩니다. 물론, 이 두 분은 기꺼이 이 고난을 감수했겠지만, 이런 법적인 흐름은 크리스천들이 검찰의 기소를 걱정해서 표현할 때 자기검열을 하게 되는 것입니다. 이렇게 표현의 자유가 위축되는 것을 위축 효과라고 부릅니다. 그래요. 점점 형사처벌을 감수하지 않는 한 전도하기 힘들어지는 겁니다. 지금 우리나라에서는 아예 공립학교에서 교사들이 성경책을 자기 책상에 꽂는 것을 두려워하는 상황이 되고 있죠. 크리스천의 종교의 자유와 표현의 자유가 위축되는 현상은 세계적입니다.

영국에서는 공공질서법이 입법된 뒤로 더 강력한 법이 입법되었습니다. 86년에 공공질서법이 입법됐어요. 그리고 Crime and Disorder Act(범죄 및 질서위반법)가 98년에 입법되지요. Racial and Religious Hatred Act(인종 · 종교 혐오 금지법)가 2006년에 입법됩니다. Equality Act(평등법)는 2010년입니다.

뉴스앤조이(이하 뉴조)의 보도를 제가 강의 때마다 인용해서 강조하는 이유는 뭘까요? '뉴조'가 주장하는 것이 2006년의 '인종 · 종교 혐오 금지법'을 오버드와 스톡웰에게 적용했으면 항소심에서도 무죄를 선고받기 어려웠을 것이라는 사실입니다. [455]

제가 이 기사를 읽으면서 뉴조가 항소심에서 거리 전도자들이 무죄를 받은 것을 안타까워한다고 느꼈습니다. 뉴조는 '인종·종교 혐오 금지법'을 적용해서 거리 전도자들을 반드시 처벌해야 한다고 간접적으로 주장하고 있다고 느꼈습니다. 뉴조는 담당 검사가 2006년에 입법된 더 강력한 법을 왜 적용하지 않았는지를 따지고 있는 겁니다. 뉴조가 기독교 언론입니까? 뉴조가 한국에서도 차별금지법을 지지하는 이유를 이 기사를 통해 추론할 수 있다고 생각합니다.

차별금지법 입법을 위해 활동하는 홍모 교수가 뉴조와 인터뷰할 때는 기독교인들이 처벌받는다는 것은 '다 오해다'라고 주장했지요. [456] 그런데 '한겨레21'에서는 '일부가 처벌될 것임은 분명해 보인다'라고 했어요. [457] 뉴조는 차별금지법으로 기독교인들이 처벌될 수 있다는 사실에 대해 "다 오해다, 가짜뉴스다"라고 주장했습니다. 장신대에 제가 특강을 하러 갔는데 화장실에 '장신신문'이 있었어요. 저의 주장이 가짜뉴스라고 기사를 냈더라고요. 그래서 제가 장신대 학생들에게 말했습니다. 기독교 교육학과 졸업해도 기독교 교육을 할 수 없게 된다. 얘들아 하면서, "너희들 직업(Job)이 없어져, 너희들 직업이~. 정

---

455 "만약 두 사람이 공공질서법이 아닌 2006년 제정된 '인종·종교혐오 금지법'의 적용을 받았다면 결과가 어떻게 됐을지 예측하기 힘들다. (이은혜, "영국 길거리 전도자들, 항소심 무죄," 2017.07.05., 뉴스앤조이.)

456 이은혜, "그럼에도 차별금지법 제정해야 하는 이유", 뉴스앤조이, 2017.03.03. https://www.newsnjoy.or.kr/news/articleView.html?idxno=209295

457 홍성수, "화끈한 혐오표현 처벌? 차별금지법부터 만들라!", 한겨레21, 2015.07.08. http://h21.hani.co.kr/arti/society/society_general/39873.html

신 차려"라고 했어요.

제가 강의하는 시간에 장신대 총학생회가 동성애 정치투쟁 지지 강연을 준비했어요. 두 강연이 동시에 가까운 장소에서 진행되었지요. 제가 희망을 느낀 것은 제 강연에는 좌석이 부족할 정도로 많은 학생들이 왔고, 신학 교수님들도 4분이나 참석했습니다. 총학생회 측 강연에는 총 30여명이 참석했는데 주최 측 총학생회 인원이 최소 10명 이상이니 20명도 안 되는 인원이 그 강연에 참석했다는 뜻이죠.

혐오 표현규제가 소수자를 고립시킨다면?

경제 영역에서 정의론 강의하면서 정치적 자유주의(Political Liberalism)와 공화주의(Republicanism)의 정의론을 비교하면서 설명했었는데요. 간단히 리마인드해 보자면 존 롤스적인 관점에서 정치적 자유주의는 힌두교의 여성관이 좋다, 나쁘다 이런 얘기를 법이나 국가가 하면 안 된다 그런 얘기죠. 그런데 이게 정치적으로 강화되다가 PC(정치적 올바름)까지 가는 거예요. 중립을 강조하다가 나중에는 아예 말을 못 하게 입을 막아버리는 거죠. 반면 정의를 얘기할 때는 반드시 무엇이 선인가를 전제하고 출발할 수밖에 없다는 게 공화주의 정의론의 전통입니다. 그걸 계승하는 사람이 마이클 샌델이란 건 정의론 강의를 보신 분들은 알고 계실 거예요.

샌델이 대놓고 동성애 반대한다는 주장은 하지 않지만, 공화주의 정의론의 입장에 서 있는 그의 주장을 우리는 지혜롭게 활용할 수 있습니다. 샌델은 미국사회에서 성소수자들이 '혐오표현에 대한 법적 규제'를 주장하며 이것을 권리인 것처럼 쟁취하고자 투쟁하는 것이 바람직하지 않다고 설명했어요. 그는 오히려 스스로를 소수자라고 인식하는 사람들이 법적인 소송보다 사회 속에서 다른 시민들과 소통하려고 시도해야 한다고 주장했습니다. 소송을 남용하면 사회적으로 더 큰 고립을 자초하게 된다는 거죠. 그는 "혐오 표현을 규제해서 자유를 제한하려고 들지 말고 너희도 공론의 장에 나와라"라고 말합니다. "이성 간에 유지되고 있는 결혼제도에 비례해서 동성 간에도 그런 신성한 결혼을 할 수 있다는 것을 너희들이 입증하기 위해 사회적 논쟁에 참여해야지, 법 뒤에 숨어서 동성애를 비판하는 걸 법으로 제재하는 방식으로 너희들의 권리를 주장하면 오히려 너희들이 사회로부터 격리된다"라고 주장했어요.[458] 그래서 제가 샌델을 인용해서 예전에 국회에서 열린 컨퍼런스에서 발제를 했습니다. '왜 혐오 표현규제가 자유를 침해하고, 동성애자들을 오히려 사회로부터 격리시키는가'라고 논지를 펼친 겁니다.

그래서 제가 몇몇 장로님들에게 마이클 샌델의 이론이 한국에서 동성애 막는 법리와 이론을 구성할 때 탁월하게 응용될 수 있다고 말씀을 드렸거든요. 그랬더니 장로님들이 '샌델은 공동체주의 좌파 아니야?'라고 난색을 표하는 것이었어요. 앞에서도 설명했지만 샌델은 공화주의자이지 공동체주의자가 아닙니다. 샌델이 한국에 처음 소개

---

458 마이클 샌델/안진환 · 김선욱 역, 『정치와 도덕을 말하다: 좋은 삶을 향한 공공철학 논쟁』 (와이즈베리, 2016), 155–159면, 204–205면.

될 때 실수로 공동체주의자로 잘못 알려진 뒤 아마 언론과 책들과 인터넷 자료들에서 그런 내용들이 무분별하게 퍼진 모양입니다. 샌델이 공동체주의자라는 게 오류인지도 모르고 일부 인사들이 또 뭘 얘기하냐면 샌델이 자유를 공격한다고 주장해요. 샌델이 공격한 것은 Political Liberalism(정치적 자유주의)이지 자유를 공격한 적이 없습니다. 제가 이런 오류를 바로잡는 논문도 발표했어요. 한국 사회에서는 진짜 전문가 말을 잘 듣지 않는 관습이 존재하나 봅니다. 씁쓸한 일입니다.

내 편도, 반대편도 말할 수 있는 자유

미국은 표현의 자유를 강력하게 보장하는 판례들이 아직도 위력을 발휘하고 있습니다. 차별금지법을 입법한 주에서 표현의 자유나 종교의 자유를 위축시키는 조치를 하더라도 연방헌법과 연방대법원의 판례들이 표현의 자유를 강력하게 보장하기 때문에 종교의 자유 관련 소송에서는 결국 승소하게 됩니다. 또한, 미국은 26개 주에서 차별금지법을 시행하고 있지만 21개 주에서 종교면제조항이 있기 때문에 종교적 이유를 주장하면 차별금지법의 적용이 면제됩니다. 제가 한국 교회에 이 사실을 알리기 위해서 국민일보에 기고[459]하고, 강연을 통해서 '종교면제조항'을 민주당과의 차별금지법(또는 평등법) 협상 카드로

---

459 이정훈 기고, "종교, 사상, 양심, 학문의 자유를 침해하는 차별금지법", 2020.07.22., 국민일보.
(https://n.news.naver.com/article/005/0001344379)

활용해야 한다고 주장했지요. 민주당의 이상민 의원이 종교면제조항을 넣어서 차별금지법을 발의했다가 종교가 성역화된다는 엄청난 지지층의 비판을 받았죠.이 문제에 대해 한국교회는 논평조차 하지 못하고, 이런 내용이 법안에 삽입되었는지조차 모르고 있었어요. 차별금지법 반대한다는 단체들은 자신들의 투쟁에 몰입해서 귀를 막고 무조건 목숨 걸고 반대 투쟁을 외쳤습니다. 이의원은 교계의 반응에 실망해서 법안을 자진 철회한 일이 있었습니다. 물론, 교회에 더 치명적인 법안이 발의되었습니다.

반동성애 단체가 혐오 프레임을 뒤집어쓸 수 있는 기존의 잘못된 방법을 고수할 때 저는 이런 위기를 극복할 수 있는 대안과 전략을 제시했습니다. 그랬더니 이런 단체들이 저를 견제하는데 주력하는 황당한 상황이 지속되었습니다. 만약 우리가 전략적으로 종교면제조항을 민주당과 협상할 수 있다면, 차별금지법이 통과되어도 교회와 기독교 대학 등을 이 법으로부터 보호할 수가 있겠지요. 원칙적으로 차별금지법에 반대하지만, 협상을 위한 채널은 항상 열어 놓는 것이 좋습니다.

동성애만 강조하지 말고 차별금지법 반대를 위해 자유권 수호 프레임 전략으로 가야 한다고 제가 하도 많이 강조해서 이제 이것은 교계의 보편적인 구호가 되었습니다. 그나마 다행이지만 아직도 전략적으로 미숙하고 여론파악을 잘하지 못해서 우리가 가야 할 길은 멀게만 느껴집니다.

제가 어떤 기독교 컨퍼런스에서 겪었던 일화를 소개하고자 합니다. 칼 바르트(Karl Barth, 1886-1968)의 정치 신학을 전공한 분이 발표자이자 토론자로 나섰습니다. 주최 측에서는 저를 위해 이분을 특별히 모셨다고 강조하더군요. 저와 토론할 때 이분이 흥분해서 제가 주로 가타리의 분자혁명을 소개할 때 한국학자가 소개하는 가타리 이론을 많이 인용한다고 비판을 하더군요.

가타리의 저작을 직접 인용하지 않고 가타리를 소개하는 한국 학자의 입장을 인용해서 문제라는 지적이었습니다. 그래서 제가 "그게 뭐가 문젠데요?"라고 했더니, 이분이 더 흥분했어요. 그래서 제가 그분에게 반문했지요. "당신, 칼 바르트 전공했죠?" 한국에 칼 바르트 전공한 분으로 박순경 교수[460]가 있는데 이 분이 통일신학을 주장했어요. 박순경 교수가 신학교수로서 이화여대에 봉직했는데 국가보안법 위반으로 처벌받은 분입니다. 이석기가 "존경하는 교수님"이라고 깍듯하게 모셨던 분이지요. "6·25는 북침이다"라고 주장해서 역시 국가보안법으로 처벌받았던 강정구 교수도 가장 닮고 싶은 인물로 꼽은 분입니다. 박순경 교수가 주장하는 내용이 뭐냐면, "기독교는 반드시 주체사상과 대화해야 한다"입니다. 박교수의 책을 읽어보면 '주체사상과 대화해야 한다'가 아니라, '기독교는 주체사상과 친해져야만 한다'는 내용입니다. 김일성교가 곧 진정한 기독교라는 황당한 주장입니다. 그래서 이러한 사실을 강조하면서 물었어요. "바르트가 위험합니까? 박순경이 위험합니까?"라고요. 그랬더니 대답을 제대로 못하

---

460 박순경(1923-2020). 여성 신학자 전 이화여대 기독교학과 명예교수. 〈한국민족과 여성 신학의 과제〉(대한기독교서회)를 비롯해 〈민족통일과 기독교〉(한길사), 〈통일신학의 미래〉(사계절) 등의 저서를 통해 통일신학과 여성 신학을 제창했다. ("'한국 여성 신학 선구' 평화통일운동가 박순경 교수 별세", 한겨레, 2020.10.25.)

고 횡설수설하는 겁니다. 그러니까 제가 하는 얘기는 바르트나 가타리 자체를 이해하는 것도 필요하지만, 현재 한국에서 유통되고 있는 가타리나 바르트를 파악하는 것이 중요하다는 것입니다. 정치적으로 국내 학자들이 고의적으로 오독하거나 아니면 왜곡해서 이론을 전하는 것이 한국 정치에서는 더 중요하다는 것이 저의 주장입니다.

여기서 우리가 주의해야 하는 것이 있습니다. 붉은 사상은 아예 출판을 막거나 저자를 학계에서 퇴출해야 한다는 주장을 함부로 하면 안 됩니다. 물론, 국가보안법을 위반해서 형사처벌 받는 문제는 별개의 사안입니다. 표현의 자유가 진영논리로 훼손되거나 위축되면 결국 크리스천과 교회도 피해를 입게 됩니다.

내 자유는 중요한데 다른 진영의 자유를 억압하는 것은 당연하다는 주장들은 언제라도 부메랑이 될 수 있다는 사실을 명심해야 합니다. 그러니까 지금 미국에서의 반전도 핵심이 뭡니까? 혐오 표현을 규제하자고 좌파들이 한국처럼 난리를 칩니다.

제레미 월드론(Jeremy Waldron, 1953~)은 혐오표현 규제를 영국처럼 미국에 도입하기 위해 노력하는 법학자입니다. 그의 책을 번역해서 한국에 소개한 사람이 차별금지법 입법을 위해 뛰고 있는 홍모 교수예요. 미국에서도 좌파들이 혐오표현 규제를 도입하려고 난리를 치는데 잘 안 먹혀요. 왜냐하면, 미국은 혐오표현 규제는 표현의 자유를 위축시키기 때문에 용납할 수 없다는 겁니다. 주별로 차별금지법을 입법해서 크리스천들을 압박해도 미국 연방대법원이 판례를 변경하지 않기 때문에 크리스천들이 선방할 수 있는 것입니다.

표현의 자유가 보장되어야 우리의 방어와 역전이 가능합니다. 자유를 지켜야 합니다. 헌법이 보장한 종교의 자유 그리고 표현의 자유를 지키면 우리가 승리합니다. 왜냐면 종교의 자유에는 선교의 자유가 포함돼요. 선교의 자유에는 타 종교를 비판할 수 있는 자유도 포함됩니다.

자유민주주의의 가치는 어떻게 보존이 됩니까? 법치주의 즉, 법의 지배(Rule of Law)가 전제되어야 자유민주주의가 가능합니다.[461] 헌법이 우리 개인의 표현의 자유와 종교의 자유를 철저하게 보장할 때, 우리 크리스천들이 차별받고 이등 시민으로 전락하지 않게 됩니다. 기독교 박해의 시대에 기독교 문화가 주류였던 국가들이 겪고 있는 공통적 상황이 바로 크리스천을 이등 국민으로 추락시키고 무신론과 유물론이 시민종교가 된다는 것입니다. 미국의 기독교인들도 자유를 위해 힘겹게 싸우고 있습니다.

민주주의를 지킬 시민사회의 성숙이 필요하다

우리에게는 자유민주주의를 수호해야 할 역사적 책임이 있습니다. 법치가 전제되어야 자유민주주의가 가능합니다. 자유민주주의는 자유주의, 공화주의, 입헌주의가 합체된 정치체제를 말합니다. 우리가

---

461 이정훈, "대한민국의 법치주의가 이렇게 무너지면 안 된다.", 조선일보, 2020.02.11.
     https://m.chosun.com/svc/article.html?sname=news&contid=2020021003735&utm_
     source=urlcopy&utm_medium=shareM&utm_campaign=Mnews

자유민주주의의 가치를 이해하고 그 제도적 장점을 이해할 때 수호가 가능해집니다.

간혹 어떤 사람들은 선거 때 '사람 하나 잘 뽑으면 잘 되겠지?'라는 허무맹랑한 생각을 하기도 합니다. 아무리 좋은 사람이 당선되어도 헌정 시스템이 작동되지 않으면 아무것도 할 수가 없겠지요. 문재인 정권은 이 헌정 시스템을 파괴하고 권력분립의 헌법적 원리를 무의미하게 만들었습니다. 자유민주주의의 기초가 되는 법치주의도 실종시키고 말았습니다.

과거의 권위주의 시절 정치적 인격성이 이승만 대통령처럼 국가의 제도 전체와 맞먹는 카리스마로 통치한 것은 우리의 민도가 낮아서 실질적인 민주주의가 불가능했기 때문입니다. 박정희 대통령 같은 권위주의적인 리더가 군대처럼 행정부를 이끌고 효율적인 통치를 주도하니까 신속한 경제발전이 가능했습니다.

그러나 더이상 이러한 이승만-박정희 식의 리더십이나 정치는 불가능한 시대입니다. 이제는 성숙한 시민사회가 구성되어서 정당정치가 정상적으로 작동하고 정당이 할 수 없는 부분을 시민사회가 백업하는 민주주의가 작동되어야 합니다. 무슨 얘기냐면 정당에게만 정치를 맡겨 놓을 수 없는 시대라는 뜻입니다. 그러니까 시민사회가 성숙하고 수준이 높아져야 정당이 견제되고 정당정치를 바른 궤도로 올려 놓을 수가 있습니다.

영국의 시민사회가 튼튼해졌기 때문에 마가렛 대처 같은 수상이 집권해서 개혁을 추진할 수 있었습니다. 미국에서 레이건이 어떻게 대통령으로 당선될 수 있었습니까? 레이건이 아무리 소통을 잘한다고 해도 현재의 한국 시민사회의 수준이라면 레이건 같은 대통령을 당선시킬 수가 없어요.

법치파괴를 통해 자유민주주의의 역사를 후퇴시킨 문재인 정권을 탄생시킨 것은 대한민국 국민입니다. 그래서 시민사회가 수준 있게 공화주의를 이해하고, 자유주의와 입헌주의(법치주의)의 중요성을 깨달아 정권과 정당을 견제할 수 있어야 합니다. 이런 시민사회의 성숙한 토대가 갖추어져야 좋은 대통령이 등장할 수 있습니다. 그러니까, '사람(인물)이 먼저냐, 제도가 먼저냐'라는 논쟁은 '닭이 먼저냐, 달걀이 먼저냐'라는 논쟁과 유사합니다. 왜냐면 사람이 훌륭해야 좋은 제도가 운용됩니다. 좋은 제도가 있어야 좋은 사람이 발탁되겠지요. 좋은 제도도 좋은 인재의 선거를 통한 발탁도 시민사회의 수준과 비례합니다. 성숙하고 수준 높은 시민사회는 우리 크리스천들이 성경적 세계관으로 무장하고 바르게 각 영역에 참여할 때 가능합니다.

철학

영성이 이끄는 지성

●●●●

철학은 답을 주는가?

바울이 아레오바고 가운데 서서 말하되 아덴 사람들아 너희를 보니 범사에 종교심이 많도다 내가 두루 다니며 너희가 위하는 것들을 보다가 알지 못하는 신에게라고 새긴 단도 보았으니 그런즉 너희가 알지 못하고 위하는 그것을 내가 너희에게 알게 하리라 (사도행전 17:22-23)

테스형 세상이 왜 이래?

가요계 거성 나훈아가 철학자의 뒷골을 때린 노래를 발표했습니다. 그는 "테스형(소크라테스)"에게 질문을 던집니다. '세상이 도대체 왜 이 모양이냐고?', 크리스천 철학자이자 법학자인 저는 '테스형'을 따라 부르며, '훈아 형님'께 조심스럽게 대답합니다. '형님, 질문할 선생을 잘못 고르셨습니다. 답은 이미 사도 바울이 사도행전 17장에 제시'했습니다.

문재인 정부가 4년 차에 접어들 무렵, 우리는 '덕과 가치'가 상실되어 허무해진 상황을 제대로 체험했습니다. 산업화와 민주화를 성취한 이후, 우리는 불완전 하지만 법치가 작동되는 헌정 시스템이 진보할 것을 기대했고, 더 성숙한 자유민주주의를 향한 열망을 표현했습니다. 우리는 최소한의 절차적 정의를 확보한 대한민국이라는 국가가 개인이 향유하는 자유 속에서, 공동체의 '덕과 가치'를 여물게 하는 도정(道程)에 있으리라는 막연한 바람을 버리지 않았습니다.

하지만, 이제 우리는 인간으로서 갖는 최소한의 '염치'마저 상실한 시대와 국가를 '내로남불'이라는 유행어를 통해 조소하게 되었고, 더 큰 허무주의의 늪으로 빠져드는 막장의 끝에서 2021년을 맞이했습니다.

구치소에서는 구금된 사람들이 전염병의 위험 속에서 '살려달라'고 외치고, 요양병원에서는 방역이라는 미명 아래서, 노인들이 폐쇄된 공간 속에서 사망하도록 유기되었습니다. 동맹국 미국은 한국의 민주당이 다수결의 힘으로 통과시킨 악법으로 인해, '성경'을 북한에 보내면 처벌하는 (자유와 인권을 억압하는) 체제로 스스로 변신한 한국에 대해 공식적으로 이의를 제기했습니다. 이 지옥의 터널이 언제 끝날 것인지 궁금합니다.

저는 이 고통의 시간에 이 '강의'를 준비했습니다. 크리스천뿐만 아니라 갈 길을 잃고 헤매고 있는 '테스형'에게 질문하고 싶은 현대인들에게 교회와 신학의 역사는 아늑한 피신처가 되어 주거나 나침판이 될 수 있기 때문입니다.

소크라테스는 대답하지 않는다.

당시 그리스 철학계의 나훈아라고 할 수 있을까요? 기원전 485년에 태어났다고 추정하는 프로타고라스는 '인간은 만물의 척도다'라는 유명한 명제를 대중에게 던졌습니다. 그는 신들이 존재하는지 아닌지 모르겠다는 태도를 보였죠. 유일신이나 객관적이고 절대적인 진리 같은 것은 존재하든지 말든지 관심도 없다는 뜻입니다. 관심이 전혀 없다는 것은 '존재하지 않는다'고 믿고 있음을 암시하겠죠?[462]

저는 인간의 '교만'이 '만악(萬惡)'의 시발점이 될 수 있다고 생각합니다. 프로타고라스에 의해 등장한 인간의 지적-영적 교만은 '고르기아스'를 통해 극에 달합니다. 인간이 만물의 척도가 될 수 있다는 사상은 회의주의와 상대주의를 심화시킵니다. 신과 절대적 진리에 대한 회의는 인간이 자율적으로 '도덕'을 구성해야 한다는 방향으로 나가서 상대주의적 도덕의 세계를 열게 됩니다. 제 석사학위 논문 제목이 '상대주의적 양심의 개념'입니다. 회의적이고 인간 중심의 사유를 하는 것을 멋으로 알았던 시절의 흔적입니다. 지금도 똑똑하다고 자부하는 많은 사람들이 허무와 회의의 덫에 걸려 있습니다. 반면에 한국 교회에는 무례하고 거친 반지성주의가 판치고 있습니다. 무례함과 반사회적 행동을 하나님 중심의 '신본주의'라고 생각하는 것은 잘못된 것입니다. 두 가지 극단을 우리는 경계해야 합니다.

상대주의 세계의 윤리학과 도덕철학은 결국 '약육강식'의 생태계를 정당화하는 도구로 전락하게 됩니다. 트라시마코스와 칼리클래스가 도덕과 정의는 '강자의 것'이라고 외치게 된 것은 결코 우연이 아닙니다. 어쩌면, 늘 '약자를 위한 정의'를 외치던 조국 전법무장관의 '내로남불'은 당연한 결과입니다. 객관적 도덕의 기준이나 규범의

---

462 남경태, 『누구나 한번쯤 철학을 생각한다』, 2015(3쇄). 남경태의 책은 철학사의 흐름을 리듬감 있게 정리한 책으로 독서 대중에게 추천할 가치가 있다고 생각한다. 필자는 대중을 위해 집필된 철학사 관련 서적 중 남경태의 책과 강신주(주2)의 책을 논지를 전개하는 있어서 참조했음을 밝힌다.

근거가 없는 상대주의의 세계에서 '약자를 보호'할 '정의'는 실천적으로 존재할 수 없습니다. 굉장히 아이러니 합니다. 절차적 정의와 실체적 정의가 모두 증발해 버립니다. 소피스트들의 궤변과 '입'으로만 실현하는 (자신들의 이익만 실현되는) '내로남불'의 거짓 정의가 있을 뿐입니다.

성경이 가르치는 하나님의 도덕법을 객관적 기준으로 '공의와 정의'를 추구하면, 판단의 기준이 생기기 때문에 인간들의 삶 속에서, '법의 지배'를 통해 '공정성'을 확보할 수 있게 됩니다. 우리가 추구해야 할 가치가 상대적이라고 하는 철학이 거꾸로 어디로 가야 할지 모르는 방향 상실을 만들어내고 사회정의의 절차마저 증발시켜 버리게 됩니다. 조국과 추미애가 검찰개혁 한답시고 권력형 범죄 수사를 막고, 인사권을 휘둘러 '절차적 정의'를 파괴하는 것을 국민이 경험했습니다.

조국과 추미애로 상징되는 '내로남불'의 화신들처럼, 문재인 시대의 권력자들은 아이러니하게도 모두 '정의'를 외칩니다. 그 정의의 원칙과 기준은 그들이 의도하든 의도하지 않았든 간에, 결국 '강자의 힘' 또는 '다수결의 힘'으로 관철될 수밖에 없습니다. '강자의 힘'이 정의라는 트라시마코스의 주장을 자신들이 행동으로 입증한 셈입니다. 조국은 교수시절에 정의는 약자를 위한 것이라고 강의를 하고 다녔습니다. 참 웃기는 현실입니다.

겉으로는 '약자를 보호하는 정의'를 외치지만, 진실은 '강자의 힘'이 정의가 되어버린 조국과 같은 소피스트들의 후안무치(厚顔無恥)가

창궐할 때, 아테네에 등장한 형님이 바로 '소크라테스'입니다. 그런데 소크라테스 형님은 질문을 던지는 선생님이지 대답하는 선생님이 아닙니다.

그는 끊임없이 아테네의 무식자들에게 질문을 던져서 사람들이 자신의 무지를 깨달을 수 있도록 도왔습니다. 그의 죽음은 이미 예견된 것이 아니었을까요? 동서고금을 막론하고 자신들의 무식을 폭로하는 철학자는 죽여야 하는 공공의 적입니다. 저를 미워하는 사람들이 많은 것은 철학자로서 잘하고 있다는 방증이 아닐까요? 소크라테스의 질문을 받은 상대방은 대답하지 못하는 자신의 무지를 절감하고, 해답을 찾기 위한 이성의 고단한 여정을 통해 스스로 진리와 정의를 찾아내야 합니다. 이 과정이 싫기 때문에 아테네 시민들은 철학자를 살해했습니다.

소크라테스가 독배를 마신 것은 무지한 대중과 아테네 사회에 대한 가장 강렬한 저항이었습니다. 그는 고결한 '시민불복종'의 '실행자'라고 평가할 수 있습니다. 그가 '악법도 법이다'라고 말했다고 가르치는 한국 사회의 비천한 무지를 소크라테스가 알았다면, 그는 독배를 마시기 전에 '화병'으로 죽었을지도 모르겠습니다.

소크라테스를 죽인 고대의 아테네가 21세기 한국 사회의 '내로남불'과 교차되는 이유는 역사가 인간의 사상과 행동에 의해 반복되는 패턴을 만들어내기 때문입니다. 창세기 이후로 인간사에 완전히 새로운 것이 존재할 수 있을까요?

이성과 합리주의의 역습

존 프레임은 사도행전 17장 16-31절, 바울의 고백을 통해 고통 속에 있는 우리에게 아주 중요한 신학적 해답을 제시합니다.[463] '천하를 공의로 심판할 날을 작정하시고 이에 그를 죽은 자 가운데서 다시 살리신 것으로 모든 사람에게 믿을 만한 증거를 주신 하나님께서 통치하신다는 믿음'(행 17:31)이 바로 그 해답입니다. 바울은 스스로를 이성적이라고 확신하는 헬레니즘 세계의 많은 사람들로부터 조롱을 받았습니다. 그러나, 그가 전한 복음을 듣고 믿는 사람도 있었습니다.

바울은 아테네에서 우상으로 가득한 도시의 본질을 직시했습니다. 에피쿠로스 학파와 스토아 학파는 전통적인 헬라의 신들을 섬기지 않았음에도, 그는 스토아 학파의 물질주의적 범신론과 에피쿠로스 학파의 원자론이 헬라의 잡신들을 숭배하는 것과 본질적으로 다르지 않은 우상숭배임을 간파했습니다. 에피쿠로스 학파는 유물론의 전통에서 현대철학에 중요한 영향을 남겼고, 스토아 학파는 포스트모던 시대의 영향력 있는 철학들과 연결되기 때문에, 뒤에 좀 더 자세히 설명하도록 하겠습니다.

21세기의 사람들은 스스로를 합리적이라고 생각합니다. 과연 그럴까요? 프레임은 코넬리우스 반틸의 창세기 3장에 대한 철학적 설명을 인용하면서, 이 문제를 논합니다.[464] 하나님은 금단의 열매를 먹으면

---

463 존 프레임(John M. Frame)/ 조계광 역, 『서양철학과 신학의 역사』, 생명의말씀사, 2018, 105면.
464 존 프레임, 앞의 책, 114면.

죽는다고 말씀하셨습니다. 사탄은 그것을 먹으면 죽지 않고 하나님처럼 될 수 있다고 말했습니다. 성경은 이브가 사탄의 말을 무시하고 하나님께 순종해야만 하는 그녀의 의무에 대해 가르치고 있습니다. 이브는 하나님의 말씀과 사탄의 주장 속에서 최종적 결정권이 자기에게 있다고 생각했습니다. 하나님이 진리와 가치(의미)의 최종 결정권자가 아니라, 인간 자신이 결정할 수 있다는 확신을 일종의 '합리주의'의 원조라고 이해할 수 있습니다. 이 합리주의가 왜 인간을 비참하게 만들수밖에 없는가를 설명하는 것은 매우 중요합니다.

이 강의를 하면서도 제가 두려운 것은 반사회적 또라이 행위를 하나님 중심으로 오해하는 성도들이 있을까 하는 염려입니다. 저는 '현대성'의 문을 연 계몽주의를 적대시하는 기독교인들을 많이 보았습니다. 만약 계몽주의와 인문주의가 없었다면 여러분과 제가 좋아하는 칼빈도 그의 『기독교강요』도 존재할 수 없습니다. 칼빈은 그 시대 누구보다도 깊이 있는 인문학을 공부했던 법학자였기에 종교개혁의 리더로 쓰임받을 수 있었던 것입니다. 제가 드리고 싶은 얘기는 합리적인 것을 적대시하라는 게 아니라, 기독교인에게는 성경의 가르침을 따르는 것이 합리적이라는 설명을 하는 것입니다. 성경을 제멋대로 해석하는 '내가복음'은 역설적으로 성격적이지 않은 결과를 창출할 수 있습니다.

이브는 사탄의 주장을 따라 행할 수도 있고, 아니면 하나님의 말씀에 순종할 수도 있는 선택적 상황이라고 창세기 3장을 이해할 수 있습니다. 이렇게 이해하는 것이 이성적이고 인간의 자율성을 인정하는 합리주의적 태도라고 사람들은 믿습니다. 그러나 이런 종류의 합리주의는 진리와 가치를 상대주의적으로 인식하게 만들기 때문에, 도덕적 의무를 무의미하게 만들어 버립니다. 그녀가 하나님이 주신 의무를 거부할 때 중립적이고 자율적인 선택을 하는 것이 아니라, 사탄의 주장을 따르게 되는 것이지요. 창세기 3장은 우리에게 도덕의 원천과 '의무'의 의미를 가르쳐 줍니다.

하나님을 전제하지 않을 경우, 인간은 역사적 과정에 대해 아무런 의미를 부여할 수 없습니다. 역사 속에서 어떤 사건들은 어떻게 일어나는가요? 만약, 사건은 그냥 저절로 일어난다고 주장(형태 없는 흐름)하거나, 이성적이거나 도덕적인 목적 없이 단지 일어나도록 결정되었기 때문(운명)에 일어난다고 한다면, 이런 주장들이 가장 비합리적이고 비이성적이라고 저는 단언할 수 있습니다. 역설적으로, 자신이 합리적이라고 확신하는 사람들일수록 이런 종류의 비이성적이고 비합리적인 '믿음'을 확고하게 가지고 있습니다.

세상에서 일어나는 사건들이 모두 우연이거나 운명에 의한 것이라고 한다면, 인생의 목적은 존재할 수 없습니다. 왜 사는지 모르고, 삶의 목적이 없는 인간은 세상에서 가장 비참한 존재가 됩니다. 이들은 바로 운명이나 우연을 믿는 종교의 신자들인 동시에, 이성을 활용해서 비이성적인 믿음을 갖도록 선교하는 일종의 종교인들입니다.

개신교 스콜라주의의 문제점

저는 루터가 가톨릭의 스콜라주의의 폐해를 정확하게 파악하고 결별했다고 봅니다. 스콜라주의란 기독교 신앙을 이성을 통해 이해할 수 있다는 일종의 철학 사조입니다. 존 프레임은 스콜라주의를 설명하면서 기독교 사상가들이 헬라철학에 정통한 지식을 통해 학문적인 격식을 갖추려고 했던 경향을 지적합니다. 그는 중세의 학자들을 평가하면서, 모든 이성적 추론을 기독교 신앙의 토대 위에서 진행하려는 학자도 있었지만, 일부 학자들은 철학적인 식견을 드러내기 위해 성경의 가르침을 무시하거나 철학과 타협하는 경향을 보였다고 설명합니다.[465] 스콜라주의는 '학교 신학'을 의미하고, 특정 교의를 주장하는 학파가 아니라 학문적으로 신학을 연구하는 방법론을 의미합니다.

라은성 교수의 주장에 따르면, 보에티우스의 '철학의 위안'을 통해 스콜라주의가 시작되었고, 12세기 안셀무스 때부터 본격적으로 발전했습니다. 이성이 강조되는 흐름은 헬라철학과 그 영향 아래의 비잔틴 문화가 유입되면서 더욱 강화되었습니다. 그는 이 시대에 불필요한 탁상공론으로 언쟁을 일삼고 신학과 신앙이 물과 기름처럼 완전히 분리되기에 이르렀다고 평가합니다. 그는 스콜라주의로 인해 목회적 신학이 없고, 신학적 목회가 없어졌다면 적당한 평가일 것이라고 주장했습니다.[466] 저는 라은성 교수의 주장이 현재의 일부 교회들의 문

---

465 존 프레임, 앞의 책, 233면.

466 라은성, 『이것이 교회사다: 진리의 재발견』, PTL, 2015(3쇄), 42면. 중세교회사에 대해서는 후스토 L. 곤잘레스(Justo L. Gonzalez)/엄성옥 역, 『중세교회사』, 은성출판사, 2012 참조.

제점에 그대로 적용 가능하다고 생각합니다. 21세기 개신교 신스콜라주의의 창궐은 그 폐해가 '탁발수도회파'나 '전광훈집단'만큼 크지 않을까요?

그래서, 저는 이러한 신학적 목회의 증발과 목회적 신학의 부재가 한국교회가 늪에 빠지고 있는 원인 중 하나라고 봅니다. 한쪽에서는 예수가 누군지도 모르고 집사가 되는 촌극이 벌어지고, 또 다른 한쪽에서는 목회자와 성도들이 지나친 (정죄의 도구로 사용하기 위한) 독서와 입씨름(정죄와 이에 따른 신학논쟁)에 열중하고 있습니다. 안타까운 일이 아닐 수 없습니다.

중세는 암흑기였는가?

신학자들은 흔히 중세를 타락하고 부패한 암흑기라고 규정합니다.[467] 그러나, 저는 특정 시대를 이상형으로 묘사하거나 반대로 돌아가야 할 최종 종착지(이상적 모델)로 설명하는 것을 선호하지 않습니다. 따라서 중세를 악이 세계를 완전히 뒤덮고 사람들이 호흡곤란을 호소하는 암흑기로 묘사하는 것도 '구속사'를 전제하는 크리스천다운 역사관은 아니라고 생각합니다.

루터, 츠빙글리, 칼빈, 불링거 등 수많은 종교 개혁가들에게서 발견되는 공통적인 특징은 아우구스티누스의 영향을 받았다는 것입니

---

467 라은성, 앞의 책, 18면.

다.[468] 이것이 제가 아우구스티누스를 중요하게 다루는 이유입니다. 저도 스콜라주의에 대해 비판적 입장이지만, 본격적인 스콜라주의를 열었다고 지목된 안셀무스도 아우구스티누스의 영향을 받았습니다.

저는 역사에서 암흑기와 '개명기'가 따로 존재한다고 생각하지 않습니다. 절대주권의 하나님의 통치 속에서 그 시대는 하나님께서 허락(허용)하신 그 모습으로 발현되기 때문에, 그 자체로 역사적 의의가 있다고 해석합니다. 정치사상사의 석학 앨런 라이언(Alan Ryan)은 현대 대의제 정치의 뿌리가 중세의 법집행과 군대 충원제도에 있다고 설명했습니다. 그리스 민주주의와 로마 공화주의의 언어로 대의제의 연원을 설명하기 좋아하는 것이 현대 정치학계의 관행이지만 엄밀하게 말하면, 중세의 제도들은 이미 대의제의 가능성을 내포하고 있었습니다.[469]

니체, 마르크스, 프로이트의 사상 속에 이미 포스트모던의 사유와 해체가 예견되어 있었던 것도 우연이 아닙니다. 어느 시대나 그 시대를 파괴적으로 해체-재구성하는 사상과 제도의 싹을 포함하고 있기 때문에, 그것의 잉태와 성장의 시기를 소거해 버리면 이후의 혁신적 변화도 존재할 수 없게 됩니다. 시대정신이란 바로 이런 점을 강조한 것이 아닐까요? 스콜라주의와 중세가 없었다면 다시 말해, 아우구스티누스의 신학을 더 깊이 연구하고 고민하던 중세가 없었다면 종교개혁도 불가능했다고 평가할 수 있습니다.

---

468 라은성, 앞의 책, 43면.
469 앨런 라이언(Alan Ryan)/ 남경태 · 이광일 역, 『정치사상사: 헤로도토스에서 현재까지』, 문학동네, 2017, 269면.

말씀과 프로파간다 구별하기

제가 회심하기 전, 조계종 승려였을 때의 경험입니다. 아주 매섭게 추웠던 겨울날이었습니다. 서울시 서초동 우면산 ○○사에 '설법'(기독교의 설교와 유사한 불교의 강론)을 하러 가는 길은 발목까지 쌓인 눈으로 인해 차를 타고 올라갈 수 없었습니다. 저는 천천히 눈길을 걸어가면서 많은 상념에 빠졌습니다. 집착을 버려야 한다고 되뇌었지만, '무소유'를 실천해야 한다는 생각에 집착하고 있었고, 이것을 실천할 수 없다는 회의에 빠져있었습니다. 늘 '자유'와 '해방'을 갈망했지만, 수행 생활은 자유롭지 못했습니다. '해방'은 늘 입으로만 성취되었습니다.

당시, 법조인들이 모이는 정기 법회에서 설법을 하던 저는 그날도 속으로는 '사례비'를 생각했습니다. 정확하게 사례비를 책정하고 시작한 설법이 아니었기 때문에 더 신경이 쓰였습니다. 제가 회원들에게 먼저 돈 얘기를 꺼내기는 어려웠습니다. 승려였기 때문이죠. 하지만, 승려도 교통비가 들고, 책을 살 돈이 필요했습니다. 그날 설법의 주제는 '집착을 버려라'였는데, 구성지게 준비된 설법을 펼쳐나가는 중에도 저의 머릿속에서는 '사례비'에 대한 생각이 떠나지를 않았습니다. 당시에 '학승'(학업중인 승려)이었던 저는 경제적으로 의존적이었기 때문에, 여러 가지로 자유롭지 못했습니다. 산 중 암자에서 수행하는 수행자도 경제적인 원조가 없으면 생존이 불가능합니다.

저는 현재 대학의 전임교수로서 일정한 수입을 갖습니다. 바울도 텐트를 만드는 일로 생계를 해결했지요. 외부강의를 수락할 때의 기준은 '사례비'가 아닙니다. 저를 초청하는 단체나 교회가 사례비를 얼마로 책정해 두었는가 또는 언제 지급할 것인가는 별로 중요하지 않습니다.

혜민이라는 승려가 '무소유'와 '비움'의 이미지를 상품화해서 부자가 되었고, 이를 비판하는 사람들에게 법정 스님은 베스트셀러의 인세가 있었기 때문에 무소유를 실천할 수 있었다고 항변했지요. 그의 부동산 투자(혹은 투기)는 그에게 중요했습니다. 그의 말은 세상의 진실을 담고 있습니다. 기독교계에도 현대적 생활방식에 도전하는 '느림', '비움', '무소유' 등의 이미지를 파는 종교상품들(?)이 인기를 누리고 있습니다. '무소유'에 대한 실천도 마찬가지입니다. '무소유'는 '의무'입니까? 아니면, 자율적 선택의 문제입니까? 그것이 도덕적 '의무'라면, 그 의무는 어디서 나옵니까? '무소유'는 왜 '소유'보다 도덕적입니까? 무소유를 강조하는 사람들에게 질문해 보세요. 대부분 대답하지 못합니다.

저는 성경을 기준으로 하나님이 금지하신 것을 '하면 안 된다'는 강력한 도덕의식을 가지고 있습니다. 그러나 하나님의 도덕법을 잘못 이해하여 '율법주의'에 빠지면 안 됩니다.[470] 하나님의 은혜 속에서 그리스도의 사랑에 매여 하나님의 법을 준수하는 것이지, 법이기 때문에 준수한다는 의식을 가지면 율법주의에 빠지게 됩니다. 예를 들어 보겠습니다. 제가 인격이 훌륭해서 유혹을 잘 이겨내는 것이 아니라,

---

470 싱클레어 퍼거슨(Sinclair Buchanan Ferguson)/ 정성묵 역, 『온전한 그리스도 율법과 복음은 같은 것인가, 다른 것인가』, 디모데, 2018. 이 책은 율법주의의 문제를 신학적으로 이해하는데 크게 도움이 된다.

아내를 사랑하기 때문에 결혼생활의 소중함을 지키기 위해서 아내 외에 다른 여인에게 눈길을 주지 않는 것입니다. 하나님이 주신 규범(도덕법)을 지킬 때 가정이 행복해집니다. 아내에 대한 사랑도 그 배후에는 크게 예수 그리스도의 사랑이 존재합니다. 그리스도 안에서 그리스도를 사랑하는 마음과 함께 하나님의 은혜가 충만할 때 우리는 죄를 이길 수 있습니다.

하나님의 말씀에 따라 옳고 그름의 기준이 있고, 객관적이고 절대적인 진리가 있다고 믿습니다. 상황에 따라서, 제가 자율적으로 선택하고 규범적으로 판단할 수 있다고 믿지 않습니다. 하나님은 '무소유'를 명령하지도 않으셨고, '소유'를 금지하지도 않으셨습니다. 하나님께서 금지하신 방법이 아닌 선한 방법으로 나는 소유하고, 그것을 관리할 뿐입니다.

제 강의를 경청하던 목사님 부부가 교회에서 카페를 운영하다가 커피 맛이 좋아서 수입이 늘어나자 죄책감을 호소하고, 불안해한다는 얘기를 전해 듣고 놀란 적이 있었습니다. '청빈'이나 '무소유'에 대한 기독교적이지 못한 '강박'은 하나님의 말씀에 기초한 것이 아니라, 정치적-경제적 '프로파간다'의 산물입니다. 자신이 합리적이라고 확신하는 현대인들 대부분은 프로파간다에 의해 선동되고 있는 경우가 많습니다. 프로파간다는 인격을 파괴하기도 합니다.

'프로파간다'는 '선전'을 의미하는데 주로 미술이나 문학 등을 수단으로 삼아 대중을 정치적으로 선동하는 것을 부정적인 차원에서 표현할 때 사용하는 용어입니다. 이 용어가 처음 사용된 때는 1622년입니다. 교황 그레고리우스 15세가 프로테스탄티즘의 거대한 물결 앞에서 두려움을 느껴 선교 관련 감독청을 만들면서 '선전'을 강조했습니다. 제1차 세계대전을 거치면서 이 용어는 새빨간 거짓말을 정치적 선동을 위해 하는 경멸적인 의미로 자리를 잡게 됩니다.[471]

저는 성경적 경제관을 사회주의적으로 해석하거나, 경제적 '부'를 성경이 '악'으로 가르친다는 등의 거짓말들을 교회에 만연한 좌파 '프로파간다'로 보고 있습니다. 이 문제는 '경제' 영역에서 상세히 설명했습니다. 크리스천은 교회 내에서 성경의 가르침과 일부 세력이 확산시킨 프로파간다를 분별해야 합니다.

---

471   에드워드 버네이스((Edward Louis Bernays)/ 강미경 역, 『프로파간다, 대중심리를 조종하는 선전전략』, 공존, 2020(29쇄), 13면 이하.

●●●

현대 철학의 흐름들

또 말하되 자, 성읍과 탑을 건설하여 그 탑 꼭대기를 하늘에 닿게 하여 우리
이름을 내고 온 지면에 흩어짐을 면하자 하였더니 (창세기 11:4)

※ 이정훈, 『교회해체와 젠더 이데올로기』, 킹덤북스, 2018의 내용을 일부 수정하여 인용하였습니다.

마르크스의 등장

인간의 객관적인 사유에 대한 고민은 철학사의 중요한 주제였습니다. '너와 내가 동일하게 분명하다고 인식하는 것이 가능한가?'라는 회의는 철학의 출발점이지요. 플라톤, 데카르트, 칸트 등 유명한 철학자들은 이러한 질문에서 자신의 철학을 시작했습니다.

이러한 사변적 철학에만 머물러 있지 않고 인간의 사고와 인식을 지배하는 특수한 조건에 천착한 사상가가 있었습니다. 이 사람이 바로 마르크스입니다. 마르크스는 '어떤 조건에서 인간은 사유하고 세계를 인식하는가'라는 의문을 깊이 파고들었습니다. 그는 이러한 과정에서 형성된 이론을 탁월하게 일상 생활과 연결하여 일반이론을 구축했습니다. 어떻게 보면 구조주의의 원류 중의 하나가 마르크스라고 할 수 있습니다.

마르크스는 사회집단이 역사적으로 변화할 때 중요한 역할을 하는 요인으로서 '계급'을 강조했습니다. 자신이 속한 계급에 따라 사고방식이 달라지는데 이것이 '계급의식'입니다. 근대 철학에서 강조한 인간에게 내재하는 '보편적 인간성'과 같은 것은 환상에 불과하다는 분석을 내놓습니다. 인간은 자기가 누구인가에 대해 자기가 만들어 낸 것을 보고 영향을 받아 자신과 세계를 인식합니다. '나는 누구인가?' 라는 의문은 '생산=노동'의 관계망 속에서 내가 어느 지점에 있고 무엇을 만들어내며 어떤 능력을 발휘하고 어떤 자원을 사용하고 있는지에 따라 결정됩니다.

타인과 구별되는 개인으로서 존재하는 현재의 내가 과거의 나와 같고, 미래의 나와 연결된다는 차원에서 자기동일성을 확보한 '주체' 가 선재하고, 이러한 자기동일성을 확보한 주체가 다른 사람들과 관계를 맺으면서 자신을 실현한다는 기존의 서양근대철학의 기조를 혁명적으로 전복시킵니다.

사실, 관계망 속에 던져진 인간은 거기에서 만들어진 의미나 가치에 따라 자신이 누구인가를 회고적인 형태로 알게 됩니다. 주체성의 기원은 주체의 '존재'에 있는 것이 아니라 주체의 '행동'에 있습니다. 이것이 바로 구조주의의 가장 근본이 되는 개념이며 모든 구조주의자들이 공유하고 있는 생각이라고 할 수 있습니다. 이러한 사고는 거장 '헤겔'에서 시작해 마르크스를 통해 20세기로 계승되었습니다.

프로이트

구조주의의 철학적 흐름 속에서 마르크스와 거의 대등한 지위를 부여해도 좋은 유대인이 있습니다. 그가 바로 '프로이트'입니다. 마르크스와 비교할 때 프로이트의 철학적 업적은 바로 우리의 상식과 다르게 '인간은 우리의 정신생활의 주인공이 아니다'라는 것을 명확하게 설명한 것입니다. 프로이트 심리학의 목적은 '자아는 자기 집의 주인이 아니라, 마음속에 품고 있는 생각이나 감정 가운데 무의식에서 일어나는 일들을 아주 드물게 보고 받고 있을 뿐'인 '허깨비'임을 증명하는데 있습니다.

　마르크스가 인간이 자유롭게 생각하고 있는 것처럼 보이지만 실제로는 계급적으로 생각한다는 것을 밝혀냈다면, 프로이트는 인간이 자유롭게 생각하고 있는 것처럼 보이지만 실제로는 자기가 어떤 과정을 거쳐 생각하고 있는지 제대로 모르는 채로 살고 있다는 것을 간파한 것이죠. 즉, 그의 연구를 한마디로 '나는 나를 모른다'라고 요약할 수 있습니다. 프로이트는 바로 '억압'의 매커니즘을 통해 인간이 어떤 과정을 통해 사고하고 있는지, 그 주체에 대해 모르고 있다는 사실을 폭로해 준 것입니다. 자유롭지 못한 인간의 실체를 밝힌 그의 이론은 철학사에 큰 영향을 주었습니다.

니체

　철학자 강신주는 기독교를 미워하고 마르크스를 사랑합니다. 대중과 소통하는 몇 안 되는 철학자라 그가 나름 한국 사회에서 의미가 있다고 생각하지만, 크리스천 학자로서 저는 마음이 좀 뻐근합니다. 제가 니체를 소개하면서 철학자 강신주를 언급하는 이유는 대중에게 통하는 반기독교적 철학자의 사유를 통해 니체의 철학적 의의를 크리스천들에게 설명하기 위함입니다. 교회해체와 성경의 권위해체를 위한 철학은 포이어바흐에서 니체로 넘어가 절정을 이룹니다.

제가 교회해체라는 테제를 던졌을 때 음모론이라고 발끈하던 '뉴스 앤조이(이하 뉴조)'를 생각하면 자꾸 실소가 터집니다. 강신주가 밝히고 있는 것처럼 포이어바흐와 니체는 기독교의 해체를 원했습니다. 뉴조가 이 사실을 몰랐다면 무지를 스스로 폭로하는 것이고, 이 사실을 알고도 저를 모함했다면 자신들이 한국에서 교회해체의 음모를 실행 중이라는 것을 자인한 것이 되겠지요.

지금도 그렇지만 포이어바흐의 『기독교의 본질』이 출간된 뒤에도 독일에서나 세계 도처에서 기독교는 해체되지 않고 아무런 일이 없었다는 듯 유지되고 있습니다. 포이어바흐에 따르면, 그 원인은 교회라는 제도와 그곳에서 이루어진 종교적 예식들이 1천년 이상 지속되면서 일종의 세속적 생활규칙으로 정착되었기 때문입니다. 강신주는 포이어바흐의 주장에 동의하면서도 포이어바흐는 이런 말을 할 자격이 없었다고 일갈합니다. 그는 포이어바흐의 기독교에 대한 비판 자체가 전혀 기독교의 명줄에 적중하지 못했다는 강한 비판을 했습니다. 그는 〈기독교의 본질 2판 서문〉에 등장했던 포이어바흐의 말을 떠올려보라고 권합니다. "종교는 신에 대한 규정이나 신의 말씀에 대한 규정에서 인간적인 말의 참된 본질을 정의하거나 대상화하는 것에 불과하다는 것을 보여주려 한다"라고 포이어바흐의 말을 인용하면서, "헉! 신이 허구적 대상이라고 주장했던 포이어바흐가 지금 《성경》의 내용을 그대로 긍정하고 있다"고 정확한 지적을 합니다. [472]

---

[472] 강신주, 『철학 VS. 실천: 19세기 찬란했던 승리와 마르크스의 테제』, 도서출판 오월의봄, (교보 ebook edition, 2020), 1부, 정치철학 1장 종교적인 것에 맞서는 인문정신, 1. 기독교비판의 첫 번째 길, 포이어바흐에서 니체로.

포이어바흐가 최종 목적지로 생각했던 곳, 바로 이곳이 마르크스의 출발지라고 할 수 있습니다. 이것이 제가 여러 강연에서 마르크스를 예비한 자가 포이어바흐라고 자주 칭하는 이유입니다. 강신주의 주장을 그대로 인용하겠습니다.

"니체는 영 못마땅했던 것이다. 신을 부정하려면 그의 일거수일투족, 그의 말, 그의 흔적, 그의 방귀까지도 전적으로 부정해야만 하는 것 아닌가? 기독교에 대한 발본색원拔本塞源! 이것이 바로 니체가 감당하려고 했던 자신의 운명(Schicksal)이었다.[473]"

저는 니체를 직접 인용해 보겠습니다.

"'신(Gott)' 개념은 삶(Leben)의 반대개념으로 고안되었다. 해롭고 유독하고 비방적인 모든 것, 삶에 대한 지독한 적개심 전체가 하나의 통일체가 되어 이 개념에 집약되어 있다. '피안(Jenseits)'의 개념, '참된 세계(wahre Welt)'라는 개념도 고안되었다.[474]"

오늘 바로 여기에서 누군가가 삶과 분리된 신앙을 경건이라고 우기고 있다면, 그는 니체가 발본색원하고자 하는 그 왜곡된 기독교의 성도가 맞습니다. 생육하고 번성하면서 정복하는 문화사명(창 1:28)을 거부하고 이 세상과 완전히 분리된 (성과 속을 분리시킨) '피안'의 경건과

---

473 강신주, 앞의 책 (교보 ebook edition, 2020).
474 니체, "나는 왜 하나의 운명인가", 『이 사람을 보라』, 강신주, 앞의 책, 재인용.

거룩을 추구한다면, 그는 생명을 잃었지만 움직이는 '좀비'가 된 잘못된 종교로서의 기독교 성도가 맞습니다.

그는 아마도 사회 속에서 이미 왕따가 되었거나 지상의 지옥 속에 살면서 본인만 모르는 상황일 가능성이 농후합니다. 스스로 니체가 자신 있게 제시하는 '삶의 반대개념'으로써의 기독교 성도의 사례가 되는 신앙은 영원한 생명을 누리는 참 크리스천의 삶과 아무런 관계가 없습니다.

그리스도의 공로로 인해 우리가 의롭다 칭함을 받고 성화와 견인의 은혜 속에서 누리는 그리스도의 영원한 생명(Leben)은 우리의 심장을 뛰게 만들고 오늘도 우리는 그 생명으로 인해 살아있습니다. 이처럼 반기독교적인 니체의 철학은 역설적으로 크리스천들에게 기독교의 진정한 본질을 알게 해주는 역할을 하기도 합니다.

주체로서의 인간이라는 믿음은 허구라는 사실을 프로이트와 다른 차원에서 명확하게 밝힌 또 한 명의 철학자가 바로 프리드리히 니체입니다. 니체는 인간이 주어진 규범의 노예에 불과하다고 주장했습니다. 그는 역사적으로 정당화되어 온 문명과 이 문명에 의해 당연한 것으로 여겨지는 규범들은 어떤 시대나 지역의 고유한 편견에 불과하고 이러한 외적 규범에 종속된 것이 '대중'이라는 설명을 했습니다.

다시 말해, 기독교가 가르치는 '성적 금기'(성윤리)나 반드시 지켜야 하는 하나님이 주신 규범(도덕법)들은 유대-기독교 문명권에서 만들어 낸 편견에 불과한 것이라는 주장입니다. 니체는 여기서 더 나아가 헤겔 철학의 주요개념인 '자기의식'도 허구라고 주장합니다. 결국, 그는 독일의 부르주아 기독교인들은 자신이 누구인지도 모르는 동물과 같은 수준의 저급한 존재라고 비난하기에 이릅니다.

19세기 독일 사회에서 중요한 역할을 했던 부르주아들은 기독교인으로서 기독교 내부에서 전승되는 규범이나 가치들이 기독교 문화에서 파생된 '편견'과 '협잡'에 불과한 것이라는 것을 모르고 인류 공동의 '보편성'을 갖는 규범 체계인양 믿고 바보짓을 벌이고 있으며, 이를 이교도들에게 강요하는 한심한 존재라고 설명합니다.

니체는 이러한 바보들이 가진 기독교의 '선악' 개념이 그 자체로 하나의 역사를 가진 계보를 통해 존재한다는 것을 밝혔습니다. 니체의 생각에 따르면, 현대의 대중사회는 구성원들이 무리를 이루어 '다른 대중들과 동일하게 행동하는' 것을 중요시하는 바보들의 사회라고 할 수 있습니다. 비판이나 회의 없이 한 방향으로 달려가는 군중이 대중사회의 특징이죠. 니체는 이러한 비주체적 군중을 '짐승의 무리'라고 이름 붙였습니다. 니체가 볼 때, 기독교 사회는 바로 짐승의 사회인 것입니다.

그는 짐승과도 같은 획일화된 무리를 위한 도착적인 '도덕'이 존재한다고 말합니다. 짐승의 무리는 어떤 행위가 도덕적인지 아닌지에 대한 판단을 그 행위에 내재하는 가치나 그 행위가 행위자 자신에게 가져다줄 이익이 아니라, 단순히 '다른 사람과 동일한지 아닌지'를 기준으로 결정하기 때문에 '도착적'이라고 설명하는 것입니다. 그는 옆사람을 모방하고 모두가 동일하게 획일화되어 가는 것을 좋아하면서 인간은 점점 '노예'가 된다고 설명했습니다. 여기서 교회는 노예를 찍어 내는 공장과 같은 역할을 하게 됩니다. 반기독교적 철학의 완성이라고 할 수 있습니다.

니체계열의 철학자가 바로 동성애 정치투쟁에 있어 사상적으로 중요한 역할을 한 철학자 '미셸 푸코'입니다. 한국 기독교계 내부에서 동성애를 옹호하는 자칭 신학자들은 푸코의 관점에서 성경을 재해석하고 있습니다. 반기독교 철학의 계보를 완성한 이론을 통해 성경을 해석하자고 제안하는 이들이 스스로를 신학자 또는 기독교윤리학자라고 칭하는 현실이 정말 신기하기만 합니다.

니체에 따르면 노예와 다른 존재가 바로 '귀족'입니다. '귀족'은 서로 모방해서 동일해지는 노예와 다릅니다. 자기의 외부에서 참조할 항목이 없는 자립자입니다. '귀족'의 개념을 철학적으로 극한까지 끌어올린 것이 '초인'입니다. 초인은 인간을 초월한 존재인데 구체적인 존재자라기보다는 '인간의 초극'이라는 운동성 그 자체를 의미합니다. 초인은 기독교인과 같은 짐승의 무리와 다른 존재입니다. 노예라는 것에 고통을 느끼고 부끄러워하는 감수성을 가지고, 그 상태에서 벗어나려고 하는 의지가 바로 '초인'의 특징입니다. 니체의 초인사상은 반유대주의의 이데올로기로 변질되기도 했습니다. 니체의 철학은 본질적으로 민주주의와 양립할 수 없습니다. 히틀러와 같은 전체주의 체제에서 인간을 학살하는 배경 사상으로도 기능한 철학입니다.

저는 니체의 초인이 되고 싶은 생각도 의지도 없으며 오직 사랑하는 예수 그리스도의 제자도로 살기를 원합니다. 저는 하나님의 사랑받는 자녀이기를 갈망합니다. 니체가 보기에 저는 짐승이자 노예인데, 바로 이 정체성이 제 행복의 원천이 되고 있습니다. 저는 예수 그리스도의 종이 됨을 제 인생의 영광과 은혜로 알고 있습니다.

마르크스, 프로이트, 니체의 기초에서 구조주의가 출현하게 되는데 구조주의적으로 사고하는 것이 상식이 되는 것이 후기 구조주의의 특징이라고 할 수 있습니다. 구조주의뿐만 아니라 20세기에 마르크스, 프로이트, 니체의 영향을 받지 않은 철학은 없다고 해도 과언이 아닙니다. 세 명의 걸출한 철학자들의 영향은 매우 큽니다. 21세기의 철학자들이 이들의 사상과 개념을 섞어서 칵테일 같은 철학적 담론들을 만들어냅니다.

구조주의(structuralism)

구조주의는 소쉬르와 레비스트로스에 의해 시작된 현대 유럽 철학의 이론입니다. 문화적 구조를 통해 사물의 의미가 정의된다는 논의에서 출발합니다. 특히, 기존의 서양철학에서 개념규정의 틀이 된 '이항대립'의 정의를 문화적 구조를 통해 설명합니다. 예를 들어, 선과 악, 빛과 어둠과 같이 대립적 개념을 통해 사물을 정의하는 방식입니다. 인도의 카스트를 보면, 역사-문화적 배경과 함께 순결성과 불결성의 대조에 의해 계급적 내용과 차별의 구조가 정의되지요.

다시 말해, '카스트'라는 계급체계는 '대립적인 항'을 통해 반영되는 개념의 일관된 구조를 갖습니다. '카스트'라는 단어로 의사소통을 할 때 우리는 이 단어가 단지 계급체계라는 단일한 의미를 갖는 것이 아니라, 언어의 배후에 존재하는 문화적 구조(차별적 구조)를 통해 이 단어를 사용하여 소통하게 됩니다.

가령, "여자가 왜 그래?"라고 말할 때 '여자'라는 단어는 단지 생물학적 성별을 구분하는 '여자'의 의미가 아니라, 유교적 전통 사회가 갖고 있는 성차별적 문화와 사회적 구조를 통해 그 의미가 정의된다고 할 수 있습니다.

소쉬르는 언어학자로서 언어는 사회적 관습이며 이에 따라 한 언어의 모든 부분들은 커다란 사회구조의 체계로부터 의미를 획득한다는 것을 밝혀냈습니다. 또한, 이러한 이론을 언어가 아닌 다른 사회관습 체계에도 적용이 가능하다는 것을 파악했지요. 이러한 이론을 인류학, 심리학, 정치학에 적용하기 시작하면서 구조주의라고 불리는 철학사조가 출발하게 됩니다.[475]

후기 구조주의 (post-structuralism)

철학에서 후기 구조주의는 프랑스 철학자 자크 데리다, 라캉 등으로 대표됩니다. 후기 구조주의는 세계질서를 바꾸는데 엄청난 영향력을 행사하죠. 정치·경제·사회·문화 전 영역에서 '근대성(현대성)'을

---

475 페르디낭 드 소쉬르(Ferdinand de Saussure, 1857년-1913년)는 스위스의 언어학자로 근대 구조주의 언어학의 시조로 불린다. 클로드 레비스트로스(Claude Lévi-Strauss, 1908년-2009년)는 프랑스의 인류학자로, 인간의 사회와 문화를 이해하는 방법으로서 구조주의를 개척하고 문화 상대주의를 발전시킨 학자이다.

해체하고 포스트모던한(탈근대) 세계를 열었다고 평가할 수 있습니다. 이러한 포스트모던한 사조는 동성애 정치투쟁을 가속화하고 신학에도 침투하여 종교개혁의 성과로서의 '근대성'을 해체하고자 질주하고 있습니다.

기독교인들조차도 이러한 철학 사조의 영향을 받는 것을 지식인의 특권인양 여겨서 해체의 철학자들을 '예수 그리스도'보다 우월한 위치에 두고 활동하고 있습니다. 언제나 우상숭배는 다양한 형태로 자행되는데 복음을 부끄러워하면서 포스트모던한 시류에 편승하는 것을 자랑하는 부류들은 포스트모던 신학이라는 이름이나 여성주의 신학이라는 이름으로 대중을 선동하고 있습니다.

서양의 철학사에서 주요 논제가 된 개념들은 이미 설명한 것처럼 주로 '대립의 항'으로 표현할 수 있습니다. 기존의 철학적 전통은 현상과 실재, 편견과 지식, 정신과 물질, 참과 거짓과 같은 주요한 대립적 개념들을 통해 인간이 사유할 때, 체계의 정합성을 확보하고 이 체계를 통해 객관적으로 사유할 수 있다고 보았습니다.

가령, 데카르트가 '나는 생각한다. 고로 나는 존재 한다'라고 말했을 때 생각하고 있는 이 주체는 이미 존재하는 '대립항'의 개념들이 가지고 있는 구조에서 자유로울 수 없습니다. 이미 생각을 지배하는 구조 속에서 생각하고 있음을 발견하면 구조주의가 '맞구나'하고 동의할 수 있는 여지가 생깁니다. 그러나, 데리다는 '해체'라고 명명한 방법을 통해 이 '대립항'들이 사실은 자기 모순적임을 증명하고자 했습니다. 어렵지요? 조금만 참아 봅시다. 신세계가 열립니다.

가령, 현상과 실재의 대립개념을 기초로 신에 관한 것을 말하고자 한다고 가정해 봅시다. 어떤 유대인이 출애굽을 통해 유일신의 실재를 설명합니다. 홍해가 갈라지는 현상과 노예해방의 결과로 새롭게 형성된 '유대국가'등을 거론하겠지요? 이처럼 인간은 벌어진 현상에 의지해 실재를 설명할 수밖에 없습니다.

성경 속의 사도들도 부활하신 예수님을 만나고 나서 모두 순교자로서 다시 서게 됩니다. 예수님이 부활하신 후 나타나신 현상이 기초가 되어 예수가 하나님의 유일하신 아들이자 그리스도라는 것을 강력하게 전인격적으로 받아들이고 거듭나게 된 것입니다. 도마가 '나의 주 나의 하나님'을 고백하게 되는 것도 부활하신 주님을 만나는 사실을 통해서입니다. 존재론적 실재에 대한 설명은 그리스도께서 직접 보여주신 현상을 통해 이루어졌습니다.

이러한 차원에서 존재론의 전복이 시도됩니다. 존재론적 형이상학에 의존해 개념의 대립항을 만들어 정합적 구조를 갖게 된 철학체계를 해체해야 한다는 논리로 진행합니다. 존재론을 구성하고 있는 신과 인간, 창조주와 피조물 등의 '대립항'으로 만들어진 체계는 결국 현상에 의존해서 설명할 수밖에 없겠지요. 후기 구조주의는 정합적이라고 파악한 대립항의 배후에 존재하는 구조를 파악하는 것에 그치지 않고, 이 구조가 허위이며 모순적이기 때문에 해체해야 한다는 주장으로 나아갑니다. 그러나, 사도들이 경험한 현상으로써의 부활하신 예수님은 역사적 사실입니다.

경험을 통한 인식의 객관성을 확보하는 다수의 증언자 등의 존재는 존재론적 실재로서의 그리스도를 부인하는 근거를 용인할 수 없게 만듭니다. 현상을 인식하는 구조의 존재와 이 구조에 의한 인식이라는 허위의식을 아무리 강조해도 경험적 사실로서의 존재 즉, 역사적 사실로서 인식한 부활하신 주님의 실재는 부정될 수 없습니다. 오히려, 일부 유대인들이 가지고 있는 하나님에 대한 인식구조가 부활을 부정하게 하는 허위의식을 작동시킬 수 있겠지요. 그러나, 사도들에게는 경험적 사실로서의 부활의 주님이 분명하게 존재하기 때문에 이러한 구조는 아무런 영향을 끼칠 수가 없었습니다. 부활을 부정하는 유대인들과 예수님을 부정하는 무슬림들의 인식구조를 설명하는 데 역설적으로 구조주의가 요긴하다는 것이 신기합니다.

구조주의 철학적 전통은 특히 인류의 전형적인 대립항인 '성별'과 '성애'에 특별한 관심을 갖게 만듭니다. 남/녀 (성별), 동성애/이성애 (성애)의 대립항에 기초한 관습과 문화적 구조들을 '해체'하는 것을 통해 모순과 허위를 드러냄으로써 현실에서 이론을 증명하고자 하는 방향으로 나가게 됩니다. 기존의 가치들 그리고 이 가치들을 유지시켜 주던 신념들을 해체하는 것이 인간해방의 중요한 과제가 되는 시점이 도래한 것입니다. 서양에서 성윤리와 성적 금기의 핵심은 주로 기독교에서 파생되었기 때문에 기독교는 반드시 해체해야 할 대상이 되었습니다.

포스트모더니즘

후기 구조주의와 해체의 특수한 방법은 서양 근대 철학 자체에 대해 회의적인 견해를 표명하는 것입니다. 르네상스와 계몽주의 시대를 거치면서 수많은 과학자들과 철학자들이 구성해 낸 체계를 떠올려 봅시다. 세계를 지배하는 통합적이고 물리적인 법칙의 체계와 인간사회에 대한 체계적 설명은 근대적(현대적)인 것입니다. 합리론, 경험론, 관념론 등의 철학이론들은 통합적 세계를 전제로 하고, 인간이 형성하는 모든 신념과 가치들은 이러한 통합적인 체계에 기인합니다.

이제 이러한 통합적 세계라는 근대적 관념은 아주 근사한 거짓말에 불과하다고 주장하는 흐름이 세계를 뒤덮게 됩니다. 루이 알튀세르식으로 표현하면 이데올로기가 너를 불러주었을 때 네가 완성된 것처럼(이데올로기의 호명), 계급의식을 강조해서 근대의 허위를 드러내는 동시에, 이데올로기로 만들어진 자신을 발견하고 자신을 구성한 이 이데올로기를 해체하는 시대로 나아가는 것입니다. 순진하게 부르주아들의 지배체계를 공고히 하는 법질서와 정치체제에 복종하고 기업에 의해 착취당하던 내가 아니고, 산업자본주의를 유지하기 위한 가정에서 성적으로 착취당하는 내가 아니라 해방을 갈구하는 나로 변신하는 것입니다. 가정을 지키라고 말하는 교회도 이러한 부르주아 지배 이데올로기의 협잡에 불과하기 때문에, 과감하게 역으로 교회를 해체해 버려야 하는 사명에 직면하게 되는 것이지요.

포스트모더니즘은 하나의 철학이론이 아닙니다. 근대적인 것, 즉 근대성에 대한 다양한 비판들을 망라하는 우산과 같습니다. 그래서, '우산운동'(umbrella movement)이라고 부르기도 합니다. 철학적 차원에서 좁은 의미로 포스트모더니즘은 후기 구조주의와 동의어처럼 쓰이기도 하죠. 포스트모던은 철학에 국한되는 것이 아니라 문학, 예술, 연극, 영화, 건축 등의 정치·사회·문화 전 분야를 포함합니다. 포스트모더니즘의 본질은 막스 베버가 설명한 프로테스탄티즘으로 형성된 '근대성'을 해체하는 것입니다.

포스트모더니즘이 근대문화에 대한 반발로 부각되는 직접적인 계기는 프랑스에서 있었던 1968년의 문화혁명입니다. '68혁명'에 대해서는 '문화' 영역에서 상세한 설명을 했습니다. 참조하시기 바랍니다. 근대의 정신이 계몽주의 혁명으로 구현되었다면, 근대 이후의 사조, 탈근대의 사유체계가 드러난 상징적 사건이 68혁명인 것입니다. 68혁명은 프랑스뿐만 아니라 이탈리아, 독일, 미국과 일본 등 전 세계적인 혁명운동으로 전개되었습니다. 정치투쟁을 포함하여 근대적 문화 전체를 반성하고 해체하려는 문화혁명입니다. 68혁명 이후 형성된 유럽의 인권·법체제와 신좌파사상은 구소련의 해체와 동구권의 몰락 이후, 길을 잃은 한국 좌파들에게 새로운 이념과 지향점이 되었습니다.

'68'은 짧은 기간에 진압되었기 때문에, 그 영향을 과소평가하려는 사람들이 있습니다. 그러나, 이는 68을 평가하는 좌파세력의 입장을 보더라도 사실이 아닙니다. 68은 유럽에 살았던 한 세대의 사유 전체를 혁명적으로 변화시켰기 때문에, 이들이 정치·경제·사회·문화 전반에 영향력을 행사하게 된 시기에 유럽을 완전히 변화시킬 수 있었습니다. 68의 추종자들도 68의 문화적 위력을 제대로 이해하지 못한 경우가 있습니다. 세계를 이끄는 리더쉽이 유럽과 북미에 있었기 때문에 이들은 세계를 변화시킬 수 있었던 것입니다.

기독교는 전통적 유럽(서방세계)을 상징하는 가장 전형적인 '가치'였기 때문에 포스트모던 투쟁의 대표적인 목표물이 됩니다. 청교도의 나라 미국과 미국의 시민 종교였던 기독교는 미국이 주도하는 자본주의 세계의 종말을 위해 반드시 '해체'시켜야 하는 대상이 됩니다. 동성애와 성정치 문제는 이러한 사상사적 이해를 기초로 하지 않고서는 이해하기 어렵다고 할 수 있습니다.

포스트모더니즘 시대의 좌파사상

제가 사용하는 좌파라는 표현은 유럽의 좌파를 기준으로 사용한 것입니다. 유럽의 좌파는 전통적 마르크스주의자, 사회민주주의(사민주의)자, 공산주의자로 분류할 수 있습니다. 전통적 마르크스주의자들은 인문학과 사회과학을 마르크스의 이론을 기초로 수행하고 정치와 사법에 마르크스의 이론과 이념을 반영하고자 노력하는 자들입니다. 사민주의는 자본주의의 문제점과 모순을 비판하고 이를 극복하고자 하는 '정치사조'로써, 자유민주주의 체제의 전복을 추구하지 않고, 기존 자유민주주의 체제 내에서 대안적 차원에서 그 실현방안을 찾고자 하는 타협적이고 현실적인 이념입니다.

공산주의자들은 레닌의 혁명론을 포기하지 않는 자들로 최근 한국 좌파들의 교주로 추앙받고 있는 '슬라보예 지젝'이 여기에 속합니다. 한국의 좌파들은 방송이나 강연에서 지젝이 비판적 자유주의자인 것처럼 거짓말을 늘어놓는데 원래 공산주의자들의 정치투쟁 방식은 철저하게 거짓으로 대중을 선동하는 것을 기본으로 하기 때문에, 속지 않도록 조심하는 것이 중요합니다. 이들은 자유주의 세계의 전복을 주장하지 않고 비판과 타협을 시도하는 사민주의자나 온건한 마르크스주의자들을 가짜 좌파라고 비난하고 있습니다.

정치적으로 사민주의를 표방하든 마르크스주의자의 면모를 보이든 관계없이 좌파들은 모두 앞에서 설명한 포스트모더니즘 철학의 가장 강력한 지지자들이며 자신의 정치적 입장에서 재해석을 시도합니다.

미셸 푸코의 철학[476]

푸코는 자신을 포스모더니즘으로 보는 시각을 거부했습니다. 그의 추종자들은 푸코를 해체주의나 포스트구조주의, 포스트마르크스스주의로 지칭하는 것도 부정확한 것이라고 주장합니다. 그를 무엇이라고 지칭하든지 68혁명 이후 형성된 좌파의 이론 지형에서 푸코는 중요한 위치를 점하고 있습니다. 푸코의 철학은 해체주의나 후기구조주의로 부를 만한 요소도 포스트모던이라고 표현할 요소도 모두 갖추고 있다고 볼 수 있습니다. 특히, 주디스 버틀러로 상징되는 '퀴어 이론'의 철학에도 푸코는 지대한 영향을 주었습니다.

앞에서 언급한 루이 알튀세르를 비롯하여 제 강의에서 언급된 철학자들은 마르크스, 니체, 프로이트 이론의 영향을 받거나 이 철학들을 결합하고 보완하면서, 상호 논쟁하는 가운데 등장하고 발전했습니다.

---

476 미셸 푸코, 오생근 역, 『감시와 처벌』, 나남, 2011, 『말과 사물』, 이규현 역, 민음사, 2012, 『성의 역사 1: 쾌락의 활용』, 『성의 역사 2: 지식의 의지』, 『성의 역사 3: 자기에의 배려』, 나남, 2004, 『광기의 역사』, 나남, 2010, 『지식의 고고학』, 이정우 역, 민음사, 1992.

1. 생명 권력과 자본주의

푸코는 권력에 관한 기존의 이론들이 자유주의와 사회주의를 막론하고 권력을 하나의 실체, 하나의 소유물로 바라보았다고 비판했습니다. 권력을 실체로 보게 되면 국가의 전복과 혁명, 의회정치, 대통령 선거와 같은 거시적 차원의 것은 진짜 정치이고, 개인의 정체성 투쟁 (가령, 동성애, 장애인, 외국인 불법 체류자, 페미니즘)의 담론은 거시적 정치에 종속되는 것으로 보게 된다는 해석입니다. 푸코는 권력을 근본적이고 미시적인 일상의 문제로 봅니다.

거시적인 것은 미시적 권력들의 효과로 드러나는 권력 현상의 가장 가시적인 부분이라고 주장했습니다. 가령, 좋은 학벌을 가진 남성들로 구성된 대법원을 가정해 봅시다. 대법원이라는 거시적인 정치의 대상은 가부장적이고 학벌을 중시하는 일상적 권력 관계들이 수없이 중첩되어 나타난 가시적 현상입니다. 60-70년대에 시골의 농업가정이 있습니다. 아들과 딸 중에서 아들만 서울로 유학을 보냅니다. 누나와 가족들은 돈을 벌어서 아들의 고시공부에 들어가는 학비를 제공합니다. 아들은 법관이 되고, 집안이 좋은 법관들과 경쟁해야 합니다. 여성 법관들보다는 유리합니다. 이런 식으로 자세히 들여다보면 일상적이고 미시적인 차원의 대상들이 그 자체로 '정치적인 것'이라고 할수 있습니다.

푸코가 거시적인 현상을 무시하는 것이 아니라 거시 권력에만 집중하게 되면 미시 권력의 다양한 저항 지점을 놓치게 된다고 설명하는 것입니다. 결국, 거시정치를 바꾸려고 하는 동기나 이유도 일상의 미시정치를 바꾸고자 하는 관심에서 시작된다는 논리입니다. 기존의 자유주의와 마르크스주의는 '권력'을 양도하거나 탈취할 수 있는 경제적 소유물로 보았습니다. 푸코가 자신의 권력-지식론을 통해 극복하려고 했던 것은 이러한 경제를 기초로 한 '권력론'입니다. 권력은 소유하는 실체가 아니라 담론 또는 비담론적 효과를 불러일으키는 전략적 상황의 총체이고 '권력관계'의 문제라고 설명합니다. 권력은 단수의 실체로 존재하는 것이 아니라 지식-권력의 차원에서 무한하고 다양한 복수의 권력관계들을 만들어 냅니다.

예를 들어, 푸코의 저서 『감시와 처벌』에 나타난 내용을 검토해 봅시다. 군주가 반역자를 공개처형 합니다. 공개처형의 목적은 대중에게 '공포'를 심어주어 반역의 동기를 제거하는 것입니다. 그러나, 공개처형당한 반역의 수괴는 처형의 퍼포먼스로 인해 오히려 대중 사이에서 영웅으로 남게 됩니다. 이러한 형벌이 별로 효과가 없습니다. 새로운 지식은 신체형에서 자유형으로의 전환을 통해 범죄자의 자유와 몸을 권력이 지배하고 통제하는 방향으로 나아가게 됩니다. '교화'와 '교정'이라는 새로운 지식이 등장하고, '범죄자가 실제로 교화나 교정이 되었는가?'와 무관하게 근대적 감옥은 새로운 권력관계를 만들어냅니다. '규율권력'의 전략이 바뀐 것입니다. 근대와 근대성은 이러한 생명에 대한 규율권력의 전략과 깊은 관련을 갖습니다.

근대의 문턱에서 자연적 생명이 국가권력의 매커니즘과 통제체계로 통합되기 시작하고 정치가 '생명정치'(bio-politique)로 변화하는 과정을 보여줍니다. 아리스토텔레스 이후 지난 수 천 년 동안 인간은 생명을 지닌 동물이면서 동시에 정치적 삶을 누릴 수 있는 존재로 이해되었습니다. 푸코에 따르면, 근대적 인간은 생명 자체가 정치에 의해 관리되는 동물인 것입니다.

푸코는 개인이 살아있는 신체라는 의미로 정치 전략의 중요한 대상이 될 때 한 사회가 '생물학적 근대(성)'에 도달한 것으로 봅니다. 이러한 관점에서 자본주의의 발전과 승리는 일련의 적절한 기술들을 통해 자본주의가 요구하는 이른바 '순종하는 신체'를 산출해 낸 새로운 생명 권력의 규율적 통제가 없었다면 불가능했을 것이라는 분석이 가능해지는 것입니다.

2. 개인화와 전체화의 이중 구속

서양의 근대국가는 엄청난 속도로 주체를 개인화했습니다. 동시에 이 개인화하는 기술들을 통해 개인을 전체화하는 과정들과 통합시켰습니다. 이것을 '이중 구속'이라고 합니다. 좀 어렵지요? 쉽게 예를 들어 보겠습니다.

인기를 끈 영화 '국제시장'을 떠올려 보세요. 주인공은 파독 광부모집에 지원합니다. 박정희 시대는 근대국가를 건설하고 산업화의 과정을 겪는 시기입니다. 자본은 광산에서 일할 '순종하는 신체'를 필요로 합니다. 국가는 국민에게 국민체조를 보급하고 개인의 건강을 보건정책의 활용을 통해 관리합니다. 전염병이나 공중보건을 국가가 관리하게 됩니다. 건강한 청년이 있어야 독일에 가서 광부도 하고, 군인이 되어 베트남전에 참전할 수 있는 것입니다. 이 시대의 권력의 입장은 조선 시대의 애민사상이나 통치기술과는 본질적으로 다릅니다.

당시 유럽의 선진국과 같은 사상·표현의 자유(정치적 자유)는 없었지만, 독일에 광부로 가는 것은 개인이 선택한 것입니다. 개인은 시장에서 자신과 가족을 위해 다양한 선택을 할 수 있습니다. 이러한 선택의 자유도 권력이 보장하는 것입니다. 강제로 동원된 것이 아니죠. 그러나, 이 개인은 한국이라는 국가를 인식하고 노동과 외화수입을 개인의 문제로만 여기지 않습니다. 개인화와 개인화를 다루는 권력의 기술은 이 개인을 전체화로 수렴시킨다는 뜻입니다.

시장에서 자유롭게 자신과 가족을 위해 선택하는 개인이 있고, 주권적 권력은 이 개인의 생명 자체와 건강을 중요한 정치문제로 다룹니다. 이 개인은 건강하게 기업에서 일하고 가족을 부양합니다. 이 개인들을 권력의 전체화과정에 통합시킵니다. 이제 권력은 주로 국민의 생명과 건강을 관리합니다. 이러한 관점은 병원과 제약회사(다국적 자본)가 전문가 그룹(보건, 건강 전문가와 관료집단)과 더불어 인간의 몸과 생활을 지배하는 권력의 상황을 묘사하는 이론으로 발전했습니다. 코로나19 방역상황을 실제로 겪으니까 제 설명이 잘 이해되지 않으십니까?

가정 내에서 가부장적 가장의 권력은 미시적 관점에서 존재합니다. 가장은 남자입니다. 여성과 아이들은 복종합니다. 가정은 출산을 통해 사회 구성원을 재생산합니다. 남편이 해외에서 외화 벌이를 할 동안 여성은 간통하지 않고 묵묵히 순종하며 아이들을 양육해야 합니다. 가정 내의 미시정치와 대통령 선거나 의회·정당 정치와 같은 거시 정치는 총체로서 권력 관계를 형성하고 있습니다.

심지어 침실에서 부부가 성관계를 갖는 미시적 관계 속에서도 권력 관계는 드러납니다. 가장은 자신의 욕구를 위해 여성의 몸을 지배할 수 있습니다. 가부장제도와 이성애 중심의 이데올로기는 여성을 복종시키고 여성의 몸을 남성이 지배할 수 있도록 하는 미시적 정치입니다. 이 권력적 담론구조(가부장과 이성애주의) 속에서 섹스를 수용하기 때문에 지배-종속의 가부장주의가 유지된다는 설명입니다. 생명권력은 이러한 담론의 지배적 구조를 이용하여 정치적 목적을 달성합니다. 따라서, 푸코는 이러한 미시적 차원에서 저항의 포인트를 찾아내고 투쟁해야 한다고 주장합니다.

자크 라깡: 언어가 나를 지배한다[477]

저는 '자크 라캉(Jacques Lacan)이 진짜 천재다'라고 생각해요.[478] 오히려 신학자들보다 우리 인간이 어떤 존재인지를 잘 알아요.[479] 그는 인

---

477 라캉의 이데올로기와 무의식에 관해 문학비평의 관점에서 다룬 연구로는 황순향, "이데올로기와 무의식: 라깡, 알뛰세르, 그리고 지젝을 중심으로", 『현대영미문학』 35권 4호(2017)이 있다. 라깡의 언어문제에 관해서는 장시기, "라깡의 언어와 문화연구", 한국현대정신분석학회 학술발표대회 프로시딩, 2008, 142면 이하 참조.

478 자크 라깡은 1950년대 이후 프랑스 현대사상에서 중심적 위치를 차지하고 있는 인물이다. 구조주의와 후기구조주의 그리고 그 이후 담론들에 핵심적 영향을 끼친 인물로 거론된다. 그는 프랑스의 정신분석가로 독서 대중에게 알려져 있다. 자크 알렝 밀레/이수련 역, 『자크 라깡 세미나 11: 정신분석의 네 가지 근본개념』, 새물결, 2008 참조.

479 장시기, 위의 논문, 142면. 〈자크 라깡의 아주 유명한 명제, 즉 "무의식은 언어처럼 구조화되어 있다"라는 말은 프로이드의 정신분석학이 말하는 무의식의 존재 방식이 언어의 존재 방식과 같다는 점을 분명히하고 있다. 따라서 라깡의 "무의식은 언어처럼 구조화되어 있다"라는 명제는 라깡이 "프로이드에게로 돌아가자"라고 외쳤던 것에서 알 수 있듯이 프로이드의 정신분석학에 언어학을 선물하여 프로이드의 정신분석학을 새로운 "통합학문 내지 통합담론"의 정신분석학으로 만들고자 하는 야심찬 "전략"이 숨어있다고 볼 수 있다.〉, 장시기의 이러한 설명은 라깡이론의 정신분석학적 의의를 파악하는데 도움이 된다.

간의 정신을 확 분석해 버립니다. 라캉이 앞에서 설명한 프로이트 계열인데 훌륭한 '정신분석가'입니다. 그가 던진 설명 중에 저를 매혹시킨 것이 '주체가 언어를 사용하는 게 아니라, 반대로 언어가 주체를 규정해버린다'라는 주장입니다. 갑자기 제가 학생들한테 '너 누구야?'라고 질문을 던집니다. 그러면, 갑자기 학생들이 깜짝 놀라서, '역시 우리 교수님이 실성했구나'라고 생각하겠지요. 제가 이렇게 질문을 던지는 이유는 라캉을 설명해 주기 위해서 그렇습니다. '야 너 누구야?'라고 질문을 던지면, 사람들이 당황하는 이유가 무엇일까요? 사람들은 스스로를 주체로서 명확하게 존재한다고 생각하지만, '누구냐?'는 질문에 차분하게 주체로서 인식한 자신에 대해 유창하게 설명하는 사람은 거의 없습니다.

주체로서 '나'라는 존재가 확실히 있다고 생각하는 것은 어쩌면 착각일 수도 있습니다. '나는 생각한다. 고로, 존재한다'라는 명제를 생각해 봅시다. '생각하고 있는 주체'인 내가 확실하게 존재하고 있습니까? 누가 세상과 역사를 인식하는 주체입니까? 캠퍼스에서 마주치는 학생들을 비롯해서 한국사회의 수많은 사람들은 자신에 대해 굉장히 합리적인 주체라고 믿고 있습니다. 과연 그럴까요?

여러분은 '인권'이나 '민주주의'라는 개념어를 사용해서 상대방과 대화를 합니다. 엄밀하게 말하자면, 여러분이 '인권'이라는 개념어를 사용하는데 필요한 '문법'이 존재합니다. 사실상, 한국 사회에 존재하는 인권은 여러분이 의사소통할 때 사용하는 '인권'의 문법이라고 할 수 있습니다. 이 '인권'에 관한 문법을 바꾸면, 여러분의 '인권'에 관한 생각도 바뀝니다.

구한말 '인권' 개념이 번역되어 수입되었을 때와 현재 여러분이 인식하는 '인권'의 문법은 상당히 다를 것입니다. 여러분의 사유는 존재하는 문법의 지배를 받습니다. 그렇다면, 여러분의 의식과 사유는 이러한 '문법'으로 가득하겠지요?

합리적인 인식의 주체가 존재합니까? 여러분은 아마도 주체로서 자신이 언어를 사용하고 있다고 생각할지도 모르겠습니다. 그러나 진실은 언어가 여러분을 사용하고 있다는 것입니다. 어려운가요? 인간이 사실상 '허깨비'입니다. 그러니까 심연으로 들어가서 인간의 정신을 분석했더니 인간이라는 존재가 진짜 아무것도 아니었습니다. 합리적인 주체라는 것이 '픽션'이었던 것입니다.

알고 보니까 뭐예요? 내가 언어를 사용하면서 생각하고 살아가는 것이 아니고, 거꾸로 언어가 나를 도구로 쓰고 있었습니다. 그러니까 뭐예요? 문법이 구조적으로 정해지면 그 문법을 통해서 우리는 생각하고 소통합니다. 문법이 바뀌면 인간의 사고도 바뀌는 것입니다.

그럼, 무엇이 인간을 지배하는 것입니까? 나라는 인간도 알고 보니, 나도 잘 몰랐던 나의 무의식이 나를 지배하고 있었습니다. 우리는 우리의 행동이나 선택에 대해 합리적 근거를 제시합니다. 그런데 제시한 근거가 진짜입니까? 교회에서 김집사가 말하면, 무조건 반대하고 싶어지는 이유는 무엇일까요? 우리는 굉장히 나름대로 합리적인 근거를 제시하면 김집사의 주장에 반대합니다. 그런데 진실에 직면해보면, 나의 정신 속에서 '그냥 김집사가 싫은 것'일 가능성이 높습니다. 김집사가 그냥 싫은 이유를 우리는 스스로 잘 모릅니다. 아마도 어릴 때 가졌던 상처나 트라우마를 김집사의 말이나 행동이 건드리고 있을지도 모릅니다.

제 유튜브 채널이나 페이스북에 달리는 악플 중에 공부 좀 하라는 댓글이 자주 눈에 들어옵니다. 제 아내에게 보여주면 아내가 웃습니다. 이교수는 공부를 너무 많이 해서 문제라고 아내가 말합니다. 그러면, 제가 웃으며 '악플러'에게 혼잣말로 말합니다. "너나 공부 좀 하세요"라구요. 상대방을 공격할 때 공부 좀 하라는 말을 자주 하는 경우에, 모든 '케이스'는 아니겠지만, '악플러'에게 학력이나 학습에 대한 콤플렉스가 있을 가능성이 있다고 저는 추측을 합니다. 한국 사회에서 소통할 때 주체들이 '학력'과 관련된 부분에서 굉장히 민감하다는 사실을 알 수 있습니다. 그만큼 한국이 학벌로 스트레스를 주는 사회이기 때문이라고 저는 추론합니다.

개인에게만 무의식이 있는 것이 아닙니다. 사회적 무의식이 존재합니다. 자기도 잘 몰랐던 무의식이 자신의 행동이나 결정을 끌고 다녔다는 진실에 직면하는 것을 상상해 보세요. 카드 '빵구' 날 것을 예상하면서도 백화점에서 명품 옷을 샀던 자신의 행동은 합리적입니까? 그는(그녀는) 왜 명품에 집착하는 것일까요? 마음이 허합니까? 왜요? 나는 의식이 나를 끌고 다니는 줄 알았는데 알고 봤더니 그게 허구이고 대부분 무의식의 장난질이었다고 할 수 있죠. 자, 이제 개인의 무의식에서 범위를 사회적 무의식으로 확장해 봅시다. '클로드 레비스트로스(Claude Lévi-Strauss)'[480]에 대해 잘 몰라도 사회적 무의식을 떠올려 볼 수 있으면, 그 철학자가 한 얘기를 대충 이해한 것으로 인정하고 다음 단계로 넘어가 봅시다.[481] 사회적 무의식의 구조가 우리를 지배하고 있었기 때문에 우리는 우리도 모르는 상황에서 말하고 행동했습니다. 독립적이고 합리적인 주체라는 것은 환상이었습니다.

라캉의 명제처럼, 주체가 언어를 사용하는 것이 아니라, '언어'가 우리를 도구로 사용하고 있었다면 그 '언어'가 매우 중요합니다. 반기독교적인 언어와 허무를 부추기는 언어가 자신을 사용하고 있는지 점검해 보세요. 하나님의 말씀이 나를 지배할 때 크리스천은 건강한 상태라고 진단할 수 있겠지요. 크리스천의 관점에서 언어가 주체를 지배한다는 라캉의 분석은 '하나님의 말씀'이 '나를 지배한다'로 바꿔서 이해할 수 있습니다.

위에서 설명한 마르크스주의에 빠져있는 사람에게는 모든 관계가 '계급'의 문제로 보입니다. 가정에서 사랑으로 맺어진 관계도 계급의

---

480 클로드 레비스트로스(Claude Lévi-Strauss, 1908-2009), "그는 벨기에 태생의 유대인이었다. 프랑스로 이주한 후 파리 소르본대학에서 철학과 법학을 공부하고, 사회당 국회의원 비서를 역임했다. 1931년에 프랑스 철학교수 자격시험(Agrégation)에 합격했다. 1935년 브라질 상파울루 대학 사회학과 교수가 되어 현장연구를 통해 인류학자가 되었다. 많은 철학자들이 그의 죽음을 '구조주의'의 '공식적' 마감이라고 묘사했다. 언어에 대한 구조적 사유(구조주의)는 소쉬르(Ferdinand de Saussure, 1857-1913)의 언어학에서 시작했다. 트루베츠코이(Nikolai Trubetskoi, 1890-1938), 로만 야콥슨(Roman Jakobson, 1896-1982), 에밀 벤베니스트(Emile Benveniste, 1902-1976) 등을 거치며 그 체계가 확립되었다. 이후, 구조주의는 정신분석학, 마르크시즘, 문학비평, 구조적 인류학으로 확장되었다. 자크 라캉(Jacques Lacan, 1901-1981), 루이 알튀세르(Louis Althusser, 1918-1990), 롤랑 바르트(Roland Barthes, 1915-1980), 미셸 푸코(Michel Foucault, 1926-1984), 레비스트로스가 대표적인 학자들이다.", 윤성우, "레비스트로스의 구조주의: 의미와 구조를 둘러싼 논쟁을 중심으로", 『철학과현실』(2010 3월), 122면 이하 인용.

481 임봉길, "레비스트로스와 구조적 무의식", 『지식의 지평』 제8호(2010), 178면 이하.

식으로 설명할 수 있습니다. 어머니의 희생은 '착취'입니까? 교회에서 담임목사님과 부목사님의 관계에서 핵심은 '계급갈등'입니까? 여러분을 지배하는 문법과 언어는 무엇입니까? 라캉의 날카로운 분석은 자신을 이해하는데 매우 도움이 됩니다.

저는 자신도 몰랐던 무의식에 억압해 놓은 아픔들이 예수님의 사랑으로 치유되고 나니까, 세상과 사람들이 완전히 다르게 보이기 시작했습니다. 동일한 사건도 다른 관점에서 해석할 수 있게 되었습니다. 심지어 저는 학문적인 입장과 이론들도 모두 수정하게 됩니다. 그래서, PLI 성경적 세계관 강의가 중요합니다. 성경적으로 세상과 법정치, 경제, 문화제도, 역사 등 각 영역을 인식하는 것은 크리스천에게 필수적인 것입니다.

맺으며

우리는 주관적으로 강한 믿음을 가지고 있으면 자동으로 현실 속에서 부딪치는 문제들에 대해 성경적 결론을 도출하거나 성경적인 선택을 할 수 있을 것이라고 생각합니다. 그러나 20세기의 위대한 복음주의 설교가 마틴 로이드 존스는 이것이 큰 착각이라고 말합니다. 그의 주옥같은 설교를 엮은 『Knowing the Times』(한국어 책의 제목은 『시대의 표적』, CLC, 1993)에서 로이드 존스는 크리스천이 각 영역에서 자신이 바른 믿음을 가지고 있다고 스스로 확신한다고 해서 곧바로 바른 실천으로 이어질 수 없다는 것을 정확하게 지적합니다. 이것은 우리가 삶의 현장에서 자주 직면하는 아주 현실적인 문제이기도 하죠.

예를 들어 크리스천이 사업을 한다면 뜨거운 믿음을 가졌다고 해서 성경적인 비즈니스를 할 수 있을까요? 크리스천이 정치를 하거나 의미 있는 시민운동을 주도한다면 하나님 나라를 위해 일하겠다는 뜨거운 마음만으로 그의 활동이 성경적인 것이 될 수 있을까요? 사실 이런 질문 자체가 아직 많은 크리스천들에겐 생소한 것일 수 있습니다. 우리는 성공한 사업 또는 정치적 결과에 성경 몇 구절 인용해서 가져와 붙이며 의미를 부여하는 방식에 훨씬 더 익숙합니다. 이런 식으로 우리의 신앙생활을 간증해왔고 이런 것이 좋은 믿음으로 간주되어온 것이 사실입니다.

그동안 한국교회는 이러한 '어떻게'라는 '적용과 실천의 문제'에 대해 사실상 무지했고 이것을 체계화하려는 노력을 게을리해왔습니다. 저는 이러한 성경적 세계관의 구체적 적용에 안일했던 교회를 비판하려는 것이 아닙니다. 현실을 살아가는 크리스천들에게 교회가 무엇을 공급해주어야 하고 어떤 방향을 제시해야 할지를 얘기하는 것입니다. 하나님의 은혜 속에서 이 땅에 온 선교사들의 헌신과 선각자들의 노력으로 세계교회사에서 한국교회는 놀랄 만한 부흥과 성장을 맛보았습니다. 현재 우리는 교회의 질적인 성숙의 열매를 바라보아야 하는 역사적 시점에 서 있습니다. 이제는 한국 교회가 종교개혁의 영성을 구체적으로 생활 속에서 실천해야 할 때입니다.

구체적 영역에서 성경적으로 살아가는 크리스천들이 나와야 합니다. 비즈니스를 한다면 소유하고 이윤을 추구하는 것, 종업원을 고용하는 등의 비즈니스 속에서 성경의 일반원리들이 구체적으로 적용될 수 있도록 노력해야 합니다. 세상의 방법대로 돈 잘 벌어서 헌금을 많이 하는 것이 성경적 비즈니스가 아닙니다. 크리스천의 역사의식은 통치하시는 하나님과 그의 절대주권을 늘 전제하는 것으로 구성되어야 합니다. 이런 성경적 역사의식이 각종 이데올로기의 선동이나 음모론과 이단-사이비로부터 여러분을 보호해 줄 수 있습니다. 정치에 참여하는 크리스천은 교회와 정치의 관계를 바르게 설정해야 하고 정치에 참여하는 방식도 성경적이어야 합니다. 이것은 정치인이 되려는 크리스천에게만 국한된 문제가 아닙니다.

　　바른 믿음의 기준은 성경입니다. 각 영역에서 크리스천다운 적용과 실천의 기준 역시 성경입니다. 그러나 성경적 원리와 가르침을 정확하게 각 영역에 적용·실천하기 위해서는 이것을 위한 지식이 필요합니다. 성경적 가르침대로 살겠다는 신자의 확신과 의지만으로는 그 실천이 담보될 수 없습니다. 우리는 그동안 이것을 간과해 왔습니다. 이 책은 독자 여러분께 각 영역에 적용할 수 있는 성경적 일반원리와 이것을 구체적 사안에 적용할 수 있는 지식을 제공하기 위해 집필되었습니다.

우리는 세상과 분리되어 살아갈 수 없습니다. '성과 속'을 분리하여 세상을 등진 수도사의 삶이 성스럽고 경건하다고 가르치는 것은 세상의 빛과 소금이 되라는 예수님의 가르침과 양립할 수 없습니다. 우리가 성경의 가르침대로 예수의 제자도를 실천할 때 우리는 이 땅에서 하나님의 나라를 맛볼 수 있습니다. PLI와 함께 우리의 삶이 하나님을 영화롭게 하는 신앙의 본질을 회복하며 이 땅에서 하나님 나라의 선택된 백성으로서 함께 축복을 누리기를 소망하며 이 책을 마칩니다.

노트

노트

이정훈 교수의

성경적
세계관